Meinhard Ciresa

Urheberwissen leicht gemacht

Wie schütze und nütze ich geistiges Eigentum?

REDLINE WIRTSCHAFT

bei ueberreuter

Meinhard Ciresa
Urheberwissen leicht gemacht: Wie schütze und nutze ich geistiges Eigentum?
Frankfurt/Wien: Redline Wirtschaft bei ueberreuter, 2003
ISBN 3-8323-0976-4

Unsere Web-Adressen:

http://www.redline-wirtschaft.de
http://www.redline-wirtschaft.at

Dieses Werk wurde mit größtmöglicher Sorgfalt erstellt. Bedenken Sie jedoch, dass es sich bei den darin behandelten Materien um äußerst komplexe und schwierige Rechtsgebiete handelt, die einem ständigen Wandel durch Gesetzesänderungen sowie durch Änderungen von Verwaltungspraxis und Judikatur unterliegen. Verlag und Autor ersuchen daher um Verständnis dafür, dass alle Angaben ohne Gewähr erfolgen und eine Haftung des Autors und des Verlages in jeder Hinsicht ausdrücklich ausgeschlossen wird.

1 2 3 / 2005 2004 2003

Alle Rechte vorbehalten
Umschlag: AG Media, Wien
Coverabbildung: ag media
Copyright © 2003 by Wirtschaftsverlag Carl Ueberreuter, Frankfurt/Wien
Druck: Himmer, Augsburg
Printed in Germany

Vorwort

Wir alle nutzen täglich das geistige Eigentum anderer. Sei es am Arbeitsplatz, in der Ausbildung oder in der Freizeit. Wir denken uns dabei nichts. Wir verwenden Software und Datenbanken sowie Websites für berufliche oder private Zwecke. Ebenso nutzen wir Fotos, Filme und Musik. Dürfen wir das? Uneingeschränkt? Welche Risiken gehen wir dabei ein? Und macht es einen Unterschied, ob die Nutzung privat oder beruflich oder zu Ausbildungszwecken erfolgt? Vielfach verletzen wir dabei geistiges Eigentum ohne es zu wissen. Ohne es zu wissen begehen wir dabei mitunter sogar strafbare Handlungen. Und dann sitzen wir in der Copyright-Falle!

Wie schützen sich die Inhaber geistigen Eigentums? Wie schützen sich Softwareunternehmen, Tonträger- und Filmproduzenten sowie Fotografen, Musiker, Grafiker, Autoren und alle übrigen kreativ Tätigen gegen die Verletzung ihres geistigen Eigentums? Wie lässt sich geistiges Eigentum rechtssicher nutzen – ohne es zu verletzen? Welche Nutzungsverträge sollten wir abschließen? Und warum sind Ideen nicht geschützt, obwohl es sich dabei doch zweifellos auch um geistiges Eigentum handelt?

Fragen über Fragen, die sich aus der Schaffung und Nutzung geistigen Eigentums ergeben. Mit dem vorliegenden Buch will ich die drängendsten Fragen auf einfache Art und Weise beantworten und populären Irrglauben aufdecken. Anhand von realen Fallbeispielen aus der Gerichtswelt erkläre ich Ihnen die elementaren Grundsätze und Basics des Urheberrechts. Verschaffen Sie sich das für Sie notwendige Urheberwissen. Besuchen Sie auch www.urheberwissen.info. Sie werden es nicht bereuen!

Wien, im September 2003　　　　　　　　　　**Meinhard Ciresa**

Inhaltsverzeichnis

1. Das geistige Eigentum

Als ein Freund des Schweizer Elektroingenieurs Ueli Sauter 1993 verstarb und knapp zuvor den Wunsch äußerte, seine Asche möge in den Schweizer Bergen beigesetzt werden, hatte Ueli Sauter eine inzwischen patentierte Idee: Ueli Sauter wusste, dass Asche bisweilen auch als Dünger genutzt wird. Er assoziierte die Totenasche, in Baumwurzeln eingebracht, mit der anschaulichen Symbolik von einem neuen Leben, das aus ihr hervorgeht: Der Baum sollte als Synthese zwischen Tod und Leben, als natürliches, individuelles und stetig wachsendes Denkmal eines verstorbenen Menschen nach dessen Tod Bestand haben. Die Vision des alternativen „Friedwaldes" – in Analogie zum Friedhof – war entstanden.[1]

Ist diese zweifellos neuartige und originelle Bestattungsidee das geistige Eigentum von Ueli Sauter? Ist deren Realisierung durch abgedeckte Röhrchen im Wurzelwerk von Bäumen, in welche die Totenasche eingebracht werden kann, tatsächlich patentierbar? Hat Ueli Sauter auch ein Copyright auf seine unkonventionelle Bestattungsmethode? Oder auf den von ihm geschaffenen Begriff des „Friedwaldes"?

Die Ikone der amerikanischen New Age Doktrin JZ Knight wirkt als Medium zu einer „spirituellen Wesenheit", die sie „Ramtha" nennt. JZ Knight betreibt seit 1978 „Channeling" und tritt zu Ramtha in parapsychologischen Kontakt (www.ramtha.com). Zu Gunsten ihrer JZ Knight Inc sind beim österreichischen Patentamt die Wortmarken „Ramtha Dialogues" und „Ramtha" registriert. Im September 1992 trat in Österreich erstmals eine andere Person als Medium in Erscheinung, welche sich als „Medium, durch welches Ramtha spricht" bezeichnete. Vor dem Auftreten dieses Mediums „channelte" nur JZ Knight mit der von ihr so bezeichneten Wesenheit „Ramtha". Das amerikanische Medium JZ Knight klagte das österreichische Medium und wollte ihm verbieten lassen, das Wort „Ramtha" oder Zusammensetzungen oder Verbindungen mit diesem Wort für Seminare oder Seminarunterlagen zu verwenden, soweit diese nicht vom amerikanischen Medium stammten.[2]

Ist der von JZ Knight geschaffene Begriff „Ramtha" ihr geistiges Eigentum? Ist „Ramtha" urheberrechtlich schützbar? Besteht ein Unterschied zwischen einer Wortmarke „Ramtha" und dem Urheberrecht? Oder hat JZ Knight gar ein Copyright auf die von ihr als „Ramtha" bezeichnete Wesenheit oder das von ihr erfundene „Channeling"?

Wir sehen an diesen Beispielen, dass geistiges Eigentum alle Bereiche unseres Lebens berührt und eine Fülle an rechtlichen Fragen aufwirft. Bevor wir uns aber an deren Beantwortung wagen, müssen wir uns kurz überlegen, was die in unseren Beispielen verwendeten Begriffe

- geistiges Eigentum
- Patent bzw. patentierbar
- Wortmarke bzw. markenrechtlicher Schutz
- Urheberrecht und Copyright

bedeuten.

Was verstehen wir unter „Urheberrecht" und „geistigem Eigentum"?

Der Begriff „Urheberrecht" begegnet uns in den folgenden Kapiteln an zahlreichen Stellen. Er ist in einem doppelten Sinn zu verstehen: Einerseits bezeichnen wir damit eine **Rechtsmaterie**, nämlich die im Urheberrechtsgesetz und im Verwertungsgesellschaftengesetz geregelten Sachverhalte, zu denen unser Werk „Urheberwissen leicht gemacht" umfassend informiert. Andererseits bezeichnen wir mit dem Begriff „Urheberrecht" das dem Urheber eines Werks zustehende **Recht an seinem geistigen Eigentum**. Im ersten Fall sprechen wir vom Urheberrecht im **objektiven** Sinn, im zweiten Fall vom Urheberrecht im **subjektiven** Sinn. Welcher Sinn im Einzelfall gemeint ist, ergibt sich aus dem jeweiligen Zusammenhang, in dem wir ihn in den folgenden Kapiteln verwenden.

Basics des Urheberwissens:

„Das Urheberrecht ist für die Entfaltung der schöpferischen Persönlichkeit und für das kulturelle Leben der Gesellschaft von grundlegender Bedeutung. Es sichert die Existenz der geistig Schaffenden und reguliert die Vermittlung von Kulturgütern. Sein Schutz als Grund- und Menschenrecht basiert auf dem Schutz des Eigentums und der Persönlichkeit."[3]

Dieser fundamentalen Aussage des Obersten Gerichtshofs entnehmen wir unter anderem, dass das dem jeweiligen Schöpfer zustehende Urheberrecht im subjektiven

Sinn dem verfassungsgesetzlich geschützten Grundrecht der Unverletzlichkeit des Eigentums unterliegt. Die für uns wesentliche Erkenntnis: Geistiges Eigentum ist ebenso geschützt wie das materielle Hab und Gut!

Warum sollten wir den Begriff „Copyright" nicht verwenden?

In der täglichen Praxis finden wir häufig den englischsprachigen Begriff „**Copyright**", womit entweder das englische bzw. amerikanische Urheberrecht oder nur das Vervielfältigungsrecht gemeint sein kann. Da das angelsächsische Urheberrecht auf anderen Grundsätzen beruht als das kontinentaleuropäische und Copyright nicht dem Urheberrecht gleichzusetzen ist, sollten wir diesen Begriff im Zusammenhang mit dem österreichischen Urheberrecht aufgrund seiner Mehrdeutigkeit nicht verwenden. Wir wissen schlichtweg nicht, was mit dem Begriff „Copyright" exakt gemeint ist.

Was verstehen wir unter dem Begriff „Leistungsschutzrechte"?

Basics des Urheberwissens:

Vom Urheberrecht im subjektiven Sinn sind die so genannten **verwandten Schutzrechte** oder **Leistungsschutzrechte** zu unterscheiden (▸S. 173ff).

Die Leistungsschutzrechte beziehen sich auf Leistungen, die keine eigentümlichen geistigen Schöpfungen wie z.B. Romane oder Musik sind, die aber im Zusammenhang mit Werken erbracht werden oder ihnen ähnlich sind und für die ebenfalls ein Schutzbedürfnis besteht. Hierbei handelt es sich in erster Linie um die Leistungen ausübender Künstler (Interpreten wie Sänger oder Musiker) und um die technischen bzw. organisatorischen oder unternehmerischen Leistungen von Rundfunkunternehmen und von Tonträger- sowie Filmproduzenten.

Warum uns das Eigentum an einem Werkexemplar nichts nützt

Das Urheberrecht im objektiven Sinn betrifft die Schöpfer aller geistiger Leistungen, soweit diese Leistungen als Werke oder geschützte Leistungen im Urheberrechtsgesetz aufgezählt sind. Es regelt alle Aspekte des **geistigen Eigentums** (Intellectual Property) an diesen Leistungen. Dabei ist die Unterscheidung zwischen **Sacheigentum** und **Rechtseigentum** ganz besonders wichtig:

Basics des Urheberwissens:

Das Sacheigentum besteht am körperlichen Gut, auch Werkexemplar genannt, wie z.B. an einem Buch oder einem Tonträger. Dieses Sacheigentum hat mit dem Rechtseigentum an dem im konkreten Werkexemplar verwirklichten unkörperlichen Gut (also dem Werk bzw. dem geistigen Inhalt) – dem Gestalt gewordenen Schöpfungsgedanken – nichts zu tun. Das unkörperliche Gut bezeichnen wir auch als **Immaterialgut.**

Wenn wir ein Buch oder eine Musik-CD kaufen, dann werden wir dessen Eigentümer; wir erwerben daran Sacheigentum. Wir sind aber deshalb noch nicht berechtigt, dieses Buch oder diesen Tonträger beliebig oft zu vervielfältigen und diese Vervielfältigungsstücke zu verkaufen oder zu verschenken, weil wir nicht Schöpfer des geistigen Inhalts sind. Wir sind zwar Sacheigentümer, aber nicht Rechtseigentümer. Rechtseigentümer ist und bleibt der Autor bzw. der Verlag, bei dem das Buch erschienen ist, bzw. der Tonträgerhersteller.

Was gibt es neben dem Urheberrecht noch für Schutzrechte?

Zum geistigen Eigentum im weitesten Sinn bzw. zu den so genannten **Immaterialgütern**, die dem Inhaber ein ausschließliches Recht an unkörperlichen Wirtschaftsgütern gewähren, zählen wir neben dem Urheberrecht die eingangs bereits erwähnten gewerblichen Schutzrechte wie

▸ Markenrecht
▸ Patenrecht
▸ Gebrauchsmusterrecht und
▸ Geschmacksmusterrecht

In den folgenden Kapiteln von „Urheberwissen leicht gemacht" befassen wir uns nicht weiter mit den Einzelheiten dieser Schutzrechte des geistigen Eigentums. An weiterführender Literatur zum Thema „Patent- und Gebrauchsmusterrecht" sowie dem Lizenzgeschäft mit Patenten und Gebrauchsmustern empfehlen wir aus der gleichen Serie

▸ *Sonn / Pawloy / Alge*, Patentwissen leicht gemacht (2. Auflage, Uebbereuter 2000)
▸ *Wolff*, Lizenzgeschäft leicht gemacht (1. Auflage, Ueberreuter 2001)

INFO

▸ www.patent.bmwa.gv.at/
▸ www.markenwissen.info

▸ www.markenschutz.at
▸ www.musterschutz.info

Was schützt das Markenrecht?

Das **Markenrecht** schützt keine geistigen Schöpfungen im urheberrechtlichen Sinn, sondern registrierte Marken und geschäftliche Bezeichnungen (z.b. so genannte Firmenschlagworte wie „Apotheke zum Adler" oder „BILLA") sowie die Ausstattung von Waren (z.b. Verpackungsdesign inklusive Farben). Der Schutz besteht gegen unbefugte Verwendung von anderen Zeichen, geschäftlichen Bezeichnungen oder Warenausstattungen, soweit sie verwechslungsfähig ähnlich sind.

Mit dem Urheberrecht ergeben sich Berührungspunkte beim Schutz von **Logos**: Ein Logo kann als so genannte Gebrauchgrafik (▶ S. 71) urheberrechtlichen Schutz genießen; es kann darüber hinaus auch beim Patentamt als so genannte Wort-Bild-Marke registriert sein. In so einem Fall bestehen zwei voneinander unabhängige Schutzrechte, nämlich das Urheberrecht und das Markenrecht.

Auch beim **Werktitelschutz** bestehen Berührungspunkte zwischen Urheberrecht und Markenrecht: Der Titel eines Werks (eines Buchs oder einer Zeitung) ist sowohl Teil des Werks als auch Kennzeichnungsmittel, um das Werk im Geschäftsverkehr von anderen Werken zu unterscheiden. Das Urheberrechtsgesetz bestimmt daher, dass im geschäftlichen Verkehr weder der Titel oder die sonstige Bezeichnung eines Werks der Literatur oder Kunst noch die äußere Ausstattung von Werkstücken für ein anderes Werk auf eine Weise verwendet werden darf, die geeignet ist, Verwechslungen hervorzurufen (§ 80). Erfasst werden unterscheidungskräftige Titel[4] von Druckschriften, Filmwerken, Tonwerken und Bühnenwerken.

Basics des Urheberwissens:

Der Titelschutz gilt auch für Werke der Literatur und Kunst, die keinen urheberrechtlichen Schutz genießen.

INFO

▶ www.titelschutz.at

Was schützt das Patentrecht?

Patent- und **Gebrauchsmusterrecht** sind technische Schutzrechte. Sie schützen Erfindungen, die naturwissenschaftliche Erkenntnisse durch verbale und/oder grafische Beschreibungen (Pläne und Skizzen) in technische Handlungsanweisungen umsetzen. Berührungspunkte mit dem Urheberrecht bestehen nicht. Einen für die Praxis ganz wesentlichen Unterschied zwischen Patent und Urheberrecht müssen wir uns immer vor Augen führen: Während technische Schutzrechte gegen die nichtgenehmigte Ausführung der in ihnen verkörperten technischen Lehre und gegen die Verwertung der mit ihrer Hilfe hergestellten Erzeugnisse Schutz bieten, schützt das Urheberrecht nicht vor der Ausführung bzw. Umsetzung einer Idee oder eines Konzepts.

Technische Pläne und Ausführungszeichnungen sind häufig Bestandteil einer Patentschrift. Während das aufgrund einer Patentschrift erteilte Schutzrecht – das Patent – den Patentinhaber davor schützt, dass seine durch Pläne und Ausführungszeichnungen näher konkretisierte Erfindung, nämlich die Umsetzung einer technischen Problemlösung, nachgeahmt wird, gewährt das Urheberrecht an diesen Plänen und Ausführungszeichnungen keinen Schutz gegen die Umsetzung, sondern nur gegen die simple Vervielfältigung der Pläne und Zeichnungen sowie gegen deren Verbreitung.[5]

Was schützt das Geschmacksmusterrecht?

Beim Begriff „Geschmacksmuster" denken wir wahrscheinlich in erster Linie an etwas Essbares – weit gefehlt: Das **Geschmacksmusterrecht** schützt ästhetisch wirkende gewerbliche Muster und Modelle bzw. wie wir heute sagen: das Design, sofern es neu und eigentümlich ist. Ein Geschmacksmusterrecht wird durch Registrierung beim österreichischen Patentamt erworben. Es ist – anders als das Gebrauchsmusterrecht – kein technisches Schutzrecht.

Auch zwischen Geschmacksmuster und Urheberrecht bestehen Berührungspunkte: Da die Eigenschaften „neu und eigentümlich" auch auf Werke der angewandten Kunst (▸ S. 68) zutreffen, können sich Urheberrecht und Geschmacksmusterrecht **überschneiden**. Ein Schutz nach beiden Systemen ist möglich und zulässig, weil der Urheberrechtsschutz selbstständig neben einem allfälligen (Geschmacks-)Musterschutz steht.[6] Die in diesem Überschneidungsbereich in Deutschland für urheberrechtlichen Schutz geforderte besondere Gestaltungshöhe ist in Österreich nach der Rechtsprechung nicht (mehr) erforderlich.[7] Gerade im Möbelbereich finden wir zahlreiche Beispiele, wo für Sitzmöbel sowohl Urheberrechtsschutz als auch Geschmacksmusterschutz besteht.

INFO

▸ www.musterrecht.at

Urheberrecht, Wettbewerbsrecht und Merchandising

Das Urheberrecht hat auch Berührungspunkte zum Recht des **unlauteren Wettbewerbs**: Werden urheberrechtlich gerade noch nicht geschützte Leistungen von einem anderen kopiert bzw. einfach **übernommen** (so genannte „unmittelbare Leistungsübernahme") oder **nachgeahmt** und erfolgt dies zu Zwecken des Wettbewerbs, dann beurteilt die Rechtsprechung dies als sittenwidrigen Verstoß gegen § 1 UWG.[8]

In jüngster Zeit kommt damit im Zusammenhang dem wettbewerbsrechtlichen Schutz vor schmarotzerischer **Ausbeutung** von (grafischen) Zeichen und Emblemen, die keinen urheberrechtlichen Schutz genießen, besondere Bedeutung zu,[9] womit insbesondere für das **Merchandising** verstärkter Schutz besteht.[10]

Wettbewerbswidrig sind derartige Handlungen aber nur dann, wenn

▸ nachgeahmte Produkte wettbewerbliche **Eigenart** aufweisen und

▸ besondere **Unlauterkeitsmerkmale** (vermeidbare Herkunftstäuschung, Erschleichung, Vertrauensbruch, Geheimnisverletzung, Behinderung oder schmarotzerische Ausbeutung) hinzukommen.

Das Wettbewerbsrecht (§ 1 UWG) kann auch bei Umgehung **technischer Schutzvorrichtungen**, etwa im Zusammenhang mit der Ausstrahlung verschlüsselter Pay-TV-Programme, eine Rolle spielen, wenngleich derartige Schutzvorrichtungen seit der jüngsten Novelle zum Urheberrechtsgesetz ausdrücklich im Urheberrechtsgesetz (§ 90c) verankert sind:

Der Vertrieb von so genannten „Piratenkarten", die es ermöglichen, codierte Pay-TV-Programme ohne Verwendung der originalen Decoderkarten unverschlüsselt zu empfangen, ist ebenso eine wettbewerbswidrige Behinderung[11] wie der Vertrieb eines Multifilter genannten Geräts zur Umgehung der offiziellen Decoder eines Pay-TV-Veranstalters.[12]

2. Der Urheber

Ein Grafiker erhält den Auftrag, ein Logo für ein Unternehmen zu erarbeiten. Bestehen urheberrechtliche Unterschiede, wenn er das Logo
- ▸ *alleine als Angestellter eines Grafik-Studios*
- ▸ *gemeinsam mit einem zweiten Grafiker eines Grafik-Studios*
- ▸ *alleine als Free-Lancer für ein Grafik-Studio*
- ▸ *alleine als Inhaber eines Grafik-Studios*
- ▸ *alleine als Geschäftsführer einer Grafik-Studio GmbH*

erstellt?

Das derzeit in Österreich geltende Urheberrechtsgesetz stammt aus dem Jahr 1936. Es geht in seiner ursprünglichen **Konzeption** – abgesehen von einigen Leistungsschutzberechtigten wie z.B. Fotografen oder Interpreten – von der „klassischen" Figur des in der Regel allein tätigen, selbstständigen Künstlers – Grafiker, Maler, Bildhauer, Autor oder Komponist – aus. Wie uns das einleitende Beispiel zeigt, entspricht dies nicht mehr den heutigen Gegebenheiten unserer arbeitsteilig organisierten Wirtschaft:

Urheberrecht, Teamarbeit und Arbeitsrecht

Der überwiegende Teil an kommerziell verwertbaren schöpferischen Leistungen, etwa im Marketing, in der Werbung, im Journalismus und in der Programmierung von Software, Datenbanken und Websites, wird von Dienstnehmern, also unselbstständig Beschäftigten im Rahmen ihrer dienstlichen Aufgaben, allein oder in Teamarbeit, erbracht. Häufig finden wir aber auch selbstständig tätige Personen, die entweder als unechte Werkunternehmer dienstnehmerähnlich oder mitunter auch als Geschäftsführer und somit als **Organe juristischer Personen** (Gesellschaft mit beschränkter Haftung, Aktiengesellschaft, Verein) kreativ-schöpferisch tätig sind.

Daraus ergeben sich etliche **Überschneidungen** arbeitsrechtlicher Grundsätze mit urheberrechtlichen Grundsätzen: Während das **Arbeitsrecht** auf dem Gedanken beruht, dass das Leistungsergebnis dem Unternehmer (Dienstgeber) gehört, dem Dienstnehmer aber ein gerechter Lohn gegenüber dem Dienstgeber gesichert werden muss, gilt im **Urheberrecht** der Grundsatz, dass das Werk seinem Schöpfer gehört, sodass alle Rechte daran von Haus aus (originär) in dessen Person entstehen. Dies führt zu einer Reihe von mitunter nur schwer zu beantwortenden Fragen:

▸ Wer ist eigentlicher Urheber, vor allem, wenn jemand nur den Auftrag bzw. die Anregungen eines anderen umsetzt?

▸ Welche Rechte hat der oder haben die Urheber, insbesondere wenn es sich um Dienstnehmer handelt?

▸ Wer erhält die Verwertungsrechte an Werken, die ein Dienstnehmer geschaffen hat?

▸ Welche Urheberrechte erhält bei einem Werkvertrag der Auftraggeber, welche verbleiben beim Auftragnehmer?

▸ Welche Rechte hat ein Dienstnehmer an den von ihm in seiner Freizeit geschaffenen Werken, die er an seinem Arbeitsplatz einsetzt?

▸ Welche Rechte haben die Mitglieder einer Projektgruppe, die ein urheberrechtlich geschütztes Werk wie beispielsweise ein Computerprogramm gemeinsam geschaffen haben?

Das Urheberrechtsgesetz und die arbeitsrechtlichen Vorschriften regeln die damit im Zusammenhang auftretenden Fragen nicht abschließend; viele Fragen sind noch ungeklärt, weil auch die Rechtsprechung damit bislang nicht konfrontiert wurde.

2.1 Wer kann Urheber sein?

Das Schöpferprinzip

Urheber ist der **Schöpfer** eines Werks (▸▸S. 52). Hierbei kann es sich um eine einzelne Person handeln, dann spricht man von Alleinurheber, oder um eine Gruppe von Menschen, dann spricht man von Miturhebern. Werkschöpfer ist, wer die **eigentümliche geistige** (= schöpferische) **Leistung** (▸▸S. 54) tatsächlich erbracht hat, durch welche das urheberrechtlich geschützte Werk entstanden ist. Dieser Grundsatz wird auch als Schöpferprinzip bezeichnet, eine der tragenden Säulen des österreichischen und deutschen Urheberrechtsgesetzes. Werkschöpfer und damit (originärer) Urheber kann/können nach dem österreichischen und dem deutschen Urheberrechtsgesetz immer nur eine oder mehrere (▸▸S. 30) **natürliche Person(en)** sein, **niemals** hingegen eine **juristische**[13] Person (z.B. GmbH, Aktiengesellschaft,

Verein, öffentliche Hand, Universität, Gebietskörperschaften), weil eine rechtsge-schäftliche **Stellvertretung** nach den Grundsätzen des Urheberrechtsgesetzes **nicht möglich** ist. Eine Werbeagentur in der Rechtsform einer GmbH kann daher nicht „Urheberin" einer von ihren Mitarbeitern hergestellten Werbegrafik sein. Das wird in der Praxis immer wieder übersehen.

Juristische Personen des privaten wie des öffentlichen Rechts können nur urhe-berrechtliche Befugnisse (so genannte Verwertungsrechte; ▸ S. 91) von den Werk-schöpfern rechtsgeschäftlich (▸ S. 154ff) – also durch Vertrag – erwerben. Das Schöpferprinzip schließt auch die Geltendmachung von urheberrechtlichen Befug-nissen durch ausländische juristische Personen ohne abgeleiteten Rechtserwerb in Ös-terreich aus, selbst wenn sie nach dem Recht ihres Ursprungslandes ein originäres Ur-heberrecht erworben haben (etwa nach dem schweizerischen Urheberechtsgesetz wäre dies möglich).

Das Schöpferprinzip gilt naturgemäß **nicht** für die Leistungsschutzrechte, deren Schutzgegenstand nicht in einem persönlichen oder individuellen Werk liegt, son-dern auf einer wirtschaftlich unternehmerischen Leistung beruht (▸ S. 173ff) wie etwa beim Film- oder Tonträgerproduzenten.

Basics des Urheberwissens:

Das Schöpferprinzip lautet: Der Urheber eines Werkes ist, wer es geschaffen hat (§ 10 Abs. 1).

Der Schöpfungsakt I

Der Schöpfungsakt ist ein so genannter **Realakt**. Mit der Vollendung des Schöp-fungsakts entstehen für den Urheber die im Urheberrechtsgesetz vorgesehenen Monopolrechte und Ansprüche, ohne dass es weiterer Förmlichkeiten, wie etwa einer Registrierung oder staatliche Verleihung, bedarf.

Basics des Urheberwissens:

Urheberrechtlicher Schutz lässt sich weder vertraglich vereinbaren noch durch Hin-weise wie z.B. „urheberrechtlich geschützt" oder durch Anbringen des Copyright-Ver-merks © erlangen.

Das Urheberrecht unterscheidet sich damit vom Markenrecht oder dem Patentrecht, weil diese Rechtsgebiete jeweils ein staatliches Registrierungsverfahren vorsehen und das jeweilige Schutzrecht (Patent oder Marke) erst mit der Eintragung in das staatliche Patent- bzw. Markenregister zu existieren beginnt. In der Praxis immer wieder übersehen wird, dass es sich bei den vom österreichischen Patentamt registrierten „Logos" um Bildmarken oder Wort-Bild-Marken handelt. Diese können zwar auch urheberrechtlich geschützt sein, doch hat dies nichts mit der Registrierung als Marke zu tun.

INFO

▸ www.markenwissen.info
▸ www.markenanmeldung.at

Das Urheberregister

Der Bundesminister für Justiz führt zwar ein öffentlich zugängliches **Urheberregister** (§ 61a); es dient aber nur der Eintragung des wahren Namens des Urhebers eines anonym oder pseudonym erschienenen Werks (▸▸S. 35). Da es bei solchen Werken unmöglich ist, die Dauer des Urheberschutzes von der Lebensdauer des Schöpfers abhängig zu machen – die Schutzfrist endet 70 Jahre nach der Schaffung des Werks, im Falle seiner Veröffentlichung 70 Jahre nach derselben (§ 61) –, ermöglicht die Eintragung in das Urheberregister eine „gewöhnliche" Berechnung der Schutzdauer (▸▸S. 116) bei Wahrung der Anonymität des Schöpfers.

Der Copyright-Vermerk ©

Populärer Irrglaube:

Häufig finden wir in der Praxis die verbreitete Auffassung, ein Werk sei urheberrechtlich geschützt, weil es einen Copyright-Vermerk © trägt. Diese Auffassung ist unrichtig!

Es ist in Österreich für die Frage, ob ein Werk urheberrechtlichen Schutz genießt, nämlich völlig **irrelevant**, ob der Urheber sein Werk mit © gekennzeichnet hat. Dem **Copyright-Vermerk** – er besteht gemäß Artikel III Welturheberabkommen aus dem © in Verbindung mit der Jahreszahl der ersten Veröffentlichung und dem Namen des Copyright-Inhabers – kommt in Österreich wie in Deutschland allenfalls eine gewisse Warnfunktion ohne weiterreichende Bedeutung zu. Erfüllt ein Werk die Schutzvoraussetzungen des Urheberrechtsgesetzes (▸▸S. 54), ist es urheberrechtlich geschützt, unabhängig davon, ob ein Copyright-Vermerk angebracht wurde oder nicht. Im Gegenzug kann ein an einem urheberrechtlich nicht geschützten, also gemeinfreien Werk angebrachter Copyright-Vermerk keine urheberrechtliche Schutzposition begründen.

Ähnlich verhält es sich mit den in der Praxis fallweise zu beobachtenden Schutz-rechtshinweisen ® bzw. ™ : Das ® weist auf eine registrierte Marke hin, während das ™ als Symbol für eine nicht registrierte Marke verwendet wird. Die Verwendung dieser Symbole ist in Österreich weder gesetzlich vorgeschrieben noch geregelt.

Der Schöpfungsakt II

Werkschöpfungen sind so genannte Realakte und als solche wegen z.B. Irtum oder List **nicht anfechtbar.** Dadurch unterscheiden sie sich von Rechtsgeschäften wie Verträgen oder einseitigen rechtsgeschäftlichen Erklärungen.

Auf die Handlungs- oder Geschäftsfähigkeit des Schöpfers kommt es nicht an: Urheberrechtlich geschützte Werke können auch in **geistiger Umnachtung** oder in **Trance**[14] geschaffen werden. Dies gilt z.b. auch für die berühmten Bilder der Patienten der Heilanstalt Gugging bei Wien, die im Rahmen ihrer Therapie Aquarelle malen, bei denen es sich trotz der Beeinträchtigung ihrer Schöpfer um eigentümliche geistige Leistungen im Sinn des Urheberrechtsgesetzes handeln kann. Auch **Kinder** können urheberrechtlich geschützte Werke schaffen, was insbesondere im Schulunterricht mitunter nicht ausreichend beachtet wird.

2.2 Welche Rechte hat der angestellte Urheber?

Der Abteilungsleiter „Softwareentwicklung" einer Firma, die Spielautomaten erzeugt, betreibt und vermietet, erstellt ein Computerspielprogramm, welches von seinem Dienstgeber mit eigenem Copyright-Vermerk in hoher Auflage verkauft wird.[15] *Welche Rechte bleiben beim Dienstnehmer, welche Rechte erhält der Dienstgeber?*

Urheberpersönlichkeitsrechte

Eine rechtsgeschäftliche **Stellvertretung** ist nach den Grundsätzen des Urheberrechtsgesetzes **nicht möglich.** Juristischen Personen steht daher ein (originäres) Urheberrecht an den von ihren Dienstnehmern oder Organen (Geschäftsführer, Vorstand etc.) geschaffenen Werken nicht zu. Das Urheberrecht entsteht und verbleibt beim Dienstnehmer. Ebensowenig erlangen Auftraggeber oder sonstige Dienstgeber an den von ihnen Beauftragten (z.B. Werkunternehmer, freie Mitarbeiter, Freelancer) oder ihren Dienstnehmern (Arbeitnehmer, Angestellte, Universitätsassistenten) in Erfüllung ihrer dienstlichen Aufgaben geschaffenen Werken originär das Urheberrecht.[16]

Basics des Urheberwissens:
Die **Urheberpersönlichkeitsrechte** (▸▸S. 84) **entstehen und verbleiben** (abgesehen von konkludentem Verzicht aufgrund von Branchenübung ▸▸S. 88) gemäß dem Schöpferprinzip stets beim **Werkschöpfer** (▸▸S. 19) und damit beim Dienstnehmer. Dieser Grundsatz wird nur bei Computerprogrammen und Datenbanken durchbrochen.

Verwertungsrechte

Auch die Verwertungsrechte entstehen grundsätzlich beim Dienstnehmer. Nun könnte zwar ein Dienstgeber mit seinen Dienstnehmern hinsichtlich der Verwertungsrechte an jedem einzelnen von ihnen im Rahmen ihrer dienstlichen Aufgaben geschaffenen Werke einen gesonderten „Verwertungsvertrag" abschließen; dies wäre jedoch eine völlig unpraktikable Vorgangsweise.

Der Gesetzgeber hat dies erkannt und etwa im technischen Bereich (Patentrecht) ausdrücklich für so genannte **Diensterfindungen** (§§ 7 bis 17 Patentgesetz) Vorsorge getroffen, indem er versucht, die berechtigten Interessen des Dienstgebers und diejenigen des Dienstnehmererfinders an der kommerziellen Verwertung der Erfindung gegeneinander abzuwägen. Das Patentgesetz geht davon aus, dass das **Arbeitsergebnis** (die Erfindung) **nicht** pauschal dem **Dienstgeber** zuzuordnen, sondern vielmehr eine differenzierte Regelung geboten ist. Es macht eben einen Unterschied, ob jemand als Erfinder angestellt ist und dafür bezahlt wird, etwas zu erfinden, oder ob ein Dienstnehmer innerhalb seines Aufgabenbereichs aufgrund eigener Aufgabenstellung, aber unter Benutzung aller verfügbaren betrieblichen Erfahrungen und Hilfsmittel eine Erfindung tätigt oder ob er im Unternehmen bloß Anregungen erhält, die zu seiner Erfindung führen.

Das Urheberrechtsgesetz enthält – im Unterschied zum Patentgesetz und dem deutschen Urheberrechtsgesetz (§ 43) – erstmals seit der Novelle 1993 eine ausdrückliche Regelung hinsichtlich der **Verwertungsrechte** an **Werken**, die von **Dienstnehmern** geschaffen wurden. Diese Regelung bezieht sich allerdings nur auf Verwertungsrechte an durch Dienstnehmer erstellten Computerprogrammen:

Basics des Urheberwissens:
„Wird ein Computerprogramm von einem Dienstnehmer in Erfüllung seiner dienstlichen Obliegenheiten geschaffen, so steht dem Dienstgeber hieran ein unbeschränktes Werknutzungsrecht zu, wenn er mit dem Urheber nichts anderes vereinbart hat" (§ 40b). Eine identische Regelung gilt seit 1997 für Datenbanken (§ 40f bzw. § 76d).

Die gesetzliche Regelung im Zusammenhang mit von Dienstnehmern erstellten Computerprogrammen und Datenbanken ist durchaus verallgemeinerbar: Dem

Dienstgeber stehen unbeschränkte **Verwertungsrechte** (▶▶ S. 91) an einem von seinem Dienstnehmer geschaffenen Werk – auch ohne diesbezügliche ausdrückliche Vereinbarung – jedenfalls dann zu, wenn der **Dienstnehmer** das Werk **in Erfüllung seiner Dienstpflicht** geschaffen hat.[17] Die Frage eines Rechteübergangs auf den Dienstgeber stellt sich nur dann, wenn ein Dienstnehmer das Werk in Erfüllung seiner dienstlichen Obliegenheiten (Dienstpflicht) geschaffen hat – also nicht, wenn er etwa nur die Anregung dazu erhalten hat. In der Praxis kommt damit der **Interpretation** des Begriffs „Dienstpflicht" bzw. deren Umfang entscheidende Bedeutung zu:

Nach der Entscheidung „Übungsprogramm"[18] soll eine Erfüllung der **Dienstpflicht** jedenfalls dann bestehen, wenn ein Dienstgeber Mitarbeiter gerade zu dem Zweck beschäftigt, dass sie Werke schaffen. Anlassfall für diese Entscheidung war ein von einem Universitätsinstitut geltend gemachter Anspruch auf Herausgabe des von einem Universitätsassistenten – entgegen der ausdrücklichen Weisung des Institutsvorstandes – geschaffenen Computerprogramms samt Sourcetext. Der Oberste Gerichtshof kam zum Ergebnis, dass das vom Assistenten aus eigenem Antrieb geschaffene Computerprogramm nicht das Ergebnis einer weisungsgebundenen Arbeitsleistung war, die in den betrieblichen Organismus eingebettet und auf wirtschaftliches Risiko des Arbeitgebers erbracht worden war; das Programmieren war daher kein Bestandteil der Dienstpflicht des Universitätsassistenten.

Ob sich diese **restriktive Interpretation** aufrechterhalten lässt, ist mehr als fraglich: § 40b ist nach dem Verständnis der Computer-Richtlinie auszulegen, und ein Blick über die Grenze zeigt, dass in **Deutschland** der Begriff der „Erfüllung der Dienstpflicht" (§ 69b dUrhG spricht von einem „Arbeitnehmer in Wahrnehmung seiner Aufgaben") in einem wesentlich **weiteren Sinn** verstanden wird. Das Oberlandesgericht Karlsruhe[19] hatte folgenden Fall zu beurteilen:

Aufgabe eines Arbeitnehmers war die Organisation des gesamten EDV-Bereichs eines Unternehmens. Zu seinen Pflichten gehörte es allerdings nicht, selbst Computerprogramme zu erstellen. Er entwickelte dennoch ein Dokumentationsprogramm, das er bei der Anwendung seines Computers einsetzte. Da das OLG Karlsruhe dies für einen ausreichenden inneren Zusammenhang zu den arbeitsvertraglichen Pflichten des Arbeitnehmers beurteilte, erwarb der Arbeitgeber ein ausschließliches Nutzungsrecht an dem vom Dienstnehmer erstellten Computerprogramm. Der Begriff der „dienstlichen Obliegenheit" umfasst demnach auch den Fall, dass ein Dienstnehmer für die ihm gestellte Aufgabe ein Computerprogramm erstellt, obwohl seine Aufgabe auch ohne Programm zu bewältigen ist.[20]

Nach einer noch weitergehenden Meinung reicht für die Anwendbarkeit der Vorschriften bezüglich „Dienstprogrammierung" ein enger innerer Zusammenhang mit den arbeitsvertraglichen Pflichten oder die Verwendbarkeit des Computerprogramms bei der Erfüllung der dienstlichen Aufgaben des Dienstnehmers aus.[21] Die Bestimmung bezüglich der Dienstprogrammierung soll daher auch dann anwendbar sein, wenn ein Dienstnehmer aus eigenem Antrieb und ohne eine vorherige Abstimmung mit dem Dienstgeber ein Computerprogramm entwickelt, das ihm bei der Wahrnehmung seiner dienstlichen Aufgaben behilflich sein soll. Ob sich dieser weite Anwendungsbereich in Österreich durchsetzen kann, bleibt freilich erst abzuwarten.

Der **Umfang** der Dienstpflicht bzw. der **dienstlichen Obliegenheit** – und damit die Antwort auf die Frage, ob die Schaffung von Werken Bestandteil der Dienstpflicht ist – ergibt sich daher nicht nur aus konkreten Vereinbarungen (z.B. **Dienstvertrag**), sondern auch aus **Dienst-** oder **Stellenbeschreibungen**, allenfalls aus dem anzuwendenden **Kollektivvertrag**. Eine konkrete **dienstliche Weisung** an einen Dienstnehmer, ein bestimmtes Werk zu schaffen, ist ebenso denkbar und würde ebenfalls zu einem Werk in Erfüllung der Dienstpflicht führen, auch wenn der Dienstnehmer ursprünglich für andere Aufgaben angestellt wurde.[22] Ob der Dienstnehmer durch seine berufliche Tätigkeit zur Schöpfung eines Werks angeregt oder diese durch die Erfahrungen im Betrieb des Dienstgebers oder durch Benützung der Hilfsmittel des Dienstgebers erleichtert wurde, spielt hingegen keine Rolle.[23]

Bei der Beurteilung des Umfangs der „dienstlichen Obliegenheiten" bzw. arbeitsvertraglichen Aufgaben sind auch **nachträgliche Änderungen** und **Erweiterungen** der arbeitsvertraglichen Verpflichtungen zu berücksichtigen. Diese können dauernder oder auch nur vorübergehender Natur sein.[24]

In allen diesen Fällen ist in der Regel von einer – stillschweigenden – **Übertragung** der **Nutzungsrechte** an den Dienstgeber zur **Erreichung** des **Vertragszwecks** auszugehen.[25] **Ausschlaggebend**, um von einer stillschweigenden Nutzungsüberlassung ausgehen zu können, ist der **ausreichende Zusammenhang** mit dem **Arbeitsverhältnis**,[26] der für jeden Einzelfall gesondert zu beurteilen ist.

Kriterien hierfür sind, dass der Dienstnehmer das Computerprogramm unter Verwertung seiner betrieblichen Kenntnisse und Erfahrungen und unter Benutzung betrieblicher Einrichtungen oder Arbeitsmittel bei Erfüllung der ihm obliegenden Aufgaben einsetzt. Die Frage, ob der Dienstnehmer die Programmentwicklung während seiner Dienst- oder Freizeit durchgeführt hat, spielt hingegen keine Rolle, weil gerade Programmierfreaks erfahrungsgemäß häufig in aller Ruhe am Wochenende und vorzugsweise in der Nacht arbeiten.[27] Auch der Oberste Gerichtshof vertritt die Auffassung, dass ein Dienstnehmer die Benutzung von Software, die er privat geschaffen und seinem Dienstgeber überlassen hat, nicht ohne Warnung und fristlos widerrufen kann, wenn der Dienstgeber im Vertrauen auf seine Nutzungsrechte erhebliche Investitionen getätigt hat.[28]

Handelt der Urheber **außerhalb** der Erfüllung seiner **vertraglichen Verpflichtungen**, stehen die vom Dienstgeber zu erwerbenden Nutzungsrechte sowie dessen Vergütungspflichten „nicht zur Diskussion", weil ein „freies Werk" geschaffen wurde, dessen gewinnbringende Verwertung allein dem Dienstnehmer als Schöpfer obliegt.[29]

Diese Grundsätze sind nicht nur bei der Schaffung von Computerprogrammen durch Dienstnehmer, sondern auch bei den kreativ-schöpferischen Leistungen aller Art von Mitarbeitern anwendbar.

Basics des Urheberwissens:

Die **Verwertungsrechte** (▶▶ S. 91) entstehen zwar nach dem Schöpferprinzip ebenfalls in der Person des Dienstnehmers. Sie gehen aber bei Werken, die in Erfüllung der Dienstpflicht geschaffen wurden, im Regelfall auf den Dienstgeber über. Der Dienstgeber erhält ein Werknutzungsrecht an den von seinen Dienstnehmern in Erfüllung ihrer dienstlichen Obliegenheiten geschaffenen Werken.

Sondervergütung?

Selbst wenn dem Dienstgeber ein unbeschränktes Werknutzungsrecht am Werk des Dienstnehmers zusteht, weil dieser es im Rahmen seiner arbeitsvertraglichen Pflichten geschaffen hat, ist noch nichts darüber ausgesagt, ob der Dienstnehmer für **Verwertungshandlungen** des Dienstgebers, die **außerhalb** des **Betriebs-** bzw. **Vertragszwecks** liegen, nicht dennoch einen Anspruch auf Sondervergütung erhält:

Auch wenn man eine stillschweigende Rechtseinräumung bejaht, bedeutet dies nicht automatisch ein Versagen eines urheberrechtlichen Vergütungsanspruchs[30] für sämtliche Verwertungshandlungen: Während der arbeitsrechtliche Vergütungsanspruch (Gehalt) die Tätigkeit des Dienstnehmers erfasst (**Arbeitsentgelt**), entspringt der urheberrechtliche Vergütungsanspruch der Rechtseinräumung und Nutzung des geschaffenen Arbeitsergebnisses (**Nutzungsentgelt**).

Ein **angestellter Filmregisseur** z.B. erhielt für seine Regietätigkeit einen festen Pauschalbetrag, mit welchem auch die Nutzung des hergestellten Filmwerks für öffentliche Vorführungen abgegolten war. Dies entsprach dem betrieblichen Zweck. In den Pauschalbetrag war aber die urheberrechtliche Vergütung für die Videoauswertung – einer anlässlich der Filmproduktion noch unbekannten Nutzungsart – nicht eingeflossen. Dem Regisseur wurde vom deutschen Bundesgerichtshof[31] ein Anspruch auf Sondervergütung für diese Nutzung zugesprochen, weil diese Verwertung von der Rechtseinräumung nicht umfasst sein konnte.

Fraglich ist im Zusammenhang mit der Frage nach einer allfälligen Sondervergütung insbesondere auch, ob der Vergütungsanspruch **nach Beendigung** des **Dienstverhältnisses** entfällt[32] oder weiterbesteht.

Das deutsche Bundesarbeitsgericht[33] hatte sich damit anlässlich der Beurteilung
eines behaupteten Nutzungsrechts an einem während eines Arbeitsverhältnisses, aber
nicht in Erfüllung der arbeitsvertraglichen Pflichten geschaffenen Computerprogramms zu befassen:

*Ein Dienstnehmer war als Statikingenieur eingestellt und hatte Statiken zu entwerfen.
Um die Tätigkeit rationeller durchführen zu können, hatte er darauf gedrängt, dass der
Dienstgeber einen Computer anschafft. Er programmierte den Computer und benutzte
dabei teilweise Programme, die er in der Arbeitszeit entwickelt hatte. Im Übrigen sollten
die Programme nach den Behauptungen des Statikers aus der Zeit vor Begründung des
Dienstverhältnisses stammen.*

Das Bundesarbeitsgericht urteilte, dass ein Nutzungsrecht des Dienstgebers nicht aus
einer stillschweigenden Vereinbarung aus dem Dienstvertrag hergeleitet werden könne. Der Dienstnehmer habe die Computerprogramme nicht in Erfüllung seiner Verpflichtungen aus dem Dienstverhältnis in den Betrieb eingebracht. Er sei nicht als
Werkschöpfer, etwa als Programmierer, sondern als Statiker eingestellt worden. Ein
Statiker habe die Aufgabe, statische Berechnungen anzustellen, nicht aber Computer
für die schnellere Berechnung von Statiken herzurichten und zu programmieren. Die
Programmierung gehöre nicht typischerweise zum Berufsbild eines Statikers.

Bei diesem Computerprogramm handelte es sich demnach um ein „freies Werk"
des Dienstnehmers, an welchem der Dienstgeber üblicherweise keine Nutzungsrechte (konkludent) erwirbt.

Das Bundesarbeitsgericht bejahte aber in diesem Fall **dennoch** ein **Nutzungsrecht**
des Dienstgebers – **auch für die Zeit nach Beendigung** des **Dienstverhältnisses** –,
weil der Dienstnehmer die von ihm geschaffenen Programme dem Dienstgeber etwa
drei Jahre lang zur Nutzung zur Verfügung gestellt hatte und sie in dieser Zeit auch
selbst als Anwender einsetzte. Die Programme trugen nach Meinung des Bundesar-
beitsgerichts dazu bei, den Unternehmenszweck zu erfüllen. Darüber hinaus traf der
Dienstgeber auf Veranlassung des Dienstnehmers Dispositionen, indem er den Betrieb eigens auf die Verwendung der Programme umstellte, was mit finanziellen Leistungen und organisatorischen Maßnahmen verbunden war.

Den Anspruch des Dienstnehmers auf Bezahlung eines **Nutzungsentgeltes** lehnte
das Bundesarbeitsgericht mit dem Argument ab, dass ein Dienstnehmer, der ein ur-

heberrechtlich geschütztes Werk in ein Unternehmen einbringe und für seinen Dienstgeber selbst nutze, es sich ausdrücklich vorbehalten müsse, dass die Nutzung nur gegen Zahlung eines Entgelts geschehen sollte.

Dies leuchtet uns ein: Stellt sich der Dienstgeber durch Investitionen und Planung der Produktionsabläufe darauf ein, die Software unentgeltlich benutzen zu können, und bringt der Urheber nichts anderes zum Ausdruck, so könnte dieser in aller Ruhe abwarten, bis sich der Dienstgeber durch entsprechende Arbeitseinteilung und Investitionsmittelbindung auf den Einsatz der Software festgelegt hat, um sodann unter einen einseitig vom Dienstnehmer beeinflussbaren wirtschaftlichen Druck zu geraten. Nur eine rechtzeitige Anmeldung zusätzlicher Vergütungsansprüche kann in diesem Fall dem Dienstnehmer einen Vergütungsanspruch sichern. Er ist dazu verpflichtet, wenn er seine Rechte nicht verwirken will.[34]

Checkliste: Dienstnehmer-Werke

Werkart	Dienstliche Verwendung des Dienstnehmers	Persönlichkeitsrechte beim Dienstgeber	Verwertungsrechte beim Dienstgeber (exklusiv)
Software	als Programmierer	ja	ja
Datenbankwerke	als Programmierer	ja	ja
Filmwerke	als Regisseur, Schauspieler	nein	ja
Lichtbildwerke	als Fotograf	nein	ja
Werke der angewandten Kunst	als Grafiker oder Designer	nein	ja
Musikwerke	als Komponist bzw. Texter	nein	ja
Literarische Werke	als Autor	nein	ja

2.3 Hat der Ideenlieferant, Auftraggeber oder „Produzent" Urheberrechte?

Ein findiger Touristiker entwickelt die Idee eines „Sagen-Stadels". Diese Idee sieht vor, dass bestimmte Episoden bekannter Volkssagen im Rahmen einer geführten Wanderung durch Laienschauspieler für örtliche Gäste aufgeführt werden, wobei die Wanderung in einem „Sagen-Stadl" gipfelt, in dem das Ende der Sage aufgeführt und durch optische und akustische sowie olfaktorische Technik (z.B. Nebel, Gewitter oder Düfte) unterstützt werden kann. Wie kann sich der „Erfinder" dieses „Sagen-Stadls" seine Idee oder das darauf beruhende Konzept bzw. dessen Realisierung urheberrechtlich schützen lassen, damit der „Sagen-Stadl" von Dritten nicht nachgeahmt werden darf?

Die Idee des „Sagen-Stadls" und dessen Realisierung sind urheberrechtlich nicht schutzfähig. Nur das schriftliche Konzept genießt als Sprachwerk urheberrechtlichen Schutz – dieser umfasst allerdings nicht die Umsetzung und lässt damit den Ideenlieferanten weitgehend schutzlos.

Populärer Irrglaube: Der Ideenschutz

Die weitum verbreitete Auffassung, auch Ideen seien „geistiges Eigentum" und damit urheberrechtlich schutzfähig, erweist sich als Irrglaube. Bloße **Ideen** sind urheberrechtlich **nicht schutzfähig**, weil eine Idee keine Werkqualität besitzt.

Der Ideenlieferant ist ebenso wenig Urheber oder Miturheber wie der Auftraggeber oder Besteller eines Werks. Ein „geistiger Diebstahl" an einer Idee ist daher urheberrechtlich unmöglich. Einzige Ausnahme: Ideen oder Anregungen sind bereits soweit konkretisiert und ausgestaltet, dass sie ihrerseits bereits ein Werk darstellen.

Auch Herausgeber, Verleger, Filmhersteller oder sonstige Produzenten, unter deren Leitung einzelne oder mehrere Urheber ein Werk schaffen, genießen keinen Urheberrechtsschutz, solange sie nicht selbst schöpferisch an dem Werk mitwirken.

Basics des Urheberwissens:

Initiative, Koordination, Organisation und Produktion von Werken anderer bewirken keine Urheberschaft.

Das Urheberrechtsgesetz gewährt allerdings bestimmten Produzenten so genannte verwandte Schutzrechte (= Leistungsschutzrechte):

- ▸ gewerbsmäßigen Filmherstellern (§ 38)
- ▸ Veranstaltern von Darbietungen ausübender Künstler (§ 66 Abs. 5)
- ▸ gewerbsmäßigen Lichtbildherstellern (§ 74)
- ▸ Musikproduzenten (Tonträgerherstellern) (§ 76)
- ▸ Sendeunternehmern (§ 76a)
- ▸ Herausgebern nachgelassener Werke (§ 76b) und
- ▸ Datenbankherstellern (§ 76c)

Diese Personen (bzw. Unternehmen) genießen für ihre Leistungen wie z.B. Film, Fotos, Audio-CDs oder Rundfunksendungen zwar Leistungsschutz (▶S. 173ff), aber keinen Urheberrechtsschutz.

2.4 Welche Rechte hat ein Gehilfe?

Ein Gehilfe, der bei der Schaffung eines Werks keinen eigenschöpferischen geistigen Beitrag, sondern eben nur „Hilfsarbeiten" leistet (z.b. Beschaffung von Material; Übertragung eines Textes vom Band auf PC; Mitwirkung an einem Happening nach den Vorstellungen eines anderen[35]) oder bloß detaillierte Anweisungen ausführt, ist nicht Urheber oder Miturheber.[36] Ein Gehilfe hat daher nach den Grundsätzen des Urheberrechtsgesetzes (Schöpferprinzip) auch **keine Rechte** an dem unter seiner Mithilfe geschaffenen Werk.

TIPP: Da im Nachhinein oft nur schwer rekonstruierbar ist, welche Tätigkeiten ein Gehilfe konkret erledigt hat, empfiehlt es sich, dies schriftlich festzuhalten.

2.5 Unter welchen Voraussetzungen liegt Miturheberschaft vor?

Die Gemeinde Wien beauftragte im Jahr 1979 Univ.-Prof. Dipl. Ing. Krawina und Prof. Hundertwasser gemeinsam, das als „Hundertwasserhaus" berühmt gewordene Projekt im Dritten Wiener Gemeindebezirk zu realisieren. Prof. Hundertwasser verfügte nicht über die notwendigen Berechtigungen, um Architektenleistungen zu erbringen. Die architektonische Grundidee des „Hundertwasserhauses" stammt von Prof. Krawina, ebenso das erste Modell aus Zündholzschachteln sowie diverse Architektenpläne, während insbesondere die ornamentale Fassadengestaltung von Prof. Hundertwasser stammt. Ab Jahresmitte 1980 zog sich Prof. Krawina aufgrund von Differenzen mit Prof. Hundertwasser bezüglich eben dieser Fassadengestaltung aus dem Projekt zurück. Prof. Hundertwasser vollendete das Projekt alleine.[37] Hat Prof. Krawina einen Anspruch auf Beteiligung an den Erlösen des im „Hundertwasserhaus" betriebenen Museumsshops aus dem Verkauf von Kunstkarten, Postern und Seidentüchern mit der Abbildung des „Hundertwasserhauses"? Der Oberste Gerichtshof bejahte diesen Anspruch, da Prof. Krawina Miturheber des Hundertwasserhauses ist.

Basics des Urheberwissens:
Haben **mehrere gemeinsam** ein Werk (▸▸S. 30) geschaffen, bei dem die Ergebnisse ihres Schaffens eine **untrennbare** Einheit bilden, so steht das Urheberrecht allen Miturhebern gemeinschaftlich zu (§ 11 Abs. 1).

Miturheberschaft setzt eine gemeinsame, wissentliche, willentliche und partnerschaftliche Schöpfung unter einer Gesamtidee voraus. Jeder der Miturheber muss einen schöpferischen Beitrag leisten, der sich nicht selbstständig verwerten lässt. Ein Indiz für Miturheberschaft ist, dass die „Anteile" am Werk in aller Regel zur **selben Werkgattung** (▸▸S. 55) gehören.

Setzt hingegen ein Urheber die Arbeit eines anderen **fort** oder **vollendet** er diese, liegt zumeist die Bearbeitung eines bestehenden Werks vor. Mangels Willensübereinstimmung mit dem Originalurheber besteht keine Miturheberschaft, sondern es entsteht gegebenenfalls ein eigenes **Bearbeiterurheberrecht** (§ 5 Abs. 1; ▸▸S. 78).[38]

Miturheberschaft hat zur **Folge**, dass nur ein **Urheberrecht** entsteht, welches allen Miturhebern **gemeinschaftlich** zusteht. Man bezeichnet dies als so genannte Gesamthandgemeinschaft. Alle Miturheber müssen daher jeder Verwertung (▸▸S. 91) bzw. Änderung des Werks – soweit sie nicht nach § 21 Abs. 1 zulässig ist (▸▸S. 88f) – zustimmen (§ 11 Abs. 2).

Verweigert ein Miturheber seine **Einwilligung** ohne ausreichenden Grund, kann ihn jeder Miturheber auf Erteilung der Zustimmung klagen. Jede **Verwertung** bzw. Änderung außerhalb der Grenzen des Werkschutzes (§ 21 Abs. 1) ist ohne Zustimmung des Nichteinwilligenden nicht nur unzulässig, sondern – im Außenverhältnis – sogar **unwirksam**. (Verwertungs-)Verträge (▸▸S. 154) können deshalb nur mit Zustimmung aller Miturheber rechtswirksam geschlossen oder gekündigt werden.

TIPP: Da eine Klage auf Zustimmung langwierig und teuer sein kann, empfiehlt sich, die Willensbildung der Miturheber durch Mehrheitsbeschluss bereits vor gemeinschaftlicher Schöpfung des Werks in einem Vertrag schriftlich festzuhalten.

Sobald alle Miturheber die Verwertung des gemeinschaftlich geschaffenen Werks beschlossen haben, kann jeder Miturheber über seinen „Anteil" an den vermögensrechtlichen Ansprüchen frei verfügen.[39]

Wird das gemeinsame Urheberrecht verletzt, kann jeder Miturheber für sich die Verletzung gerichtlich verfolgen (§ 11 Abs. 2), ohne dass er hierzu die Einwilligung seiner Miturheber benötigt.

Die Miturheberschaft hat auch hinsichtlich der **Schutzfristenberechnung** Auswirkungen: Sie wird nach dem Tod des längstlebenden Miturhebers berechnet (▸▸S. 116).

Die Verbindung von **Werken verschiedener Art**, etwa Musik und Text zu einem Musical – hierbei spricht man von so genannten **verbundenen Werken** –, begründet keine Miturheberschaft, sondern **Teilurheberschaft** (§ 11 Abs. 3). Es liegt nämlich keine „untrennbare Einheit" vor, weil die „Anteile" gesondert verwertbar sind.[40] Teilurheberschaft besteht auch hinsichtlich der Beiträge zu einem Sammelwerk (▸ S. 75) oder z.B. dann, wenn mehrere Autoren abschnittsweise einen juristischen Kommentar gemeinsamen schreiben, dessen Abschnitte sich dem jeweiligen Autor zuordnen lassen.

Unter einer „Verbindung von Werken" (§ 11 Abs. 3) ist nicht der rein tatsächliche Vorgang des Zusammenfügens derselben zu verstehen, sondern ein **Vertrag**, in dem die beteiligten Urheber die gemeinsame Verwertung vereinbaren. Hierbei handelt es sich um einen Vertrag zur Gründung einer **Gesellschaft bürgerlichen Rechts** (§ 1175 ABGB: „Durch einen Vertrag, vermöge dessen zwei oder mehrere Personen einwilligen, ihre Mühe allein, oder auch ihre Sachen zum gemeinschaftlichen Nutzen zu vereinigen, wird eine Gesellschaft zu einem gemeinschaftlichen Erwerbe errichtet"). Dieser Vertrag kann formfrei, allenfalls auch konkludent abgeschlossen werden. In die Gesellschaft bürgerlichen Rechts bringen die Werkschöpfer die Verwertungsrechte an den von ihnen geschaffenen Werken ein, welche sodann das Gesellschaftsvermögen bilden. Hinsichtlich Geschäftsführung, Vertretung und Auflösung der Gesellschaft etc. gelten grundsätzlich die allgemeinen Regeln der §§ 1175 ff ABGB über die Gesellschaft bürgerlichen Rechts, welche in weitem Umfang durch abweichende Vereinbarungen ersetzt werden können.

2.6 Sonderfall: Urheberschaft an Filmwerken

Miturheberschaft entsteht auch dann, wenn ein Werk gemeinsam geschaffen wird, ohne dass feststellbar ist, welche Teile von welchem Miturheber geschaffen wurden. Dies trifft insbesondere beim **Spielfilm** (▸ S. 74) zu, nach dessen Fertigstellung sich in aller Regel nicht mehr ermitteln lässt, welchen schöpferischen Beitrag zum Gesamtkunstwerk „Spielfilm" der Regisseur, welchen der Kameramann, der Cutter, der Filmarchitekt, der Ausstatter und welchen der Kostümbildner jeweils geleistet hat.

Als **Filmurheber** kommen nur diejenigen Personen in Frage, die derart schöpferisch im Rahmen der Filmproduktion mitwirken, dass das fertige Ergebnis als eigentümliche geistige Schöpfung bezeichnet werden kann (§ 39 Abs. 1). Diese Personen können vom Filmproduzenten verlangen, auf dem Film und in Ankündigungen des Filmwerks als dessen Urheber genannt zu werden. Im Einzelnen handelt es sich hierbei um

▸ den **Regisseur** als Träger der künstlerischen Gesamtverantwortung[41]

▸ den **Kameramann**[42]

▸ den **Cutter** (Schnittmeister)[43] und

▸ den **Tonmeister**

Unter bestimmten Umständen zählt auch der Filmhersteller selbst zu dieser Personengruppe, sofern er eine natürliche Person ist, die Gestaltung der konkreten Bild- und Tonfolge mitbestimmt und nicht dem Gestaltungswillen des Regisseurs unterworfen ist.

Da auch bei Filmwerken das Schöpferprinzip gilt, scheidet der **Geldgeber** bzw. der **Auftraggeber**[44] sowie das gesamte **technische** und sonstige **Personal**, das nur als Gehilfe (▸▸ S. 30) tätig ist, als Filmurheber aus. Ebenso zählen auch die ausübenden **Künstler** (Schauspieler, Filmmusiker, Tänzer) in der Regel **nicht** zu den Filmurhebern; dies gilt – von bestimmten Ausnahmefällen abgesehen[45] – im Allgemeinen auch für die **Hauptdarsteller**.[46] Die im Film vorkommenden Künstler und Interpreten genießen aber für ihre Darbietungen Leistungsschutz (§ 66 Abs. 1).

Im Zusammenhang mit der Filmurheberschaft ist zwischen den **Urhebern** des **Filmwerks** und den **Urhebern** der zur Herstellung des Films **benutzten Werke** (so genannte vorbestehende Werke) zu **unterscheiden**. Zu den vorbestehenden Werken zählen sowohl die unmittelbar für den Film geschaffenen und gesondert verwertbaren Werke wie Drehbuch und Filmmusik als auch die vor der Herstellung des Films vorhandenen und als Vorlage dienenden Werke wie Romane, Bühnenstücke oder Schlager. Die an diesen **filmbestimmten** und **filmunabhängigen** vorbestehenden Werken bestehenden Urheberrechte werden durch die Verfilmung (▸▸ S. 164) berührt, weil die Verfilmung eine Art der Bearbeitung ist. Die Erlaubnis zur Verfilmung muss deshalb im Wege von Nutzungsrechten vertraglich erworben werden.[47] Die Schöpfer vorbestehender Werke sind keine Filmurheber.

Umstritten ist, ob weitere an der Filmproduktion künstlerisch Beteiligte wie **Kostüm-** und **Maskenbildner**, **Filmchoreographen**, **Filmarchitekten**, **Filmdekorateure**, **Filmmaler** sowie Zeichner von Zeichentrickfilmen zu den Filmurhebern zählen. Das lässt sich nur im Einzelfall beurteilen. Soweit sich deren Leistung gesondert verwerten lässt, zählen sie nicht zu den Filmurhebern, sondern zu den Schöpfern vorbestehender Werke.

Ungeachtet der Miturheberschaft der oben genannten Mitwirkenden entstehen die **Verwertungsrechte** an **gewerbsmäßig** hergestellten Filmwerken aufgrund einer Spezialvorschrift des österreichischen Urheberrechtsgesetzes (§ 38 Abs. 1) direkt beim **Filmhersteller** (▸▸ S. 33) (so genannte „cessio legis").[48] Hiervon nicht erfasst sind filmbestimmte und filmunabhängige vorbestehende Werke.[49]

INFO
▶ www.vdfs.at

2.7 Urheberschaft an Datenbankwerken und Computerprogrammen

Bei **Datenbankwerken** und **Computerprogrammen** (▶ S. 59), die typischerweise in einzelnen Entwicklungsstadien entstehen, kann die schöpferische Mitwirkung auch im Rahmen der verschiedenen „Schöpfungsstufen" erfolgen. Sie müssen nur einen unselbständigen Beitrag zum einheitlichen Schöpfungsprozess der Programmerstellung darstellen.

Die Miturheber brauchen deshalb nicht jeden Beitrag gemeinsam (▶ S. 30f) zu erbringen: Sowohl **vertikale Arbeitsteilung** – verschiedene Analytiker bzw. Programmierer werden auf der jeweiligen Entwicklungsstufe nacheinander schöpferisch tätig – als auch **horizontale Arbeitsteilung** – einzelne Programmierer erschaffen gleichzeitig verschiedene Abschnitte oder Module eines Computerprogramms bzw. eines Datenbankwerks – kann zu Miturheberschaft aller an der Programmerstellung Beteiligter führen. Voraussetzung ist nur, dass jeder Miturheber in Unterordnung unter die gemeinsame Gesamtidee einzelne schöpferische Beiträge selbst erbringt.

2.8 Welche Rechte hat der Werkinterpret?

Jemand, der ein bestehendes Werk wie z.B. ein Theaterstück, ein Gedicht oder eine Komposition vorträgt, aufführt, vorführt oder in einer anderen Weise öffentlich darbietet, schafft damit in der Regel kein eigenes Werk im Sinn des Urheberrechtsgesetzes. Er ist „nur" **Werkinterpret** und nicht Werkschöpfer und genießt als ausübender Künstler nicht Urheberschutz, sondern eben **Leistungsschutz** (▶ S. 173).

2.9 Vermutung der Urheberschaft

Wie wir wissen, ist beispielsweise auf Büchern im Regelfall der Autor des Werks genannt. Diese Nennung des Autors hat verschiedene rechtliche Ursachen und Konsequenzen:

In einem Rechtsstreit muss grundsätzlich derjenige seine Urheberschaft beweisen, der sich darauf beruft[50]. Der Autor eines Romans hätte daher konkret zu behaupten und durch geeignete Unterlagen zu beweisen, dass er selbst das Werk geschaffen hat.

Hierfür gewährt das Urheberrechtsgesetz eine **Beweiserleichterung**: Wer auf den

Vervielfältigungsstücken eines erschienenen Werks oder auf einem Urstück eines Werks der bildenden Künste (▸ S. 65) in der üblichen Weise **als Urheber bezeichnet** wird, gilt bis zum Beweis des Gegenteils als Urheber des Werks (§ 12). Voraussetzung ist, dass die Bezeichnung in der Angabe seines wahren Namens (bürgerlicher Name) oder eines von ihm bekanntermaßen gebrauchten Decknamens (Pseudonym oder Künstlername) oder – bei Werken der bildenden Künste – in einem solchen Künstlerzeichen besteht (§ 12 Abs. 1).

Basics des Urheberwissens:
Die Urhebervermutung bezieht sich ausschließlich darauf, dass das Werk vom bezeichneten Urheber stammt, **nicht** jedoch auf die **Schutzfähigkeit** des Werks an sich (▸ S. 56). Diese ist unabhängig davon zu prüfen.[51]

Die Urheberschaftsvermutung gilt nur im **Verhältnis zu Dritten**, die die Urheberschaft bestreiten, nicht jedoch im Verhältnis zwischen Personen, die die Urheberschaft für ein und dasselbe Werk für sich in Anspruch nehmen.[52]

Für die Vermutung der Urheberschaft reicht eine **Angabe** in der **üblichen Weise**, also auf einem Titelblatt, auf einem Bucheinband, dem Label einer Schallplatte, im Vor- oder Nachspann eines Films.

Zu beachten ist, dass die Urhebervermutung nur bei Originalen der bildenden Künste, im Übrigen jedoch nur bei **erschienenen Werken** (§ 9 Abs. 1; ▸ S. 82) greift: Wenn etwa ein in wenigen Exemplaren veröffentlichtes, aber nicht erschienenes Werk „abgeschrieben" wird, so hat der Urheber seine Urheberschaft trotz deren allfälliger Erwähnung im Titel des Manuskripts zu beweisen.

Ist der **Urheber** eines erschienenen Werks **nicht genannt**, gilt der **Herausgeber** oder ersatzweise der **Verleger** als Bevollmächtigter des Urhebers (§ 13). Der Herausgeber bzw. der Verleger sind berechtigt, Verletzungen des Urheberrechts im eigenen Namen geltend zu machen.[53] Sie sind jedoch nicht berechtigt, Nutzungsrechte (▸ S. 148) ohne Zustimmung des Urhebers einzuräumen.

Da die Vermutung der Urheberschaft nur Urheberrechte, **nicht** jedoch **Leistungsschutzrechte** erfasst, haben deutsche Gerichte den Hersteller von Videofilmen als Bevollmächtigten angesehen, welcher bei Rechtsverletzungen durch Raubkopien im eigenen Namen gegen deren Hersteller und Vertreiber gerichtlich vorgehen konnte.[54] Aufgrund gleicher Rechtslage wäre dieser Weg auch in Österreich gangbar.

3. Das Urheberrechtsgesetz und sein Anwendungsbereich

3.1 Territorialitätsprinzip

Ein österreichisches Kreditinstitut lässt zu seinem 125. Geburtstag einen Werbespot in einem Hörfunkprogramm des ORF ausstrahlen, welcher musikalisch mit einer bearbeiteten Fassung des Refrains „Happy Birthday to you" des gleichnamigen Liedes von Stevie Wonder hinterlegt ist. Stevie Wonder bzw. ein amerikanischer Trust, der die Urheberrechte von Stevie Wonder nach dessen Ableben wahrnimmt, hat der Verwendung dieses Refrains nicht zugestimmt und möchte den Werbespot in Österreich gerichtlich verbieten lassen. Kann ein amerikanischer Trust vor einem österreichischen Gericht eine Klage einbringen?

Die Nutzung des Refrains hat – das scheint jedenfalls klar zu sein – auf dem Territorium der Republik Österreich stattgefunden, weil ORF-Sendungen primär für das österreichische Publikum bestimmt sind und in ganz Österreich empfangen werden können. Demgemäß ist auf diesen Sachverhalt nach dem so genannten **Territorialitätsprinzip** das österreichische Urheberrecht anzuwenden. Nicht so eindeutig wäre dies, wenn der Refrain auf einer Website des österreichischen Kreditinstituts zu hören gewesen wäre.

Aufgrund des Territorialitätsprinzips kann daher nur das österreichische Urheberrechtsgesetz und die Rechtsprechung österreichischer Gerichte darüber Aufschluss geben, ob ein Refrain als urheberrechtlich geschütztes Sprachwerk gilt und ob Stevie Wonder bzw. der von ihm eingesetzte Trust Urheberrechte an der Komposition bzw. am Text gegen das österreichische Kreditinstitut geltend machen kann.

Hintergrund dieses Territorialitätsprinzips sind internationale völkerrechtliche Verträge, welche besagen, dass das Urheberrecht – wie alle Immaterialgüterrechte

(Marken, Muster, Patente etc.) – **territorialitätsgebunden** ist. Dies bedeutet, dass jeder Staat sein eigenes nationales Urheberrechtsgesetz besitzt, welches auf das Entstehen und Erlöschen des Urheberrechts oder verwandter Schutzrechte sowie für Verwertungs- und Verletzungshandlungen anzuwenden ist, welche auf dem Territorium des betreffenden Staates stattfinden. Urheber und Leistungsschutzberechtigte besitzen deshalb trotz der Allgegenwart ihres geistigen Eigentums kein einheitliches weltweit gültiges Urheberrecht, sondern nur ein **Bündel nationaler Urheberrechte**, die sich inhaltlich mehr oder weniger stark voneinander unterscheiden.

Das **Territorialitätsprinzip**[55] selbst findet sich nicht im Urheberrechtsgesetz, weil es keine Spezialität des Urheberrechts ist, sondern für alle Immaterialgüterrechte gilt. Es ist im Bundesgesetz über das internationale Privatrecht (IPRG) verankert: Das Entstehen, der Inhalt und das Erlöschen von Immaterialgüterrechten ist nach dem Recht des Staates zu beurteilen, in dem eine Benützungs- oder Verletzungshandlung gesetzt wird (§ 34 Abs. 1 IPRG). Das Territorialitätsprinzip hat zwingenden Charakter und ist – anders als das auf einen urheberechtlichen Nutzungsvertrag anzuwendende Recht – einer vertraglichen Regelung zwischen den Vertragsparteien grundsätzlich entzogen.[56]

Von der Frage des auf einen urheberrechtlich relevanten Sachverhalt anzuwendenden Rechts ist die Frage zu unterscheiden, ob der in seinem Urheberrecht Verletzte – in obigem Beispiel der amerikanische Staatsbürger Stevie Wonder – den Schutz des österreichischen Urheberrechtsgesetzes überhaupt in Anspruch nehmen kann: Dies betrifft die Frage der persönlichen Anwendbarkeit österreichischer urheberrechtlicher Vorschriften.

3.2 Staatsbürgerschaftsprinzip

Ist das österreichische Urheberrechtsgesetz aufgrund des Territorialitätsprinzips auf einen bestimmten Sachverhalt anwendbar, so ergibt sich die Antwort auf die Frage, wer den Schutz dieser Rechtsvorschriften in Anspruch nehmen kann, primär aus dem österreichischen Urheberrechtsgesetz selbst: Ein **Werk** genießt nämlich ohne Rücksicht darauf, ob und wo es erschienen ist, in Österreich immer dann urheberrechtlichen Schutz, wenn der **Urheber** oder ein **Miturheber** (▸S. 19) oder der **Herausgeber** eines **nachgelassenen Werks** (▸S. 190) **österreichischer Staatsbürger** ist (§§ 94, 99b). Diese Regelung ist Ausfluss eines international geltenden Grundsatzes, wonach ein Staat, auf dessen Territorium sich ein bestimmter urheberrechtlich relevanter Sachverhalt ereignet, zunächst nur seinen eigenen Staatsangehörigen urheberrechtlichen Schutz gewährt.

Das Staatsbürgerschaftsprinzip gilt auch für den **Leistungsschutz** von österreichischen **Foto- und Filmherstellern** (§ 98 Abs. 1) sowie **Tonträgerherstellern** (§ 99 Abs. 1); bei juristischen Personen reicht es aus, dass diese ihren Firmensitz in Österreich haben (§ 98 Abs. 2).

Hinsichtlich des Urheberrechtsschutzes von Ausländern – wie etwa des US-Amerikaners Stevie Wonder – bezüglich eines Sachverhalts, der sich in Österreich ereignet hat, ist das Staatsbürgerschaftsprinzip definitionsgemäß nicht anwendbar.

3.3 Anknüpfung an den Erscheinungsort

Alle **in Österreich erschienenen** Werke (▸▸ S. 82) sind geschützt, unabhängig von der Staatsbürgerschaft des Urhebers (§ 95). Unter Erscheinen ist das **erste** Erscheinen im Inland zu verstehen.[57] Dies ist auch dann gegeben, wenn Werke entweder **gleichzeitig** im Ausland[58] oder **innerhalb** von **30 Tagen** nach dem Erscheinen im Ausland auch im Inland erschienen sind (§ 9 Abs. 2). Unerheblich ist, ob und in welchem Umfang das Werk im Heimatstaat des ausländischen Urhebers geschützt ist und ob dort österreichischen Urhebern urheberrechtlicher Schutz zuerkannt wird.

Ebenso werden die Hersteller von erstmals in Österreich erschienenen **Tonträgern** (§ 99 Abs. 2) sowie **Fotos** und **Filmen** (§ 95 iVm § 98 Abs. 1) geschützt, auch wenn sie nicht österreichische Staatsbürger sind bzw. ihren Firmensitz nicht in Österreich haben.

Für den Schutz ausländischer **Interpreten** und **Veranstalter** gilt, dass nur die **in Österreich** stattfindenden **Darbietungen** (Vorträge und Aufführungen von Werken der Literatur und der Tonkunst) geschützt sind (§ 97 Abs. 1).

Werke der **bildenden Künste** (▸▸ S. 65), die Bestandteil oder Zubehör einer in Österreich gelegenen Liegenschaft sind, sind unabhängig von der Staatsbürgerschaft ihres Schöpfers in Österreich geschützt. Der ausländische Bildhauer eines Denk- oder Mahnmals etwa, welches sich auf Dauer auf einem Grundstück in Österreich befindet und damit als dessen Zubehör anzusehen ist, genießt für sein Kunstwerk in Österreich urheberrechtlichen Schutz.

Stevie Wonder, dessen Lied „Happy Birthday" erstmals in den USA erschienen ist, kann sich daher nicht auf den österreichischen Erscheinungsort berufen.

3.4 EWR- und EU-Angehörige

Eine gegenüber sonstigen Ausländern privilegierte Sonderrolle genießen **Staatsangehörige** der EU-Mitgliedstaaten und **EWR**-Vertragsstaaten sowie alle **Unternehmen** mit einem Firmensitz in diesen Staaten:[59]

Aufgrund des **Diskriminierungsverbots** („Unbeschadet besonderer Bestimmungen dieses Vertrags ist in seinem Anwendungsbereich jede Diskriminierung aus Gründen der Staatsangehörigkeit verboten", Artikel 12 EG-Vertrag) sind Inländer und **EU- bzw. EWR-Ausländer** auch in urheberrechtlichen Angelegenheiten gleich zu behandeln, sodass jedem EU- und EWR-Bürger dieselben Urheber- und Leistungsschutzrechte wie österreichischen Staatsbürgern zustehen.[60] Das Diskriminierungsverbot kommt nicht nur den Urhebern selbst zugute, sondern **auch** deren **Einzel- und Gesamtrechtsnachfolgern** (z.b. Erben), wobei es auf die Staatsangehörigkeit Letzterer nicht ankommt.[61]

Ein **Beispiel** ist etwa das in Deutschland gesetzlich vorgesehene **Folgerecht** (§ 26 deutsches Urheberrechtsgesetz), nämlich das Recht des Urhebers eines Werks der bildenden Kunst auf einen Anteil am Veräußerungserlös, wenn das Kunstwerk durch einen Kunsthändler oder Versteigerer in Deutschland verkauft wird. Aufgrund der „Phil Collins"-Entscheidung kann nun jeder EU- bzw. EWR-Künstler (bzw. dessen Erben) an einem Weiterverkauf in Deutschland partizipieren, während deutsche Künstler (bzw. deren Erben) etwa in Großbritannien keinen diesbezüglichen Anspruch haben, weil es dieses Recht dort nicht gibt. So gingen die Erben von Joseph Beuys „leer" aus, als ein deutscher Kunsthändler 1989 drei Kunstwerke von Beuys in London durch das Auktionshaus Christie's für rund 1,4 Mio. DM versteigern ließ, welche er selbst Jahre zuvor vom noch wenig bekannten Beuys um wenige hundert Mark gekauft hatte.[62]

Da Stevie Wonder US-amerikanischer Staatsbürger ist, kann er sich auch nicht auf eine EU- bzw. EWR-Staatsangehörigkeit berufen.

3.5 Wer kann sich auf die Inländerbehandlung berufen?

Für alle Werke, die weder von einem Österreicher oder EU-/EWR-Bürger stammen noch erstmals in Österreich erschienen sind, besteht Urheberrechtsschutz nach Maßgabe von **Staatsverträgen** oder unter der Voraussetzung der **Gegenseitigkeit** (§ 96). Gegenseitigkeit bedeutet, dass der Justizminister in einem Bundesgesetzblatt feststellt, dass österreichische Staatsbürger in urheberrechtlichen Belangen in einem anderen Staat dieselben Rechte genießen wie die dortigen Staatsangehörigen und dass daher jenen auch in Österreich alle Rechte des Urheberrechtsgesetzes zukommen wie österreichischen Staatsbürgern. Die Anwendbarkeit eines Staatsvertrags schließt die Anwendbarkeit der Gegenseitigkeitsregel nicht aus.[63]

In diesem Zusammenhang kommt den mehrseitigen **Staatsverträgen** auf dem Gebiet des Urheberrechts, nämlich

▸ Revidierte Berner Übereinkunft zum Schutz von Werken der Literatur und Kunst vom 9. September 1886 (**RBÜ**)

▸ Welturheberrechtsabkommen (**WUA**)

▸ Internationales Abkommen über den Schutz der ausübenden Künstler, der Hersteller von Tonträgern und der Sendeunternehmen (**Römer Leistungsschutzabkommen**)

▸ Übereinkommen zum Schutz der Hersteller von Tonträgern gegen die unerlaubte Vervielfältigung ihrer Tonträger (**Genfer Tonträgerabkommen**)

▸ Agreement on Trade Related Aspects of Intellectual Property (**TRIPS**-Abkommen)

▸ WIPO Performances and Phonograms Treaty (**WPPT**)

▸ WIPO Copyright Treaty (**WCT**)

besondere Bedeutung zu, weil diese – mit Ausnahme des Tonträgerabkommens – den so genannten **Grundsatz der Inländerbehandlung** festlegen: Demnach genießen die Urheber und Leistungsschutzberechtigten in allen Verbandsländern – mit Ausnahme des eigenen Ursprungslandes – diejenigen Rechte, welche die einschlägigen Gesetze dort den inländischen Urhebern und Leistungsschutzberechtigten gewähren (Artikel 5 Abs. 1 RBÜ; Artikel II WUA; Artikel 2 Römer Leistungsschutzabkommen; Artikel 3 TRIPS-Abkommen). Der Schutz hängt nicht von der Erfüllung irgendwelcher Förmlichkeiten ab und besteht unabhängig von einem urheberrechtlichen Schutz im Ursprungsland. Im Ursprungsland selbst richtet sich der Schutz nur nach den innerstaatlichen Vorschriften.

Österreich gehört sowohl der RBÜ als auch dem WUA, dem Römer Abkommen, dem Genfer Abkommen und dem TRIPS-Abkommen an, noch nicht aber dem WPPT und dem WCT.

Der Konventionsschutz der RBÜ, der auch von den Mitgliedern der WTO zu gewähren ist (Artikel 9 TRIPS-Abkommen), beruht nicht nur auf der Säule des Inländerbehandlungsgrundsatzes, sondern auch auf bestimmten **Mindestschutzrechten**, die eine internationale Angleichung des Schutzniveaus bewirken.

Damit sich ein **ausländischer Urheber** (der nicht EU- bzw. EWR-Staatsangehöriger ist) vor einem österreichischen Gericht, welches über einen urheberrechtlich relevanten Sachverhalt mit Österreichbezug zu entscheiden hat, auf die Inländerbehandlung berufen kann, muss der Staat, in welchem sein Werk erstmals erschienen ist bzw. (subsidär) dessen Staatsbürger er ist, ebenfalls Mitglied der RBÜ, des WUA oder des TRIPS-Abkommens sein. Da zum Stichtag 01.01.2002 weltweit 148 Staaten der RBÜ und 135 dem TRIPS-Abkommen beigetreten sind, ist es in der Praxis nahezu ausgeschlossen, dass ein Urheber bei einem Sachverhalt in Österreich den Schutz des österreichischen Urheberrechtsgesetzes nicht in Anspruch nehmen kann.

Da etwa die USA seit 1989 Mitglied der RBÜ sind, konnte sich Stevie Wonder als amerikanischer Staatsbürger auf die Inländergleichbehandlung und damit auf den Schutz des österreichischen Urheberrechtsgesetzes berufen,[64] ebenso der niederländische Architekt Mart Stam für seine erstmals in Deutschland erschienenen Stühle[65] und der französische Architekt Le Corbusier für seine Liege, bevor Österreich EU-Mitglied wurde.[66]

RBÜ und WUA sind zwar auf **Leistungsschutzrechte** nicht anwendbar,[67] deren (teilweise) Aufnahme als so genannte „related rights" in das TRIPS-Abkommen (Artikel 14) ermöglicht zumindest ausländischen **Herstellern** von **Tonträgern** (▶▶ S. 180) und den **Sendeunternehmen** (▶▶ S. 182) nunmehr dennoch, sich in Österreich auf den Grundsatz der Inländerbehandlung zu berufen. Die **Hersteller** von bloßen **Laufbildern** (▶▶ S. 189) können sich hingegen nicht auf das TRIPS-Abkommen berufen, weil sie nicht ausdrücklich genannt sind.

Für **ausländische Leistungsschutzberechtigte** wird in Österreich Schutz nach dem Römer Leistungsschutzabkommen – dem inzwischen bedeutendsten internationalen Abkommen auf dem Gebiet der verwandten Schutzrechte mit 68 Vertragsstaaten – oder bei (verbürgter) Gegenseitigkeit gewährt. Verbürgte Gegenseitigkeit bedeutet, dass der Justizminister in einem Bundesgesetzblatt feststellt, dass österreichische Staatsbürger in urheberrechtlichen Belangen in einem anderen Staat dieselben Rechte genießen wie die dortigen Staatsangehörigen und dass daher jenen auch in Österreich alle Rechte des Urheberrechtsgesetzes zukommen wie österreichischen Staatsbürgern.

Ausländische **ausübende Künstler** können aber auch den Schutz von TRIPS (Art. 14) in Anspruch nehmen.

4. Die EU und das Urheberrecht

4.1 Welchen Einfluss hat die EU?

Der Einfluss der EU auf das österreichische Urheberrecht verstärkt sich zunehmend: In der **Rechtsetzung** war eine Reihe einschlägiger EU-Richtlinien in das österreichische Urheberrechtsgesetz umzusetzen; in der **Rechtsprechung** sind die unmittelbar anwendbaren Vorschriften des EG-Vertrags (z.b. Diskriminierungsverbot ausländischer Urheber bzw. Leistungsschutzberechtigter; Grundsatz des freien Warenverkehrs, Wettbewerbsregeln) und deren Auslegung durch den Europäischen Gerichtshof zu beachten.

Darüber hinaus ergeben sich aus der rasanten technischen Entwicklung (Computer- und Digitaltechnik, Zusammenwachsen der Kommunikations- und Telekommunikationsnetze) – die gerade das Urheber- und Leistungsschutzrecht unmittelbar tangiert – rechtliche Herausforderungen, die nur grenzüberschreitend auf europäischer bzw. internationaler Ebene mit Aussicht auf Erfolg einer Lösung zugeführt werden können. Damit kommt der von der EU auf diesem Gebiet verfolgten Politik eine erhebliche Rolle zu. So hat z.b. das **Europäische Parlament** bereits im Jahr 1996 in einer Empfehlung an den Europäischen Rat „Europa und die globale Informationsgesellschaft" und in der Mitteilung der Kommission „Europas Weg in die Informationsgesellschaft: Ein Aktionsplan" ausdrücklich gefordert, dass staatliche Interventionen mit Blick auf geistiges Eigentum, Recht der Bürger sowie insbesondere hinsichtlich der Nutzung des Internet Gegenstand internationaler Zusammenarbeit sein müssen.[68]

Welche urheberrechtliche Politik verfolgt die EU?

Die EU ist auf dem Gebiet des Urheberrechts und der so genannten „verwandten Schutzrechte" (= Leistungsschutzrechte) in jüngster Zeit sehr aktiv geworden:[69] Im Anschluss an das so genannte **Grünbuch** über „Urheberrecht und die Herausforderungen der Technik – Urheberrechtsfragen, die unverzügliches Handeln erfordern" aus dem Jahr **1988**, welches Grundlage einer Reihe einschlägiger Richtlinien (▸▸ S. 44) war, hat die EU-Kommission **1995** ein **weiteres Grünbuch** über „Urheberrecht und verwandte Schutzrechte in der Informationsgesellschaft" den interessierten Kreisen zur Diskussion vorgelegt, um damit – so die Kommission – auf die „digitale Herausforderung" zu reagieren und den interessierten Kreisen Gelegenheit zu geben, entsprechende Stellungnahmen zu den Vorschlägen der Kommission abzugeben.

Im ersten Teil dieses **Grünbuchs** (1995) betont die Kommission die wesentliche Bedeutung des Schutzes des Urheberrechts und der verwandten Schutzrechte für die Verwirklichung des Binnenmarkts. Im zweiten Teil identifiziert sie die mit der Entwicklung der **Informationsgesellschaft** entstehenden **Herausforderungen** und deren Auswirkungen auf das Urheber- und Leistungsschutzrecht:

▸ Die so genannten „neuen Dienste" der Informationsgesellschaft sind an Schnittpunkten zwischen Telekommunikation, audiovisuellem Sektor und Informatik angesiedelt. Sie sind durch hohe Speicherkapazität, relativ einfachen Zugriff und Interaktivität ausgezeichnet. Digitalisierung ermöglicht die Speicherung unvorstellbarer Datenmengen auf einem Datenträger, woraus eine erhebliche Vereinfachung für die Herstellung identischer Kopien samt deren digitaler Verbreitung und Veränderung (z.B. Sampling, Kolorierung) folgt.

▸ Die „neuen Dienste" werden in der Regel grenz- und damit rechtsüberschreitend tätig werden.

▸ Es werden sich auf der Anbieterseite neue Marktstrukturen entwickeln, welche sämtliche Bereiche abdecken.

Im dritten Teil stellt die Kommission die Frage zur Diskussion, wie die rechtlichen Rahmenbedingungen auf Gemeinschaftsebene beschaffen sein sollen, um der sich rasant entwickelnden Informationsgesellschaft gewachsen zu sein.

Als Reaktion auf die Ergebnisse der Konsultation der interessierten Kreise hat die Kommission 1996 eine **Mitteilung** über „Initiativen zum Grünbuch über Urheberrecht und verwandte Schutzrechte in der Informationsgesellschaft" veröffentlicht, in welchem sie ihre Schlussfolgerungen aus den Konsultationen sowie die von ihr festgelegten **Schwerpunkte** und Vorgehensweisen darlegte.

Die Kommission ging schon damals davon aus, dass **weitere Harmonisierungsmaßnahmen** notwendig sind, um den bestehenden Rechtsrahmen anzupassen und/oder zu ergänzen, soweit dies für das reibungslose Funktionieren des **Binnenmarktes** sowie die Schaffung eines günstigen Umfeldes erforderlich ist, das Kreativität und Innovation in den Mitgliedstaaten schützt und fördert.

4.2 Welche Richtlinien hat die EU erlassen?

Abgesehen von (rechts-)politischen Aussagen hat die EU in den letzten Jahren eine Reihe einschlägiger **Richtlinien** (so genanntes Sekundärrecht) zur **Harmonisierung** der nationalen **Urheberrechtsgesetze** verabschiedet:

EG-Akt	Thema	Umsetzung in Österreich
RL 91/250/EWG vom 14. 05. 91	Rechtsschutz von Computersoftware	Urheberrechtsgesetz-novelle 1993 BGBl 1993/93 (§ 40a – § 40e)
RL 92/100/EWG vom 19. 11. 92	Zum Vermietrecht und Verleihrecht sowie bestimmten dem Urheberrecht verwandten Schutzrechten im Bereich des geistigen Eigentums	Urheberrechtsgesetz-novelle 1993 BGBl 1993/93 (§ 16a)
RL 93/98/EWG vom 29. 10. 93	Zur Harmonisierung der Schutzdauer des Urheberrechts und verwandter Schutzrechte	Urheberrechtsgesetz-novelle 1996 BGBl 1996/151 (§§ 61, 63)
RL 93/83EWG vom 27. 09. 93	Zur Koordinierung bestimmter ur-heber- und leistungsschutzrechtlicher Vorschriften betreffend Satelliten-rundfunk und Kabelweiterverbreitung	Urheberrechtsgesetz-novelle 1996 BGBl 1996/151 (§ 17a, 17b, 59a, 59b)
RL 96/9/EWG vom 11. 03. 96	Rechtsschutz von Datenbanken	Urheberrechtsgesetz-novelle 1998 BGBl I 1998/25
RL 2001/29/EG vom 22. 05. 01	Harmonisierung bestimmter Aspekte des Urheberrechts und der verwand-ten Schutzrechte in der Informations-gesellschaft	Urheberrechtsgesetz-novelle 2003 BGBl I 2003/32
RL 2001/84/EG vom 27. 09. 2001	Folgerecht des Urhebers des Originals eines Kunstwerks	Umzusetzen bis 01. 01. 2006

Richtlinien sind Vorschriften, die für jeden Mitgliedstaat, an den sie gerichtet sind, hinsichtlich des zu erreichenden Ziels verbindlich sind. Sie überlassen jedoch den innerstaatlichen Stellen die Wahl der Form und der Mittel ihrer Umsetzung (Artikel 189 Abs. 3 EG-Vertrag); sie sind in aller Regel nicht unmittelbar anwendbar. Dies bedeutet, dass jeder EU-Mitgliedstaat seine Rechtsordnung – in unserem Fall also das Urheberrechtsgesetz – anhand der durch Richtlinien festgelegten Vorgaben und innerhalb der gesetzten Frist entsprechend anzupassen hat.

Als Legitimationsgrundlage zur Rechtsangleichung im urheberrechtlichen Bereich stützt sich die EU auf Artikel 100a des EG-Vertrags, der die Erlassung von Richtlinien ermöglicht, die für das Funktionieren des Binnenmarkts erforderlich sind.

Zusätzlich zu den oben erwähnten und bereits in das österreichische Urheberrechtsgesetz umgesetzten Richtlinien wurde von der Kommission eine **Richtlinie** über das **Folgerecht** des Urhebers vorgelegt:

Dem **bildenden Künstler** soll ein **Anteil** am **Veräußerungserlös** gesichert werden, wenn sein Werk von einem gewerblich Handelnden weiterverkauft wird. Im Vergleich zu Schriftstellern oder Komponisten befinden sich die Werkschaffenden der bildenden Künste in einer faktisch schlechteren Lage: Gelangen Schriftsteller oder Komponisten zu Ansehen, so hat dies in aller Regel Auswirkungen auf den Umsatz ihrer Bücher oder die Aufführung ihrer Musikwerke. Über die urheberrechtlichen Tantiemen partizipieren sie an diesem Erfolg. Für den bildenden Künstler, dessen Werk sich häufig nur im Original der Skulptur oder des Gemäldes niederschlägt, stellt sich die Lage bei Erfolg wesentlich ungünstiger dar, weil er an Erlösen des Weiterverkaufs des Originals nicht beteiligt wird.

Die Richtlinie stellt klar, dass der Folgerechtsanspruch nur bei entgeltlichen Geschäften ausgelöst wird, an denen gewerbliche Verkäufer (Auktionshäuser, Kunstgalerien und Kunsthändler) beteiligt sind. Davon nicht erfasst ist die erste Veräußerung durch den Künstler selbst und die Veräußerung unter Privatpersonen. Der Werkbegriff der bildenden Kunst wird sehr weit gefasst: Neben Bildern und Collagen fallen auch Drucke, Keramiken und fotografische Werke darunter.

Der Anteil des Urhebers soll auf der Grundlage des Nettoerlöses als Prozentsatz berechnet werden, wobei die Mitgliedstaaten unterhalb eines Erlöses von € 3.000 das Folgerecht auch ganz ausschließen können. Bei darüber hinausgehenden Beträgen soll eine Staffelung eingeführt werden.

4.3 Welcher Zusammenhang besteht zwischen Urheberrecht und EU-Recht?

Obwohl weder das Urheber- noch das Leistungsschutzrecht im EG-Vertrag erwähnt ist, sind nach der Judikatur des Europäischen Gerichtshofs[70] die Vorschriften des **EG-Vertrags** auch auf **urheberrechtliche** Sachverhalte anzuwenden.

Die **Eigentumsordnung**, wozu auch gewerbliche Schutzrechte und das Urheberrecht zu zählen sind, bleibt in den Mitgliedstaaten grundsätzlich **unberührt** (Artikel 222 EG-Vertrag) – dennoch gibt es für das Urheberrecht keine Bereichsausnahme von den Vorschriften des EG-Vertrags. Damit unterliegt das Urheber- und Leistungsschutzrecht auch den (vor nationalen Gerichten) unmittelbar anwendbaren so genannten **primärrechtlichen Vorschriften**

▸ über den **freien Warenverkehr** (Artikel 28 und 30 EG-Vertrag)

▸ über den **freien Dienstleistungsverkehr** (Artikel 39 bis 41 EG-Vertrag) sowie

▸ den **Wettbewerbsregeln** (Artikel 81 und 82 EG-Vertrag) und

▸ dem allgemeinen **Diskriminierungsverbot** (Artikel 12 EG-Vertrag; ▸▸S. 39).

Eine wesentliche Eigenschaft der primärrechtlichen Vorschriften besteht darin, dass sie gegenüber dem nationalen Recht höherrangig sind und diesem daher vorgehen („EU-Recht bricht nationales Recht"). Dies kann dazu führen, dass nationales Recht unter Umständen nicht anwendbar ist.

Welche Auswirkungen hat der freie Warenverkehr?

Vorauszuschicken ist, dass die Art. 28 und 30 EG-Vertrag nur **staatliche Maßnahmen** der Mitgliedstaaten erfassen und die Ausübung von Urheber- und Leistungsschutzrechten durch Privatpersonen und Unternehmen grundsätzlich nicht als staatliche Maßnahme zu qualifizieren ist.

Die auf das (nationale) Immaterialgüterrecht oder Urheberrecht gestützte **Rechtsdurchsetzung** durch Private vor nationalen Gerichten kann aber als „Maßnahme gleicher Wirkung" (wie eine Einfuhrbeschränkung) – mittelbar oder unmittelbar – **Einfuhrhindernisse** schaffen, die ihrerseits sehr wohl als staatliche Maßnahmen anzusehen sind, weil der Mitgliedstaat durch Aufrechterhaltung EU-widriger Rechtsvorschriften oder durch EU-widrige Gerichtsentscheidungen gegen den (höherrangigen) EG-Vertrag verstößt.

Die Anwendung der Art. 28 und 30 EGV auf urheberrechtliche Sachverhalte erfordert demnach die Qualifikation bestimmter Handlungen als **Maßnahme gleicher Wirkung** wie eine mengenmäßige Einfuhrbeschränkung. Nach der Judikatur des Europäischen Gerichtshofs ist darunter jede Handelsregelung der Mitgliedstaaten zu verstehen, die geeignet ist, den innergemeinschaftlichen Handel unmittelbar oder mittelbar, tatsächlich oder potenziell, zu behindern. Bei Regelungen, die unterschiedslos für inländische und für eingeführte Erzeugnisse gelten, müssen Handelshindernisse, die sich aus Unterschieden der nationalen Regelungen ergeben, in Ermangelung einer gemeinschaftlichen Regelung hingenommen werden, soweit diese Regelung erforderlich ist, um zwingenden Erfordernissen gerecht zu werden.

Art. 28 und 30 EGV erlegen dem nationalen Gesetzgeber bestimmte Rechte und

Pflichten auf, welcher im Rahmen seiner Rechtsetzung (und insbesondere Rechtsprechung) unter anderem den **Grundsatz der Warenverkehrsfreiheit** zu beachten hat.

Urheber- und Leistungsschutzrechte beschränken naturgemäß den freien Warenverkehr, wobei diese Wirkung nicht so sehr auf deren Eigenschaft als Ausschlussrecht beruht, sondern vielmehr auf deren **territorialer Beschränktheit** (▸ S. 36), welche zwei weitreichende **Konsequenzen** hat:

▸ Derselbe Gegenstand wird im grenzüberschreitenden Verkehr **mehreren**, sich voneinander unterscheidenden territorialen **Urheberrechtssystemen** unterworfen. Dies führt zu Schwierigkeiten, wenn der urheberrechtliche Schutz in den betreffenden Ländern einen unterschiedlichen Umfang (inhaltlich wie zeitlich) aufweist oder verschiedenen Personen zusteht. So sind etwa Werke der angewandten Kunst in Italien nur geschmacksmusterrechtlich, aber nicht urheberrechtlich schützbar,[71] während sie in Österreich vollen urheberrechtlichen Schutz genießen,[72] in Deutschland aber nur dann, wenn sie eine gewisse schöpferische Gestaltungshöhe erreichen.[73]

▸ Die grenzüberschreitende Verwertung nimmt keine Rücksicht darauf, ob der Gegenstand im Ausland ebenfalls geschützt und damit kommerziell verwertbar ist oder nicht. Damit lassen sich Urheber- und Leistungsschutzrechte gemäß dem Territorialitätsprinzip zur **Marktabschottung** einsetzen, was dem freien Warenverkehr mit eben diesen Gegenständen zuwiderläuft.

Art. 30 EG-Vertrag wird dieser Problematik dadurch gerecht, dass er für Beschränkungen des freien Warenverkehrs, die dem Schutz des gewerblichen und kommerziellen Eigentums (inklusive Urheber- und Leistungsschutzrecht) dienen, bestimmte **Ausnahmen** von Art. 28 EG-Vertrag gestattet. Da das Urheber- und Leistungsschutzrecht – wie alle gewerblichen Schutzrechte (▸ S. 14ff) – weitreichende Beschränkungen für den freien Warenverkehr nach sich ziehen kann, legt der **Europäische Gerichtshof** Art. 30 allerdings **einschränkend** aus:

Beschränkungen des freien Warenverkehrs lassen sich nur dann durch Art. 30 EGV rechtfertigen, wenn sie zur Wahrung des Rechts gerechtfertigt sind, welches den **spezifischen Gegenstand** des geistigen Eigentums ausmacht.[74]

Während der **Bestand** gewerblicher **Schutzrechte** durch den EG-Vertrag daher nicht berührt wird (Eigentumsgarantie gemäß Artikel 222 EG-Vertrag), unterliegt deren **Ausübung** bestimmten **Beschränkungen**, soweit dies der Grundsatz der Warenverkehrsfreiheit eben erfordert.

Der „**spezifische Gegenstand**" des Urheber- und Leistungsschutzrechts lässt sich nicht generell, sondern nur für die jeweilige **Verwertungsart** (▸ S. 91) bestimmen.

Zu unterscheiden ist jedenfalls zwischen der Verwertung in **körperlicher** und **unkörperlicher** Form. Der Europäische Gerichtshof bejahte z.b. die Zugehörigkeit zum spezifischen Gegenstand unter anderem bei der Gebühr für die mechanische Vervielfältigung als Teil der Abgeltung der Urheberrechte für die öffentliche Aufführung eines aufgezeichneten musikalischen Werks und für die Befugnis eines Rechteinhabers zur Untersagung der Vermietung von Videokassetten.[75]

Was besagt der Erschöpfungsgrundsatz?

Da der Inhaber eines Schutzrechts (Urheberrecht oder Leistungsschutzrecht) bei der erstmaligen Vermarktung die Gelegenheit hat, die ihm aufgrund seines Schutzrechts eröffnete Gewinnchance auf dem Gemeinsamen Markt zu realisieren, erschöpft es sich mit der erstmaligen Vermarktung. Nach der Rechtsprechung des Europäischen Gerichtshofs besteht ein gewerbliches Schutzrecht nämlich nur im Recht seines Inhabers, das geschützte Erzeugnis als **Erster** im Gemeinsamen Markt **in Verkehr zu setzen** und so das durch die Mitgliedstaaten gewährte Ausschlussrecht zu erschöpfen.[76] Der Grundsatz der gemeinschaftsweiten Erschöpfung gilt nur für den Handel zwischen den Mitgliedstaaten, **nicht** hingegen für **Importe aus Drittstaaten**.

Dieser Grundsatz wurde auch im österreichischen Urheberrechtsgesetz, nämlich in § 16 Abs. 3 (▶ S. 97f), verankert, wobei unter „gemeinschaftsweit" nicht nur das Territorium der EU, sondern darüber hinaus auch der gesamte EWR zu verstehen ist.

Nach der Rechtsprechung des Europäischen Gerichtshofs kann sich daher der **Inhaber** eines gewerblichen **Schutzrechts**, das nach den Rechtsvorschriften eines Mitgliedstaats geschützt ist, auf diese Vorschriften nicht berufen, um sich der Einfuhr oder dem Vertrieb eines Erzeugnisses zu widersetzen, das auf dem Markt eines anderen Mitgliedstaats von ihm **selbst**, mit **seiner Zustimmung** oder von einer rechtlich oder wirtschaftlich von ihm **abhängigen Person rechtmäßig** in Verkehr gebracht worden ist:[77] Sind z.B. CDs in Großbritannien mit Zustimmung des zur Verbreitung Berechtigten in Verkehr gebracht worden, so ist ihre weitere Verbreitung im Europäischen Wirtschaftsraum frei. Die CDs können auch in solche Mitgliedstaaten eingeführt werden, in denen der Berechtigte das Verbreitungsrecht in andere Hände gelegt hat.

Welche Einschränkungen erfährt der Erschöpfungsgrundsatz?

Der **gemeinschaftsweite** Erschöpfungsgrundsatz erfährt durch die Rechtsprechung des Europäischen Gerichtshofs auch eine Reihe von Einschränkungen zugunsten der Rechteinhaber und zu Lasten der Rechteverwerter und Konsumenten:

▸ Der Inhaber von Vorführrechten an einem Spielfilm in Belgien kann sich der

Ausstrahlung einer deutschsprachigen Fassung dieses Films durch das Kabelfernsehen in Belgien erfolgreich widersetzen, weil die Verwertung von Spielfilmen von vornherein nur in den Grenzen der Ergiebigkeit nationaler Märkte vorgenommen werden kann.[78] Das Vorführrecht war durch die vorgängige Ausstrahlung des Spielfilms in Deutschland nicht erschöpft.

▸ Ein Filmhersteller kann die **Vermietung** von **Videokassetten** von einer besonderen Erlaubnis abhängig machen, wenn diese Kassetten in einem anderen Mitgliedstaat mit seinem Einverständnis zwar in Verkehr gebracht worden sind, in dem es dem Urheber allerdings nur möglich ist, den Erstverkauf, nicht aber die Vermietung zu untersagen.[79] Der Europäische Gerichtshof stellte in dieser Entscheidung darauf ab, dass sich ein eigener Markt für die Vermietung von Videokassetten neben dem Markt für deren Verkauf herausgebildet hat und dem Filmhersteller kein angemessener Anteil am neu entstandenen Vermietungsmarkt gesichert wäre, wenn dessen Rechte erschöpft worden wären.

▸ Der Erschöpfungsgrundsatz erfährt weiters eine Einschränkung, wenn eine **CD** in Großbritannien erstmals in Verkehr gesetzt, nach Frankreich importiert und dort in einer Diskothek **öffentlich aufgeführt** wird und der Leistungsschutzberechtigte dafür eine nach französischem Urheberrecht vorgesehene **gesonderte Vergütung** erhält, die das britische Urheberrecht nicht kennt.[80] Nach dieser Entscheidung des Europäischen Gerichtshofs hat eine Verwertungsgesellschaft daher das Recht, eine als zusätzliche **mechanische Vervielfältigungsgebühr** bezeichnete Gebühr aufgrund der öffentlichen Darbietung der Tonaufnahme zu verlangen, selbst wenn es dieses Recht nach den Vorschriften des Mitgliedstaats, in welchem die Tonaufnahme erstmals rechtmäßig in Verkehr gesetzt wurde, nicht gibt.

Welche Auswirkungen hat der freie Dienstleistungsverkehr?

Die vom Europäischen Gerichtshof entwickelten Grundsätze zu Art. 30 EGV sind grundsätzlich auch auf Beschränkungen des geschützten freien Dienstleistungsverkehrs anzuwenden.

Während körperliche Gegenstände nur einmal in Verkehr gebracht werden können und sich damit das gewerbliche Schutzrecht erschöpft hat, genießen **Dienstleistungen** jedes Mal uneingeschränkten Schutz, wenn sie **erbracht** werden, weil sich nur darin deren wirtschaftlicher Wert realisieren lässt. (Gemeinschaftsweite) **Erschöpfung** kann daher **nicht** eintreten, wenn Erzeugnisse nicht in körperlicher, sondern in unkörperlicher Form „veräußert" werden.[81]

Dies hat insbesondere für die Frage der Erschöpfung des Schutzrechts von **Computerprogrammen** oder elektronischen **Datenbanken** Auswirkungen, wenn etwa

Software oder Datenbanken bzw. deren Inhalte nicht auf Disketten oder CD-ROM vertrieben werden, sondern **online**. Bei einer Online-Datenbank wäre z.b. der (aufgrund eines Passwortes berechtigte) User nur dazu berechtigt, eine eigene Datenbank – etwa durch Down-Loading auf seine Festplatte – zu erstellen, nicht jedoch dazu, diese auch zu vervielfältigen und zu vertreiben. Da die meisten neuen Dienstleistungen, insbesondere im Zusammenhang mit dem Internet, von einer elektronischen Datenbank aus vermittelt werden, kommt diesem Aspekt des EU-Rechts künftig für den Schutz geistigen Eigentums zentrale Bedeutung zu.[82]

Soweit Software nur **vermietet** wird, finden die Grundsätze des freien Warenverkehrs **keine** Anwendung, sodass auch das Online-Vermieten zu keiner Erschöpfung führen kann.

4.4 Sind die EU-Wettbewerbsregeln zu beachten?

Radio Telefís Eireann – wie auch BBC – weigerten sich unter Berufung auf das Urheberrecht an ihrer Zusammenstellung des Fernsehprogramms der wöchentlich erscheinenden Fernsehzeitschrift Magill TV Guide die Veröffentlichung ihres Fernsehprogramms zu gestatten. Beide Sendeunternehmen hatten ihre eigene Programmzeitschrift und stellten darüber hinaus ihr Programm nur Tageszeitungen unter der Auflage zur Verfügung, dass nur das Fernsehprogramm der folgenden zwei Tage veröffentlicht werden dürfe. Das Verhalten der beiden Rundfunkunternehmen gegenüber Magill – nämlich die Verweigerung einer Lizenzerteilung – wurde vom Europäischen Gerichtshof als Missbrauch ihrer (jeweils) marktbeherrschenden Stellung qualifiziert.[83]

Artikel 81 und 82 EG-Vertrag sagen über das Verhältnis zwischen dem EU-Wettbewerbsrecht und den nationalen Rechtsvorschriften über die gewerblichen Schutzrechte nichts aus. Artikel 30 EG-Vertrag ist hingegen nach der Rechtsprechung des Europäischen Gerichtshofs – auch wenn er zu den mengenmäßigen Beschränkungen im Handel zwischen den Mitgliedstaaten gehört – Ausfluss eines Grundsatzes, der auch im Wettbewerbsrecht anzuwenden ist, sodass die nationalen gewerblichen Schutzrechte in ihrem **Bestand** durch Artikel 81 und 82 EG-Vertrag **nicht berührt** werden; deren **Ausübung** kann aber unter die in diesen Vorschriften enthaltenen **Verbote** fallen.

Die **Ausübung** von Urheber- und Leistungsschutzrechten unterliegt **Artikel 81** EG-Vertrag, wenn sie sich als Gegenstand, Mittel oder Folge eines Kartells darstellt,[84] das geeignet ist, den Handel zwischen Mitgliedstaaten spürbar zu beeinträchtigen; ebenso wenn die Ausübung eine Einschränkung oder Verfälschung des Wettbewerbs innerhalb des Gemeinsamen Markts bezweckt oder bewirkt.

Der Vorrang des Gemeinschaftsrechts aus Artikel 28 EG-Vertrag nimmt dem Urheber bzw. Leistungsschutzberechtigten nur das Recht, über eine getrennte Vergabe des Verbreitungsrechts für das In- und Ausland den Markt innerhalb der EU abzuschotten; als Lizenzgeber bleibt es ihnen allerdings **unbenommen**, verschiedene **Lizenzen** auf das Territorium von verschiedenen Mitgliedstaaten beschränkt zu vergeben.

Dies kann **auch** in Form einer **ausschließlichen** Lizenz erfolgen, deren Ausschließlichkeit sich aber nur auf das Vertragsverhältnis zwischen Lizenzgeber und Lizenznehmer beziehen darf. Der Lizenzgeber wäre demnach verpflichtet, keine weiteren Lizenzen für dasselbe Gebiet zu erteilen und dem Lizenznehmer auch nicht selbst auf diesem Gebiet Konkurrenz zu machen. Die Zusicherung eines **Gebietsschutzes**, wonach der Lizenznehmer vor Paralleleinfuhren aus dem Mitgliedstaat geschützt sein soll, in welchem der andere (ausschließliche) Lizenznehmer sitzt, **verstößt** gegen das Kartellverbot des Artikel 81 EG-Vertrag.[85] Ein absoluter Gebietsschutz auf der Grundlage ausschließlicher Lizenzen, welcher Paralleleinfuhren verhindert, würde zu einer künstlichen Aufrechterhaltung getrennter nationaler Märkte führen, welche aber mit den Prinzipien des EG-Vertrags unvereinbar ist.

Soweit eine **marktbeherrschende Stellung** aufgrund von Urheber- oder Leistungsschutzrechten besteht, stellt die **Schutzrechtsausübung** als solche noch **keinen** Missbrauch dar und verstößt daher auch nicht gegen Artikel 82 EG-Vertrag. **Missbräuchlich** wird die Ausübung des Schutzrechts erst dann, wenn damit die marktbeherrschende Stellung **erhalten** oder **ausgebaut** werden soll.

Ein **Schwerpunkt** der Anwendung von Artikel 82 EG-Vertrag auf dem Gebiet des Urheberrechts bildet die Kontrolle der Tätigkeit von **Verwertungsgesellschaften**, welche in den Mitgliedstaaten eine marktbeherrschende Stellung innehaben.

Hier stellt sich die mitunter schwierige Frage, ob sie ihre Stellung dazu missbrauchen, individuelle Rechtsverfolgung durch den einzelnen Urheber oder Leistungsschutzberechtigten zu vereiteln. Der Europäische Gerichtshof vertritt die Ansicht, dass das Missbrauchsverbot eingreife, wenn eine Verwertungsgesellschaft ihren Mitgliedern Verpflichtungen auferlege, die für die Erreichung des Gesellschaftszwecks nicht unentbehrlich sind und die Freiheit des Mitglieds, sein Urheberrecht auszuüben, unbillig beeinträchtigen.[86] Gegen die EU-Wettbewerbsregeln verstoßen auch die Systeme gegenseitiger Ausschließlichkeitsverträge zwischen den nationalen Verwertungsgesellschaften und die Forderung überhöhter Gebühren, sofern nicht die Differenzen zu den Gebühren in anderen Mitgliedstaaten sachlich gerechtfertigt sind.[87]

5. Das Werk

5.1 Überblick

Der Begriff des „**Werks**" ist der **Zentralbegriff** des Urheberrechts. Ohne Werk kein Urheberrecht und damit keine Urheberpersönlichkeitsrechte und keine Verwertungsrechte. Das Urheberrechtsgesetz definiert den für jede Anwendung des Gesetzes zentralen Begriff gleich zu Beginn in § 1 Abs. 1 als „eigentümliche geistige Schöpfung" auf den Gebieten der

- ▸ Literatur
- ▸ Tonkunst
- ▸ bildenden Künste und
- ▸ Filmkunst

Während wir uns unter „Literatur", „Tonkunst", den „bildenden Künsten" oder der „Filmkunst" noch etwas Konkretes vorstellen können, ist der Begriff der „eigentümlichen geistigen Schöpfung" höchst abstrakt und daher erklärungsbedürftig:

Die eigentümliche geistige Schöpfung

Das Erfordernis der „eigentümlichen geistigen Schöpfung" lässt sich nur schwer in Worte fassen. Es lebt eigentlich von der Summe aller Gerichtsurteile, die sich anhand konkreter Einzelfälle aus allen Bereichen der Kunst und der Informationstechnologie mit der Frage der eigentümlichen geistigen Schöpfung auseinandersetzen.

Eine eigentümliche geistige Schöpfung setzt voraus, dass durch **menschliches Schaffen** etwas **Neues**, und sei es in einer Kombination bereits bekannter Elemente, geschaffen wird. Es ist nämlich **nicht** Aufgabe des Urheberrechtsgesetzes, **allen Ergebnissen** schöpferischer geistiger Tätigkeit gesetzlichen Schutz zukommen zu lassen. Etwas „Neues", das nur auf **allgemeinen menschlichen Fähigkeiten** beruht – und sich daher vom Alltäglichen, Landläufigen, üblicherweise Hervorgebrachten **nicht abhebt**[88] –, ist **nicht** schutzfähig.

Die urheberrechtliche Beurteilung erfordert daher einen Vergleich des zu beurteilenden Objekts (z.b. Grafik oder Komposition) mit dem vorbekannten Formenschatz. Ist dieser Unterschied irgendwie individuell, dann ist urheberrechtlicher Schutz meistens zu bejahen. Zu beachten ist hierbei, dass es bei dieser Individualität auf die „**statistische Einmaligkeit**" nicht ankommt.[89]

Reine Natur-, Zufalls- oder Maschinenprodukte sind ebenso wenig schutzfähige Werke wie Gebilde, die von Tieren geschaffen wurden.

Die Beurteilung der urheberrechtlichen Schutzfähigkeit richtet sich nach den Verhältnissen im **Zeitpunkt** der **Schöpfung**.[90] Die **spätere** Entwicklung ist **nicht** zu berücksichtigen.[91] Wird z.b. eine Liedzeile durch den Bekanntheitsgrad des Liedes nachträglich Teil des allgemeinen Sprachguts, geht der Schutz nicht verloren, wenn im Zeitpunkt der Schaffung des Liedtexts die erforderliche Individualität vorhanden war.[92]

Aufgrund fortschreitender Technisierung, etwa in der so genannten **Computerkunst**, wird es in manchen Bereichen immer schwieriger, ein künstlerisches Ergebnis auf menschliches Schaffen zurückzuführen, womit unter Umständen gewisse Schutzdefizite auftreten können. Soweit der **Computer** nur als **Hilfsmittel** bei der Schaffung von Computermusik oder Computerbildern eingesetzt wird, kann eine eigentümliche geistige Schöpfung bejaht werden, wenn der Schöpfer das wesentliche Grundmuster selbst geschaffen und eine oder mehrere Versionen als definitiv bestimmt hat. Solcherart geschaffene „Werke" der Computerkunst sind grundsätzlich aber nur dann schutzfähig, wenn sie von einem Menschen direkt programmiert werden, nicht jedoch wenn man z.b. ein Programm schreibt, das seinerseits Computermusik „generiert". Unerheblich ist dabei, ob das verwendete Programm seinerseits urheberrechtlich geschützt ist (▸ S. 58).

Praktisch bislang nicht relevant – theoretisch aber trotzdem heftig umstritten – ist die Frage, ob die Präsentation eines alltäglichen Gegenstands als so genanntes **Readymade** der bildenden (**Anti-**)**Kunst**, wie sie im avantgardistischen Dadaismus der Jahre 1915 bis 1923 in Mode gekommen ist, schutzfähig sein kann. Nun scheint es zwar grundsätzlich nicht ausgeschlossen, dass ein alltäglicher Gegenstand, wie z.b. das von *Marcel Duchamp* im Jahr 1917 unter dem Titel „Fountain" ausgestellte Herrenpissoir, seiner bisherigen Umgebung entledigt und in den Rahmen einer Ausstellung versetzt, eine gänzlich neue Bedeutung erhält, welche er dem Besucher „offenbart"; ob dies freilich als „eigentümliche geistige Schöpfung" angesehen werden kann, ist zu bezweifeln. Solche Readymades sind zwar als Kunstobjekte aufzufassen und zu interpretieren – **schutzfähig** nach dem Urheberrechtsgesetz werden sie aber höchstwahrscheinlich **nicht** sein.

Voraussetzungen für urheberrechtlichen Schutz

Die Ergebnisse menschlichen Schaffens müssen sich vom Alltäglichen, Landläufigen, üblicherweise Hervorgebrachten **abheben**.[93] Es muss zumindest eine persönliche Note vorliegen, die dem Erzeugnis von seinem Schöpfer verliehen wurde. Nur dann liegt die vom Urheberrechtsgesetz verlangte „Eigentümlichkeit" vor. Der Schwerpunkt geistiger Leistung kann dabei je nach Art des Werks auf Eingebungen der Fantasie, auf der Entwicklung und Logik der Gedankenführung oder auf der Darstellung, der Auswahl oder der Anordnung von Elementen liegen.[94]

Voraussetzung für urheberrechtlichen Schutz ist ferner, dass – mit Ausnahme der Informationstechnologie – das Schaffensergebnis **objektiv** als Kunst interpretierbar ist.[95] Ob ein Werk in diesem Sinn vorliegt, ist eine reine Rechtsfrage und keine Sachverständigenfrage;[96] sie wird – im Streitfall – von einem Gericht entschieden. Maßgeblich für jede Beurteilung ist daher die einschlägige Rechtsprechung der Gerichte, insbesondere des Obersten Gerichtshofs und des Europäischen Gerichtshofs. Das „Urteil" von Kunstsachverständigen spielt hingegen bei der Beurteilung, ob es sich überhaupt um ein Werk handelt, keine Rolle.

Für die urheberrechtliche **Schutzfähigkeit** eines Werks ist der **ästhetische Wert**, die **künstlerische Qualität** oder die **Anerkennung** als Kunst im Kunsthandel, durch Galerien oder Museen oder durch Kunstsachverständige **nicht rechtserheblich**.

Der urheberrechtliche **Werkbegriff** ist **zweckneutral**: Auch **Gebrauchsgegenstände** (wie z.B. Geschirr, Haushaltsgeräte, Möbel) und **Gebrauchsgrafiken** (wie z.B. Firmenembleme, Logos, Corporate-Design-Programme) können als Werke der angewandten Kunst (▶ S. 68) urheberrechtlichen Schutz genießen, sofern sie die Anforderungen an den Werkbegriff erfüllen. Eine bestimmte **Werkhöhe** ist nach der neueren Rechtsprechung für Werke der bildenden Kunst **nicht** mehr **erforderlich**.[97]

Ein urheberrechtlich geschütztes Werk kann nie ohne sinnlich wahrnehmbare Gestaltung zur Existenz gelangen; andernfalls würde es im Bereich der urheberrechtlich nicht schutzfähigen abstrakten Gedankenwelt verbleiben. Urheberrechtsschutz bezieht sich stets auf die **äußere Form** des Werks.

Und was ist urheberrechtlich nicht schutzfähig?

Nicht alles, was wir landläufig als „Schöpfung" oder „geistiges Eigentum" bezeichnen, ist urheberrechtlich schutzfähig. Ganz im Gegenteil:

Nicht geschützt sind einzelne **Wörter**,[98] **Wortschöpfungen** oder **Begriffe**, mögen sie auch noch so neu und einzigartig sein, weil urheberrechtlicher Schutz der Gattung „Literatur" ein Sprachgefüge voraussetzt. Einzelne Wörter, Wortschöpfungen oder Begriffe können aber unter bestimmten Voraussetzungen als Marke beim Patentamt registriert werden. Sie genießen dann markenrechtlich den Schutz.

INFO
- www.markenwissen.info
- www.markenanmeldung.at

Ideen und **Gedanken,**[99] technische **Lösungen,** mathematische Formeln, wissenschaftliche oder medizinische **Erkenntnisse, das Ergebnis (Ranking) einer nach bestimmten Kriterien durchgeführten Untersuchung,**[100] **Lehren** und **Theorien,** bloße **Stilmittel** oder Methoden des Schaffens (z.B. „Formate" von Videoclips[101]), eine bestimmte **Stilrichtung** (z.B. der „Hundertwasser-Stil"[102]) oder **Technik**[103] oder ganze **Werkgattungen** sind urheberrechtlich nicht schutzfähig.

Ebenso sind historisch überlieferte Ereignisse, das **Tagesgeschehen** und das tatsächlich gelebte **Leben einer Person** urheberrechtlich nicht geschützt.[104]

Populärer Irrglaube:

Bei Prominenten finden wir häufig die Auffassung, es gäbe so etwas wie ein „Copyright" auf die eigene Lebensgeschichte. Die Lebensgeschichte jedes Menschen – auch berühmter Zeitgenossen – ist urheberrechtlich nicht schutzfähig. Geschützt sein kann allenfalls eine konkrete sprachliche Darstellung etwa im Rahmen einer Autobiografie.

Sind Werkteile geschützt?

Zwischen Jänner 1987 und April 1989 wurde im ORF wiederholt ein Werbespot von Gervais Danone ausgestrahlt, der unter anderem folgenden Text enthielt: „So ein Tag, so wuuuuuunderschön wie heute (Seufz) braucht sein ... Dany plus Sahne ...". Ein Musikverlag, der 1954 das alleinige und ausschließliche Werknutzungsrecht an dem Lied „So ein Tag" (Text: Walter Rothenburg; Musik: Lotar Olias) für Österreich erworben hat, klagte wegen Eingriffs in den Refrain „So ein Tag, so wunderschön wie heute" aus dem Lied „So ein Tag".[105] Der Oberste Gerichtshof gab dem Musikverlag Recht.

Nach dem Urheberrechtsgesetz sind nämlich **Werke** sowohl als Ganzes als auch in ihren **Teilen** geschützt (§ 1 Abs. 2). Voraussetzung des Schutzes von Werkteilen ist, dass sie für sich allein den Anforderungen an den **Werkbegriff** entsprechen.[106] Anhaltspunkte, wann diese Anforderung erfüllt ist, gibt die Rechtsprechung.

Der OGH hat etwa der Verszeile „Voll Leben und voll Tod ist diese Erde" aus dem Gedicht „Das Lied von der Erde" von Jura Soyfer als Teil eines Sprachwerks für sich allein urheberrechtlichen Schutz zuerkannt.[107] *Dem Refrain „Tausendmal berührt, tausendmal ist nix passiert, tausend und eine Nacht und es hat Zoom gemacht" des Liedes „1001 Nacht" wurde kein urheberrechtlicher Schutz (als Sprachwerk) zuerkannt, weil es sich dabei um keine persönliche geistige Schöpfung handelt und selbst der Endreim nicht ausreicht, dieses „Werk" aus der Masse des Alltäglichen und Trivialen herauszuheben.*[108] *Der* **Refrain** *des Lieds „Happy Birthday to you" von Stevie Wonder ist als Werk der* **Tonkunst** *urheberrechtlich geschützt.*[109]

Woran bemisst sich der Schutzumfang?

Die urheberrechtliche Zuordnung eines geistigen Guts ausschließlich zu einer Person – nämlich dessen Urheber – lässt sich nur dann rechtfertigen, wenn das geistige Gut etwas enthält, das gerade von dieser Person stammt, das sie von sich aus den Anregungen und den von ihr verarbeiteten künstlerischen oder literarischen Traditionen hinzugegeben hat, wenn es also individuell ist. Nach der Rechtsprechung ist daher allein die auf der **Persönlichkeit** seines **Schöpfers** beruhende **Individualität** des Werks maßgebend. Sie muss in ihm so zum Ausdruck kommen, dass sie dem Werk den **Stempel der Einmaligkeit** und der Zugehörigkeit zu seinem Schöpfer aufprägt.[110]

Das Merkmal der **Individualität** dient einerseits der Beurteilung der **Schutzbegründung** von Werken, andererseits deren **Schutzumfang**:

Je individueller ein Werk ist, desto größer ist sein Schutzumfang. Dies hat zur Folge, dass das Werk nicht nur in seiner konkreten Form gegen Kopieren geschützt ist, sondern auch gegen nahezu identische Nachbildungen. Je weniger Gestaltungsmöglichkeiten allerdings zur Verfügung stehen, desto weniger kann von der Individualität des Schöpfers in das Werk eingehen, sodass dessen (urheberrechtlicher) Schutz umso schwächer ist. Geringfügige Abweichungen können dann bereits außerhalb des Schutzumfangs des Originals liegen.[111]

Dies hat etwa im Design-Bereich Auswirkungen, wenn der Künstler vollendete **Zweckformen** anstrebt: Weder die Gestaltung eines Stuhls im „proportionierten Kubus" noch die „Transparenz der Linienführung" seiner Elemente und das „frei auskragende Sitzen" zählen zu urheberrechtlich schützbaren Elementen; sie sind nur Teil des **technischen Konzepts**, welches **nicht schutzfähig** ist.[112]

5.2 Welche Werkarten gibt es?

Die nach dem österreichischen Urheberrechtsgesetz geschützten **Werkarten** sind – anders als nach dem deutschen Urheberrechtsgesetz – **abschließend** (= taxativ) aufgezählt:

- **Literatur** (§ 2)
  - Sprachwerke aller Art (Z 1)
  - Computerprogramme (Z 1)
  - Bühnenwerke (Z 2)
  - Werke wissenschaftlicher Art (Z 3)
- **Tonkunst**
- **Bildende Künste** (§ 3)
  - Lichtbildkunst
  - Baukunst
  - Angewandte Kunst
- **Filmkunst** (§ 4)
- **Sammelwerke** (§ 6)
- **Datenbankwerke** (§ 40f Abs. 2)

Die Begriffe „Literatur" und „Kunst" sind im Sinn eines **offenen Kunstbegriffs** weit auszulegen, sodass auch **neuartige Kunstformen** (▶ S. 68f), wie etwa eine Rauminstallation, zu den schutzfähigen Werken zu zählen sind, wenn sie den Anforderungen des Werkbegriffs entsprechen.

5.3 Literatur

5.3.1 Sprachwerke

Sprachwerke sind alle Werke, deren **Ausdrucksmittel** die **Sprache** ist: Dazu gehören sowohl **schriftlich** niedergelegte Sprachwerke (Romane, Erzählungen, Drehbücher, Gedichte, Liedtexte, Abhandlungen wissenschaftlichen, politischen oder religiösen Inhalts) als auch **mündlich** vorgetragene Sprachwerke (Reden, Ansprachen, Vorträge,[113] Vorlesungen, Reportagen, Interviews), wobei es bei Letzteren nicht darauf ankommt, dass sie festgehalten oder durch Tonbandaufnahmen wörtlich wiederholbar gemacht worden sind.[114] Da das Urheberrechtsgesetz in § 2 Z 1 „Sprachwerke aller Art" umfasst, können auch Kunstsprachen, Bilder- und Lautsprachen sowie mathematische Symbole urheberrechtlichen Schutz genießen.

Schutzvoraussetzung ist jeweils, dass das Sprachwerk von seinem Urheber eine gewisse Individualität erhalten hat, welche entweder in der sprachlichen Gestaltung oder der gedanklichen Bearbeitung liegen kann.[115] Zu den **geschützten Elementen** eines Sprachwerks zählen der **Wortlaut** und die **Konzeption** (Gedankenreihe) und Vorstellungsabläufe,[116] wobei sich gerade bei Werken belehrender Art (z.B. Atlanten) die Individualität in der Konzeption (Sammlung, Auswahl, Einteilung und Anordnung des vorgegebenen Stoffs) manifestiert. Für die Qualifikation eines Sprachwerks als „**wissenschaftlich**" ist eine sich durch individuelle Darstellung auszeichnende Schöpfung auf wissenschaftlichem Gebiet erforderlich, deren äußere Form und/oder inhaltliche Gestaltung sich von vergleichbaren Werken deutlich abhebt.[117]

Basics des Urheberwissens:

Auf eine bestimmte **Werkhöhe** kommt es – entgegen der älteren Rechtsprechung – **nicht** mehr an.[118] Auch das Durchschnittsschaffen kann urheberrechtlichen Schutz genießen.

Der **ästhetische Wert** eines Sprachwerks ist ebenso **bedeutungslos** wie das Fehlen eines besonderen literarischen oder künstlerischen Ranges.[119] Selbst primitive, geschmacklose, abstoßende, ekelerregende oder Perversionen enthaltende Sprachwerke können Schutz genießen.[120]

Beispiele:

„Klassische" Literaturgattungen, wie

▶ *Romane*
▶ *Erzählungen*
▶ *Dramen*
▶ *Drehbücher und*
▶ *Gedichte*

genießen in aller Regel urheberrechtlichen Schutz, weil für deren Inhalt wie Form ein großer Gestaltungsspielraum besteht, von welchem durch die jeweilige Wortwahl auf individuelle Weise Gebrauch gemacht wird.

Nach der Judikatur können auch folgende Sprachwerke urheberrechtlichen Schutz genießen, wenn sie individuelle, originelle Züge ihres Schöpfers enthalten:

▶ *Biographien[121]*
▶ *geschichtswissenschaftliche Hausarbeiten[122]*
▶ *Sachverständigengutachten[123]*
▶ *unter bestimmten Voraussetzungen ein von einem Rechtsanwalt verfasster Vertrag[124]*

- *Tagebücher*[125]
- *einige Manuskriptseiten*[126]
- *Verszeilen, wie „Voll Leben und voll Tod ist diese Erde" aus dem Gedicht „Das Lied von der Erde" von Jura Soyfer*[127] *und selbst*
- *kürzere Formulierungen, wie die Liedzeile „So ein Tag, so wunderschön wie heute"*[128]

*Folgenden „Sprachwerken" wurde **mangels Werkqualität** urheberrechtlicher Schutz verwehrt:*

- *einer **Gebrauchsinformation** eines Arzneimittels*[129]
- ***alltäglichen Aussagen** wie in Dankes- und Glückwunscherklärungen*[130]
- ***Werbetexten und Werbeslogans**, z.b. „Auf bald – beim Wienerwald"*[131] *– wobei es auf den naheliegenden Endreim nicht ankommt*[132] *–, „… das aufregendste Ereignis des Jahres"*[133] *oder „Den Brand löscht nur die Feuerwehr, löscht man den Durst, muss Stadtbräu her"*[134]
- ***Ein einzelnes Wort**, wie „radial" als Bezeichnung für Ski*[135] *oder „Ramtha" für parapsychologische Dienstleistungen*[136]*, kann ebenfalls kein Sprachwerk sein, weil hierfür ein Sprachgefüge erforderlich ist.*
- ***Einfache Mitteilungen** enthaltende Presseberichte (vermischte Nachrichten, Tagesneuigkeiten) genießen grundsätzlich keinen urheberrechtlichen Schutz (§ 44 Abs. 3). Für solche Presseberichte gilt der Nachrichtenschutz (§ 79).*

5.3.2 Computerprogramme

Im Jahr 1993 wurde in Umsetzung der „Computer-Richtlinie" (▶S. 44) die urheberrechtliche Schutzfähigkeit von **Software** in § 2 Z 1 („Sprachwerke aller Art") verankert und in einem eigenen Abschnitt (§§ 40a – 40e) näher geregelt.[137]

Schutzgegenstand ist nach der Systematik des Urheberrechtsgesetzes das, was ein Computerprogramm sprachlich zum Ausdruck bringt. Dies umfasst im Wesentlichen vier Arten von **Informationen:**

- Beschreibung der zu verarbeitenden Daten und ihrer Anordnung
- Beschreibung der Verarbeitungsprozeduren
- Informationen zum Dialog mit dem Benutzer und zu dessen Führung und Unterrichtung über Auswahlmöglichkeiten und Fehlersituationen
- Informationen für Fehlerbeseitigung und Weiterentwicklung des Computerprogramms

Was unter einem **Computerprogramm** zu verstehen ist, wurde vom Gesetzgeber nicht festgelegt. Die EU-Kommission **definiert** als Computerprogramm das nach dem derzeitigen Stand der Technik in jeder Form, Sprache und Notation oder in jedem Code gewählte Ausdrucksmittel für eine Folge von Befehlen, die dazu dient, einen Computer zur Ausführung einer bestimmten Aufgabe oder Funktion zu veranlassen.[138] An dieser Interpretation wird man sich auch in Österreich zu orientieren haben. Unerheblich ist, ob das Programm in der Hardware, z.B. in der Festplatte oder auf einem Chip, fest integriert ist.

Unter welchen **Voraussetzungen** Computerprogramme den allgemeinen Werkbegriff erfüllen und demnach urheberrechtlichen Schutz genießen, bestimmt sich in Österreich nach § 40a Abs. 1: Dieser beinhaltet allerdings nur den allgemeinen urheberrechtlichen Grundsatz, dass Computerprogramme dann Werke im Sinne des Gesetzes sind, wenn sie das Ergebnis der eigenen **geistigen Schöpfung** ihres Urhebers, des Programmierers, sind. Wie bei den anderen urheberrechtlichen Werkarten sind auch bei Computerprogrammen nur die Form (Programmcode) und der Ausdruck eines Werks urheberrechtlich geschützt; die Idee als solche bleibt frei.

Da die für den urheberrechtlichen Schutz erforderliche **Individualität** bei der Herstellung eines Computerprogramms nicht in der Gestaltung der Programmiersprache liegen kann – die feste Syntax und Semantik von Programmiersprachen lässt eine individuelle Anordnung von Befehlen und Befehlsgruppen gar nicht zu –, liegt die **schöpferische Leistung** des Programmierers in der **Analyse** des zu lösenden Problems sowie der daran anschließenden **Umsetzung** der Problemlösung in eine streng formalen Regeln unterliegende Form. Nicht die Algorhythmen, die Rechenregeln, die Programmierideen, die mathematischen Formeln, kurz die Bausteine jedes Programms, sondern nur das „Gewebe" einer Software wird urheberrechtlich geschützt.[139]

Der Schutz von Programmen geht von der Individualität des geschützten Werkes aus. **Ausgeschlossen** vom urheberrechtlichen Schutz sind demnach – mangels Individualität – bloße Vervielfältigungen bestehender Programme (so genannte **Raubkopien**), weil diese ohne schöpferische Anstrengungen hergestellt werden. Daran ändert auch nichts, wenn hierzu komplizierte Mechanismen des Kopierschutzes umgangen werden müssen, weil damit nur Aufwendungen zur Schaffung eines Werkstücks, nicht hingegen für ein Werk getätigt werden müssen. Ebenso sind so genannte **Banalprogramme** nicht geschützt. Hierbei handelt es sich um auf einfachste Weise zu erstellende Kleinprogramme mit stark begrenztem Funktionsumfang, die nur aus wenigen Befehlen oder der Hintereinanderschaltung allgemein bekannter Programmbausteine bestehen.[140]

Jede darüber hinausgehende Folge von Befehlen, die dazu dient, einen Computer zur Ausführung einer bestimmten Aufgabe oder Funktion zu veranlassen, genießt hingegen den Schutz des Urheberrechtsgesetzes; geschützt ist daher auch das Schaffen eines **Durchschnittsprogrammierers**.

Der Begriff „Computerprogramm" umfasst **alle Ausdrucksformen** einschließlich des Maschinencodes sowie das „Material zur Entwicklung des Computerprogramms" (**Programmbeschreibung**). Geschützt sind demnach sämtliche Entwicklungsstufen von Computerprogrammen, beginnend mit der ersten Lösungsskizze, das Entwurfs- und Ausführungsmaterial, Ablaufdiagramme und Beschreibungen von Schrittfolgen in Klarschrift bis zur fertigen Software. Der Schutz umfasst Programme in der Version des **Quellprogramms (Sourcecode)**, das in einer höheren Programmiersprache abgefasst ist, aber auch in der Version des unmittelbar ablauffähigen **Objektprogramms**, welches aus dem Sourcecode mittels einer maschinellen Übersetzung (Compiler) erzeugt wird. Auch HTML-Code kann als Computerprogramm qualifiziert werden, wenn er Funktionalitäten erfüllt. Bei **Expertensystemen** kann sich der urheberrechtliche Schutz z.B. auch nur auf die Softwarekomponente beziehen, die auf Nachfrage Begründungen abgibt, wie Ergebnisse oder Zwischenergebnisse abgeleitet werden und warum bestimmte Fragen an den Benutzer gestellt werden.[141]

Bedienungsanleitungen und **Wartungshandbücher** sind weder Teil noch Ausdrucksform des Computerprogramms und daher nicht als Software geschützt, sie können jedoch als gewöhnliche **Sprachwerke** (§ 2 Z 1) selbständig urheberrechtlichen Schutz genießen.

Umstritten ist, ob auch die **Bildschirmgestaltung** eines Computerprogramms von dessen Urheberrechtsschutz umfasst ist, weil es hier um den Schutz des äußeren Erscheinungsbildes geht, welches mit dem Programminhalt nicht identisch ist, ja nicht einmal ähnlich zu sein braucht: Eine gleichartige **Benutzeroberfläche** kann nämlich durch gänzlich verschiedene Programme erzeugt werden. Die Individualität des Programms ist folglich weder notwendige noch hinreichende Bedingung für die Individualität der Benutzeroberfläche. Da die Bildschirmgestaltung aber Teil einer einheitlich konzipierten und ausgearbeiteten Programmschöpfung ist, wäre es grundsätzlich auch sachgerecht, den Programmschutz auf die Benutzeroberfläche auszudehnen,[142] zumal ja der Softwareschutz „alle Ausdrucksformen" des Computerprogramms in den Schutz einbezieht. Von diesem Grundsatz wären freilich Bildschirmausgaben – etwa Pull-Down-Menüs oder Dialogboxen – ausgenommen, die sich nur an vorgegebenen Standards orientieren.

Ähnlich gelagert wie die Frage der Schutzfähigkeit von Benutzeroberflächen ist die Frage der Schutzfähigkeit von **Computer-** und **Videospielen**: Sofern man den Schutz der diesen Spielen zugrundeliegenden Software nicht auf das äußere Erscheinungsbild, das dem Anwender auf dem Bildschirm „entgegentritt", ausdehnen will oder die Software mangels Werkqualität nicht geschützt ist,[143] käme für Computer- und Videospiele der Laufbildschutz (§ 73 Abs. 2) in Betracht,[144] womit der Spielhersteller (zumindest) ein Leistungsschutzrecht erhält (zur Problematik ▸▸S. 189).

Multimedia und Websites

In jüngster Zeit stellt sich auch die Frage nach der urheberrechtlichen Einordnung von **Multimedia-Anwendungen** sowie Websites, welche durch die Vielfalt der verwendeten Medien (Texte, Grafiken, Einzelbilder, Audio-Videosequenzen) und die Art ihrer Verknüpfung einen weiten, urheberrechtlich relevanten Gestaltungsspielraum eröffnen. Die schöpferische Leistung kann hiebei sowohl im Verknüpfen (insbesondere über multimediaspezifische interne Verweisungsstrukturen, mit deren Hilfe aus bestimmten Kontexten andere Elemente aufgerufen werden können) als auch im Erstellen von Komponenten derartiger Anwendungen bestehen.

Dass auch Multimedia-Anwendungen und Websites dem Urheberrechtsgesetz unterliegen, ist unbestritten. In der Fachwelt unentschieden ist aber, ob der **Softwareschutz** tragende Grundlage für den Schutz von Multimedia-Produkten und Multimedia-Herstellungstechniken bzw. Websites ist. Da sie in aller Regel die (rechtlichen) Voraussetzungen einer Datenbank erfüllen, wären sie – unabhängig vom jeweiligen Schutz ihrer Elemente (Bild, Ton, Sprache) oder vorbestehender Werke – als **Datenbank** urheber- oder leistungsschutzrechtlich geschützt (▶ S. 190ff).[145]

INFO

▶ www.computerrecht.at
▶ www.datenbankrecht.at
▶ www.multimediarecht.at
▶ www.softwarerecht.at

5.3.3 Choreographische und pantomimische Werke

Zur Literatur werden auch Bühnenwerke gezählt (§ 2 Z 2), deren Ausdrucksmittel **Gebärden** und andere **Körperbewegungen** sind. Hierbei handelt es sich um choreographische und pantomimische Werke. **Schutzvoraussetzung** ist, dass es sich um Bühnenwerke handelt, in welchen durch Gebärden und Bewegungen Gedankeninhalte zum Ausdruck gebracht werden. Geschützt sind demnach **Pantomime**, **Tanz** und **Ballett**, während sportliche und akrobatische sowie schauspielerische Leistungen hiervon nicht umfasst sind.

Der **Begriff** des „Bühnenwerks" bedeutet aber nicht, dass „ein Werk der Tanzkunst für die Bühne (stage) im traditionellen Sinn oder sonstige (professionelle) Veranstaltungsräume konzipiert ist".[146]

5.3.4 Werke wissenschaftlicher Art

Die Werkgattung „Literatur" umfasst auch Werke wissenschaftlicher oder belehrender Art, die in **bildlichen Darstellungen** in der **Fläche** oder im **Raum** bestehen, sofern sie nicht zu den Werken der bildenden Künste (▸▸ S. 65) zu zählen sind (§ 2 Z 3).

Von dieser Werkgattung sind in erster Linie **Landkarten, Himmelskarten, Globen** und **Reliefdarstellungen** von Gebirgen erfasst, sofern sie eine gewisse **Originalität** bzw. Eigentümlichkeit der Darstellung aufweisen und das Ergebnis schöpferischer geistiger Tätigkeit sind.[147]

Besondere **Anforderungen** an die **künstlerische Qualität** werden von der Rechtsprechung **nicht** gestellt: So wurde einem **Stadtplan** von Innsbruck (siehe Abb. 1) urheberrechtlicher Schutz zugebilligt, in welchem Sehenswürdigkeiten durch Icons entsprechend hervorgehoben waren und womit ein prägnanter Überblick über die Sehenswürdigkeiten der Stadt gegeben wurde.[148]

Nicht geschützt ist hingegen die **bloße Wiedergabe** geografischer Tatsachen (z.B.

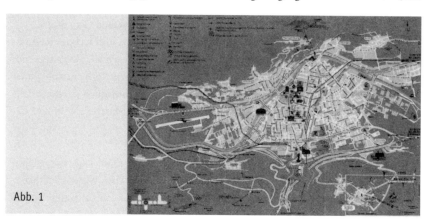

Abb. 1

Verlauf von Gebirgszügen, Flüssen, Straßen oder die Lage von Orten) sowie rein **schablonenmäßige** Darstellungsformen (z.b. Verwendung üblicher Bildzeichen, Einzeichnen von Höhenlinien, Hervorheben von Waldflächen, Gewässern oder Wegen durch bestimmte Farben) oder die Anwendung **üblicher Darstellungstechniken** (z.b. Schummerung zur plastischen Gestaltung von Geländeformen[149] – siehe Abb. 2).

Obwohl bei allen Karten bei der Auswahl und Hervorhebung des Darzustellenden ein gewisser Spielraum für schöpferische Gestaltung besteht, ist zu berücksichtigen, dass etwa bei **Spezialkarten** schon deren Zweck eine bestimmte Darstellung vorschreiben kann, sodass die „schöpferischen" Elemente gegebenenfalls zur Begründung des Werkcharakters nicht herangezogen werden können.[150]

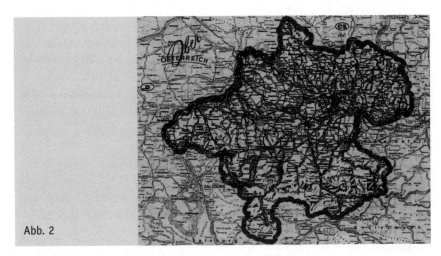

Abb. 2

Für die vom Bundesamt für Eich- und Vermessungswesen hergestellten oder bearbeiteten und zur Verbreitung bestimmten Landkarten gelten dieselben Grundsätze.

Nicht nur Landkarten, sondern auch **Pläne** für Maschinen und technische Anlagen können wissenschaftliche Werke sein. Derartige Werke liegen allerdings regelmäßig an der unteren Grenze der urheberrechtlichen Schutzfähigkeit. **Schutzobjekt** ist in diesen Fällen nur die Beschreibung des Gegenstandes, nicht jedoch der dargestellte Gegenstand selbst.[151] Eine Konstruktionszeichnung einer Maschine etwa darf daher ohne Zustimmung des Urhebers nicht vervielfältigt werden; das Nachbauen der Maschine selbst wäre hingegen zulässig.

Zu berücksichtigen ist, dass bildliche Darstellungen nur dann schutzfähig sind, wenn sie der Visualisierung **literarischer Zwecke** dienen und eben wissenschaftlicher oder belehrender Natur sind. Eine bildliche Darstellung von Fußballereignissen in Form eines „Seismographen" erfüllt diese Voraussetzungen nicht.[152]

5.4 Musikwerke

Werke der Tonkunst (= Musikwerke) sind persönliche geistige Schöpfungen, deren Ausdrucksmittel **Töne** sind.[153] Das Urheberrechtsgesetz definiert den **Begriff** „Tonkunst" nicht. „**Musik**" ist im weiten Sinn zu verstehen und umfasst **alle** Arten von **Kompositionen:**

‣ **Opernarien**[154]
‣ **Ernste Musik** und **Unterhaltungsmusik**[155]
‣ **Songs**[156] und **Chansons**

▸ Schlager[157] sowie

▸ **atonale** und **elektronische Musik** (wenn Klänge auf der Entscheidung des Menschen beruhen) und

▸ **Geräuschmusik**

Auf die Höhe des individuellen ästhetischen Gehalts kommt es aber nicht an, weil an diesen bei Musikwerken keine besonderen Anforderungen zu stellen sind.[158]

Der urheberrechtliche **Schutz** umfasst alle Elemente der musikalischen Darstellung, also die **Melodie** ebenso wie die charakteristische **Klangwirkung** und die **Tonfolge.** Ebenso kann ein Refrain eines Liedes geschützt sein, wie etwa „Happy Birthday to you" von Stevie Wonder, weil er sich infolge einer für die Populärmusik ungewöhnlichen Phasenverschiebung und einer unregelmäßigen Melodie von dem in der Musik Alltäglichen abhebt und die persönlichen Züge seines Schöpfers zur Geltung bringt.[159]

Nicht geschützt sind hingegen ein aus **wenigen Tönen** bestehendes **Motiv** oder **Thema**, der **Rhythmus**, die **Klangfärbung** oder ein einzelner **Akkord.** Der Schutz eines Komponisten gegen das Sampling seines Sounds besteht in aller Regel nicht, weil es sich um einen zu kleinen Werkteil handelt oder dieser Teil unter die freie Benutzung fällt.

Populärer Irrglaube:
Wir finden häufig die feste Überzeugung, dass es zulässig sei, etwa fünf Takte einer fremden Musik einfach zu übernehmen. Dies ist unrichtig: Obwohl urheberrechtlicher Schutz nicht erst ab einer bestimmten Mindestanzahl von Tönen oder Takten besteht, wird dieser Schutz bei einer kurzen Tonfolge tendenziell seltener erlangt, weil der Spielraum zur Entfaltung musikalischer Gedanken entsprechend beschränkt ist. Es ist aber nicht ausgeschlossen, dass wir auch bei drei oder fünf Takten bereits ein urheberrechtlich geschütztes Werk vor uns haben.

5.5 Werke der bildenden Künste

Zu den Werken der bildenden Künste im eigentlichen (engeren) Sinn gehören:

▸ **Malerei** einschließlich **Glasmalerei**[160]

▸ **Grafik**[161] (siehe Abb. 3)

▸ **Plastik**[162]

Abb. 3

▸ geschnitzte **Krippenfiguren**[163]
▸ **Bildhauerei** und ähnliche Formen künstlerischen Schaffens
▸ bis zu Happenings[164] sowie
▸ **Lichtbildwerke**
▸ Werke der **Baukunst** (Architektur)
▸ Werke der **angewandten Kunst** einschließlich des **Kunstgewerbes**

Während das bei Schöpfungen der **bildenden Künste** entstehende Kunstwerk (und sei es „nur" eine so genannte „Sonntagsmalerei") sich durch ausschließlich **ästhetische** Zielsetzung (die sie freilich nicht zu erreichen braucht) auszeichnet, erfüllen Werke der **angewandten Kunst** zusätzlich einen **Gebrauchszweck**. Dieser steht einem allfälligen Urheberrechtsschutz nicht entgegen, weil der Werkbegriff zweckneutral ist (▸▸S. 54f). Auch für Werke der bildenden Künste ist das Vorliegen einer bestimmten **Werkhöhe nicht** erforderlich. Entscheidend ist nur, dass das Schaffensergebnis objektiv als Kunst interpretierbar ist.[165]

Abb. 4

Auch relativ **einfache Gestaltungen** und **stilisierte Darstellungen** bekannter Formen können als Werke der bildenden Künste geschützt sein, was ebenso für **naturalistische** Zeichnungen gilt (siehe Abb. 4).[166]

Ein weiteres künstlerisches Anwendungsgebiet, bei welchem urheberrechtlicher Schutz allerdings nur in Ausnahmefällen anzunehmen ist, stellt die **Mode** dar:[167] Aufgrund der beständigen Wiederkehr bestimmter modischer Besonderheiten sind „echte Modeschöpfungen" als eigentümliche geistige Schöpfung in aller Regel auszuschließen.[168] Dies gilt auch für die entsprechenden **Schnitte**, **Entwürfe** und **Zeichnungen**, soweit sie sich im Ausdruck einer Moderichtung erschöpfen.[169]

5.5.1 Fotos

Das Urheberrechtsgesetz unterscheidet zwischen **künstlerischen Fotografien** (so genannte Lichtbildwerke; § 3 Abs. 1), welche vollen urheberrechtlichen Schutz genießen, und **einfachen Lichtbildern** (§ 73 Abs. 1), für welche nur ein Leistungsschutzrecht (▸ S. 183) in Betracht kommt, welches inhaltlich allerdings nur unwesentlich hinter dem urheberrechtlichen Schutz zurückbleibt. In der Praxis kommt der Unterscheidung keine besondere Bedeutung zu, weil jedes Lichtbildwerk zugleich auch ein Lichtbild ist,[170] sodass für alle Fotos zumindest Leistungsschutz besteht.

Für die **Beurteilung** eines Lichtbilds als Lichtbildwerk ist insbesondere die der Persönlichkeit des Fotografen entstammende Eigenheit und das – für alle Werkarten – erforderliche Maß an **Originalität** entscheidend.[171] Demnach unterscheiden sich Lichtbildwerke von einfachen Lichtbildern dadurch, dass Erstere sich als individuelle geistige Leistungen vom Alltäglichen, Landläufigen, üblicherweise Hervorgebrachten abheben und ihnen demnach Werkcharakter zukommt. Die Persönlichkeit des Fotografen muss – insbesondere durch **visuelle Gestaltung** und durch **gedankliche Bearbeitung** – im Lichtbildwerk zum Ausdruck kommen.[172]

Ob ein Lichtbild als Werk der Lichtbildkunst anzusehen ist, kann nach der Judikatur von verschiedenen Umständen abhängen, wie der **Auswahl** des **Standpunkts** oder des **Objektivs**, der **Beleuchtung** des Aufnahmegegenstands, der **Belichtung**, der **Entwicklung** oder nachträglichen Manipulationen wie der **Retusche** oder dem Kopieren des Negativs.[173] Dies kann auch für Amateuraufnahmen, Landschaftsaufnahmen (siehe Abb. 5) sowie Personen- oder Urlaubsfotos zutreffen.[174]

Abb. 5

5.5.2 Architektur (Baukunst)

Zu den Werken der bildenden Künste gehören auch Werke der Baukunst (**Architektur**). Darunter fallen nicht nur **Repräsentativbauten** wie Triumphbögen, Türme und Brücken, sondern auch **Zweckbauten** wie Fabriken[175] und Wohnhäuser, sofern sie jeweils eine eigentümliche geistige Schöpfung darstellen.[176]

Geschützt sein kann nicht nur die **Außenansicht** von Bauwerken, wie etwa das Hundertwasserhaus,[177] sondern auch „Innenteile", wie das **Treppenhaus**, der **Hof**, die **Vorhalle**, einzelne Säle und **Zimmer** sowie die **Innenarchitektur** (Materialwahl, Gliederung der Wand-, Decken- und Fußbodenfläche, Farbgebung) samt **Möblierung** und allfälligen besonderen Einbauten, sofern es sich um eine einheitliche Gesamtgestaltung (desselben oder auch verschiedener Architekten) handelt.[178] Ebenso können **Glasfenster** als Bestandteil eines Bauwerks und Teil der Innen- oder Außenansicht urheberrechtlich geschützt sein.[179] Häufig wird allerdings nicht das gesamte Bauwerk geschützt sein, sondern nur ein **Teil** desselben, wie etwa eine **Fassade**.[180]

Da zu den ausgeführten Werken der bildenden Kunst grundsätzlich auch **Pläne** und **Entwürfe** gehören, sind auch Baupläne, Entwürfe,[181] **Skizzen** und **Modelle** urheberrechtlich geschützt, sofern das „Endprodukt" eben ein Werk der Baukunst ist. Ist Letzteres nicht der Fall, dann käme für Entwürfe etc. der Schutz als wissenschaftliches Werk (▸ S. 63). Die Zuordnung einer Skizze oder eines Plans zu den Werken der Baukunst oder zu den Werken wissenschaftlicher Art hat auch Auswirkungen auf den Umfang des dem Urheber vorbehaltenen Vervielfältigungsrechts (▸ S. 92ff); die Ausführung eines Werks der Baukunst nach einem Plan oder Entwurf oder der Nachbau eines solchen Werks ist vom Recht der Vervielfältigung zum eigenen bzw. privaten Gebrauch ausgenommen (§ 42 Abs. 8 Z 2).

Zur Baukunst im weiteren Sinn zählen weiters **raumgestaltende Werke** wie Gartenanlagen oder Anlagen einer Stadt[182] sowie **Pflanzenskulpturen**.[183]

5.5.3 Angewandte Kunst

Werke der **angewandten Kunst** (§ 3), worunter in erster Linie Erzeugnisse des **Kunstgewerbes** zu verstehen sind, sind urheberrechtlich geschützt, wenn sie

▸ mit den **Darstellungsmitteln** der bildenden Künste durch formgebende Tätigkeit hervorgebracht,

▸ zum Anschauen bestimmt sind und

▸ **individuelle** Eigenart aufweisen.

Auf den künstlerischen und ästhetischen Wert kommt es für den urheberrechtlichen Schutz hingegen nicht an; auch minderwertige oder geschmacklose Werke können geschützt sein.[184]

Bei **industriellen Erzeugnissen**, wie etwa Büromöbeln, wird auf die „Anschauungen" der beteiligten Verkehrskreise im **Zeitpunkt** der erstmaligen Formgestaltung abgestellt und nicht auf den Zeitpunkt, zu welchem erstmals urheberrechtlicher Schutz beansprucht wird.[185] Die Begründung ist gleichermaßen einfach wie überzeugend: Je stilbildender Erzeugnisse der angewandten Kunst sind – etwa die Sitzmöbel von Corbusier oder die Möbel im Bauhaus-Stil –, desto häufiger werden sie nachgeahmt. Gerade bei herausragenden Schöpfungen besteht deswegen die Gefahr, dass die Gestaltung im Nachhinein als „üblich" und also als „nichts Besonderes" empfunden wird. Dies darf jedoch auf die Frage der urheberrechtlichen Werkqualität keine Auswirkungen haben.

Erfüllt ein Werk der angewandten Kunst die Schutzvoraussetzungen des Urheberrechtsgesetzes, ist nicht nur das Werk als solches geschützt, sondern auch die entsprechenden **Skizzen** und **Entwürfe**.

Ein für Werke der angewandten Kunst allenfalls bestehender (Geschmacks-)**Musterschutz** (▸ S. 16) hindert die Zuerkennung eines (selbstständigen) Urheberrechtsschutzes nicht; beide stehen selbstständig nebeneinander.[186]

5.5.4 Gebrauchsgegenstände

Die Zweckbestimmung von Gebrauchsgegenständen kann sich auch im bloßen Gebrauchszweck erschöpfen, ohne dass dies die urheberrechtliche Schutzfähigkeit beeinträchtigt, weil der Werkbegriff zweckneutral ist.[187] Strebt der Künstler eine (vollendete) **Zweckform** an, sind die Gestaltungsmöglichkeiten im Hinblick auf die gegebene Formenstrenge naturgemäß derart eingeengt, dass die Beurteilung der **Individualität** erhebliche Schwierigkeiten bereitet. Ob bestimmte Gebrauchsgegenstände urheberrechtlichen Schutz genießen, ist wegen der Fülle an Gestaltungsmöglichkeiten eine Frage des **Einzelfalls**, die in der Praxis – selbst unter sorgfältigster Anwendung obiger Grundsätze – nicht eindeutig beantwortet werden kann, bevor nicht eine Entscheidung des Obersten Gerichtshofs hierzu vorliegt.

Einige Beispiele:

▸ *Buchstützen, die durch Verbindung von zwei oder mehr rechtwinkeligen Elementen und dem dadurch hervorgerufenen Erscheinungsbild ihren Aufstellungsort ganz wesentlich prägen,[188] wurde ebenso urheberrechtlicher Schutz zugebilligt wie vier Kerzenständern (siehe Abb. 6 und 7).[189]*

Abb. 6 + 7

▶ Der „**Mart Stam-Stuhl**" weist eine große Zahl – nicht technisch bedingter – Abweichungen von der streng geometrischen Grundkonzeption auf (z.B. Neigung der Rückenlehne, Verlängerung der Kufen), weshalb diese Schöpfung eines hinterbeinlosen „Freischwingers" als Werk der bildenden Künste zu beurteilen ist.[190]

▶ Die stufenlos verstellbare, bogenförmige „**Le Corbusier-Liege**" weist trotz ihrer Zweckbestimmung eine Fülle künstlerischer Gestaltungen („ästhetische Details") auf; auch sie genießt daher urheberrechtlichen Schutz.[191] Ebenso wurde dem berühmten **Lounge Chair** von **Charles Eames**,[192] Sitzmöbeln von **Charles Rennie Mackintosh**[193] und Möbeln (Beistelltisch, Stahlleuchte [„tube light"]) von **Eileen Gray**[194] urheberrechtlicher Schutz zuerkannt. Auch die von **Adolf Loos** geschaffenen **Möbel** weisen die erforderliche Gestaltungshöhe auf, obwohl die ästhetischen Formen unter Vermeidung schmückender Zutaten allein aus dem Verwendungszweck entwickelt werden.[195] Unter Umständen wird auch ein gesamtes (Büro-)**Möbelprogramm** als Werk der angewandten Kunst geschützt.[196]

▶ **Verneint** wurde urheberrechtlicher Schutz hingegen für (alltägliche) **Rollhocker**[197] oder ein (nicht aus der Masse des Alltäglichen herausragendes) **Büromöbelprogramm**.[198] Die Darstellung eines von Schilf umstandenen Teichs mit Entenmutter und drei Küken auf einem **Türschild** (siehe Abb. 8) ist zwar dem Kunstgewerbe zuzurechnen, mangels einer persönlichen Note aber nicht schutzfähig.[199] Ebenso ist eine Kollektion von **Schi-** und **Wanderschuhen** – auch bei Gesamtbetrachtung des optischen Erscheinungsbildes – nicht als Kunstwerk anzusehen.[200]

Abb. 8

▸ *Auch einem **Tischkalender** mit Ringbuchmechanik, der sich von sonst üblichen Schreibtischkalendern nicht wesentlich unterscheidet, wurde urheberrechtlicher Schutz versagt.*[201]

5.5.5 Gebrauchsgrafik

Nach der jüngeren Rechtsprechung fallen unter die Werke der bildenden Künste auch solche, deren Ausdrucksmittel die so genannte „Gebrauchsgrafik" ist, sofern das Ergebnis des Schaffens **objektiv** als **Kunst** interpretierbar ist und eine auf der Persönlichkeit seines Schöpfers beruhende **Individualität** aufweist, die sich vom Alltäglichen, Landläufigen, üblicherweise Hervorgebrachten abhebt.[202] Maßgeblich ist, dass in der Gestaltung eine **gedankliche Bearbeitung** zum Ausdruck kommt, welche ihr eine persönliche, unverwechselbare Note gibt und sie daher von anderen Erzeugnissen ähnlicher Art abhebt.[203] Die **Schutzvoraussetzungen** für Schöpfungen auf dem Gebiet der **Gebrauchsgrafik** und des **Kunstgewerbes** sind gleich.[204]

Einige Beispiele:

▸ *Schutz genießt etwa die Darstellung eines **Pfeiles** für ein Transportunternehmen (siehe Abb. 9), dessen **Pfeilschaft** ähnlich einem **Kometenschweif** gestaltet ist, was den Fahrtwind symbolisiert.*[205]

▸ *Auch ein auftragsgemäß entworfener **Schriftzug**[206], wie das **Emblem** einer **Schischule** (siehe Abb. 10), kann als Werk der Gebrauchsgrafik urheberrechtlichen Schutz genießen.*[207]

▸ *Die Darstellung des **Klagenfurter Wappentiers** (Lindwurm) mit vermenschlichten Zügen ist als visuelle Gestaltung für sich und in Verbindung mit dem **Logo** „City-Gemeinschaft Klagenfurt" urheberrechtlich geschützt (siehe Abb. 11).*[208]

▸ Auch die Grafik eines „**Pizza-Männchens**" (siehe Abb. 12) genießt urheberrechtlichen Schutz, weil es eine eigentümliche geistige Schöpfung auf dem Gebiet des
Kunstgewerbes ist.[209] Dies gilt auch für **Comic-Figuren.**[210]

▸ Selbst **Bildzeichen** und **Piktogramme** (siehe Abb. 13) – wie die von Otl Aicher für
die Olympischen Spiele in München 1972 entworfenen – können als Werke der bildenden Künste Schutz genießen, wenn sie die erforderliche Individualität aufweisen.
Schutzfähig ist nur das einzelne Werk, **nicht** aber eine mit Hilfe eines Rastersystems
entwickelte so genannte „**Piktogrammatik**".[211]

▸ Das **Webdesign** einer Benutzeroberfläche einer Homepage.[212]

Keinen Urheberrechtsschutz genießen hingegen Darstellungen, die sich weder durch einen neuen Gedanken noch durch eine originelle Ausgestaltung auszeichnen:[213]

▸ *Einem **Formblatt** (siehe Abb. 14) fehlt die erforderliche urheberrechtliche Eigentümlichkeit. Seine Gestaltung geht nicht über die übliche Formgebung amtlicher oder geschäftlicher Informationsblätter (**Formulare**) hinaus. Weder die (farbliche) Umrahmung noch die Einfügung der „Farben der Republik" oder die Kombination mit dem Hoheitszeichen für Militärluftfahrzeuge sind originell. Auch **geometrische Formen** wie Kreis und Dreieck sind **Gemeingut**.*[214]

▸ *Die schlichte Darstellung zweier miteinander verbundener **stilisierter Flügel** (siehe Abb. 15) ist nicht schützbar.*[215] *Ebenso wurde die Schutzfähigkeit der Gestaltung der **Programmzeitschrift** „Fernseh- und Radiowoche", die den Tageszeitungen „Neue Kronen Zeitung" und „Kurier" beigelegt ist, verneint.*[216]

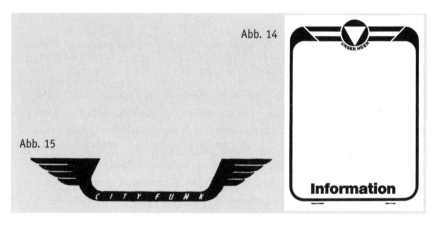

Abb. 14

Abb. 15

INFO

▸ www.designrecht.at

5.6 Werke der Filmkunst

Werke der Filmkunst sind trotz der nahezu unverständlichen **Definition** des Gesetzgebers (§ 4) nichts anderes als **Sprachwerke** (Drehbuch), die mit Hilfe **filmischer Gestaltungsmittel** durch Aneinanderreihung von Einzelbildern in eine **bewegte Bilderfolge** umgesetzt werden. Sie sind als **selbstständige Kunstgattung** geschützt und enthalten – als eine Art „Gesamtkunstwerk" – ihrerseits urheberrechtlich geschützte Sprachwerke (Exposé, Treatment, Drehbuch, gesprochener Dialog), Werke der Tonkunst (Filmmusik), Werke der bildenden Künste einschließlich der Baukunst (Bauten, Kulissen) und Leistungen der ausübenden Künstler. Das **Schöpferische** an der Filmkunst besteht in der **Kombination** der bewegten Bildfolge, zusammen mit dem Dialog und der Filmmusik.

Geschützt sind demnach
- *Spielfilme*
- *Kulturfilme*
- *Dokumentarfilme*
- *Werbefilme (einschließlich Werbevorspannfilme im Kino wie Teaser oder Trailer)*
- *Zeichentrickfilme und*
- *Fernsehfilme sowie*
- *Videoclips*

Bei Aufzeichnungen und bloßen Live-Übertragungen fehlt es hingegen in aller Regel an der schöpferischen Leistung.[217]

Die **Einzelbilder** – ein ebenfalls wesentlicher Bestandteil des Films – gelten nicht als Werkteile (►S. 55f) des Films, sondern werden bei gesonderter Verwertung als **Lichtbildwerke** (►S. 67) bzw. als einfache **Lichtbilder** (►S. 183ff) geschützt. Einzelbilder von Zeichentrickfilmen gelten als Werke der bildenden Kunst.

Die **Art** des bei der Herstellung verwendeten **Verfahrens** ist **unerheblich**, ebenso, ob das Filmwerk auf einem Träger (Magnetband, Bildplatte, Videoband) fixiert ist oder live (im Fernsehen) gesendet wird.

In jüngster Zeit wurden auch **Videospiele** als Filmwerke beurteilt, sofern sie eine schöpferische Leistung enthielten.[218] Diese Beurteilung ist aus technischer Sicht nicht überzeugend, weil die von einem Video-Game erzeugten grafischen Bilder weder Film noch Laufbilder sind, sondern das Ergebnis (Ausdruck) der sie generierenden Software,[219] für welche ein eigenständiger Urheberrechtsschutz (►S. 59ff) besteht.

Sofern ein Film **nicht** zur **Filmkunst** zählt – etwa eine Aufzeichnung einer Sportveranstaltung –, greift jedenfalls der **Laufbildschutz** (§ 73 Abs. 2; ►S. 189).

INFO
- www.filmrecht.at

5.7 Vom Kochrezept zum Sammelwerk

Ein Kochrezept wird in aller Regel kaum die erforderliche Individualität besitzen, um für sich urheberrechtlichen Schutz beanspruchen zu können. Wählt man aber aus der Fülle an Kochrezepten einige aus, ordnet sie nach einem bestimmten Leitgedanken, dann kann im Ergebnis dieser Tätigkeit bereits eine individuelle geistige Leistung erblickt werden, die urheberrechtlich schutzfähig sein mag.

Der Schwerpunkt geistiger Leistung kann nämlich je nach Art des Werks auf Eingebungen der Phantasie, auf der Entwicklung und Logik der Gedankenführung oder auf der Darstellung, der **Auswahl** oder der Anordnung von Elementen liegen.[220] Es ist daher ein Grundtatbestand urheberrechtlichen Schaffens, dass bereits durch bloße Auswahl, Einteilung und Anordnung vorgegebenen Stoffs ein individuelles Werk – ein Sammelwerk – geschaffen werden kann. Aber nicht jede aus verschiedenen Beiträgen zusammengestellte Sammlung ist bereits ein Werk im urheberrechtlichen Sinn:

Erforderlich ist die **planmäßige Zusammenstellung** verschiedener Beiträge, deren Auswahl oder Anordnung eine eigentümliche geistige Schöpfung (▸ S. 54) darstellen muss. Es entsteht somit ein neuer geistiger Gehalt, der über die bloße Summe der Gehalte der einzelnen Beiträge hinausgeht. **Maßgebend** ist das Sammeln und Sichten oder Ordnen und aufeinander Abstimmen nach einem bestimmten **Leitgedanken** (Konzeption), während das bloße **Aneinanderreihen** oder Einteilen nur nach äußeren Gesichtspunkten **nicht** genügt.[221] Auch Zusammenstellungen einzelner Beiträge, die **Werbezielen** dienen – wie etwa das TOUROPA Urlaubsmagazin – können eigentümliche geistige Schöpfungen sein.[222]

Sammlungen, die diese Voraussetzungen erfüllen – z.B. Lexika, Enzyklopädien, Zeitungen[223] und Zeitschriften, Liederbücher, Kochbücher, Kunstmappen und Kunstbände –, werden als **Sammelwerke** (§ 6) bezeichnet; alle übrigen Sammlungen von Beiträgen oder auch nur Datensätzen als „Sammlungen". Das Telefonbuch ist daher eine Sammlung (von Daten), aber kein Sammelwerk, weil das alphabetische Ordnen von Namen samt Adressen und Telefonnummern keine eigentümliche geistige Schöpfung ist.

Beispiele:

▸ *Einer **Gesetzessammlung** wurde wegen der Auswahl und Zusammenstellung der aufgenommenen Gesetze und Verordnungen[224] Werkqualität zuerkannt,*

▸ *ebenso einer **Dokumentation** über das Schicksal deutscher Kriegsgefangener, die von einer Kommission in fünfzehnjähriger Arbeit erstellt wurde,[225]*

▸ *ja selbst einem von einem großen Reiseveranstalter herausgegebenen* **Urlaubsmagazin**[226] *oder*

▸ *einer* **Tageszeitung.**[227]

Enthält ein Sammelwerk nicht bloß freie Werke, sondern auch Werke, die ihrerseits urheberrechtlichen Schutz genießen, so sind verschiedene Urheberrechte zu beachten: Die **Urheberrechte** an den in die Sammlung aufgenommenen geschützten **Werken** und das Urheberrecht an dem **Sammelwerk** selbst, welches in aller Regel dem Herausgeber zukommt. Das Urheberrecht des Herausgebers wird aber weder verletzt, wenn „seinem" Sammelwerk einzelne Werke entnommen und vervielfältigt werden, noch wenn seine Konzeption übernommen wird, um andere Werke als Sammlung herauszubringen.

5.8 Datenbankwerke

Datenbanken, die aufgrund der Auswahl oder Anordnung des Stoffes eine eigene geistige Schöpfung ihres Urhebers darstellen, sind als solche urheberrechtlich geschützt (§ 40f Abs. 2). Zu berücksichtigen ist hierbei immer, dass unter „Datenbanken als solche" nicht die Datenbank als Ganzes, sondern die **Datenbankstruktur** zu verstehen ist.

Urheber des Datenbankwerks ist die natürliche Person oder die Gruppe natürlicher Personen, also deren Schöpfer (**Datenbankdesigner**), sodass in der Praxis für gewöhnlich **Miturheberschaft** (▸▸ S. 30f) gegeben sein wird. Bei den von **Dienstnehmern** in Erfüllung ihrer Dienstpflicht geschaffenen Datenbanken gehen die **Verwertungsrechte** an der Datenbank – vorbehaltlich einer abweichenden Vereinbarung – auf den Dienstgeber über (▸▸ S. 34).

Dem **Betreiber** einer **Datenbank** wird das Recht zuerkannt, unerlaubte Auszüge und Weiterverwertungen der Datenbank oder von Teilen ihres Inhalts zu verhindern. Er hat das **ausschließliche Recht** zur vorübergehenden oder dauerhaften **Vervielfältigung** (▸▸ S. 92f), der **Übersetzung** und sonstigen **Bearbeitung** (von Teilen) der Datenbank. Zu diesen Rechten zählt jede Form der (öffentlichen) **Verbreitung** (▸▸ S. 95f) der Datenbank, wozu auch die **Online-Übermittlung** über Datennetze und der Vertrieb von CD-ROMs zählt, sowie jede öffentliche Wiedergabe, Vorführung oder Aufführung.

Der **rechtmäßige Benutzer** benötigt für den Zugang und die normale Benutzung der Datenbank **keine Zustimmung** des Datenbankdesigners bzw. seines Dienstgebers.

Die **Schutzdauer** beträgt – wie bei Computerprogrammen – 70 Jahre (▸▸S. 115). Von diesen Rechten des Datenbankherstellers unberührt bleibt die Freiheit von **Urhebern** und **Leistungsschutzberechtigten**, zu entscheiden, ob und in welcher Form sie die **Aufnahme** ihrer Werke in einer Datenbank gestatten; der Ersteller einer Datenbank hat bestehende Rechte Dritter am Datenmaterial zu beachten. Ob eine Information als ein urheberrechtlich geschütztes Werk dem Verwertungsrecht eines Dritten unterliegt, ergibt sich aus den übrigen Regeln des Urheberrechtsgesetzes.

Ohne **Erlaubnis** des Rechteinhabers (oder seines Rechtsnachfolgers) dürfen urheber- oder leistungsschutzrechtlich geschützte **Werke** somit weder in eine Datenbank **aufgenommen** noch aus dieser **vervielfältigt** werden.

INFO
▸ www.datenbankrecht.at

5.9 Bearbeitung und freie Nachschöpfung

In unmittelbarer Nähe zum so genannten „Hundertwasserhaus" im 3. Wiener Gemeindebezirk gab es das Café Plüsch. Dort wurde Rot- und Weißwein in 1/4-l-Flaschen angeboten. Die Flaschenetiketten zeigten eine färbige stilisierte Darstellung des Hundertwasserhauses, welche von dessen charakteristischen Merkmalen (mosaikartige Fassadengestaltung und Zwiebeltürmchen) geprägt war (siehe Abb. 16). Auf den Etiketten fand sich die Aufschrift „Hundertwasserhaus Vienna-Austria" sowie „Café Plüsch Untere Weißgerberstraße 38 1030". Aufgrund einer Klage des Künstlers Professor Friedensreich Huntertwasser untersagte der Oberste Gerichtshof die Verwendung dieser Flaschenetiketten, weil es sich dabei um eine unzulässige Bearbeitung handelte.[228]

Abb. 16

Im Zusammenhang mit dem Thema „Bearbeitung fremder Werke" stellen sich uns in der Praxis folgende Fragen:

▸ Darf ich fremde Werke bearbeiten und wenn ja, in welchem Umfang?

▸ Macht es einen Unterschied, welche technischen Hilfsmittel ich bei der Bearbeitung einsetze?

▸ Darf ich diese Bearbeitungen vervielfältigen und verbreiten oder auf eine Homepage geben?

▸ Muss ich den Urheber des bearbeiteten Werks um Erlaubnis fragen?

▸ Erwerbe ich durch meine Bearbeitung selbst Urheberrechte?

▸ Wann liegt ein Plagiat vor?

Die Bearbeitung

Eigentümliche geistige Schöpfungen werden nicht nur bei der Schaffung von Originalwerken vollbracht, sondern können auch – wie bei der Übersetzung eines fremdsprachigen Textes, bei der Dramatisierung oder Verfilmung eines Romans – bestehende Werke zur Grundlage haben. Die bestehenden Werke werden entsprechend umgestaltet bzw. bearbeitet und für die Zwecke etwa der Dramatisierung oder Verfilmung adaptiert. Eine **Bearbeitung** im Rechtssinn setzt die **Umgestaltung** äußerer Merkmale eines Werks bei gleichzeitiger **Identität** des Kerns voraus. Kreative Veränderungen an **schutzunfähigen Vorlagen** sind hingegen keine Bearbeitungen, sondern bringen ein **Originalwerk** hervor.

Bearbeitungen (und Übersetzungen) werden, soweit sie eine eigentümliche geistige Schöpfung des Bearbeiters sind, unbeschadet des am bearbeiteten Werk bestehenden Urheberrechts, **wie Originalwerke** geschützt (§ 5 Abs. 1). Trotz dieses Schutzes bedarf ihre **Verwertung** aber der Zustimmung des Schöpfers des Originalwerks (▸▸ S. 91). Das Urheberrecht des Bearbeiters ist insoweit ein **abhängiges**.

Basics des Urheberwissens:
Die Bearbeitung eines fremden Werks ist grundsätzlich zulässig. Jede urheberrechtlich relevante Nutzung einer solchen Bearbeitung bedarf aber der Zustimmung des Urhebers des bearbeiteten Werks.

Die freie Nachschöpfung

Während die Bearbeitung das Originalwerk in seinem Wesen unberührt lässt und ihm nur eine neue Gestalt gibt, gehen bei freien Nachschöpfungen zwar **Anregungen** von einem früheren Werk aus, die Züge des benützten Werks verblassen aber angesichts der Individualität der neuen Schöpfung. Nur wenn das benützte Werk vollständig in den Hintergrund tritt, liegt eine so genannte „freie Nachschöpfung" vor.

Handelt es sich um eine **freie Nachschöpfung**, bei welcher die Züge des benützten Werks angesichts der Individualität der neuen Schöpfung verblassen, ist die **Zu-**

stimmung des Urhebers des Originalwerks zur **Verwertung nicht erforderlich** (▸ S. 91).

Angesichts der Vielfältigkeit freien Materials – das also urheberrechtlich nicht geschützt ist oder dessen urheberrechtlicher Schutz bereits abgelaufen ist – stellen die Gerichte an das Vorliegen einer freien Nachschöpfung **strenge Anforderungen.** Bei der vergleichenden Beurteilung legen sie die objektiven Merkmale der schöpferischen Eigenart des benützten Werks zugrunde. Sie gehen dabei von der geistig-ästhetischen Wirkung aus, wobei der **Gesamteindruck** entscheidet. Elemente, die zum freien Formenschatz gehören, bleiben außer Betracht; entscheidend ist die Entlehnung geschützter Werkteile.

Basics des Urheberwissens:
Die Benutzung eines Werks bei der Schaffung eines anderen wird als so genannte freie Nachschöpfung bezeichnet, wenn sie im Vergleich zu dem benutzten Werk ein selbstständiges neues Werk darstellt (§ 5 Abs. 2).

*Unter Berücksichtigung dieser Grundsätze ist die **stilisierte Darstellung des Hundertwasserhauses** auf einer Flaschenetikette, die durch die charakteristischen Stilelemente dieses Bauwerks (▸ S. 68) geprägt ist, keine freie Nachschöpfung, sondern eine **unzulässige Bearbeitung.**[229] Werden etwa einem Film einzelne Sequenzen entnommen, umgeschnitten und teilweise in veränderter Reihenfolge verwendet, liegt keine Bearbeitung, sondern nur eine (unzulässige) Änderung vor.[230]*

Das Plagiat

Basics des Urheberwissens:
Von der freien Nachschöpfung ist das **Plagiat** zu unterscheiden: Plagiat ist die **bewusste Aneignung** fremden Geistesgutes.[231]

Unter Aneignung ist die Behauptung der eigenen Urheberschaft (für Entnahmen aus fremdem Geistesgut) zu verstehen. Plagiator ist demnach derjenige, der ein fremdes geschütztes Werk oder schutzfähige Teile eines fremden Werks als sein eigenes ausgibt. Dies stellt sowohl einen Eingriff in das Urheberpersönlichkeitsrecht (▸ S. 84f) als auch unter Umständen in die Verwertungsrechte des Urhebers dar, namentlich in das Vervielfältigungsrecht (▸ S. 92f), wenn das fremde Werk oder dessen geschützte Teile einfach „kopiert" werden.

Karikaturen und Parodien

Ein urheberrechtlicher Spezialfall sind **Karikaturen** und **Parodien**: Da das zur Karikatur bzw. Parodie benutzte Werk bis zu einem gewissen Grad erkennbar bleiben muss, um den mit dieser Kunstrichtung verfolgten Zweck zu erreichen, kommt es auf einen **ausreichend** großen inneren **Abstand** zwischen Werk und Karikatur bzw. Parodie an, sodass Letztere ihrem Wesen nach dennoch als selbstständig angesehen werden können.[232] Werden diese Anforderungen eingehalten – was sich in der Praxis aber als eine äußerst gefährliche Gratwanderung erweist –, sind Karikaturen und Parodien urheberrechtlich unbedenklich.

Elektronische Bearbeitungen

Auch die **elektronische** (digitale) **Bearbeitung**, etwa von Fotos (▶▶ S. 186) und Filmen (▶▶ S. 187), kann eine Bearbeitung im urheberrechtlichen Sinn sein, welche aufgrund der verwendeten Technik weitere Verwertungshandlungen wie insbesondere die Vervielfältigung einschließt:[233]

So erfordert z.B. die **digitale Bildbearbeitung** (Photocomposing) zunächst ein Einspeichern (Scannen) des (analogen) Fotos, sofern nicht die Bildaufzeichnung ihrerseits bereits elektronisch, d.h. ohne fotochemischen Vorgang, direkt auf einem digitalen Träger vorgenommen wird. Das Scannen ist ein Vervielfältigen (▶▶ S. 93). Nach dem Scannen erfolgt die eigentliche Bearbeitung durch irgendeine mehr oder weniger kreative Umgestaltung, deren Ergebnis sodann wiederum in digitaler Form gespeichert und/oder auf dem gewünschten Medium (Film, Papierausdruck) zur weiteren Verwendung ausgegeben wird.

Eine urheberrechtliche **Besonderheit** der digitalen Bildbearbeitung liegt darin, dass deren Ergebnis weder urheber- noch leistungsschutzrechtlichen Schutz genießt, weil es sich um keine durch ein fotografisches oder fotografieähnliches Verfahren hergestellte Abbildung (▶▶ S. 183) handelt. Der Umstand, dass das elektronisch erzeugte Bild auf dem Bildschirm (wie ein Foto) erscheint, ist unerheblich.

5.10 Freie Werke

Gesetze, **Verordnungen**, amtliche **Erlässe**, **Bekanntmachungen** und **Entscheidungen** sowie ausschließlich oder vorwiegend zum amtlichen Gebrauch hergestellte **amtliche Sprachwerke** und wissenschaftliche Werke genießen **keinen** urheberrechtlichen **Schutz** (§ 7 Abs. 1). Auch ausländische amtliche Texte sind vom Urheberrechtsschutz ausgenommen (Artikel 2 Abs. 4 RBÜ). Ein freies amtliches Werk muss neben seiner Bestimmung zum **amtlichen Gebrauch** einer mit der Erfüllung öffentlicher hoheitlicher Aufgaben betrauten Stelle oder Person zurechenbar sein, die erkennbar für ihren Inhalt verantwortlich zeichnet.[234]

Nicht zu den amtlichen Werken zählen technische **Pläne**, die Gegenstand einer Patentschrift sind,[235] und **Gutachten** nichtamtlicher Sachverständiger im Verwaltungsverfahren[236] sowie amtliche Datenbanken wie z.b. das Firmenbuch[237].

Das Urheberrechtsgesetz hält ausdrücklich fest, dass die vom Bundesamt für Eich- und Vermessungswesen hergestellten oder bearbeiteten und zur Verbreitung bestimmten Landkartenwerke – trotz ihres amtlichen Charakters – keine freien Werke sind (§ 7 Abs. 2), sodass diese nach den allgemeinen Grundsätzen (▸ S. 54) urheberrechtlichen Schutz genießen können.

5.11 Veröffentlichte und erschienene Werke

Über das Veröffentlichungsrecht des Urhebers

Das Urheberrechtsgesetz schützt den Urheber nicht nur wirtschaftlich (▸ S. 91) durch Zuerkennung von Nutzungsrechten, sondern auch in seinen geistigen und persönlichen Beziehungen zu seinem Werk (▸ S. 84). Deshalb ist ihm das ausschließliche Recht vorbehalten, zu bestimmen, ob, wie und durch wen sein Werk zu veröffentlichen ist. Man spricht damit im Zusammenhang auch vom „Veröffentlichungsrecht" des Urhebers.

Basics des Urheberwissens:

Im österreichischen Urheberrechtsgesetz gibt es kein eigenständiges Veröffentlichungsrecht. Das Veröffentlichungsrecht ist Bestandteil der einzelnen Nutzungsrechte und von diesen mitumfasst.

Über die Veröffentlichung von Werken

Unter der „**Veröffentlichung**" eines Werks ist das mit Zustimmung des Berechtigten – in aller Regel wird dies der Urheber sein – erfolgte Zugänglichmachen der Öffentlichkeit zu verstehen (§ 8). Als „Öffentlichkeit" gilt dabei das „breite Publikum", die Allgemeinheit.[238] Dieser Öffentlichkeitsbegriff deckt sich nicht mit dem der öffentlichen Wiedergabe (§ 18) (▸ S. 128). Der öffentlichen Wiedergabe liegt ein anderes Konzept der Öffentlichkeit zugrunde. Das Überlassen einiger Kopien eines Gesetzesentwurfs an einen Kreis von Fachleuten, um den Entwurf zu erörtern, begründet beispielsweise keine Veröffentlichung im Rechtssinn.[239]

Auf welchem **Weg** und in welchem technischen Verfahren, ob in Print oder elektronisch, die Veröffentlichung erfolgt, ist **gleichgültig**: Sie liegt nicht nur vor, wenn Vervielfältigungsstücke eines Werks öffentlich verbreitet werden, sondern auch dann, wenn z.b. ein Werk der Literatur, der Ton- oder Filmkunst öffentlich vorgetragen, aufgeführt oder gesendet oder ein Werk der bildenden Künste öffentlich ausgestellt wird. Es genügt, dass die öffentliche Wahrnehmbarmachung einmal erfolgt. Im Fall der Veröffentlichung eines Werks ausschließlich in **digitalisierter Form** (so genanntes „elektronisches Publizieren") über Kommunikationsnetze wird dessen erstmalige Einspeicherung in eine Datenbank ausreichen, wenn ein nicht abgegrenzter Personenkreis darauf Zugriff nehmen kann.[240]

Basics des Urheberwissens:
Die Veröffentlichung eines Werks ist ein einmaliger, nicht wiederholbarer Akt. Eine „Veröffentlichung" eines Werks im urheberrechtlichen Sinn gibt es demnach nur ein Mal!

Die **Rechtswirkungen**, die das Urheberrechtsgesetz an die Veröffentlichung eines Werks knüpft sind vielfältig: So hängt beispielsweise das Zitatrecht (▸S. 141) und das Recht auf öffentliche Mitteilung des Inhalts eines Werks (▸S. 85) davon ab, dass das Werk zuvor veröffentlicht wurde. Rechtlich unerheblich ist, wo die Veröffentlichung stattgefunden hat. Voraussetzung ist bloß die Einwilligung des Berechtigten zur Veröffentlichung, die entweder zuvor als Zustimmung oder nachträglich als Genehmigung erteilt werden kann. Ist das Werk **ohne Zustimmung** des Berechtigten der Öffentlichkeit zugänglich gemacht worden, ist es im Rechtssinn **nicht veröffentlicht** worden. Dies hat zur Folge, dass das Werk z. B. nicht dem Zitatrecht unterliegt.

Über das Erscheinen von Werken
Neben dem Begriff der Veröffentlichung verwendet das Urheberrechtsgesetz den des Erscheinens. Das „**Erscheinen**" ist eine **qualifizierte Form** der Veröffentlichung:

Basics des Urheberwissens:
Ein Werk ist erschienen, sobald es mit Einwilligung des Berechtigten der Öffentlichkeit dadurch zugänglich gemacht worden ist, dass **Werkstücke** – also physische Exemplare – in genügender Anzahl feilgehalten (= angeboten) oder in Verkehr gebracht worden sind (§ 9 Abs. 1).

Hiervon ist auch das Erscheinen auf Datenträger (z.B. CD-ROM) erfasst.[241] Der Veröffentlichungsbegriff des § 9 deckt sich mit dem des § 18,[242] auch das Erscheinen ist ein **einmaliger** und nicht wiederholbarer **Akt**.

Das Erscheinen eines Werks bewirkt, dass es im Rahmen bestimmter freier Werknutzungen (z.b. Schul- und Unterrichtsgebrauch) verwendet werden darf.

Das Erscheinen setzt also voraus, dass **Werkstücke** (Urstücke oder Vervielfältigungsstücke) mit Zustimmung des Berechtigten in **genügender Anzahl** feilgehalten oder in Verkehr gebracht worden sind. Öffentliche Vorträge, Aufführungen oder Rundfunksendungen von Werken der Literatur, Ton- oder Filmkunst, die Ausstellung eines Werks der bildenden Künste oder die Veräußerung eines nur in einem Stück vorhandenen Werks (z.b. einer Skulptur als Unikat) bewirken zwar eine Veröffentlichung, aber kein Erscheinen.

„**In Verkehr bringen**" heißt, einem anderen die tatsächliche oder rechtliche Verfügungsmacht über ein Werkstück zu überlassen. Unerheblich ist, ob dies entgeltlich oder unentgeltlich, durch Übertragung des Eigentums oder durch Verleihen geschieht. Unter „**Feilhalten**" ist das öffentliche Anbieten von Werkstücken zu verstehen, die zur Abgabe bereitgehalten werden. Sowohl das Inverkehrbringen als auch das Feilhalten setzen voraus, dass Werkstücke in genügender Anzahl bereits hergestellt worden sind. Eine öffentliche Einladung zu Bestellungen, die dann erst Anlass zur Produktion sein sollen, bewirken kein Erscheinen.

Was unter einer „**genügenden Anzahl**" von Werkstücken zu verstehen ist, sagt das Gesetz nicht; nach der spärlichen Judikatur ist eine in wenigen Exemplaren hergestellte Hausarbeit nicht erschienen.[243]

Nach dem Wortlaut des § 9 spricht nichts dagegen, wie Artikel 3 Abs. 3 RBÜ bzw. in Deutschland nach der **Werkkategorie** zu differenzieren, sodass für Filmwerke erheblich weniger Werkstücke für das Erscheinen erforderlich wären als für nicht-belletristische Sprachwerke – wofür nach überwiegender Ansicht 50 Exemplare als Untergrenze anzusehen sind[244] –, während bei Werken der Belletristik und bei Tonträgern erheblich mehr gefordert werden, und für Werke der angewandten Kunst, die keine Serienproduktion erreichen, ein einzelnes Werkstück, das der Öffentlichkeit zum Verkauf angeboten wird, für das Erscheinen ausreichen würde.[245]

6. Die Rechte des Urhebers

Das Urheberrechtsgesetz schützt den Urheber in seinen **geistigen** und **persönlichen** Beziehungen zu seinem Werk sowie – mit gewissen Ausnahmen – darin, sein Werk **wirtschaftlich** zu **verwerten**. Gemäß der in Österreich herrschenden monistischen Auffassung (untrennbare Einheit der Persönlichkeits- und Verwertungsrechte) bedarf es keiner scharfen Abgrenzung zwischen Persönlichkeits- und Verwertungsrechten. Auch die Verwertungsrechte dienen letztlich dem Schutz ideeller Interessen des Urhebers und sind daher mit dem Persönlichkeitsrecht vielfältig verflochten.

6.1 Worin besteht das Urheberpersönlichkeitsrecht?

Das Urheberpersönlichkeitsrecht (droit moral) ist Bestandteil des **allgemeinen Persönlichkeitsrechts** jedes Menschen. Es entsteht erst durch die Schaffung eines Werks (▸ S. 52ff) und soll die ideellen Interessen seines Urhebers schützen.

Aus ihm ergeben sich ein Bündel von Einzelrechten:
- ▸ Veröffentlichungsrecht
- ▸ Recht der ersten Inhaltsangabe („Informationsrecht")
- ▸ **Schutz** der **Urheberschaft**
- ▸ Recht auf **Urheberbezeichnung**
- ▸ **Werkschutz** und
- ▸ Zugangsrecht

Das **Urheberpersönlichkeitsrecht** als solches ist **nicht übertragbar**, doch wird dessen treuhändige Wahrnehmung durch Verwertungsgesellschaften für zulässig erachtet, wenn dies zur wirksamen Ausübung der ihnen eingeräumten Verwertungsrechte erforderlich ist.[246] Ebenso ist ein **Verzicht** auf persönlichkeitsrechtliche Befugnisse **möglich**, soweit sie das Urheberrechtsgesetz nicht für unverzichtbar erklärt.

Zum Unterschied von den allgemeinen Persönlichkeitsrechten, die mit dem Tod des jeweiligen Trägers erlöschen (z.b. Namensrecht), ist das Urheberpersönlichkeitsrecht für die gesamte Dauer der urheberrechtlichen Schutzfrist (▸S. 115) wirksam und kann nach dem Ableben des Urhebers von dessen **Erben** (§ 23 Abs. 1) wahrgenommen werden. Auch wenn die Schutzfrist bereits abgelaufen ist, kann der (noch lebende) Urheber Zeit seines Lebens bestimmte ihm zustehende Rechte geltend machen (§ 65).

6.1.1 Veröffentlichungsrecht

Der Urheber hat das ausschließliche Recht, darüber zu entscheiden, ob, wann, durch wen und wie sein Werk **erstmals** der **Öffentlichkeit** zugänglich (▸S. 81ff) gemacht werden soll.

Da die **Veröffentlichung** eines Werks denknotwenig **Bestandteil** jeder **Verwertung** ist, ist das Veröffentlichungsrecht im österreichischen Urheberrechtsgesetz – anders als in Deutschland (§ 12 deutsches Urheberrechtsgesetz) – nicht gesondert angeführt; es ist in den einzelnen Verwertungsrechten (▸S. 91) enthalten.[247] Die Zuerkennung eines besonderen Veröffentlichungsrechts hielt der Gesetzgeber für entbehrlich, weil dieses zu Konflikten mit anderen Rechten führen kann, wenn der Urheber anderen Personen ausschließliche Rechte zur Werknutzung einräumt, deren Ausübung ebenfalls die Veröffentlichung des Werks erfordert.

6.1.2 „Informationsrecht"

Bei Werken der **Literatur** (▸S. 57f) oder der **Filmkunst** (▸S. 73f) ist dem Urheber das ausschließliche Recht vorbehalten, eine **Inhaltsangabe** des Werks öffentlich mitzuteilen, solange weder das Werk noch dessen wesentlicher Inhalt mit seiner Einwilligung veröffentlicht worden ist (§ 14 Abs. 3). Durch dieses „Informationsrecht" soll der Urheber Schutz vor Indiskretionen erhalten, etwa dass der noch unbekannte Ausgang einer Fernsehserie vorzeitig öffentlich bekannt wird.

Dieses Recht des Urhebers **erlischt** mit der vom Urheber genehmigten **Veröffentlichung** (▸S. 81f). Nachher steht es jedermann frei, Inhaltsangaben des Werks, etwa in Anzeigen, Besprechungen oder Kritiken, öffentlich mitzuteilen. Unter Mitteilung sind nur kurze Darstellungen zu verstehen, die den Leser über das Werk unterrichten, nicht jedoch z.B. der Abdruck des gesamten Werks oder schutzfähiger Teile desselben.

6.1.3 Schutz der Urheberschaft

Wird die **Urheberschaft** eines Urhebers an seinem Werk **bestritten** oder dieses einem **anderen** Urheber zugeschrieben, so hat der Urheber das **unverzichtbare** Recht, die

Urheberschaft für sich in Anspruch zu nehmen (§ 19). Dieses Recht kann nach dem Tod des Urhebers auch derjenige geltend machen, auf den das Urheberrecht übergegangen ist (▶S. 117), also in aller Regel der Erbe. § 19 gilt auch für Dienstnehmer, die Computerprogramme oder Datenbanken in Erfüllung ihrer dienstlichen Obliegenheiten (▶S. 23ff) geschaffen haben (§ 40b).

Der aus dem Schutz der Urheberschaft erfließende Anspruch ist mittels **Feststellungsklage** gerichtlich durchsetzbar; er bietet aber keinen Schutz davor, dass jemandem fälschlich ein Werk zugeschrieben wird:[248] Der Anspruch des Urhebers richtet sich nur gegen denjenigen, der die fremde Urheberschaft bestreitet oder sich selbst die Urheberschaft anmaßt.

6.1.4 Urheberbezeichnung

Im Weinviertler Museumsdorf Niedersulz fand im September 1993 unter dem Titel „Rauchfanggeflüster" eine Ausstellung statt. Gezeigt wurden 50 Bild-Text-Kombinationen niederösterreichischer Rauchfänge (siehe Abb. 17 und 18). Die einzelnen Bilder waren mit Texten versehen, gerahmt und enthielten auf der Rückseite einen Stempel mit dem Hinweis, dass Bilder und Texte geistiges Eigentum von Ing. Walter Mickerts und Inge P. darstellen und nur mit ihrer schriftlichen Zustimmung veröffentlicht werden dürfen. Durch die Einladung und die im Ausstellungsraum befindliche gerahmte Präsentation war ersichtlich, von wem Bilder und Texte stammen.

Abb. 17 + 18

Über Einladung der Künstler filmte ein Kamerateam des Landesstudios Niederösterreich die in der Ausstellung gezeigten Bilder. In einem Fernsehbeitrag zum Thema „Rauchfänge" zeigte der ORF neben Aufnahmen aus der Natur auch elf der in der Ausstellung gefilmten Bilder ausschnittweise (ohne Rahmen und Texte). Die Zuseher konnten nicht unterscheiden, welche Aufnahmen in der Natur und welche in der Ausstellung gemacht wurden. Die Moderatorin wies am Ende der Sendung darauf hin, dass zum zuvor filmisch behandelten Thema „Rauchfänge" derzeit in Niederösterreich eine Ausstel-

lung zu sehen sei. Ein Hinweis darauf, dass einige der gezeigten Bilder der besagten Aus-stellung im Museumsdorf Niedersulz entstammen, fehlte genauso wie die Nennung des Fo-tografen Ing. Walter Mickerts. Über Klage der Verwertungsgesellschaft bildender Künstler (VBK) verurteilte der Oberste Gerichtshof den ORF zur Zahlung von Schadenersatz in Höhe des doppelten angemessenen Entgelts wegen unterlassener Urhebernennung in elf Fällen.[249]

Allein der Urheber bestimmt, **ob** und mit **welcher Urheberbezeichnung** das von ihm geschaffene Werk zu versehen ist.[250]

Dieses Recht gilt – mit Ausnahme von Computerprogrammen und Datenbanken – für alle Werkgattungen und **jeden Urheber**, unabhängig davon, ob er Alleinurhe-ber, Miturheber oder Werkunternehmer ist. Für Filmurheber besteht eine Spezialbe-stimmung (§ 39 Abs. 1). Auch wissenschaftliche Mitarbeiter an Universitäten und Akademien haben das Recht, die von ihnen geschaffenen Werke entsprechend zu be-zeichnen, wobei dieses Recht auch vor einer aufgezwungenen Mitnennung eines Vor-gesetzten, der kein Miturheber ist, schützt.[251]

Wird ein **Computerprogramm** oder eine Datenbank von einem **Dienstnehmer** in Erfüllung seiner dienstlichen Obliegenheiten (▸ S. 23ff) geschaffen, so steht das Recht auf Urheberbezeichnung dem Dienstgeber zu, sofern mit dem Dienstnehmer nichts anderes vereinbart wurde (§ 40b).

Bei **Sammelwerken** (▸ S. 75) steht das Recht der Urheberbezeichnung dem **Her-ausgeber** zu.[252]

Der Urheber hat **konkret** zu bestimmen, **wie** die Urheberbezeichnung zu erfolgen hat:[253] Als Urheberbezeichnung kommt der **bürgerliche Name** oder der **Künstlerna-me** (z.B. das von Karikaturistin Winnie Jakob verwendete „WIN"), ein Pseudonym, in der bildenden Kunst allenfalls auch ein **Künstlerzeichen** in Betracht.

Bei der Namensnennung des Urhebers ist aber darauf zu achten, dass **Vervielfäl-tigungsstücken** von Werken der bildenden Künste (▸ S. 65) durch die Urheberbe-zeichnung nicht der Anschein eines Urstücks (= Original) verliehen werden darf (§ 20 Abs. 3) und dass **Bearbeitungen** (▸ S. 80) nicht auf eine Art mit der Urheber-bezeichnung versehen werden dürfen, die der Bearbeitung den Anschein eines Origi-nalwerks gibt (§ 20 Abs. 2).

Der Urheber kann auch bestimmen, dass das Werk **anonym** oder unter einem **Pseudonym** zu erscheinen hat, wobei Ersteres dazu führt, dass die Vermutung der Ur-heberschaft (▸ S. 39f) nicht greift. Eine besondere Situation besteht beim **Ghostwri-ter**: Dieser verpflichtet sich vertraglich gegenüber dem Namensgeber, nicht sich selbst, sondern seinen Auftraggeber als Urheber zu bezeichnen. Eine entgegen diesen

Grundsätzen durch den Ghostwriter beanspruchte Nennung als Urheber wäre vertragswidrig.

Hat sich der Urheber für eine bestimmte **Bezeichnung** entschieden, dann ist sie zu **benutzen**, wann **immer** das Werk – auch in Form der Bearbeitung – der Öffentlichkeit zugänglich gemacht oder seine Darbietung angekündigt wird. Je nach **Verwertungsart** kommt bei körperlicher Verwertung ein Anbringen auf dem Original und den Vervielfältigungsstücken in Betracht,[254] während bei unkörperlicher Verwertung eine Nennung im Vor- oder Nachspann eines Films,[255] eine verbale Nennung im Hörfunk oder – bei Vorträgen und Aufführungen – Hinweise in Programmen oder auf Plakaten denkbar wären.

Das Recht auf Urheberbezeichnung unterliegt seinem Wortlaut nach zwar keinen **Einschränkungen**, bei Verwertungsverträgen haben wir aber eine allfällige **Branchenübung** zu beachten, die einen stillschweigenden (= konkludenten) Verzicht auf Namensnennung bewirken kann.[256] Zu berücksichtigen haben wir ferner, dass eine allfällige stillschweigende Zustimmung, bestimmte Werke ohne Urheberbezeichnung zu verbreiten, nicht automatisch für spätere Werke desselben Urhebers gilt.[257]

6.1.5 Werkschutz

Ein Verlag veröffentlichte unter dem Titel „Einfach den Gefahren ins Auge sehen – Künstlerinnen im Gespräch" ein Buch mit Interviews namhafter Künstlerinnen, darunter auch mit der Malerin Christa Hauer. Am Ende des Buchs waren einzelne Werke der interviewten Künstlerinnen abgebildet, so auch eine Kopie des von Christa Hauer geschaffenen Öl-

Abb. 19 + 20

bils „Mount Rainier" (siehe Abb. 20). Die Künstlerin erteilte ihre Zustimmung, dass der Verlag diese Abbildung in sein Werk aufnehmen darf. Ohne die Künstlerin zu fragen, beschnitt der Verlag den rechten Bildrand des Werks „Mount Rainier" so stark, dass das Bild im Hochformat erschien (siehe Abb. 19), wobei hierdurch der Charakter des Bildes stark verändert wurde. Der Verlag wurde zur Unterlassung derartiger Praktiken verurteilt.[258]

Das Urheberrechtsgesetz schützt auch die Interessen des Urhebers an der **Integrität** seines **Werks** in der von ihm geprägten Eigenart (so genanntes **Änderungsverbot**), wenn es der **Öffentlichkeit** zugänglich gemacht oder zum Zweck der Verbreitung vervielfältigt wird (§ 21 Abs. 1). Für Urstücke von Werken der bildenden Künste (▸ S. 65) gilt der Werkschutz auch dann, wenn diese nicht der Öffentlichkeit zugänglich gemacht werden (§ 21 Abs. 2).

Das Änderungsverbot hinsichtlich des Werktitels und der Urheberbezeichnung gilt auch für **Sammelwerke** (▸ S. 75), wobei Werktitel und Urheberbezeichnung hinsichtlich des Änderungsverbots gesondert, der Werktitel nämlich (nur) nach dem Verlagsvertrag (▸ S. 169) und die Urheberbezeichnung auch nach § 21 zu beurteilen sind.[259]

Das Änderungsverbot wirkt als **absolutes Recht** zwar gegen jedermann,[260] es ist jedoch unterschiedlich stark ausgeprägt, je nachdem, ob jemandem ein Nutzungsrecht eingeräumt wurde oder nicht:

Bei **unbefugter Benützung** des Werks ist jede auch noch so geringfügige Änderung – von gesetzlichen Ausnahmen (▸ S. 120) abgesehen – unzulässig.[261]

Wurde an dem Werk ein **Nutzungsrecht** eingeräumt, wie z.B. das Recht zur Verwendung von Zeichnungen zu Illustrationszwecken, darf auch der zur Nutzung Berechtigte ohne Zustimmung des Urhebers an dem Werk selbst, an der Urheberbezeichnung oder an dem Titel **keine Kürzungen, Zusätze** oder **Änderungen** vornehmen, es sei denn, der Urheber kann dem Nutzungsberechtigten gegenüber solche Änderungen nach den im redlichen Verkehr geltenden Gewohnheiten und Gebräuchen nicht verbieten (§ 21 Abs. 1). So darf etwa ein Verlag Tippfehler in den zur Veröffentlichung bestimmten Manuskripten selbstverständlich ausbessern, ohne den Urheber um Erlaubnis fragen zu müssen.

Der **Urheber** kann gegenüber dem zur Nutzung Berechtigten auf das Änderungsverbot auch **verzichten** und **Änderungen** allgemeiner oder bestimmter Art **zulassen**. Ungeachtet dessen kann er aber Entstellungen und Änderungen seines Werks verbieten, sofern diese seine geistigen Interessen schwer beeinträchtigen (so genannter **Entstellungsschutz**; § 21 Abs. 3).

Der Entstellungsschutz gilt auch für den Fall, dass das Werk – ohne Änderung an ihm selbst – in einen **beeinträchtigenden Zusammenhang** (z.b. Verwendung für Werbezwecke) gestellt wird, wobei auch in diesem Fall nur schwere Beeinträchtigungen erfasst werden.

Generelle Aussagen, unter welchen Umständen von einer schweren Beeinträchtigung auszugehen ist, lassen sich naturgemäß nicht treffen; in der Judikatur wurden folgende Fälle als **schwere Beeinträchtigung** geistiger Interessen gewertet:

Beispiele:

▸ *die eigenmächtige, sinnverändernde Änderung des Titels eines satirischen Beitrags, auch wenn der Autor seine Zustimmung zum Abdruck seines Beitrags (mit unverändertem Titel) erteilt hat*[262]

▸ *eine derart weitgehende Bearbeitung eines Fernsehdrehbuchs, dass es nicht mehr eindeutig als Ausdruck der Persönlichkeit seines Autors in Erscheinung tritt*[263]

▸ *die Übernahme einzelner Szenen aus einem Film in einen neuen*[264]

▸ *die Wiedergabe eines Ölbilds im Hoch- statt im Querformat in Verbindung mit dem Weglassen eines Bildrands*[265] *(verkleinertes Original von Christa Hauer im Querformat und inkriminierte, verkleinerte Vervielfältigung im Hochformat)*

▸ *die Veröffentlichung eines verkleinerten Ausschnitts einer Buchtitelzeichnung, weil den unerlaubten „Kürzungen" des Werkschutzes bei Sprach-, Musik- und Filmwerken die Verkleinerung bei Werken der bildenden Kunst entspricht*[266]

6.1.6 Zugangsrecht

Der Besitzer eines Werkstücks muss das Original oder Vervielfältigungsstück dem Urheber **zugänglich** machen, soweit dies notwendig ist, um dem Urheber die Vervielfältigung zu ermöglichen (§ 22). Der Urheber hat hierbei die Interessen des Besitzers entsprechend zu berücksichtigen.

Der **Zweck** dieser Vorschrift besteht darin, dem Werkschöpfer die Herstellung weiterer Vervielfältigungsstücke oder Bearbeitungsexemplare zu ermöglichen, wenn ihm keine mehr zur Verfügung stehen. Der Besitzer ist aber **nicht** zur **Herausgabe** des Werkstücks verpflichtet. Wenn die Vervielfältigung allerdings nur aufgrund einer vorübergehenden Herausgabe möglich ist, wird aus dem Zugangsrecht eine Herausgabeverpflichtung abzuleiten sein. Soweit der Schöpfer sich jedoch ohne besondere Schwierigkeiten auf andere Weise Zugang zu Werkexemplaren verschaffen kann, etwa über öffentliche Bibliotheken oder Museen, muss er diese Wege beschreiten.

Das Zugangsrecht wird in jenen Fällen ins Leere gehen, in denen das Werkstück nicht mehr existiert oder mangels ausreichender Obsorge durch den Werkbesitzer

Schaden genommen hat. Dagegen hat der Urheber keine Handhabe, weil das Zugangsrecht ausdrücklich festhält, dass der Besitzer eines Werkstücks gegenüber dem Urheber **nicht** zu dessen **Erhaltung** verpflichtet ist.

6.2 Was sind Verwertungsrechte?

Das Urheberrechtsgesetz gewährt dem Urheber das ihm mit bestimmten Beschränkungen zustehende **ausschließliche** Recht, sein Werk auf die dem Urheber vorbehaltenen **Verwertungsarten** zu nutzen (§ 14 Abs. 1). Unter einem ausschließlichen Recht verstehen wir ein Recht, das exklusiv dem Urheber aufgrund seiner Urheberschaft zusteht. Dem Urheber sind allerdings nur jene Verwertungsarten vorbehalten, die das Urheberrechtsgesetz abschließend (= **taxativ**) aufzählt. Hierzu zählt das **Recht auf**

▸ **Bearbeitung** und **Übersetzung** (§ 14 Abs. 2)
▸ **Vervielfältigung** (§ 15)
▸ **Verbreitung** (§ 16)
▸ **Vermieten** und **Verleihen** (§ 16a)
▸ **Sendung** (§§ 17, 17a und 17b)
▸ öffentliche **Wiedergabe** (§ 18)
▸ **Online-Nutzung** (§ 18a)

Sofern aufgrund der technischen Entwicklung (wie z.B. Digitalisierung) Verwertungsarten geschaffen werden, die nicht unter die gesetzlich verankerten subsumierbar sind, kann sich der Urheber dieser Verwertung nicht widersetzen.

Unterscheiden müssen wir zwischen der **Verwertung** in **körperlicher** Form (Vervielfältigung, Verbreitung, Vermieten und Verleihen) und **unkörperlicher** Form (öffentliche Wiedergabe, Sendung, Online-Nutzung). Die öffentliche Wiedergabe wird unterteilt in Aufführung (von Bühnen-, Film- und Musikwerken), Vorführung und öffentliche Ausstellung (von Werken der bildenden Künste) und Vortrag (von Sprachwerken).

Die Aufspaltung des Urheberrechts in einzelne Verwertungsrechte folgt dem **Grundgedanken**, den Urheber als Träger dieser Rechte tunlichst an sämtlichen Erträgnissen, die mit den verschiedenen körperlichen und unkörperlichen Verwertungsarten seines Werks erzielt werden, angemessen zu beteiligen.[267]

Basics des Urheberwissens:
Der Urheber ist an dem wirtschaftlichen Nutzen zu beteiligen, der aus seinem Werk gezogen wird.[268]

6.2.1 Bearbeitungs- und Übersetzungsrecht

Aus der Ausschließlichkeit der Verwertungsrechte folgt, dass niemand ein Werk ohne Erlaubnis seines Urhebers auf eine diesem vorbehaltene Art verwerten darf. Dieser Grundsatz gilt nicht nur für das Werk in seiner Urform, sondern auch für **Bearbeitungen** (▸▸ S. 77) und **Übersetzungen** des Werks, weil **jede Verwertung** einer Bearbeitung (Übersetzung) ihrerseits eine Verwertung des bearbeiteten Werks einschließt. Der Urheber einer Bearbeitung (Übersetzung) darf diese auf die ihm vorbehaltenen Arten daher nur verwerten, wenn ihm der Urheber des bearbeiteten Werkes das ausschließliche **Recht** oder die **Bewilligung** dazu **erteilt** hat (§ 14 Abs. 2). Ferner hat der Urheber einer Bearbeitung den **Werkschutz** des bearbeiteten Werks zu beachten (▸▸ S. 88ff).

Basics des Urheberwissens:

Das Bearbeitungs- und Übersetzungsrecht bedeutet nicht, dass ein Werk nur mit Zustimmung seines Urhebers bearbeitet bzw. übersetzt werden dürfte. Ganz im Gegenteil: Die **Herstellung** einer Bearbeitung (Übersetzung) ist **ohne Zustimmung** des Urhebers für jeden zulässig – nur deren **Verwertung** (Vervielfältigung, Verbreitung, öffentliche Vorführung, Online-Nutzung) ist an die **Zustimmung** des Urhebers gebunden.

Unterfälle des Bearbeitungsrechts sind das **Dramatisierungsrecht** (Umwandlung einer Erzählung in ein Bühnenwerk), das **Verfilmungsrecht**, das Recht auf **Vollendung** von **Vorstufen** eines Werks sowie das **Instrumentations-** und **Adaptionsrecht** des Komponisten. Die Benützung einer mit Hilfe eines Farbdiapositivs hergestellten Bildtapete zur Gestaltung des Hintergrunds einer Werbefotografie ist als Bearbeitung des Lichtbilds anzusehen. Die Vervielfältigung und Verbreitung dieser Fotografie in einem Werbekatalog bedarf daher der Zustimmung des Lichtbildherstellers.[269]

6.2.2 Vervielfältigungsrecht

Das Vervielfältigungsrecht ist das ausschließliche Recht des Urhebers, **Vervielfältigungen** (Kopien) seines Werks herzustellen, unabhängig davon, in welchem Verfahren, in welcher Menge und ob vorübergehend oder dauerhaft (§ 15 Abs. 1). Vom Vervielfältigungsrecht umfasst ist auch das Festhalten bzw. Übertragen des Werks auf Bild- oder Schallträger wie Videobänder, Audio-CD, DVD oder CD-ROM (§ 15 Abs. 2). Da auch **Werkteile** – so sie eine eigentümliche geistige Schöpfung darstellen – geschützt sind (▸▸ S. 55), ist auch die Vervielfältigung eines Werkteils eine dem Urheber vorbehaltene Verwertung.

Das Vervielfältigungsrecht umfasst **nicht** das Recht zur **Verbreitung** von Vervielfältigungsstücken; hierfür existiert das Verbreitungsrecht (➨S. 95f).

Beschränkt wird das ausschließliche Vervielfältigungsrecht durch einige freie Werknutzungen (➨S. 118), von denen insbesondere das Recht zur Vervielfältigung zum eigenen bzw. privaten Gebrauch (➨S. 133ff) hervorzuheben ist.

Die Vervielfältigung setzt traditionellerweise eine **körperliche Festlegung** des Werks voraus, die geeignet ist, es den menschlichen Sinnen auf irgendeine Weise unmittelbar oder mittelbar wahrnehmbar zu machen. Eine Live-Sendung im Fernsehen oder Rundfunk ist daher keine Vervielfältigung der übertragenen Veranstaltung. Da die **Anzahl** der hergestellten Vervielfältigungsstücke **gleichgültig** ist, erfolgt eine Vervielfältigung bereits durch Herstellung eines Stücks, sei es durch eine einzige Kopie[270] oder eine einzige Bandaufnahme.

Die Rechtsprechung beurteilte auch das Digitalisieren sowie die Einspeicherung eines (digitalen) Werks in eine Datenbank als Vervielfältigung.[271] Mit der Urheberrechtsgesetznovelle 2003 hat der Gesetzgeber klargestellt, dass auch vorübergehende Vervielfältigungen, wie sie im Rahmen der Internetnutzung durch das Zwischenspeichern (Caching) regelmäßig vorkommen, dem Vervielfältigungsrecht unterliegen. Um nun die Erbringung von Online-Diensten zu ermöglichen, ohne Urheber und Leistungsschutzberechtigte um deren Zustimmung fragen zu müssen, werden vorübergehende Vervielfältigungen ausdrücklich für zulässig erklärt, wenn sie ein wesentlicher Teil eines technischen Verfahrens und ohne eigenständige wirtschaftliche Bedeutung sind (§ 41a).

Das ausschließliche Vervielfältigungsrecht gilt **auch** für die Hersteller von **Lichtbildern** (§ 74 Abs. 7), **Tonträgern** (§ 76 Abs. 6) und für **Sendeunternehmen** (§ 76a Abs. 5).

Vervielfältigen liegt nicht nur beim **mechanischen, fotografischen** und **digitalen** Vervielfältigen (**Kopieren**) vor, sondern auch beim bloßen Abschreiben, Abzeichnen oder Abmalen, weil es auf das Verfahren nicht ankommt. Nicht nur das „**Aufnehmen**" (= mechanische Vervielfältigung) des Werks auf einem Bild- oder Schallträger,[272] sondern auch das „**Überspielen**" eines Vortrags oder eines Werks der Ton- bzw. Filmkunst von einem Träger auf einen anderen ist ein Vervielfältigen.[273] Der Begriff „Bild- oder Schallträger" ist unabhängig von der jeweils verwendeten Technik (Ton- und Videoband, Musik-Kassette, Bildplatte, CD-ROM, CD-I, DVD) zu sehen: Maßgeblich ist allein, dass das Medium zur wiederholten Wiedergabe von Bild- und Tonfolgen geeignet ist.

Vervielfältigung ist weiters bereits die Herstellung eines **Drucksatzes**, von **Korrekturfahnen, Klischees, Bildnegativen, Matrizen** oder **Formen**.

Bei **Plänen** und **Entwürfen** zu Werken der bildenden Künste (▸S. 69) umfasst das Vervielfältigungsrecht auch das ausschließliche Recht, das Werk danach **auszuführen**.[274] Eine Urheberrechtsverletzung liegt demnach vor, wenn ein Vorentwurf eines Architekten für einen Kinobau durch einen Baumeister ohne dessen Einwilligung ausgeführt wird.[275] Anders verhält es sich mit der Ausführung von Gegenständen nach **bildlichen Darstellungen** wissenschaftlicher oder belehrender Art (§ 2 Z 3, ▸S. 63): Die Ausführung einer Maschine nach einer solchen Darstellung ist unbeschadet des an der Darstellung allenfalls bestehenden Urheberrechts zulässig.

Vervielfältigung besteht nicht nur in der Herstellung von 1:1-Kopien, sondern kann auch in **veränderter Form** (vergrößert, verkleinert, ausschnittweise, koloriert) vorgenommen werden (▸S. 77) sowie durch die Wiedergabe eines Werks der bildenden Künste mit den Mitteln einer anderen Kunstgattung, etwa eine durch eine Zeichnung wiedergegebene Plastik. Ebenso ist die Vervielfältigung in **bearbeiteter Form** eine Vervielfältigung.

Auch bei der Verwendung von **Computerprogrammen** (▸S. 59ff) stellt sich die Frage, welche Benutzungshandlungen als Vervielfältigen zu beurteilen sind, weil die einschlägigen Rechtsvorschriften (z.B. § 40d Abs. 2) offen lassen, ob nur das Übertragen oder Speichern eines Computerprogramms Vervielfältigungshandlungen sind oder auch das Laden, Anzeigen und Ablaufen lassen.

Einigkeit besteht in der Fachwelt darin, dass die **permanente Speicherung** von Programmen, Werken und sonstigen Daten auf Bild- oder Festplatten, Disketten, Streamern und Magnetbändern eine Vervielfältigung ist.[276] Dies gilt auch für einen Papierausdruck des Sourcecodes. Darüber hinaus ist nach allgemeiner Ansicht auch das Laden eines Programms bzw. von Daten in den **Arbeitsspeicher** (RAM) als – vorübergehende – Vervielfältigung anzusehen.[277]

Der bloße **Programmlauf** – ohne Speicherung in der RAM – ist hingegen kein urheberrechtlich relevanter Vorgang.[278]

Bestimmte **Vervielfältigungshandlungen** werden durch das Urheberrechtsgesetz als so genannte „freie Werknutzungen" ausdrücklich für **zulässig** erklärt, um den Gebrauch von Computerprogrammen (▸S. 59) rechtmäßig zu ermöglichen:

So dürfen Computerprogramme vervielfältigt werden, soweit dies für ihre **bestimmungsgemäße** Benutzung durch den zur Benutzung Berechtigten notwendig ist (§ 40d Abs. 2). Das Laden eines Computerprogramms in den Arbeitsspeicher ist daher als zulässiges Vervielfältigen zu qualifizieren, weil es zur bestimmungsgemäßen Verwendung gehört, während etwa das Laden desselben Programms in mehrere Arbeitsspeicher eines PC-Netzwerks nicht bestimmungsgemäß ist, sofern keine entsprechende Netzwerklizenz erteilt wurde.[279]

Der zur Benutzung eines Computerprogramms Berechtigte darf weiters **Sicherungskopien** (Backups) herstellen, soweit dies für die Benutzung des Computerprogramms notwendig ist (§ 40d Abs. 3 Z 1).

6.2.3 Verbreitungsrecht

Der Urheber hat das **ausschließliche** Recht, Werkstücke (Originale oder Vervielfältigungsstücke) **feilzuhalten** und auf eine Art, die das Werk der Öffentlichkeit zugänglich macht, **in Verkehr** zu bringen (§ 16 Abs. 1). Das Verbreitungsrecht ist gegenüber dem Vervielfältigungsrecht (▸ S. 92) **selbstständig**; das **Vermietrecht** (▸ S. 98) ist ein **Unterfall** des Verbreitungsrechts.

Populärer Irrglaube:
Die Meinung, aus dem Verbreitungsrecht (§ 16 Abs. 1) ergibt sich das ausschließlich dem Urheber vorbehaltene Recht, Werkstücke zu verbreiten, ist unzutreffend: Ein positives Recht ergibt sich aus dem Eigentumsrecht. Das Verbreitungsrecht des Urhebers ist ein Verbietungsrecht, nämlich das ausschließliche Recht, den zivilrechtlichen Eigentümer eines Werkstücks unter bestimmten Voraussetzungen am Verbreiten zu hindern.

Der Unterschied zwischen positivem Recht und Verbietungsrecht sei am Beispiel des Rechtsverhältnisses zwischen dem Verleger (▸ S. 169) eines Romans und dem Drucker verdeutlicht: Der Verleger räumt dem Drucker im Rahmen des Druckauftrags das Vervielfältigungsrecht ein, um diesem die rechtmäßige Herstellung der erforderlichen Anzahl an Vervielfältigungsstücken des Romans zu ermöglichen. Das Verbreitungsrecht behält der Verleger dabei für sich, um es selbst kommerziell zu nutzen. Der Drucker wird zwar (zunächst) Eigentümer der Vervielfältigungsexemplare; zu deren Verbreitung und Veräußerung an den Buchhandel ist er jedoch nicht berechtigt, weil dieser Verbreitung das Verbreitungsrecht des Herausgebers entgegensteht. Der Verleger seinerseits ist nicht berechtigt, die Vervielfältigungsstücke ohne Zustimmung des Druckers zu verbreiten, solange sie in dessen Eigentum stehen: Dies würde ein positives Recht voraussetzen, welches das Verbreitungsrecht (§ 16) – entgegen dem durch seinen Wortlaut entstehenden Anschein – nicht gewährt.

Nur Werkstücke, d.h. **körperliche Gegenstände**, können im urheberrechtlichen Sinn „verbreitet" werden. Soweit das Urheberrechtsgesetz den Ausdruck „ein Werk verbreiten" verwendet, ist darunter nur die dem Urheber vorbehaltene Verbreitung von Werkstücken zu verstehen (§ 16 Abs. 5). Die Sendung eines Werks im Rundfunk ist daher keine Verbreitung des Werks, sondern eine unkörperliche Verwertung. Das Verbreitungsrecht findet **auch** auf Werkstücke Anwendung, in denen kein Werk verkörpert ist, sondern ein Leistungsschutzrecht (so genannter **Werkträger**), wie z.B. bei CDs (§ 76 Abs. 6 iVm § 16; ▸▸S. 180), Videos oder Lichtbildern (§ 74 Abs. 7 iVm § 16; ▸▸S. 184). Das Verbreitungsrecht zielt darauf ab, Dritte am **Feilhalten** und **Inverkehrbringen** von Werkstücken zu hindern.

Basics des Urheberwissens:

Unter **„Feilhalten"** ist das öffentliche Anbieten von Werkstücken zu verstehen, die zur Abgabe bereitgehalten werden, ohne dass es sich um ein Verkaufsangebot handeln müsste; auch das öffentliche Anbieten des Vermietens oder Verleihens verstößt gegen das Verbreitungsrecht. „Feilhalten" ist nicht im Sinne eines zivilrechtlichen Vertragsanbots zu verstehen; auch indirektes Feilhalten durch Anbieten in der **Werbung** (Katalog, Prospekt, Inserat, Rundfunkspot) ist ein „Feilhalten".

Basics des Urheberwissens:

„In Verkehr bringen" heißt, einem anderen die tatsächliche oder rechtliche Verfügungsmacht über ein Werkstück zu überlassen. Unerheblich ist, ob dies entgeltlich oder unentgeltlich,[280] durch Übertragung des Eigentums oder durch Verleihen oder Vermieten geschieht.[281] Gewerbsmäßig braucht das Inverkehrbringen nicht zu erfolgen. Auch eine Verbreitung aus ideellen Gründen ist eine durch den Urheber zustimmungsbedürftige Verbreitungshandlung.

Sowohl das Feilhalten als auch das Inverkehrbringen erfordern, dass dies gegenüber der **Öffentlichkeit**, also dem „breiten Publikum" (der Allgemeinheit) erfolgt.[282] Das einem anderen überlassene Werkstück wird daher dann nicht „in Verkehr gebracht", wenn – wie bei einem persönlichen Geschenk – von vornherein feststeht, dass es in der Privatsphäre des Empfängers verbleiben wird, welcher allerdings seinerseits nicht berechtigt ist, das Werkstück zu verbreiten.[283]

Lässt sich das Verbreitungsrecht beschränken?

Der Urheber kann sein Verbreitungsrecht – wie alle Verwertungsrechte – einem Dritten (= Lizenznehmer) räumlich,[284] zeitlich und inhaltlich beschränkt einräumen (§ 26):

▸ Eine **räumliche Beschränkung** des Verbreitungsrechts kann sich auf das Gebiet eines bestimmten Staates, das Bundesgebiet oder auf einzelne Teilgebiete desselben beziehen.

Eine räumliche Beschränkung des Verbreitungsrechts innerhalb der EU würde allerdings in **Konflikt** mit dem Grundsatz des **freien Warenverkehrs** (Art. 30 EGV; ▸S. 46f) geraten, welchem sie aufgrund des Vorrangs des Gemeinschaftsrechts weichen muss: Hat der Urheber die Einwilligung nur für ein bestimmtes Gebiet (z.b. Russland) erteilt, so bleibt sein Recht, die dort in Verkehr gebrachten Werkstücke außerhalb dieses Gebiets (z.B. Ukraine) zu verbreiten (d.h. deren Verbreitung zu verbieten), grundsätzlich unberührt. Dies gilt aber nicht für Werkstücke, die in einem Mitgliedstaat der EU oder des EWR (z.b. Deutschland) mit Einwilligung des Berechtigten in Verkehr gebracht worden sind. Diese können innerhalb der EU bzw. des EWR frei zirkulieren und können daher vom Berechtigten nirgendwo in der EU mehr verboten werden.

▸ Eine **zeitliche Beschränkung** des Verbreitungsrechts ist zulässig (§ 26); sie widerspricht auch nicht dem Grundsatz des freien Warenverkehrs.[285]

▸ Auch **inhaltliche Beschränkungen** des Verbreitungsrechts, etwa über bestimmte **Vertriebskanäle** (z.b. Buchhandel oder Buchgemeinschaft), sind – mit Ausnahme von Preisbindungen – zulässig. Im Verlagsrecht sind inhaltliche Beschränkungen üblich. So werden gesonderte Verbreitungsrechte für Originalausgaben, Taschenbuchausgaben und Ausgaben für Buchgemeinschaften erteilt. Bei Verlagserzeugnissen ist eine Preisbindung des Buchhandels zulässig.

Durch die **Vervielfältigung** zum **eigenen** bzw. privaten **Gebrauch** wird das Verbreitungsrecht nicht beschränkt (▸S. 95f).

Wann erschöpft sich das Verbreitungsrecht?

Dem Verbreitungsrecht des Urhebers bzw. Leistungsschutzberechtigten unterliegen Werkstücke nicht (mehr), die **mit** seiner **Einwilligung** durch **Übertragung** des **Eigentums** in Verkehr gebracht worden sind (§ 16 Abs. 3). Das **Verbreitungsrecht** des Rechteinhabers ist – mit Ausnahme seines Vermiet- und Verleihrechts – **erschöpft**. Diese „Erschöpfung" ist deshalb erforderlich, weil sonst jede Weiterverbreitung eines Werkstücks nur mit Zustimmung des Berechtigten zulässig wäre, was zu einer erheblichen Beeinträchtigung des Rechtsverkehrs führen würde.

Das Verbreitungsrecht erschöpft sich nur, wenn eine **wirksame Zustimmung** des Berechtigten (Urheber, dessen Erbe, Leistungsschutzberechtigter, Werknutzungsberechtigter) vorliegt.

Für die Erschöpfung **unerheblich** ist, ob das Werkstück durch Eigentumsübertragung auf eine Art in Verkehr gebracht worden ist, die das Werk der **Öffentlichkeit** zugänglich macht. Das Verbreitungsrecht erlischt daher auch bei Eigentumsübertragung im privaten Bereich.

Der Erschöpfungsgrundsatz gilt insbesondere auch für Werkstücke, die in einem **Mitgliedstaat** der EU oder des EWR mit Einwilligung des zur Verbreitung Berechtigten erstmals in Verkehr gebracht worden sind, sodass sich der Urheber bzw. Leistungsschutzberechtigte so genannten **Parallelimporten** nicht widersetzen kann (▸ S. 48). Verbreitungshandlungen außerhalb dieses Gebietes erschöpfen das inländische Verbreitungsrecht hingegen nicht. Wird ein Tonträger mit Zustimmung des Berechtigten erstmals in der EU verkauft – also in Verkehr gebracht –, dann erschöpft sich das Verbreitungsrecht des Tonträgerproduzenten. Der Tonträger darf innerhalb der EU beliebig weiterverkauft werden. Gegen den Import des gleichen Tonträgers in die EU, der z.B. in der Türkei verkauft wurde, kann sich der Tonträgerproduzent mit Hilfe der Zollbehörden zur Wehr setzen, weil an diesem Tonträger das Verbreitungsrecht noch nicht erloschen ist.

Die **Erschöpfungswirkung** beschränkt sich nur auf die Weiterverbreitung des Werkstücks (Urstück oder Vervielfältigungsstück); sie gilt **nicht** für die **öffentliche Wiedergabe** des Werks (▸ S. 103f) oder andere Verwertungshandlungen, wie das **Vermieten** (§ 16 Abs. 3).

6.2.4 Vermietrecht

Das Vermietrecht ist systematisch ein Unterfall des Verbreitungsrechts; es ist allerdings in einem eigenen Paragraphen (§ 16a), gemeinsam mit dem Verleihrecht geregelt. Das Vermietrecht ist – zum Unterschied vom Verleihrecht – ebenfalls ein **Verbotsrecht**.

Da die **Veräußerung** eines **Werkstücks** oder **Werkträgers** (Tonträger, Videokassette, Bildplatte, CD-ROM, Diskette) nicht die Erschöpfung des Vermietrechts zur Folge hat (§ 16a Abs. 1), kann der Rechteinhaber (Urheber, Verwerter, Leistungsschutzberechtigter) auch nach der Veräußerung desselben bestimmen, ob eine Vermietung zulässig sein soll, und gegebenenfalls von der Bezahlung von Tantiemen abhängig machen.

Basics des Urheberwissens:

Unter „**Vermieten**" ist die zeitlich begrenzte, **Erwerbszwecken** dienende Gebrauchsüberlassung zu verstehen (§ 16a Abs. 3).

Entscheidend ist nicht, ob die zeitweilige Gebrauchsüberlassung entgeltlich oder unentgeltlich (gratis) erfolgt, sondern ob sie Erwerbszwecken dient oder nicht. Der urheberrechtliche Begriff der Miete ist demnach mit dem zivilrechtlichen Mietbegriff (§ 1090 ABGB) nicht identisch, welcher definitionsgemäß Entgeltlichkeit voraussetzt, während bei Unentgeltlichkeit der Gebrauchsüberlassung Leihe vorliegt.

Auch bei **Umgehungsfällen**, darunter fällt z.b. ein Kauf mit Rückgaberecht[286] oder die unentgeltliche Gebrauchsüberlassung unter der Voraussetzung einer Clubmitgliedschaft, ist von Erwerbszwecken auszugehen,[287] womit derlei Fälle – wirtschaftlich gesehen – dem Vermieten gleichzuhalten sind.

Das gebräuchliche **Auflegen** von **Zeitungen** und **Zeitschriften** in Wartezimmern bzw. Räumlichkeiten von Ärzten, Rechtsanwälten oder Frisören wird in aller Regel nicht als Erwerbszwecken dienende Gebrauchsüberlassung (während der Wartezeit) anzusehen sein.[288]

Das ausschließliche **Vermietrecht** wird nicht nur Urhebern zuerkannt, sondern auch **ausübenden Künstlern** (§ 67 Abs. 2; ▶S. 175), **Lichtbildherstellern** (§ 74 Abs. 7; ▶S. 184), **Herstellern** von **Filmen** (§ 74 Abs. 7 iVm § 73 Abs. 2; ▶S. 187) und **Tonträgern** (§ 76 Abs. 6; ▶S. 180) sowie **Rundfunkunternehmern** für ihre Sendungen (§ 76a Abs. 5; ▶S. 182). Wirtschaftlich betrachtet wird das Vermietrecht in erster Linie den Tonträgerherstellern bei der Vermarktung von CDs und den Filmherstellern bei der Videoverwertung bzw. DVD-Nutzung zugute kommen.

Ausgenommen vom Vermietrecht ist das Vermieten zum **Zweck** der **Rundfunksendung** (§ 17) sowie des **öffentlichen Vortrags** und der öffentlichen **Aufführung** und **Vorführung** (§ 18), womit sichergestellt werden soll, dass das Vermieten von Filmkopien an Kinos und Rundfunkanstalten sowie das Vermieten von Notenmaterial an Konzertveranstalter („Leihmaterial") vom Verbotsrecht ausgenommen ist (§ 16a Abs. 4 Z 1).[289]

Ausgenommen vom Vermietrecht (§ 16a Abs. 4 Z 2) ist weiters das Vermieten von Werken der **angewandten Kunst** und des **Kunstgewerbes** (▶S. 68); Einrichtungsgegenstände und Möbel etc. dürfen daher vermietet werden, ohne dass hierzu ein gesondertes Nutzungsrecht erworben werden muss.

6.2.5 Senderecht

Im noblen Thermenhotel Loipersdorf sind alle Hotelzimmer unter anderem mit einem Fernsehapparat ausgestattet. Damit können nicht nur die terrestrisch ausgestrahlten Fernsehprogramme ORF 1 und ORF 2 empfangen werden, sondern mittels einer Hotel-Satelliten-Anlage auch die Fernsehprogramme RTL, 3-sat, EuroSport, SAT 1, Pro7, ZDF und ARD. Zu diesem Zweck ist auf dem Dach des Hotels eine Parabolantenne („Satellitenschüssel") angebracht, die einen Durchmesser von 1,5 m hat. Diese Antenne nimmt die über den Satelliten ASTRA ausgestrahlten Programme auf; die Programme werden durch Sat-Aufbereiter und Hausverstärker unter Dach ausgewählt und demoduliert und auf andere Kanäle umgesetzt, verstärkt und über ein Koaxialkabel den einzelnen Hotelzimmern zugespielt. Dort können die Hotelgäste dann die Fernsehprogramme ihrer Wahl konsumieren.

Die Verwertungsgesellschaft der Autoren, Komponisten und Musikverleger (AKM), die die kleinen Aufführungs- und Senderechte an Musikwerken und die damit verbundenen Vergütungsanprüche wahrnimmt, klagte das Thermenhotel, weil es sich bei der Ausstrahlung von Satellitenprogrammen in Hotelzimmern um eine vergütungspflichtige öffentliche Aufführung oder um eine ebenso vergütungspflichtige so genannte Drahtfunksendung handelt und das Thermenhotel bislang keine Zahlungen leistete.[290]

Aus urheberrechtlicher Sicht stellen sich für uns nun die Fragen, ob

▸ *wir es mit einer öffentlichen Darbietung (Aufführung) in den Hotelzimmern zu tun haben und*

▸ *ob sich das Thermenhotel auf eine Spezialbestimmung für bestimmte Gemeinschaftsantennenanlagen berufen kann.*

Vorauszuschicken ist, dass das Senderecht ein eigenständiges Verwertungsrecht ist. Es ist das **ausschließliche** Recht des Urhebers, sein Werk durch **Rundfunk** oder auf eine **ähnliche Art** zu senden (§ 17 Abs. 1) sowie weiterzusenden, wozu insbesondere die **Kabelweiterleitung** zählt (§ 59a). Juristisch komplizierter ist die Frage, welchem Senderecht eine Satellitensendung unterliegt, können Satellitensendungen bestimmungsgemäß doch in einer größeren Anzahl von Staaten mit jeweils eigenem Urheberrechtsgesetz empfangen werden.

Terrestrische Sendung

Das Urheberrechtsgesetz versteht unter „**Senden**" jede Tätigkeit, wodurch der Vortrag oder die Aufführung eines Werks der Literatur, der Ton- oder Filmkunst oder ein Werkstück der bildenden Künste mit Hilfe elektromagnetischer Wellen innerhalb der Reichweite dieser Wellen jedem wahrnehmbar gemacht wird, der sich eines entsprechenden Empfangsgeräts bedient. Wir sprechen damit im Zusammenhang auch von der terrestrischen Sendung mittels stationärer Sendestationen. **Digital Audio Broadcasting** (DAB) unterliegt ebenfalls dem Senderecht, weil es im Urheberrecht auf die verwendete Technik – analoge oder digitale Sendung – nicht ankommt.

Im Zusammenhang mit dem Begriff des „Sendens" sprechen wir von einer so genannten Point-to-multipoint-Übertragung. Der **Begriff** des „Sendens" lässt sich auch als **öffentliches Ausstrahlen programmtragender Signale** definieren. Ob die programmtragenden Signale, also die Sendung, auch tatsächlich empfangen bzw. wahrgenommen werden, ist gleichgültig; es reicht aus, dass die Möglichkeit dazu gegeben ist.

Bei der Beurteilung des Begriffs „**Öffentlichkeit**" kommt es auf die **Vielzahl** der **Empfangsanlagen** an.[291] Die Übertragung von Videofilmen aus einer Hotelzentrale in die einzelnen Zimmer dieses Hotels ist daher keine Sendung über Leitungen.[292]

Ebenso ist **Video on Demand** wegen einer Point-to-point-Übertragung nicht als Sendung zu beurteilen.

Für die **verschlüsselte Ausstrahlung** programmtragender Signale wird im Urheberrechtgesetz klargestellt, dass es sich hierbei nur dann um eine Rundfunksendung handelt, wenn die Mittel zu deren Entschlüsselung (so genannte „Decoder") durch den Rundfunkunternehmer selbst oder mit seiner Zustimmung der Öffentlichkeit zugänglich gemacht wurden (§ 17a).

Satellitensendung

Vom Senderecht umfasst ist grundsätzlich auch die Ausstrahlung programmtragender Signale über **Satellit**.[293] Da sich „Rundfunk" durch die Empfangbarkeit programmtragender Signale durch die Allgemeinheit definiert, ist es unerheblich, ob es sich um einen Direktsatelliten oder um einen Fernmeldesatelliten handelt. Der urheberrechtlich bedeutsame **Sendeakt** liegt bei der Satellitensendung in der Eingabe der programmtragenden Signale unter der Kontrolle des Sendeunternehmens und nicht im Empfang dieser Signale durch Empfangsstationen.

Nach der so genannten **Sendetheorie** findet eine Rundfunksendung über Satellit nur in dem Staat statt, in welchem die Eingabe der programmtragenden Signale unter der Kontrolle und Verantwortung des Rundfunkunternehmers erfolgt. Voraussetzung ist, dass es sich um eine ununterbrochene Kommunikationskette handelt, die zum Satelliten und zurück zur Erde führt. Die programmtragenden Signale können vor der Satellitenabstrahlung über dazwischengeschaltete Satelliten oder über mehrere terrestrische Richtfunkstationen geleitet werden, ohne dass die Einheitlichkeit des Sendeaktes in Frage gestellt wird, wenn keine Unterbrechung vorgenommen und/oder die Sendung während der Weiterleitung der Öffentlichkeit nicht zugänglich gemacht wird.

Der vertragliche **Erwerb** des **Satellitensenderechts** unterliegt also nur dem Urheberrechtsgesetz des Mitgliedstaats, in welchem die programmtragenden Signale „eingegeben" werden. Auf Satellitensendungen ist daher nur ein nationales Urheberrecht anwendbar, nämlich das Recht desjenigen Landes, in welchem der Sendeakt stattfindet. Da es sich bei der Kabelweiterleitung um einen neuen Sendevorgang handelt, ist hierfür dann aber sehr wohl eine entsprechende Berechtigung von der zuständigen Verwertungsgesellschaft einzuholen.

Kabelsendung

Dem drahtlosen analogen bzw. digitalen Rundfunk, terrestrisch oder über Satellit ausgestrahlt, gleichgestellt ist das Senden über **Leitungen** (Draht, Koaxialkabel, Laser,

Kabelfernsehen), und zwar unabhängig davon, ob die Sendestation im Inland oder im Ausland gelegen ist. Maßgeblich ist nur, dass die Sendung der Öffentlichkeit wahrnehmbar gemacht wird (§ 17 Abs. 2).

Sendeanlagen

Der für das Senderecht entscheidende **Anknüpfungspunkt** ist die drahtlose oder drahtgebundene Ausstrahlung über eine **Sendeanlage:** Wer nur empfängt und selbst nicht sendet, benötigt die Senderechte von Urhebern und Verwertern nicht (allenfalls aber die Aufführungs-, Vortrags- oder Vorführungsrechte, wenn der Empfang eine öffentliche Darbietung z.b. auf einer Videowand in einem Hotelfoyer ist). So einfach diese Unterscheidung klingt, so schwierig können die Rechtsfragen sein, wenn wir berücksichtigen, dass so genannte Gemeinschaftsantennenanlagen Rundfunk oder Satelliten-TV nicht nur empfangen, sondern auch weiterleiten oder weitersenden. Auch das **Weitersenden** ist ein „Senden" im urheberrechtlichen Sinn und daher grundsätzlich nur mit Zustimmung des Urhebers zulässig.

Um die Begriffe des „(Weiter-)Sendens" und des „Empfangens" voneinander abzugrenzen, bestimmt das Urheberrechtsgesetz, was nicht unter „(Weiter-)Senden" zu verstehen ist (§ 17 Abs. 3):[294]

Die zeitgleiche, vollständige und unveränderte (= **integrale**) **Übermittlung** von Rundfunksendungen des **ORF** mit Hilfe von Leitungen im Inland ist keine neue Rundfunksendung, sondern Teil der ursprünglichen. Diese Bestimmung ist nur historisch aus den technischen Möglichkeiten der 1980er Jahre erklärbar und heute aufgrund des technischen Fortschritts nicht mehr zeitgemäß.

Die zeitgleiche, vollständige und unveränderte Übermittlung von Rundfunksendungen durch eine **Rundfunkvermittlungsanlage** ist ebenfalls keine neue Rundfunksendung, weil die gesamte Rundfunkvermittlungsanlage einschließlich ihres „Sendeteils" zur „Empfangsanlage" gezählt wird. Eine zentrale Rundfunkvermittlungsanlage eines Großhotels etwa, welche verschiedene Rundfunkprogramme an die Lautsprecher der Nebenstellen in den einzelnen Hotelzimmern weiterleitet, ist daher nur eine Empfangsanlage und tangiert das Senderecht des Urhebers nicht.[295]

Die zeitgleiche, vollständige und unveränderte Übermittlung von Rundfunksendungen durch **Gemeinschaftsantennenanlagen** gilt ebenfalls nicht als neue Rundfunksendung, sofern sich die Standorte aller Empfangsanlagen der Gemeinschaftsantennenanlage nur auf zusammenhängenden Grundstücken befinden (und kein Teil der Anlage einen öffentlichen Weg benützt oder kreuzt und die Antenne vom Standort der am nächsten liegenden Empfangsanlage nicht mehr als 500 Meter entfernt ist) oder wenn an die Anlage nicht mehr als 500 Teilnehmer angeschlossen sind. Die

Weiterleitung der Satellitensendungen in die Hotelzimmer im Thermenhotel Loipersdorf ist demnach nicht vergütungspflichtig, weil es sich bei dieser Satellitenanlage um eine Gemeinschaftsantennenanlage handelt.[296]

Zwischen Rundfunkvermittlungs- und Gemeinschaftsantennenanlagen haben wir insoweit zu unterscheiden,[297] als Rundfunkvermittlungsanlagen definitionsgemäß nicht „weitersenden", während es bei Gemeinschaftsantennenanlagen auf die Lokalisierung der Empfangsstationen bzw. auf die Anzahl der Teilnehmer ankommt. Unter einer „Gemeinschaftsantennenanlage" ist eine nach dem Telekommunikationsrecht bewilligungsbedürftige technische Einrichtung (Antennenanlage) zu verstehen, die unter Verwendung von Verbindungsleitungen für mehrere Empfangsanlagen auf einem oder verschiedenen Standorten errichtet wird.[298] Der jeweilige technische Entwicklungsstand ist rechtlich unerheblich.[299]

Kabelweiterleitung

Die integrale **Kabelweiterleitung** (ausländischer wie privater inländischer) Rundfunksendungen durch eine Sendeanlage – also eine andere als die genannte Ausnahme für Gemeinschaftsantennenanlagen – bedarf des Erwerbs des **Rechts** zur **Weitersendung** (§ 59a). Dieses Recht erwirbt man von den jeweils zuständigen Verwertungsgesellschaften, wobei hier Gesamtverträge zwischen dem Fachverband Verkehr der Wirtschaftskammer und den Verwertungsgesellschaften bestehen.

6.2.6 Vortrags-, Aufführungs- und Vorführungsrecht

In einem Figurstudio, bestehend aus einem Empfangsraum mit Rezeption sowie einem – durch einen Torbogen mit Vorhang davon getrennten – Behandlungsraum, in welchem das Trainingsprogramm absolviert oder das Solarium benutzt wird, wird von der Studioleiterin zur Unterhaltung ein Radiogerät benutzt.[300] Fraglich ist, ob wir in diesem Fall von einer öffentlichen Darbietung ausgehen müssen. Wenn es sich um eine öffentliche Darbietung handelt, dann hat der Betreiber des Figurstudios Lizenzgebühren an die Verwertungsgesellschaft AKM abzuführen, weil die AKM die kleinen Aufführungsrechte und Senderechte der musikalischen Urheber und Musikverleger an Werken der Tonkunst wahrnimmt.

Anlässlich einer Hochzeitsfeier in einem Gasthaus spielen drei Musiker verschiedene Musikwerke live für die an der Hochzeitsfeier teilnehmenden 120 geladenen Gäste, von denen 40 Verwandte des Brautpaars und rund 80 Berufskollegen, Nachbarn oder Bekannte des Brautpaars waren. Die Verwertungsgesellschaft AKM klagte, weil sie der Auffassung war, es handle sich um eine öffentliche Darbietung von Werken der Tonkunst.[301] *Fraglich ist auch hier, ob wir von einer öffentlichen Darbietung auszugehen haben.*

Das Urheberrechtsgesetz gewährt dem Urheber das alleinige Recht der **unmittelbaren** und **mittelbaren öffentlichen Wiedergabe** seines Werks im Wege des **Vortrags**, der **Aufführung** oder der **Vorführung** (§ 18). Zu beachten ist, dass die öffentliche Darbietung von Werken auf einer Website im Internet einem eigenen Verwertungsrecht (§ 18a) unterliegt. Für sämtliche traditionellen Arten der öffentlichen Wiedergabe ist der **Begriff** „öffentlich" wesentlich:

> **Basics des Urheberwissens:**
> **„Öffentlich"** ist eine unmittelbare oder mittelbare Wiedergabe immer dann, wenn der Zutritt zu einer Veranstaltung (Übertragung) im Wesentlichen jedermann freisteht, die Aufführung also nicht von vornherein auf einen in sich geschlossenen, nach außen begrenzten Kreis von Teilnehmern abgestimmt ist. Öffentlichkeit ist aber auch dann gegeben, wenn die Veranstaltung zwar nicht allgemein zugänglich ist, der bestimmte oder bestimmbare Teilnehmerkreis aber nicht durch solche Beziehungen miteinander verbunden ist, die die Zusammenkunft als eine solche der Privatsphäre erscheinen lassen.[302]

Öffentlichkeit ist daher überall dort gegeben, wo eine Aufführung im Rahmen eines gewerblichen Betriebs mit fluktuierendem Publikum (z.B. Gaststätten, Kaffeehäuser, gewerbliche Figurstudios[303]) stattfindet;[304] ob der Zutritt mit oder ohne Eintrittskarten zulässig ist, ist gleichgültig.[305]

Die Öffentlichkeit braucht nicht tatsächlich von der Aufführung Kenntnis zu nehmen; es **genügt**, wenn sie die **Möglichkeit** dazu hat.[306] Für das Vorliegen einer öffentlichen Darbietung ist die **räumliche Gemeinsamkeit** der Personen, denen das Werk vermittelt wird, **nicht entscheidend**; es kommt nur darauf an, dass der Öffentlichkeit ein Werk, wenn auch sukzessive (so genannte **sukzessive Öffentlichkeit**), zugänglich gemacht wird.[307] Aus diesem Grund wurde auch der Rundfunkempfang im gewerblichen Figurstudio des Einleitungsbeispiels als öffentliche Darbietung qualifiziert, obwohl neben der Studioleiterin gelegentlich nur eine einzige Kundin anwesend war.

Ob eine Veranstaltung „privat" oder „öffentlich" ist, kann in **Grenzfällen** nur nach den Umständen des Falles unter Berücksichtigung der Zahl der Teilnehmer, des Ausmaßes der zwischen ihnen und dem Veranstalter bestehenden Beziehungen sowie des Zwecks des Zusammenkommens beurteilt werden. Nach der Judikatur kann daher weder eine bestimmte Zahl der Teilnehmer als Grenze festgelegt werden noch die

Beurteilung bloß auf das Bestehen familiärer, verwandtschaftlicher oder freundschaftlicher Beziehungen oder bloß auf die Zugehörigkeit zu bestimmten Personengemeinschaften oder auf das Bestehen gleichgerichteter Interessen abgestellt werden.[308] Dabei ist im Zweifel auch zu beachten, ob der Veranstalter – eigene oder fremde – wirtschaftliche Ziele fördern will.[309] Im zweiten Einleitungsbeispiel wurde daher das Vorliegen einer „Öffentlichkeit" verneint, obwohl es sich um 120 Personen handelte, die in den Genuss der Hochzeitsmusik gekommen sind, weil sie an einer typischerweise privaten Veranstaltung teilgenommen haben.

Im Zusammenhang mit der **unmittelbaren** öffentlichen Wiedergabe unterscheiden wir zwischen dem **Vortrags-**, dem **Aufführungs-** und dem **Vorführungsrecht**:

Vortragsrecht

Das **Vortragsrecht** ist das ausschließliche Recht, ein **Sprachwerk** (▶ S. 57ff) öffentlich **vorzutragen** oder **aufzuführen**. Hierunter fallen nicht nur öffentliche Reden und Dichterlesungen, sondern auch persönliche gesangliche Darbietungen, weil auch durch das Singen eines Textes ein Sprachwerk vorgetragen wird. Da infolge der Vertonung zugleich ein Werk der Tonkunst aufgeführt wird, muss sich der Veranstalter sowohl das Vortrags- wie auch das Aufführungsrecht einräumen lassen.

Aufführungsrecht

Das **Aufführungsrecht** umfasst das ausschließliche Recht, ein **Bühnenwerk** (▶ S. 62), ein Werk der **Tonkunst** (▶ S. 64) oder ein **Filmwerk** (▶ S. 73) öffentlich aufzuführen. Die Wiedergabe von Tonwerken durch eine Tanzschule ist eine öffentliche Aufführung, selbst wenn sie im Rahmen eines auf eingeschriebene Schüler beschränkten Unterrichtskurses geschieht.[310]

Vom Aufführungsrecht **nicht umfasst** ist die öffentliche Aufführung bestimmter Werke der Filmkunst im **Unterricht** (▶ S. 109) sowie in **Beherbergungsbetrieben** (▶ S. 109).

Vorführungsrecht

Das **Vorführungsrecht** ist das ausschließliche Recht, ein Werk der **bildenden Künste** (▶ S. 65f) durch optische Einrichtungen öffentlich vorzuführen (Filmvorführung, Diaschau). Auf die Technik der optischen Einrichtungen, deren Benutzung das Vorführungsrecht voraussetzt, kommt es nicht an; es können Overhead- oder Filmprojektoren sowie Bildschirme sein. Eine „Live-Vorführung" von Werken der bildenden Künste kennt das Urheberrechtsgesetz hingegen nicht.

Zweitverwertung

Das Urheberrechtsgesetz stellt den unmittelbaren Vortrag und die unmittelbare Aufführung (**Live-Darbietung**) einer solchen mittels Bild- oder Tonträgern (**Zweitverwertung**) gleich (§ 18 Abs. 2). Die öffentliche Wiedergabe durch Abspielen von CDs und anderen Tonträgern (mittelbare öffentliche Wiedergabe) unterliegt daher denselben Rechten wie die Live-Aufführung der Werke.

Zu den öffentlichen Vorträgen und Aufführungen zählt auch das Recht zur **öffentlichen Wiedergabe** (von Vorträgen, Vorführungen und Aufführungen) eines Werks durch Lautsprecher und andere technische Einrichtungen **außerhalb des Ortes**, wo sie stattfinden (so genanntes **Übertragungsrecht**; § 18 Abs. 3). Konferenzen, Konzerte und ähnliche Veranstaltungen dürfen also zeitgleich in einen Nebenraum übertragen werden.

Zum **Übertragungsrecht** zählt **auch** die **Benutzung** einer **Rundfunksendung** zur öffentlichen Wiedergabe des gesendeten Werks (so genannte **Zweitverwertung**). Dies hat vor allem Bedeutung für die in Gaststätten und Geschäften erfolgende Ausstrahlung von Musiksendungen: So ist die Rundfunkwiedergabe geschützter Werke der Tonkunst in einem allgemein zugänglichen, von Laufkunden aufgesuchten Einzelhandelsgeschäft,[311] in einem Espresso,[312] in einer Espresso-Confiserie,[313] in einem Gasthaus,[314] in einem gewerblichen Figurstudio[315] oder in einem – nur Heiminsassen zugänglichen – Kurheim eines Sozialversicherungsträgers[316] vom Aufführungsrecht umfasst. Auch die Rundfunkwiedergabe einer so genannten „Betriebsmusik" in einem Arbeitsraum mit mehr als 100 Arbeiterinnen ist eine öffentliche Darbietung.[317]

Die **praktische** Erlangung von Aufführungsbewilligungen wird für derartige Betriebe allerdings dadurch erleichtert, dass die entsprechenden Rechte von Verwertungsgesellschaften mittels Einzelverträgen erteilt werden, wobei aufgrund eines Übereinkommens zwischen dem „Verband der Konzertlokalbesitzer und aller Veranstalter Österreichs" und der Wirtschaftskammer die (relativ niedrigen) Gesamtvertragstarife, die zwischen dem KLBV und den Verwertungsgesellschaften ausgehandelt werden, auch für alle Mitglieder der Wirtschaftskammer gelten.[318]

6.2.7 Das Online-Recht

Mit der Novelle 2003 zum Urheberrechtsgesetz schaffte der Gesetzgeber ein neues Verwertungsrecht, mit welchem er die interaktive Nutzung von Werken im World Wide Web (WWW) des Internet ausschließlich dem Urheber zuerkannte. Dieses neue Verwertungsrecht nannte er „Zurverfügungstellungsrecht" (§ 18a).

6.3 Welche Vergütungsansprüche hat der Urheber?

Aus dem Urheberrecht entstehen auch **schuldrechtliche Forderungen** (so genannte Vergütungsansprüche), welche nicht wie die Ausschlussrechte mit der Schöpfung des Werks entstehen, sondern aus bestimmten **Verwertungshandlungen Dritter** erwachsen und an die das Urheberrechtsgesetz jeweils die Vergütungspflicht knüpft.

Basics des Urheberwissens:
Der Urheber kann bestimmte Verwertungshandlungen nicht verhindern – er besitzt diesbezüglich also kein Verbotsrecht –, sondern lediglich eine Vergütung hierfür verlangen, welche im Regelfall nur von Verwertungsgesellschaften geltend gemacht werden kann.

Bei den Vergütungsansprüchen handelt es sich einerseits um Tatbestände, die das Urheberrechtsgesetz zu bloßen Geldforderungen abschwächt, obwohl es – systematisch betrachtet – Verwertungsrechte sind (z.B. im Zusammenhang mit freier Werknutzung); andererseits handelt es sich um eigenständige Beteiligungsansprüche (z.B. Vergütung für Verleihen).

6.3.1 Vergütung für Verleihen

Anders als das Vermietrecht ist das „Verleihrecht" (§ 16a) **kein Verbotsrecht**, weil es von der Erschöpfung des Urheberrechts kraft Eigentumsübertragung erfasst ist (▶ S. 97). Es gewährt dem Rechteinhaber aber einen **Anspruch** auf angemessene Vergütung in Form des so genannten „Bibliotheksgroschens".

Die Verleihvergütung erfasst das Verleihen von **Werkstücken** sämtlicher Werkkategorien einschließlich Urstücken (Originale), Reproduktionen, Kopien oder Fotografien von Werkstücken, **Lichtbildern** (§ 74 Abs. 7), **Laufbildern** (§ 73 Abs. 2 iVm 74 Abs. 7), **Tonträgern** (§ 76 Abs. 6) und **Rundfunksendungen** (§ 76a Abs. 5).

Unter „**Verleihen**" ist nur die zeitlich begrenzte, nicht Erwerbszwecken dienende Gebrauchsüberlassung durch eine der **Öffentlichkeit zugängliche Einrichtung** (Bibliothek, Bild- oder Schallträgersammlung, Artothek und dergleichen) zu verstehen (§ 16a Abs. 3). Auch die Benutzung einer öffentlichen Präsenzbibliothek erfüllt den Tatbestand des Verleihens.

Ausgenommen von der Verleihvergütung (§ 16a Abs. 4 Z 1) ist das Verleihen zum **Zweck** der **Rundfunksendung** (§ 17) sowie des öffentlichen **Vortrags** und der öffentlichen **Aufführung** und **Vorführung** (§ 18).

Ausgenommen von der Verleihvergütung ist weiters das Verleihen von Werken der **angewandten Kunst** und des Kunstgewerbes (§ 16a Abs. 4 Z 2; ▶ S. 65); diese Werke dürfen daher nach Erschöpfung des Verbreitungsrechts verliehen werden, ohne dass eine Vergütung hierfür bezahlt werden muss.

Der Vergütungsanspruch kann nur von **Verwertungsgesellschaften** geltend gemacht werden (§ 16a Abs. 2).

6.3.2 Vergütung für öffentliche Wiedergabe

Für bestimmte Einrichtungen wie

▶ **Bibliotheken,**

▶ **Schulen** und **Universitäten** sowie

▶ **Beherbergungsbetriebe**

wird die öffentliche Wiedergabe von Bild- und Tonträgern gegen Leistung einer **angemessenen Vergütung** vom Gesetzgeber ausdrücklich für zulässig erklärt, womit die teilweise gängige, aber früher urheberrechtlich unzulässige Praxis der Nutzung von Tonträgern und Filmen in diesen Einrichtungen gesetzlich saniert wird. Die Vergütungsansprüche können nur von **Verwertungsgesellschaften** geltend gemacht werden.

Bibliotheken

Einrichtungen, die der Öffentlichkeit zugänglich sind, wie Bibliotheken, Bild- oder Schallträgersammlungen, Bundesanstalten für audiovisuelle Medien und ähnliche Einrichtungen, dürfen **Werkstücke** an Besucher **verleihen** (§ 56b). Dies gilt für Bild- und Schallträger (Tonband, CD, Videokassette, Bildplatte) genauso wie für alle anderen Werkarten (z.B. Bücher oder Zeitschriften).

Während das Benützen von Büchern und Zeitschriften in einer Bibliothek durch deren Besucher durch die Verleihvergütung (▶ S. 107) abschließend erfasst wird, erfordert die Benützung von Bild- oder Schallträgern durch Besucher in einer Bibliothek das Abspielen auf einem Wiedergabegerät, womit der Tatbestand der **öffentlichen Wiedergabe** (sukzessive Öffentlichkeit) der auf dem Bild- oder Schallträger festgehaltenen Werke erfüllt ist[319] (▶ S. 104), welche ohne Zustimmung des Urhebers unzulässig ist.

Die Regelung betreffend die Benutzung von Bild- oder Schallträgern in Bibliotheken (§ 56b) sieht daher eine Ausnahme vom Ausschlussrecht des Urhebers der auf den verwendeten Bild- oder Schallträgern festgehaltenen Werke vor; der Urheber erhält stattdessen einen angemessenen **Vergütungsanspruch.**

Die Verwendung von Bild- und Schallträgern in derartigen Einrichtungen unterliegt allerdings nur dann der Ausnahmebestimmung, wenn **nicht mehr** als **zwei Be-**

sucher gleichzeitig der Vorführung beiwohnen können – d.h. keine Vorführung für Schulklassen – und dies **nicht** zu **Erwerbszwecken** geschieht.

Schulen und Universitäten

Für Werke der Literatur, der Tonkunst und der bildenden Künste existieren seit 1936 **freie Werknutzungen**, die für den **Schulgebrauch** (▸ S. 146) genutzt werden können. Hiervon nicht erfasst war die Vorführung von **Filmen** und der damit verbundenen Filmmusik. Die dessen ungeachtet in Schulen bzw. Universitäten vielfach gängige Praxis, Videomitschnitte von Fernsehsendungen oder käuflich erworbene Videofilme im Rahmen des Unterrichts oder bei Lehrveranstaltungen vorzuführen – ohne aber über die erforderlichen Genehmigungen zu verfügen –, ist unter bestimmten Voraussetzungen zulässig (§ 56c):

Schulen und Universitäten dürfen Werke der Filmkunst (▸ S. 73) und die damit verbundenen Werke der Tonkunst in einem durch den Zweck des Unterrichts bzw. der Lehre gerechtfertigten Umfang öffentlich (d.h. vor einer Schulklasse bzw. Gruppe von Studenten) aufführen.

Der **Begriff** der „Schule" bzw. „Universität" wird nach dem mit der Ausnahme offenkundig verfolgten Zweck nur auf **staatlich anerkannte Bildungseinrichtungen** gemäß den einschlägigen Gesetzen anzuwenden sein; nicht erfasst sind demnach Fahrschulen oder Einrichtungen der Erwachsenenfortbildung, wie etwa die Volkshochschulen. Die **Beschränkung** auf den durch den **Zweck** des **Unterrichts** gerechtfertigten Umfang bedeutet, dass die Aufführung dem Lehrplan entspricht und nicht bloß der Beschäftigung der Schüler dient, etwa vor Schulschluss oder während ausfallender, nicht supplierter Unterrichtsstunden.

Die öffentliche Wiedergabe im Unterricht (§ 56c) erfasst nicht nur Werke der Filmkunst samt der allenfalls dazugehörenden Filmmusik, sondern auch einfache **Laufbilder** (§ 74 Abs. 7; ▸ S. 189), wie z.B. Filmaufnahmen, die durch das Mikroskop gemacht und im Rahmen des Biologieunterrichts (öffentlich) aufgeführt werden.

Dem Urheber steht für solche öffentlichen Vorführungen ein Anspruch auf angemessene **Vergütung** zu.

Beherbergungsbetriebe

Unter eng umschriebenen Voraussetzungen wird der Tourismuswirtschaft ermöglicht, für ihre Gäste mittels Videokassetten oder DVD ein Schlechtwetterprogramm zu veranstalten:

Beherbergungsunternehmen dürfen für die von ihnen aufgenommenen Gäste

Werke der **Filmkunst** sowie einfache **Laufbilder** (§ 74 Abs. 7) öffentlich aufführen, wenn seit der Erstaufführung des Filmwerkes im Inland oder in deutscher Sprache (oder in einer Sprache einer in Österreich anerkannten Volksgruppe) mindestens zwei Jahre vergangen sind, eine **handelsübliche Videokassette** oder DVD verwendet wird und die Zuschauer **kein Entgelt** für die Vorführung bezahlen (§ 56d).

Die Aufführung darf nur mit Hilfe eines zu **Handelszwecken** hergestellten Bild- oder Tonträgers, dessen Verbreitung nach § 16 Abs. 3 zulässig ist (▶S. 96), vorgenommen werden; nicht erfasst sind daher private Videomitschnitte oder Tonbandaufnahmen.

Dem Urheber steht ein Anspruch auf angemessene **Vergütung** zu.

6.3.3 Geräte-, Betreiber- und Leerkassettenvergütung

Um finanzielle Nachteile auszugleichen, die Urhebern durch die zulässige **Vervielfältigung** zum **eigenen Gebrauch** (▶S. 136) entstehen, sieht das Urheberrechtsgesetz bestimmte Vergütungsansprüche vor: Analog zur Abgeltung „privater Tonbandüberspielungen" durch die Leerkassettenvergütung (▶S. 112) wird die Vervielfältigung zum eigenen Gebrauch mit Hilfe reprographischer oder ähnlicher Verfahren durch eine **Reprographievergütung** (§ 42b Abs. 2) abgegolten. Anders als bei der Leerkassettenvergütung existiert bei der Reprographie (Kopieren) kein Trägermaterial, an welches die Vergütung gekoppelt werden könnte. Stattdessen knüpft die Reprographievergütung einerseits an den **Verkauf** von Vervielfältigungsgeräten an, andererseits an deren entgeltlichen **Betrieb**, sofern dieser in bestimmten Einrichtungen erfolgt.

Leerkassetten- und Reprographievergütung können nur von **Verwertungsgesellschaften** geltend gemacht werden (§ 42b Abs. 5).

Bei der **Bemessung** der Vergütung ist bei der Gerätevergütung auf die Leistungsfähigkeit des Geräts (Anzahl der Kopien pro Minute; Möglichkeit zur Herstellung von Farbkopien), bei der Betreibervergütung auf die Art und den Umfang der Nutzung des Vervielfältigungsgeräts (Art des Betriebs, Standort des Geräts, übliche Verwendung) und bei der Leerkassettenvergütung auf die Spieldauer des Trägermaterials Bedacht zu nehmen (§ 42b Abs. 4). Hierbei handelt es sich um die maßgeblichen Bestimmungsfaktoren, aber nicht um die einzigen.

Gerätevergütung

Für Geräte, die ihrer Art nach zur Vornahme von Vervielfältigungen (▶S. 92) bestimmt sind (**Vervielfältigungsgeräte**), ist eine Gerätevergütung zu leisten, wenn sie im Inland erstmals gewerbsmäßig entgeltlich in den Verkehr kommen.

Maßgeblich für die Charakterisierung als Vervielfältigungsgerät ist, dass das Gerät **seiner Art nach** zur Vornahme von **Vervielfältigungen bestimmt** ist. Auf die durch den Betreiber des Geräts vorgenommene Zweckbestimmung kommt es ebenso wenig an wie auf die objektive Eignung des Geräts, sodass Fotoapparate oder Plotter trotz objektiver Eignung nicht unter die Vergütungspflicht fallen. **Drucker, Fotokopierer,** Readerprinter[320] und **Telefaxgeräte**[321] zählen hingegen zu den Vervielfältigungsgeräten; die Einbeziehung von **Scannern** wird bejaht, weil auch Geräte mit einem „der Reprographie ähnlichen Verfahren" als Vervielfältigungsgeräte gelten und es nicht erforderlich ist, dass die Vervielfältigungsvorlage auf Papier festgehalten ist: auch Geräte, mit denen Werke digital gespeichert und im Anschluss ausgedruckt werden können, sind Vervielfältigungsgeräte.

Anspruchsberechtigt sind **Urheber** von Werken, bei denen nach ihrer Art mit derartigen Vervielfältigungen zu rechnen ist. Hierbei handelt es sich insbesondere um Werke der **Literatur** (▶ S. 57) und der **bildenden Künste** (▶ S. 65) sowie um **Lichtbildwerke** (▶ S. 67) und einfache **Lichtbilder** (§ 74 Abs. 7).

Nicht darunter fallen **Computerprogramme** (▶ S. 59) sowie elektronische Datenbankwerke, weil diese nicht zum eigenen Gebrauch vervielfältigt werden dürfen (§ 40d Abs. 1).

Vergütungspflichtig ist, wer das Vervielfältigungsgerät als erster im Inland gewerbsmäßig entgeltlich in den Verkehr bringt (§ 42b Abs. 3 Z 1). Der Begriff des „Inverkehrbringens" und des „Feilhaltens" ist im Sinn des Verbreitungsrechts (§ 16) zu verstehen, ohne dass es allerdings auf das Kriterium der Öffentlichkeit ankommt (▶ S. 96).

Die **Gerätevergütung** ist binnen zehn Tagen nach Ende des Kalendermonats **fällig**, in welchem das Gerät im Inland gewerbsmäßig entgeltlich in Verkehr gebracht worden ist; der Zahlungspflichtige dieser Vergütung hat der Literar-Mechana bis zum Fälligkeitstag **Rechnung** über die Anzahl aller in Verkehr gesetzten Vervielfältigungsgeräte zu **legen,** ihr eine **Gutschrift** gemäß Umsatzsteuergesetz über die daraus resultierende Vergütung zu **erteilen** und die **Zahlung** an sie zu **leisten.** Auf Geräte, für welche der 10%-Zuschlag gilt, hat die Rechnungslegung, Gutschrifterteilung sowie Zahlung an die Musikedition zu erfolgen.

Die Gerätevergütung ist von der jeweiligen Verwertungsgesellschaft **zurückzuzahlen,** wenn das **Vervielfältigungsgerät** vor der Veräußerung an den Letztverbraucher **in das Ausland** ausgeführt wird; Zahlungsempfänger ist der Exporteur des Geräts (§ 42b Abs. 6 Z 1).

Betreibervergütung

Bestimmte **Großbetreiber** von Vervielfältigungsgeräten, nämlich Schulen, Hochschulen, Einrichtungen der Berufsbildung oder der sonstigen Aus- und Weiterbildung, Forschungseinrichtungen, öffentliche Bibliotheken und Einrichtungen, die Vervielfältigungsgeräte entgeltlich bereithalten (Copy Shops, Kaufhäuser und Schreibwarengeschäfte), haben (zusätzlich zur Geräteabgabe) eine Betreibervergütung zu leisten.

Betreiber ist, wer als Eigentümer, Mieter oder Leasingnehmer auf seine Rechnung das Gerät aufstellt und es betreibt.

Bezüglich des Kreises der **Anspruchsberechtigten** gilt das zur Gerätevergütung Gesagte.

Die **Betreibervergütung** ist binnen 10 Tagen nach Ende des Kalendermonats **fällig**, in welchem die Vervielfältigung zum eigenen Gebrauch mit Hilfe reprographischer Verfahren stattgefunden hat. Der Betreiber hat bis zum Fälligkeitstag **Rechnung** über die Anzahl aller hergestellten vergütungspflichtigen Vervielfältigungen pro Gerät, gegliedert nach Kopierformaten und Schwarzweiß- bzw. Farbkopien zu **legen** sowie über Anfrage Auskunft zu geben, welche Werke vervielfältigt wurden. Die **Gutschrifterteilung** sowie **Bezahlung** der Vergütung hat wie bei der Gerätevergütung durch den Betreiber zu erfolgen; eine Bürgenhaftung existiert nicht.

Leerkassettenvergütung

Ist von einem Werk, das durch Rundfunk gesendet, der Öffentlichkeit im Internet zur Verfügung gestellt oder auf einem zu Handelszwecken hergestellten Bild- oder Tonträger festgehalten worden ist, seiner Art nach zu erwarten, dass es durch Festhalten („Aufnehmen") auf einem Bild- oder Tonträger (Video- und Musikkassette; Bildplatte) zum eigenen oder privaten Gebrauch vervielfältigt wird, so hat der Urheber Anspruch auf eine angemessene Vergütung (**Leerkassettenvergütung**), wenn unbespieltes **Trägermaterial** im Inland gewerbsmäßig entgeltlich in den Verkehr kommt (§ 42b Abs. 1). Dass sich der Gesetzgeber dafür entschieden hat, die Vergütung für die Urheber **nicht** auf die **Erzeuger** oder **Händler** von **Aufnahme-** und **Wiedergabegeräten** umzulegen, ist eine Frage rechtspolitischer Zweckmäßigkeit und nicht unsachlich (und daher verfassungswidrig), weil bei Letzteren nur der einmalige Umsatz eines Geräts belastet werden könnte. Die Belastung der Händler von Trägermaterial erfasst dagegen auch das wiederholte Überspielen und kommt damit der Verwertung durch Vervielfältigung zum eigenen Gebrauch am nächsten.[322]

Als **Trägermaterial** gelten unbespielte Bild- oder Tonträger, die für solche Vervielfältigungen geeignet sind, oder andere Bild- oder Tonträger, die hierfür bestimmt sind (§ 42b Abs. 1). Ungeeignet sind etwa Bandkassetten für Diktiergeräte; nicht bestimmt sind solche Bild- und Tonträger, die der Importeur im Inland unmittelbar bestimmten Großverbrauchern (Schallplattenindustrie, Tonstudios, ORF) verkauft.[323]

Aufgrund der technischen Entwicklung im Bereich der Digitalisierung stellt sich die Frage, ob hingegen nicht auch Festplatten und (unbespielte) CD-ROMs und weitere **Speichermedien** für größere Datenmengen als Trägermaterial zu qualifizieren sind, weil deren Zweckbestimmung (multimediale Nutzung) im Home-Office-Bereich ebenfalls zu Vervielfältigungen von geschützten Werken zum eigenen Gebrauch führen kann.

Vergütungspflichtig ist, wer das unbespielte Trägermaterial als erster im Inland **gewerbsmäßig** entgeltlich in den Verkehr bringt. Das ist in der Regel der **Importeur**. Wer das Trägermaterial im Inland gewerbsmäßig entgeltlich, jedoch nicht als erster in Verkehr bringt oder feilhält – d.h. jeder Detailhändler –, **haftet** als **Bürge** und **Zahler** solidarisch mit dem Importeur (§ 42b Abs. 3 Z 1). Die private Einfuhr und die unentgeltliche Abgabe werden daher nicht erfasst.[324]

Der **Begriff** des „**Inverkehrbringens**" und des „**Feilhaltens**" ist im Sinn des Verbreitungsrechts (§ 16) zu verstehen, ohne dass es allerdings auf das Kriterium der Öffentlichkeit ankommt (▶ S. 96). Wo das unbespielte Trägermaterial für Vervielfältigungen zum eigenen Gebrauch letztlich benutzt wird – ob im In- oder Ausland – ist unerheblich. Die Vergütungspflicht trifft daher auch die Veräußerung von Leerkassetten an ausländische Touristen, welche diese in ihre Heimatländer mitnehmen.[325]

Von der **Haftung** für die Leerkassettenvergütung **ausgenommen** sind Händler, die im Halbjahr Schallträger mit nicht mehr als 5.000 Stunden Spieldauer und Bildträger mit nicht mehr als 10.000 Stunden Spieldauer beziehen.

„**Beziehen**" bedeutet, dass der Händler tatsächlich oder rechtlich über das Trägermaterial verfügen kann.[326] Erfasst sind demnach Käufe auf Distanz, bei denen der Händler die rechtliche Verfügungsmacht erhält, ohne das Trägermaterial selbst zu Gesicht zu bekommen, und Käufe unter Eigentumsvorbehalt, bei denen der Händler bis zur Bezahlung des Kaufpreises nur Besitzer und noch nicht Eigentümer des Trägermaterials ist.

Im Rahmen eines **Gesamtvertrags**[327] zwischen den Verwertungsgesellschaften und den Bundesgremien des Radio- und Elektrohandels, der Warenhäuser und der Konsumgenossenschaften wurde ein Tarif von S 2,50 (Video) bzw. S 1,65 (Tonträger) pro Stunde Spieldauer (ab 01. 07. 1994) vereinbart,[328] welcher für die den genannten Gremien angehörenden Importeure gilt, mit denen überdies Einzelverträge abgeschlossen werden. Für Kassetten, die in Videokameras (VHS-C und 8 mm Video) verwendet werden, gilt der Tonträgertarif. Für Importeure ohne entsprechende Zugehörigkeit existiert ein um 50 % höherer autonomer Tarif der Verwertungsgesellschaften, weil diese Unternehmen vom Gesamtvertrag nicht erfasst werden.

Bemessungsgrundlage für die Entrichtung der Vergütung ist in allen Fällen die tatsächliche Spieldauer des Trägermaterials, wie sie auf der Verpackung bzw. dem Trägermaterial selbst als Standardspielzeit angegeben ist (Pkt. 3. Gesamtvertrag).

Die Leerkassettenvergütung wird ausschließlich von der Austro-Mechana **eingehoben**, welche von allen übrigen Verwertungsgesellschaften damit betraut wurde.[329] Die Austro-Mechana ist daher berechtigt, die Vergütung im eigenen Namen gerichtlich und außergerichtlich geltend zu machen.

INFO

▶ www.vam.cc

Die Leerkassettenvergütung ist **zurückzubezahlen**, wenn das **Trägermaterial** vor der Veräußerung an den Letztverbraucher **in das Ausland** ausgeführt wird (§ 42b Abs. 6 Z 1) und wenn das Trägermaterial zur **Vervielfältigung** zum **nichteigenen Gebrauch** benutzt wird, es sei denn, dass der nichteigene Gebrauch eine freie Werknutzung ist (§ 42b Abs. 6 Z 2). Ansprüche auf Zurückzahlung sind unter Vorlage von Belegen, aus denen die Zahlung der Urhebervergütung zu ersehen ist, an die Austro-Mechana zu richten, wobei der Antragsteller glaubhaft zu machen hat, dass das Trägermaterial nicht für Vervielfältigungen zum eigenen Gebrauch benützt wurde (Pkt. 12. Gesamtvertrag).

6.4 Wie lange gilt der Urheberrechtsschutz?

Während das Sacheigentum an Werkstücken, wie Skulpturen, Manuskripten, Fotografien und dergleichen, nach den allgemeinen zivilrechtlichen Grundsätzen ewig besteht, ist das „geistige" Eigentum **zeitlich befristet**: „Irgendwann muss Schluss sein."[330] Bei Werken ist dies üblicherweise 70 Jahre nach dem Ableben seines Schöpfers. Hiervon gibt es eine wichtige Ausnahme: Der Schutz von Datenbanken beträgt 15 Jahre, wobei jede Änderung der Datenbank einen Neubeginn der Schutzfrist bewirkt. Im Ergebnis kann daher eine Datenbank beinahe ewigen urheberrechtlichen Schutz genießen.

Basics des Urheberwissens:

Mit dem **Ablauf der Schutzfrist** des Werks **enden** sämtliche hieran bestehenden Nutzungsrechte (▶▶S. 91ff) und **Urheberpersönlichkeitsrechte** (▶▶S. 84ff). Es steht dann jedermann grundsätzlich frei, das Werk auf beliebige Art zu nutzen, dessen Urheber zu benennen oder nicht, es zu bearbeiten oder zu ändern: Das Werk ist **gemeinfrei** geworden.

Sowohl die Inanspruchnahme der Urheberschaft (§ 19 Abs. 1) als auch der Schutz der Werkintegrität (§ 21 Abs. 3) können vom Urheber Zeit seines Lebens geltend gemacht werden (§ 65).

6.5 Welche Schutzfristen gibt es?

Die urheberrechtliche Schutzfrist beträgt für **sämtliche Werke** einheitlich 70 Jahre, beginnend mit dem Tod des Urhebers. Bei mehreren **Miturhebern** (▸ S. 30f) ist der Tod des zuletzt verstorbenen maßgebend (§ 60). Bei **Filmwerken** ist dies entweder der Hauptregisseur, der Urheber des Drehbuchs, der Dialoge oder der für den Film eigens geschaffenen Filmmusik (§ 62).

Bei **anonymen** oder **pseudonymen** Werken (▸ S. 35) beginnt die Schutzfrist grundsätzlich mit dem Zeitpunkt der Schaffung oder – wenn das Werk vor Ablauf der Schutzfrist veröffentlicht wird – mit dem Tag der Veröffentlichung (§ 61), sofern nicht innerhalb der Schutzfrist der wahre Name des Urhebers beim Urheberregister (▸ S. 21) angemeldet wird (§ 61a).

Die urheberrechtliche Schutzfrist der **Leistungsschutzrechte** beträgt einheitlich **50 Jahre**, bei ausübenden Künstlern ab der Darbietung bzw. ab Veröffentlichung, Letzteres wenn diese auf einem Bild- oder Schallträger während der noch nicht abgelaufenen Frist veröffentlicht wurde (§ 67 Abs. 1), bei Licht- und Laufbildern ab Aufnahme bzw. Veröffentlichung (§ 74 Abs. 6), bei Tonträgern ab Aufnahme bzw. Veröffentlichung (§ 76 Abs. 5) und bei Rundfunksendungen ab Sendung (§ 76a Abs. 4).

Werkart	Schutzdauer in Jahren	Schutzbeginn
Werke einschließlich Software und Datenbankwerken	70	Tod des Urhebers
Filmwerke	70	letztversterbender Miturheber (Regisseur, Drehbuch- oder Dialogautor, Filmkomponist)
anonyme und pseudonyme Werke	70	Schaffung bzw. Veröffentlichung
Lieferungswerke	70	jede Lieferung getrennt
Darbietungen ausübender Künstler	50	Darbietung bzw. Veröffentlichung
Tonträger	50	Aufnahme bzw. Veröffentlichung
Rundfunksendungen	50	Sendung
Lichtbilder	50	Aufnahme bzw. Veröffentlichung
Laufbilder	50	Aufnahme bzw. Veröffentlichung

Das Schutzrecht für Datenbanken beträgt 15 Jahre, das für so genannte **nachge-lassene Werke** (editio princeps) beträgt **25 Jahre** ab Veröffentlichung (§ 76b). Will ein Verbandsurheber (▶S. 40) in Österreich urheberrechtlichen Schutz in Anspruch nehmen, so wird hinsichtlich der Schutzfrist ein so genannter **Schutzfris-tenvergleich** (Art. 7 Abs. 8 RBÜ) durchgeführt,[331] weil kein Verbandsland die Werke „seiner" Urheber länger schützen muss, als sie in seinem Heimatland (Ursprungsland) geschützt wären. Bei Urhebern aus Mitgliedstaaten der EU kommt noch das Diskri-minierungsverbot hinzu.

6.6 Wie werden Schutzfristen berechnet?

Der französische Maler Claude Monet verstarb am 06.12.1926. Seine Werke unterlagen in Österreich und Deutschland der 70-jährigen Schutzfrist, während sie in Frankreich be-reits 20 Jahre früher gemeinfrei geworden sind. Am 27.07.1996 wurden über Antrag der Verwertungsgesellschaft bildender Künstler (VBK) zahlreiche Kopien von Monet-Bildern, die in Wien als so genannte „legale Fälschungen" zum Kauf angeboten wurden, gericht-lich beschlagnahmt.[332]

Die beschlagnahmten Kopien wurden deshalb als „legale Fälschungen" bezeichnet, weil sie in Frankreich bereits gemeinfrei geworden waren und daher auch vervielfältigt und (dort) verbreitet werden durften. In Österreich war die gegenüber damals in Frankreich geltende, erheblich längere Schutzfrist aber noch nicht abgelaufen, womit in Österreich keine „legalen Fälschungen", sondern „illegale Kopien" angeboten und verkauft wurden.

Bei der Berechnung der Schutzfristen (§ 60 bis 63) ist das **Kalenderjahr**, in dem die für den Beginn der Frist **maßgebende Tatsache** eingetreten ist, **nicht** mitzuzählen (§ 64). Dies bedeutet, dass die Schutzfrist immer vom 1. Jänner des Kalenderjahres an berechnet wird, das dem maßgebenden Zeitpunkt (Veröffentlichung, Herstellung, Tod, Sendung) folgt. Der Schutz **endet** deshalb unabhängig vom konkreten Todes-zeitpunkt des Urhebers am 31. Dezember des Jahres, in welchem die Schutzdauer en-det. Die Endziffern stimmen überein (z.B. Tod des Malers Monet: 06.12.1926; Be-ginn der Schutzfristberechnung: 01.01.1927; Ende der 70-jährigen Schutzdauer: 31.12.1996, womit die Beschlagnahme am 27.07.1996 noch knapp innerhalb der Schutzdauer erfolgte).

Diese Art der Berechnung der Schutzfrist gilt auch für die Schutzfrist von **Dar-bietungen** ausübender Künstler (§ 67 Abs. 1), von **Licht-** und **Laufbildern** (§ 74 Abs. 6), **Tonträgern** (§ 76 Abs. 5), **Rundfunksendungen** (§ 76a Abs. 4) sowie **nach-gelassenen Werken** (§ 76b).

6.7 Wie wird die Rechtsnachfolge gewährleistet?

Stirbt der Urheber, muss gewährleistet sein, dass andere Personen die persönlichen und wirtschaftlichen Interessen am Werk wahrnehmen können, bis die Schutzfrist am Werk abgelaufen ist. Das **Urheberrecht** unterliegt daher den allgemeinen zivilrechtlichen Regeln über das **Erbrecht** (§ 23 Abs. 1; das Erbrecht finden wir in §§ 531 ff ABGB).

Der **Erbe** rückt in die **volle Rechtsstellung** des Urhebers ein. Dies gilt sowohl für die Verwertungsrechte (▶ S. 91ff) als auch für das Urheberpersönlichkeitsrecht (▶ S. 84ff) mit allen daraus erfließenden Befugnissen. Der Erbe kann das Urheberrecht seinerseits weitervererben.

Basics des Urheberwissens:
Die Vererbung ist der einzige Weg, wie das Urheberrecht als solches auf einen anderen übertragen werden kann.

Erbe kann jede natürliche oder juristische Person sein, daher insbesondere auch eine Privatstiftung, welche mit der Verwaltung und Verwertung der ihr vererbten Urheberrechte betraut wird.

Ob die **Erbfolge** auf **Gesetz** (§ 727 ABGB), einem **Testament** (§ 552 ABGB) oder auf **Erbvertrag** (§§ 602, 1249 ff ABGB) beruht, ist für den Übergang der Urheberrechte gleichgültig.

In Erfüllung einer auf den Todesfall getroffenen Anordnung (so genannte **letztwillige Verfügung** oder **Vermächtnis**) kann das Urheberrecht auch auf so genannte **Sondernachfolger**, die keine Erben sind, übertragen werden (§ 23 Abs. 1).

Geht das Urheberrecht im Wege der Erbfolge auf **mehrere Personen** über, so sind auf sie die für **Miturheber** (▶ S. 30f) geltenden Vorschriften entsprechend anzuwenden. Beim Übergang des Urheberrechts auf mehrere Erben entsteht daher ein **Gesamtverhältnis**. Den Erben steht es aber dennoch frei, ihre Rechte durch Erbteilung untereinander aufzuteilen.[333] Dies ist der einzige Fall, dass Urheberrechte unter Lebenden rechtswirksam übertragen werden können.

7. Die freien Werknutzungen

7.1 Vorbemerkung

Aurelius Bruck ist ein international anerkannter Experte für Neue Medien und e-Tech-nologien sowie gründender Direktor der Fachhochschule Salzburg. Die „Kronenzeitung"
berichtete im Herbst 1999 in mehreren Artikeln samt Fotos über einen angeblichen Skan-dal in Salzburg, dessen zentraler Angriffspunkt die Geschäftsführertätigkeit des als „Me-dienprofessor" bezeichneten Herrn Professor DDr. Aurelius Bruck war. Im Dezember
1999 wurde in der Rubrik „In den Wind gereimt" folgendes Gedicht abgedruckt:
„Der ‚Medienprofessor' B.
gereicht dem Lande nicht zum Schmuck.
Betreten sind die Institute,
macht von sich reden, dieser ‚Gute'.
Denn fähig ist der Mann nur wenig,
dafür beim Schuldenmachen König.
Das Land schiebt es ihm trotzdem rein.
Ja, beim CV, da müsst' man sein!"

Herr Prof. Bruck scannte sämtliche Artikel einschließlich der Fotos ein und stellte sie auf
seine Homepage www.medienprofessor.at – wo sie jetzt noch nachzulesen sind –, um da-mit die gezielte Medienkampagne der Kronenzeitung zu dokumentieren. Die Kronenzei-tung klagte aufgrund des ihr zustehenden Urheberrechtsschutzes an den vom Medienpro-fessor eingescannten Artikeln und Fotos. Der Medienprofessor hielt ihr die verfassungsge-setzlich geschützte Meinungsäußerungsfreiheit entgegen.[334]
 In einer von der Fachwelt als sensationell bezeichneten Entscheidung hielt der Obers-te Gerichthof Folgendes fest:
 „Das Urheberrecht ist für die Entfaltung der schöpferischen Persönlichkeit und für das

kulturelle Leben der Gesellschaft von grundlegender Bedeutung. Es sichert die Existenz der geistig Schaffenden und reguliert die Vermittlung von Kulturgütern. Sein Schutz als Grund- und Menschenrecht basiert auf dem Schutz des Eigentums und der Persönlichkeit. Das verfassungsrechtlich gewährleistete Recht auf freie Meinungsäußerung kann einem urheberrechtlichen Unterlassungsanspruch entgegenstehen. Die Abwägung zwischen Urheberrechtsschutz und Meinungsäußerungsfreiheit schlägt zu Gunsten letzterer aus, wenn derjenige, der behauptet, Zielobjekt einer Medienkampagne einer Tageszeitung zu sein, die entsprechenden Artikel samt der dazugehörigen Lichtbilder im Volltext auf seiner Homepage zugänglich macht, um seine Ansicht damit zu belegen.[335]

Was lernen wir daraus? Das Urheberrechtsgesetz ist zwar eine in sich abgeschlossene rechtliche Welt. Sie steht aber nicht isoliert für sich, sondern sie ist Bestandteil der gesamten Rechtsordnung. Und diese Rechtsordnung schützt auch andere „Güter", wie beispielsweise die Meinungsäußerungsfreiheit. Im Widerstreit zwischen den Gütern „Urheberrechtsschutz" einerseits und etwa den „Menschenrechten" andererseits ist eine Güterabwägung vorzunehmen. Diese Abwägung kann mitunter auch gegen den Urheberrechtsschutz ausfallen, wie das Beispiel des Medienprofessors Aurelius Bruck zeigt.

Das Urheberrechtsgesetz selbst enthält bereits zahlreiche Regelungen, in denen sich diese Güterabwägung zeigt. Hintergrund: Das Urheberrecht im subjektiven Sinn (▶ S. 12) ist wie alle subjektiven Rechte sozial gebunden. Das Urheberrechtsgesetz sieht daher zugunsten verschiedener individueller Interessen (z.B. persönlicher Kunstgenuss) und allgemeiner Interessen (z.B. Informationsfreiheit) für einzelne, im Gesetz genau umschriebene Fälle **Beschränkungen** der urheberrechtlichen **Verwertungsrechte** (▶ S. 91) vor. Hierbei handelt es sich um so genannte „**freie Werknutzungen**". Diese sind als Ausnahmen von den ausschließlichen Verwertungsrechten nach dem damit jeweils verfolgten Gesetzeszweck **auszulegen**[336] und häufig einer **analogen** Anwendung auf andere Sachverhalte **nicht** zugänglich. Je nach Werkgattung (▶ S. 55) ist die freie Werknutzung unterschiedlich gestaltet; einzelne freie Werknutzungen gelten für sämtliche Werkarten, während beispielsweise **Computerprogramme** von der Vervielfältigung zum eigenen Gebrauch grundsätzlich **ausgenommen** sind (§ 40d Abs. 1).

Systematik

Wir können die freien Werknutzungen nach ihrer rechtlichen Konstruktion in **zwei Gruppen** einteilen, nämlich solche ohne gesetzlichen Vergütungsanspruch und solche mit einem gesetzlichen Vergütungsanspruch:

▸ Den stärksten Eingriff in ihre Verwertungsrechte erleiden Urheber, wenn sie freie Werknutzungen zulassen müssen, **ohne** dafür eine finanzielle Gegenleistung (**Vergütungsanspruch**) zu erhalten. Hierbei handelt es sich etwa um den amtlichen Gebrauch von Werken im Zusammenhang mit Gerichtsverfahren (§ 41), die Berichterstattungsfreiheit über Tagesereignisse (§ 42c) sowie die Benutzung von Bild- oder Schallträgern und Rundfunksendungen in Geschäftsbetrieben, die Bild- und Schallträger vertreiben (§ 56).

▸ In der zweiten Gruppe haben die Urheber etwas geringere Eingriffe in ihre Verwertungsrechte hinzunehmen: Unter bestimmten Voraussetzungen entfällt zwar das Verbotsrecht, der Urheber erhält aber von Gesetzes wegen eine finanzielle Gegenleistung (**Vergütungsanspruch**), wenn bestimmte Verwertungshandlungen stattfinden. Hierzu zählt die Verleihvergütung (§ 16a Abs. 5), die Verwendung von Werken in Sammlungen und Schulbüchern. Dogmatisch ist auch die Geräte-, Betreiber- und Leerkassettenvergütung (§ 42b; ▸ S. 122f) zu dieser Gruppe zu zählen.

Da es sich bei der freien Werknutzung um Ausnahmen von ausschließlichen Verwertungsrechten handelt, bleibt das **Urheberpersönlichkeitsrecht** hiervon **unbeeinflusst** (▸ S. 91).

Schutz geistiger Interessen bei freien Werknutzungen

Freie Werknutzungen finden ihre **Grenze**, wo sie **ideelle Interessen** des Urhebers verletzen.[337] **Kürzungen, Zusätze** und andere Änderungen am **Werk** selbst, an dessen **Titel** oder an der **Urheberbezeichnung** sind nach den Vorschriften über den Werkschutz (§ 57 Abs. 1 iVm § 21) zu beurteilen (▸ S. 88). **Sinn** und **Wesen** des benutzten Werks dürfen in keinem Fall entstellt werden (§ 57 Abs. 1). Wie bereits dargelegt, stellte beispielsweise die stilisierte Darstellung des „Hundertwasserhauses" auf einer Flaschenetikette (▸ S. 77), die durch die charakteristischen Stilelemente dieses Bauwerks geprägt war, eine unzulässige Bearbeitung dar.[338]

Zitate müssen auch eine **Quellenangabe** enthalten (§ 57 Abs. 2). Ist diese unvollständig, liegt eine Verletzung dieser urheberpersönlichkeitsrechtlichen Vorschrift vor.[339]

Bei den **übrigen** freien Werknutzungen richtet sich die **Quellenangabe** (Urheberbezeichnung) nach den im redlichen Verkehr geltenden Gewohnheiten und Gebräuchen (§ 57 Abs. 4).

7.2 Amtlicher Gebrauch

Das Urheberrecht steht der Benutzung eines Werkes zu Zwecken der öffentlichen Sicherheit oder zur Sicherstellung des ordnungsgemäßen Ablaufs von Verwaltungsverfahren, parlamentarischen Verfahren oder Gerichtsverfahren nicht entgegen (§ 41). Im Rahmen eines Strafverfahrens ist die Verwendung eines Werks nicht nur als Beweismittel, sondern auch als ein den Zwecken der Strafrechtspflege dienendes **Hilfsmittel** zulässig; einer (hoheitlichen) Anordnung durch das Gericht oder einer Behörde zur Vorlage desselben bedarf es nicht.[340]

Nach der Judikatur ist etwa der Anschluss einer Kopie eines Artikels über Bergerecht als Beilage zu einem Sachverständigengutachten, in welchem die Bonität des vom Gericht zu beauftragenden Bergunternehmens geprüft wird, zulässig, auch wenn das Sachverständigengutachten (und damit der angeschlossene Artikel) einer größeren Anzahl von Prozessbeteiligten zugänglich wird.[341] Gegen eine über den Prozesszweck hinausgehende Benützung ist der Urheber des Artikels aber jedenfalls geschützt.

Dem Urheber steht für den amtlichen Gebrauch **kein Vergütungsanspruch** zu.

7.3 Berichterstattungsfreiheit

Zur Berichterstattung über Tagesereignisse (Bild- und Tonberichterstattung in Rundfunk und Fernsehen sowie Wort- und Bildberichte in Tageszeitungen) dürfen **Werke**, die bei Vorgängen, über die berichtet wird, öffentlich wahrnehmbar werden, in einem durch den Informationszweck gerechtfertigten Umfang **vervielfältigt**, **verbreitet**, durch Rundfunk **gesendet**, der Öffentlichkeit im Internet zur Verfügung gestellt und zu öffentlichen Vorträgen, Aufführungen und Vorführungen benutzt werden (§ 42c). Das **Werk selbst** darf jedoch **nicht Gegenstand** der **Berichterstattung** sein.[342],[343]

In allen Fällen der Berichterstattung über Tagesereignisse steht dem Urheber des benutzten Werks **kein** finanzieller Anspruch (**Vergütungsanspruch**) gegen den Berichterstatter zu.

Die Berichterstattungsfreiheit **setzt voraus**, dass der Berichterstatter (Reporter, Kameramann) an den Ort des Geschehens zwecks Berichterstattung zugelassen wird. Die Berichterstattungsfreiheit kann daher nicht zur Rechtfertigung herangezogen werden, Kurzberichte z.B. über Sportveranstaltungen gegen den Willen der Veranstalter zu filmen und sodann zu senden.[344] Unerheblich ist in diesem Zusammenhang, ob die Darbietung selbst urheberrechtlich geschützt ist.[345]

Die Berichterstattungsfreiheit deckt nur Berichte über **tatsächliche Begebenhei-**

ten, die entweder **gleichzeitig** mit der Berichterstattung stattfinden oder **kurz vor** ihr stattgefunden haben.[346] Als solche Tagesereignisse kommen auch kulturelle Ereignisse, z.B. eine **Operettenwoche**,[347] die **Eröffnung** einer **Kunstausstellung**, eine **Vernissage**,[348] die **Einweihung** eines **Opernhauses**,[349] eine **Preisverleihung** oder das Neuerscheinen einer Kunstbandreihe[350] sowie politische Ereignisse wie beispielsweise eine Wahlkampfberichterstattung[351] in Betracht.

In Berichten über Ereignisse dieser Art dürfen nur die **Werke** wiedergegeben werden, die in der Veranstaltung **tatsächlich wahrnehmbar** gemacht wurden;[352] dies trifft nicht zu, wenn z.B. ein in einem Hausflur angebrachtes Wahlplakat fotografiert und veröffentlicht wird, ohne über Vorgänge in diesem Haus (Lesben- und Schwulenzentrum) zu berichten.[353]

Durch die Berichterstattungsfreiheit **nicht** gedeckt ist die Abbildung von Kunstwerken im Zusammenhang mit Ankündigungen künftiger Entwicklungen oder Ereignisse (so genannte **Vorausberichterstattung**), etwa bei einem Bericht über Äußerungen des Dorotheum-Kunstchefs über gegenwärtige Vorhaben seines Auktionshauses.[354]

Da die Berichterstattung nicht die Teilnahme am Ereignis, über welches berichtet wird, ersetzen soll, ist bei **Sprach-** und **Musikwerken** nur die Verwendung **kleiner Ausschnitte** oder nur kurzer Werke zulässig, während bei Bildzitaten auch die Verwendung ganzer Lichtbildwerke bzw. Fotos erlaubt ist[355]. Dies bedeutet allerdings nicht, dass sich die Berichterstattung auf die trockene Aufzählung der aufgeführten Werke und der aufführenden Künstler beschränken muss; sie kann durch die Schilderung des Milieus, in dem z.B. eine Operettenwoche stattfindet, aufgelockert und durch **Teile** der **aufgeführten Werke** illustriert werden.[356] In Berichten über aktuelle **Kunstausstellungen** werden hingegen auch einige der ausgestellten Gemälde (zur **Gänze**) gezeigt werden dürfen.[357]

Soweit Werke ganz oder zum Teil im Rahmen der Berichterstattungsfreiheit zwar vervielfältigt, aber nur beiläufig in den Bericht einbezogen werden, ist die Quelle einschließlich des Namens des Urhebers anzugeben, es sei denn, dies erweist sich als unmöglich (§ 57 Abs. 3a).

7.4 Freiheit des Straßenbildes

Wenn wir auf öffentlichen Straßen und Plätzen fotografieren oder filmen, dann ist es in vielen Fällen nicht nur unvermeidlich, sondern geradezu beabsichtigt, dass urheberrechtlich geschützte Bauwerke und Sehenswürdigkeiten wie Skulpturen oder sonstige Werke aufgenommen und damit vervielfältigt werden. Wir werden uns dabei in aller

Regel auf die freie Werknutzung der Vervielfältigung zum eigenen bzw. privaten Gebrauch (§ 42 Abs. 1 bzw. Abs. 4) stützen können. Aber was passiert, wenn wir diese Fotos auf unsere private Homepage geben oder sie kommerziell verwerten wollen? Es wäre nicht auszudenken, wenn die Urheber der abgebildeten bzw. durch Film oder Foto vervielfältigten Werke die kommerzielle Nutzung unserer Fotos oder deren Nutzung im Internet unter Hinweis auf ihr Urheberrecht am Bauwerk verbieten oder von der Zahlung eines angemessenen Entgelts abhängig machen könnten. Um uns die Nutzung von Fotos und Filmen der auf öffentlichen Straßen und Plätzen befindlichen Gebäude und Werke der bildenden Kunst ohne Zustimmung von Urhebern zu ermöglichen, hat der Gesetzgeber eine freie Werknutzung in Form der so genannten „Freiheit des Straßen- und Landschaftsbilds" (§ 54 Z 5) geschaffen. Ihr unterliegen

▸ **Bauwerke** aller Art und
▸ **Werke der bildenden Künste** wie Skulpturen, Monumente und Standbilder.

Der Künstler Wolfgang Opitz arbeitete in den Jahren 1990 bis 1992 mit dem Glasatelier Scheibelhofer zusammen, welches seine Werke der Glasmalerei technisch umsetzte und in verschiedenen Gebäuden, darunter auch in der Aufbahrungshalle der Gemeinde Ottendorf an der Rittschein, einbaute. Als Werbeprospekt zur Darstellung seines handwerklich-fachlichen Könnens ließ das Glasatelier mit Zustimmung des Künstlers Prospekte mit Abbildungen seiner Werke anfertigen. Nach Beendigung der Zusammenarbeit ließ das Glasatelier neue Prospekte (siehe Abb. 21) mit Werken von Opitz drucken; dazu erhielt es aber keine Genehmigung des Künstlers. Aufgrund einer Klage der Verwertungsgesellschaft bildender Künstler (VBK) entschied der Oberste Gerichtshof, dass diese Nutzung auch ohne Zustimmung des Künstlers zulässig sei, weil sich das Glasatelier auf die „Freiheit des Straßen- und Landschaftsbilds" berufen könne.[358]

Abb. 21

Werke der **Baukunst** (▸▸ S. 68) oder andere **Werke** der **bildenden Künste** (▸▸ S. 65) können unter bestimmten Voraussetzungen **vervielfältigt** (▸▸ S. 92), **verbreitet** (▸▸ S. 95), durch optische Einrichtungen **öffentlich vorgeführt** (▸▸ S. 105), durch Rundfunk **gesendet** (▸▸ S. 99) und der Öffentlichkeit im **Internet** zur Verfügung gestellt werden (▸▸ S. 106).

Werke der Baukunst

Das Bauwerk muss

▸ ausgeführt (also gebaut) sein und
▸ sich bleibend (also auf Dauer) an einem öffentlichen Ort befinden und
▸ auch zu diesem Zweck gebaut worden sein.

Bei **Bauwerken** setzt die freie Werknutzung nicht voraus, dass sich diese an einem dem öffentlichen Verkehr dienenden Ort befinden.[359] Auch eine Villa in einem unzugänglichen Privatpark unterliegt daher der Freiheit des Straßenbildes.

Die freie Werknutzung von Bauwerken umfasst nicht nur die Straßenansicht, sondern auch die **Hofansicht** eines Hauses, bestimmte **Innenteile**[360] sowie **Glasfenster** als Bestandteile der Außenansicht des Hauses.[361]

Ausgenommen von der freien Werknutzung sind **Pläne**, **Entwürfe** und **Modelle** von Bauwerken[362] sowie jene Formen der Vervielfältigung und Verbreitung, die zu einer **Wiederholung** des **Werks** führen, wie etwa das Nachbauen eines Werks der Baukunst oder die Wiedergabe einer Plastik als Relief auf einer Plakette.[363]

Bauwerke sowie deren oben näher bezeichnete Teile **dürfen** dagegen **fotografiert**, **abgezeichnet** oder **abgemalt** werden.[364] Der **Zweck,** der mit der freien Werknutzung verfolgt wird, ist **unerheblich** und schließt auch kommerzielle Zwecke ein.[365]

Werke der bildenden Kunst

Auch **Werke** der **bildenden Künste** müssen sich auf Dauer („bleibend") an einem öffentlichen Ort befinden, um der Freiheit des Straßenbildes zu unterliegen. Die freie Nutzung erstreckt sich **nicht** auf Werke der bildenden Künste, die sich in Kirchen, Museen, Theatern oder ähnlichen **öffentlich zugänglichen** Gebäuden befinden;[366] die öffentliche Zugänglichkeit reicht nicht aus. Ein im Flur eines Hauses angebrachtes Werk befindet sich ebenfalls nicht bleibend an einem öffentlichen Ort.[367] Ob sich das Werk **bleibend** an seinem öffentlichen Standort befindet, bestimmt sich nicht nach seiner Konsistenz gegen Witterungseinflüsse, sondern danach, ob der Verfügungsberechtigte den Willen hat, es wieder fortzuschaffen.[368]

7.5 Informationsfreiheit

Reden, die vor Gericht, Nationalrat, Bundesrat oder Behörden gehalten werden, sowie öffentlich gehaltene politische Reden dürfen zum **Zweck** der **Berichterstattung** vervielfältigt, verbreitet, öffentlich vorgetragen, gesendet und der Öffentlichkeit im Internet zugänglich gemacht werden (§ 43 Abs. 1). Die Sammlung solcher Reden und die Verbreitung der Sammlung einschließlich der Zurverfügungstellung der Sammlung im Internet bleibt jedoch deren Urhebern vorbehalten (§ 43 Abs. 2 und 3). Soweit Werke ganz oder zum Teil im Rahmen der Informationsfreiheit vervielfältigt werden, ist die Quelle einschließlich des Namens des Urhebers anzugeben, es sei denn, dies erweist sich als unmöglich (§ 57 Abs. 3a Z 2).

Einzelne **Zeitungs**- oder **Zeitschriftenartikel** (d.h. nur Sprachwerke, nicht jedoch Fotos oder Zeichnungen) über wirtschaftliche, politische oder religiöse Tagesfragen dürfen in anderen Zeitungen bzw. Zeitschriften vervielfältigt und verbreitet, öffentlich vorgetragen und gesendet werden, sofern die Vervielfältigung nicht ausdrücklich verboten worden ist. Für ein solches Verbot genügt der Vorbehalt der Rechte beim Aufsatz selbst oder am Kopf der Zeitung oder Zeitschrift (§ 44 Abs. 1 und 2). Allgemeine wirtschaftliche Themen sind nicht als aktuelle Tagesfragen anzusehen.[369] Für die Quellenangaben gelten eigene detaillierte Regeln (§ 57 Abs. 3).

Das Recht zur Vervielfältigung und Verbreitung (fremder Artikel) gilt auch für „**elektronische**" **Zeitungen**, insbesondere solche, die online angeboten werden, weil auch eine „Online-Zeitung" als Zeitung zu qualifizieren ist.[370]

7.6 Katalogfreiheit

Das Urheberrechtsgesetz gewährt Museen und Galerien sowie im Kunstbereich einschlägig tätigen Auktionshäusern wie beispielsweise dem Dorotheum die Möglichkeit, unter eng umrissenen Voraussetzungen urheberrechtlich geschützte Werke in Katalogen abzubilden, ohne dafür an den Urheber ein Entgelt bezahlen zu müssen. Das Urheberrechtsgesetz nennt diese freie Werknutzung „Katalogfreiheit". Es unterscheidet zwischen

▸ Besucherkatalogfreiheit und
▸ Verkaufskatalogfreiheit

Soweit Werke nach Ablauf der 70-jährigen Schutzfrist gemeinfrei geworden sind, ist deren Aufnahme in Kataloge in jedem Fall zulässig, ohne dass es einer freien Werknutzung bedarf.

Besucherkatalogfreiheit

Verzeichnisse von bleibend zu öffentlichen Sammlungen gehörenden **Werken** der **bildenden Künste** (▶▶ S. 65) dürfen vom Eigentümer der Sammlung für ihre Besucher herausgegeben (vervielfältigt, verbreitet und der Öffentlichkeit im Internet zur Verfügung gestellt) werden, soweit dies zur Förderung des Besuchs der Sammlung erforderlich ist (§ 54 Z 1). Jede andere kommerzielle Nutzung ist ausgeschlossen.

Der **Begriff** der „öffentlichen" Sammlung stellt nicht auf die Qualifikation des Eigentümers (öffentliche Hand) ab, sondern auf deren allgemeine Zugänglichkeit. Auch eine in privater Trägerschaft unterhaltene Sammlung ist begünstigt, sofern sie nur für die Allgemeinheit geöffnet wurde. Die Anwendbarkeit der Katalogfreiheit auf **Wanderausstellungen** ist noch nicht geklärt, weil sich weder dem Gesetz noch den Materialien entnehmen lässt, auf welche Dauer eine Sammlung eingerichtet sein muss, um in den Genuss der Katalogfreiheit zu gelangen.

Die Katalogfreiheit erstreckt sich auch auf die in einem **Depot** der Sammlung verwahrten Werkstücke (so genannte „Sekundärgalerie"); auch diese dürfen in einen Besucherkatalog aufgenommen werden, selbst wenn sie im Einzelnen – vorübergehend oder auf Dauer – der Öffentlichkeit nicht zugänglich sind.

Leihgaben, die etwa zur Abrundung einer Ausstellung ausgeliehen und in dieser ausgestellt werden, unterliegen der Katalogfreiheit **nicht,** weil sie definitionsgemäß nicht „bleibend" zur Sammlung gehören. Anders verhält es sich hingegen mit **Dauerleihgaben,** weil diese ihrem Zweck nach eben als bleibend zugehörig zu beurteilen sind.

Inhalt und **Aufbau** eines Besucherkatalogs lassen sich aus dem Zweck dieser freien Werknutzung ableiten, wonach er zwar keine besondere **Bezeichnung** (z.B. Besucherkatalog) tragen muss, dem Besucher in der Art eines – durch Fotos der ausgestellten Kunstwerke illustrierten – **Verzeichnisses** aber die Orientierung in der Sammlung erleichtern und Informationen über die Sammlung bieten muss. Hinsichtlich der **Vollständigkeit** eines Katalogs (Gesamtverzeichnis oder Teilverzeichnis) ist auf die Umstände des Einzelfalls abzustellen. Ferner sind die ideellen Interessen der Urheber (Namensnennung sowie Integrität des abgebildeten Werks) zu beachten. Insbesondere das Gebot der Werkintegrität führt dazu, dass die in den Besucherkatalog aufgenommenen Werke zur Gänze und nicht nur ausschnittsweise abzubilden sind.

Plakate oder **Postkarten** mit Abbildungen der Werke sind von der Katalogfreiheit jedenfalls **nicht** umfasst,[371] ebenso sind begleitende **Kunstbände** oder **Museumsführer,** die nicht vom Eigentümer der Sammlung herausgegeben oder die im Buchhandel vertrieben werden, **nicht** privilegiert.

Herausgeber des Besucherkatalogs (vgl. § 13) – und als solcher entsprechend anzuführen – ist der **Eigentümer** der Sammlung; Vervielfältigung und Verbreitung kann jeder Dritte (z.b. Kunstverlag) besorgen. Aus der Zweckbestimmung dieser freien Werknutzung („für ihre Besucher") ergibt sich, dass der Verkauf nur in **Verkaufsstellen** zulässig ist, die sich an die Besucher der Sammlung wenden (z.b. Museumsshop). Der Vertrieb über den Sortimentsbuchhandel ist hingegen unzulässig. Zu welchem Preis der Besucherkatalog verkauft wird, steht dem Herausgeber frei.

Verkaufskatalogfreiheit

Veröffentliche **Werke** der **bildenden Künste** dürfen nach Werkstücken, die **versteigert** oder **verkauft** werden sollen (**Verkaufsausstellungen**), in Katalogen oder ähnlichen Werbeschriften vervielfältigt, verbreitet und der Öffentlichkeit im Internet zur Verfügung gestellt werden, soweit dies zur Förderung der Veranstaltung erforderlich ist. Diese so genannte **Verkaufskatalogfreiheit** soll die Herausgabe illustrierter Kataloge für Verkaufsausstellungen und Versteigerungen erleichtern. Zu beachten sind dabei die ideellen Interessen der Urheber (Namensnennung sowie Integrität des abgebildeten Werks). Insbesondere das Gebot der Werkintegrität führt dazu, dass die in den Verkaufs- bzw. Versteigerungskatalog aufgenommenen Werke zur Gänze und nicht nur ausschnittsweise abzubilden sind.

Die Verkaufs- bzw. Versteigerungskataloge sowie sonstigen Werbeschriften (Einladungen, Folder, Prospekte) dürfen nur **unentgeltlich** oder zu einem die Herstellungskosten nicht übersteigenden Preis abgegeben werden (§ 54 Z 2). Jede andere kommerzielle Nutzung, wie etwa der Verkauf über den Sortimentsbuchhandel, ist unzulässig.

Von der Verkaufskatalogfreiheit nicht umfasst sind allgemeine Maßnahmen der Kundenwerbung, die allgemein zum Besuch einer Ausstellung einladen und die die allgemeine Kauflust anregen sollen. Auch Einladungen zu einer Ausstellung, in welchen nur einzelne der ausgestellten Werke reproduziert sind, zählen nicht zu den von der Verkaufskatalogfreiheit erfassten Werbeschriften.[372]

TIPP: Für derartige Werbemaßnahmen empfiehlt es sich, vorab die Reproduktionsgenehmigung der Verwertungsgesellschaft Bildender Künstler (VBK) hinsichtlich der von ihr vertretenen Urheber einzuholen.

Ausnahmen

Zu den Werken der bildenden Kunst zählen auch **Lichtbildwerke** (►S. 67), die ebenfalls versteigert bzw. verkauft werden oder bleibend zu einer Sammlung gehören können. Sowohl für die Besucherkatalogfreiheit als auch für die Verkaufskatalogfreiheit ist die Vervielfältigung von Lichtbildwerken aber **problematisch**, weil Lichtbild-werke zugleich auch einfache Lichtbilder (§ 73) sind, für welche diese freie Werknut-zung nicht vorgesehen ist (§ 74 Abs. 7). Sofern die 50-jährige Schutzfrist nicht abge-laufen ist, ist die Vervielfältigung von Lichtbildwerken in Katalogen ohne Zustim-mung des Lichtbildherstellers nicht zulässig.

Von der Katalogfreiheit **nicht** erfasst sind auch **Großausstellungen**, in denen Kunstwerke aus verschiedenen Sammlungen zusammengestellt werden, um ein The-ma umfassend darzustellen. Ein für eine derartige Ausstellung zusammengestellter Katalog ist weder ein Verzeichnis der bleibend zu einer Sammlung gehörenden Werke noch ein Verkaufskatalog und unterfällt daher keiner freien Werknutzung.

Für die Vervielfältigung von Werken in Besucher- oder Verkaufskatalogen ge-bührt deren Urheber **keine finanzielle Gegenleistung** (Vergütungsanspruch) des Her-ausgebers des Katalogs.

7.7 Öffentliche Wiedergabe

Die öffentliche Wiedergabe von Werken (▶ S. 103) kann unter bestimmten Voraus-setzungen ebenfalls der freien Werknutzung unterliegen, sofern sie in nachstehenden Institutionen bzw. Betrieben in der vom Urheberrechtsgesetz jeweils für zulässig er-klärten Art und Weise erfolgt:

- ▶ Öffentliche Wiedergabe in **Bibliotheken**
- ▶ Öffentliche Wiedergabe im **Unterricht**
- ▶ Öffentliche Wiedergabe in **Beherbergungsbetrieben**
- ▶ Öffentliche Wiedergabe in **bestimmten Geschäftsbetrieben**

Bibliotheken

Der Öffentlichkeit zugängliche Einrichtungen wie Bibliotheken, Bild- oder Tonträ-gersammlungen dürfen Bild- oder Tonträger zu öffentlichen Vorträge, Aufführungen und Vorführungen der darauf festgehaltenen Werke für jeweils nicht mehr als zwei Besucher der Einrichtung benützen, sofern dies nicht zu Erwerbszwecken geschieht (§ 56b). Aufgrund dieser freien Werknutzung ist es den genannten Einrichtungen erst möglich, ihren Besuchern Bild- und Tonträger vorzuspielen, ohne hierfür die Zu-stimmung der Urheber der auf den Bild- und Tonträgern festgehaltenen Werke ein-holen zu müssen. Hintergrund dieser Regelung ist, dass aufgrund der sukzessiven Öf-fentlichkeit ansonsten die Zustimmung der Urheber erforderlich wäre. Der Gesetzge-ber stellt durch diese Regelung gleichzeitig aber auch sicher, dass unter Berufung auf diese freie Werknutzung keine öffentlichen Vorführungen zulässig sind.

Urheber verpflichtet, dem Nutzungsberechtigten die Benutzung des Werks innerhalb der vertraglichen Grenzen zu gestatten. Für die **Beendigung** des Verwertungsvertrags gelten die **allgemeinen zivilrechtlichen Vorschriften:**

▸ Zeitablauf

▸ Kündigung

▸ einvernehmliche Vertragsaufhebung oder

▸ Unmöglichkeit der Vertragserfüllung

Vorzeitige Vertragsauflösung

Diese ist jederzeit aus wichtigem Grund und ohne Einhaltung einer Kündigungsfrist zulässig.

Als „wichtigen Grund" bestimmt das Urheberrechtsgesetz im Zusammenhang mit Verträgen, mit denen Werknutzungsrechte eingeräumt werden, dass diese vom Urheber **vorzeitig aufgelöst** werden können, wenn

▸ der Werknutzungsberechtigte von dem ihm eingeräumten Werknutzungsrecht entweder überhaupt **keinen** Gebrauch oder

▸ einen derart **unzureichenden** Gebrauch macht,

▸ dass dadurch **wichtige Interessen** des Urhebers beeinträchtigt werden (§ 29 Abs. 1).

Ein Komponist und Musiker schloss mit einem Verlag einen Verlagsvertrag über bestimmte im Vertrag näher bezeichnete Musikwerke. Der Verlag verpflichtete sich in diesem Vertrag, sich für die Verbreitung des Werks in handelsüblicher Form einzusetzen. Nach Erhalt einer Abrechnung über nur 750 Tonträger richtete der Komponist ein Schreiben an den Verlag, in welchem er unter anderem erklärte: „Des weiteren betrachte ich alle von mir bei Ihnen bis dato verlegten Werke der Produktion Sternenklang ‚Alle Wege führen zu Dir' ab 1. März 1996 wieder als verlagsfrei, da Sie eine bundesweite Promotion (BRD) für diese Produktion garantierten. Von einer bundesweiten Promotion hätte man sicher als Komponist und Autor mehr erwarten können als maximal Tantiemen für ca. 750 bis 1.000 Tonträger." Der Verlag antwortete auf dieses Schreiben nicht. Der Oberste Gerichtshof stellte fest, dass der Verlagsvertrag mit dem Tag der Rückrufserklärung als aufgelöst gilt.[436]

Bei **Sprachwerken** (▸▸S. 57) und wissenschaftlichen Werken (§ 2 Z 3) (▸▸S. 63) sowie **Lichtbildwerken** (▸▸S. 67) und Werken der angewandten **Kunst** (▸▸S. 68), die auf **Bestellung** oder im Dienst eines gewerblichen Unternehmens für dieses geschaffen werden, kann die vorzeitige Auflösung nur dann rechtswirksam erklärt werden, wenn der Werknutzungsberechtigte zur Ausübung seines Rechts **verpflichtet** ist (§ 30 Abs. 1).

Voraussetzung für die vorzeitige Auflösung ist in allen Fällen, dass den **Urheber kein Verschulden** am unterlassenen bzw. unzureichenden Gebrauch durch den Werknutzungsberechtigten trifft. Ist beispielsweise der Urheber eines Romans durch mehrfaches Verstreichen des Abgabetermins in Verzug, dann kann er nicht die Auflösung des Verlagsvertrags mit dem Argument erklären, der Verleger sei bei der Vermarktung untätig gewesen oder er hätte zu geringe Anstrengungen unternommen.

Die vorzeitige Auflösung betrifft nur das jeweils betroffene Werknutzungsrecht, nicht jedoch sonstige Vereinbarungen des Vertragsverhältnisses oder – bei mehreren Werken – das vom unzureichenden Gebrauch nicht betroffene Werknutzungsrecht.

Schon die den Anforderungen des Urheberrechtsgesetzes entsprechende **Auflösungserklärung** des Urhebers löst den Werknutzungsvertrag auf,[437] sofern ihr nicht binnen 14 Tagen vom Werknutzungsberechtigten widersprochen wird.

Die Auflösung kann allerdings erst nach fruchtlosem Ablauf einer vom Urheber dem Werknutzungsberechtigten gesetzten angemessenen **Nachfrist** erklärt werden (§ 29 Abs. 2). Die Nachfrist muss tatsächlich gesetzt werden; bloßes faktisches Gewähren derselben reicht nicht aus.[438]

Eine **Nachfristsetzung** ist **nicht** erforderlich, wenn die Ausübung des Werknutzungsrechts dem Erwerber unmöglich ist oder von ihm verweigert wird oder wenn die Gewährung einer Nachfrist überwiegende Interessen des Urhebers gefährdet (§ 29 Abs. 2). Maßgeblich für die Unmöglichkeit der Ausübung des Werknutzungsrechts ist der Zeitpunkt der Auflösungserklärung; die Unmöglichkeit braucht keine dauernde zu sein.[439]

Auf das Recht zur vorzeitigen Vertragsauflösung kann im Voraus **verzichtet** werden, jedoch nur für eine Frist von höchstens drei Jahren (§ 29 Abs. 3). Sofern der Werknutzungsberechtigte durch Umstände, die auf Seiten des Urhebers liegen, an einer Benutzung des Werks gehindert war, sind die darauf entfallenen Zeiten in die Berechnung der dreijährigen Frist nicht einzubeziehen (§ 29 Abs. 3).

Daraus ergibt sich folgende Checkliste für den Urheber:

Ausübungpflicht des Werknutzungsberechtigten?	Muss vertraglich vereinbart sein
Verzicht auf die Auflösung aus wichtigem Grund?	Wenn Verzicht vereinbart, dann ist eine Auflösung nicht möglich
Verschulden des Werknutzungsberechtigten am unzureichenden Gebrauch?	Muss erfüllt sein

Schriftliche Setzung einer angemessenen Nachfrist	Die Dauer der Nachfrist hängt von den Umständen des Einzelfalls ab.
Schriftliche Auflösungserklärung	Vertrag gilt als aufgelöst, es sei denn, Werknutzungsberechtigter widerspricht binnen 14 Tagen der Auflösungserklärung.

Wenn der Urheber gegenüber dem Werknutzungsberechtigten die vorzeitige Auflösung des Vertragsverhältnisses erklärt, so hat dieser die **Auflösungserklärung** binnen 14 Tagen nach deren Empfang **zurückzuweisen**, widrigenfalls die Auflösung nicht mehr rechtswirksam bestritten werden kann (§ 29 Abs. 4). Die vierzehntägige Frist für die Zurückweisung der Auflösungserklärung ist eine **Fallfrist**, mit deren Versäumung der Verlust des Bestreitungsrechts kraft Gesetzes eintritt. Dies hat zur Folge, dass die Wirksamkeit der Auflösungserklärung nicht mehr bestritten werden kann, was selbst dann gilt, wenn keine angemessene Nachfrist gesetzt wurde.[440]

Die **Auflösungserklärung** ist **formfrei**; sie braucht insbesondere keinen Hinweis auf die Wirkungen der Unterlassung einer rechtzeitigen Bestreitung zu enthalten.[441]

TIPP: Für die bessere Nachweisbarkeit sollten Auflösungserklärungen immer schriftlich erfolgen. Bevor aber eine Auflösungserklärung abgeschickt wird, sollte der Urheber dem Werknutzungsberechtigten eine Nachfrist von so und so viel Tagen oder Wochen setzen, um seinen Vertragspflichten nachzukommen.

8.4 Bühnenverträge

Bühnenaufführungsvertrag

Der (Bühnen-)Aufführungsvertrag kombiniert eine Anzahl von allgemeinen zivilrechtlichen Vertragstypen mit einem Vertrag über die Einräumung von Werknutzungsrechten oder Werknutzungsbewilligungen.[442]

Vertragsgegenstand ist die öffentliche Aufführung eines zur bühnenmäßigen Aufführung bestimmten Werks (Theaterstück, Oper oder sonstiges Bühnenwerk). Das Recht zu dessen Aufführung (➤ S. 105) wird in aller Regel auf die jeweilige Bühne **beschränkt** und nur für eine bestimmte Spieldauer eingeräumt. Die Einräumung erstreckt sich nicht auf sonstige Werknutzungen, insbesondere **nicht** auf **Senderechte**, **Fernsehrechte** und **Filmrechte**.

Der Bühnenunternehmer übernimmt eine **Aufführungspflicht**. Er darf Ände-

rungen am Bühnenwerk vornehmen, soweit der Urheber diese nach den im redlichen Verkehr geltenden Gewohnheiten und Gebräuchen nicht untersagen kann (▸ S. 120). Damit im Zusammenhang stellt sich die Frage, inwieweit der Regisseur – über unwesentliche Streichungen und Änderungen hinaus – in Zeiten des „Regietheaters" einen „**Modernisierungsspielraum**" in Anspruch nehmen darf. Sofern der Gesamtcharakter des Werks nicht geändert wird, muss dem Regisseur für die Inszenierung ein ausreichender Spielraum verbleiben, damit er das Stück mit „neuen Augen" sehen kann.[443]

Das für die Aufführung erforderliche **Notenmaterial** sowie Text- und Rollenbücher werden dem Bühnenunternehmer meistens nur **leihweise** überlassen; insofern sind die zivilrechtlichen Vorschriften über den **Bestandvertrag** (§§ 1090 ff ABGB) anzuwenden, weil es sich für gewöhnlich um eine Gebrauchsüberlassung gegen Entgelt (Materialleihgebühr) handelt. Soweit Material für eine Uraufführung erst geschaffen werden muss, sind die Regeln über den **Werkvertrag** (§§ 1165 ff ABGB) anzuwenden. Zum Abdruck von Textmaterial in Programmheften ▸ S. 131.

Bühnenverlagsvertrag

Mit dem Bühnenverlagsvertrag räumt der Urheber einem Bühnenverleger die Vervielfältigungs-, Verbreitungs- und Aufführungsrechte an seinem (dramatischen, dramatisch-musikalischen oder choreografischen) Werk ein.[444] Hierbei handelt es sich – im Gegensatz zur kollektiven Wahrnehmung der Verwertungsgesellschaften – um **individuelle** Wahrnehmung von Rechten der Urheber.

Bühnenvertriebsvertrag

Mit dem Bühnenvertriebsvertrag verpflichtet sich der Bühnenverlag, sich durch den Abschluss von Bühnenaufführungsverträgen um die Vergabe von Aufführungsrechten an Theater etc. zu bemühen, diese mit dem erforderlichen Text- und Notenmaterial zu versorgen, die Tantiemen einzuziehen und diese – unter Einbehalt eines vereinbarten Anteils – an den Urheber des aufzuführenden Werks abzuliefern. Der Bühnenvertriebsvertrag weist somit alle Merkmale eines **Geschäftsbesorgungsvertrags** auf (§§ 1002 ff ABGB).

8.5 Filmverträge

Verfilmungsvertrag

Mit dem Verfilmungsvertrag räumt der Urheber eines filmunabhängigen vorbestehenden Sprachwerks (z.B. Roman) oder eines bereits für eine Verfilmung hergestellten, so genannten filmbestimmten vorbestehenden Sprachwerks (z.B. Drehbuch; ▸S. 33) dem Filmproduzenten das **Recht zur Verfilmung** seines Werks ein. Hinsichtlich der im Rahmen der Dreharbeiten entstehenden Rechte der Filmurheber ist keine vertragliche Regelung erforderlich, weil die dabei entstehenden Verwertungsrechte von Gesetzes wegen beim Filmhersteller entstehen (§ 38 Abs. 1).

Vertragsgegenstand des Verfilmungsvertrags ist die filmische Bearbeitung eines vorbestehenden Werks gegen Zahlung einer entsprechenden Vergütung.[445]

Der Verfilmungsvertrag gestattet immer die **Bearbeitung** eines vorbestehenden Werks durch **Umsetzung ins Optische,**[446] wobei die Grenzen des Werkschutzes (§ 21) zu beachten sind (▸S. 77ff): Durch das Verfilmungsrecht beispielsweise nicht gedeckt wäre eine so weitgehende Bearbeitung eines Fernsehdrehbuchs, dass es nicht mehr eindeutig als Ausdruck der Persönlichkeit seines Urhebers erkennbar ist.[447]

Beim Verfilmungsvertrag trifft den Filmhersteller – anders als den Verleger beim Verlagsvertrag – ohne ausdrückliche Vereinbarung **keine Pflicht zur Herstellung** des Films.[448] Der Verfilmungsvertrag berechtigt in der Regel nur zur **einmaligen Verfilmung** und nicht zur Wiederverfilmung.[449]

Die Einräumung des Verfilmungsrechts kann örtlich wie zeitlich unbegrenzt oder begrenzt erfolgen. Sofern aus dem **Vertragszweck** nicht ableitbar, ist ausdrücklich zu regeln, ob das zu verfilmende Werk auch unter Bearbeitung oder Umgestaltung benutzt werden darf, dass das fertige Filmwerk vom Produzenten vervielfältigt und verbreitet werden darf und dass Übersetzungen (Synchronisationen) und andere filmische Bearbeitungen im gleichen Umfang wie das Filmwerk verwertet werden dürfen. Aus dem Vertragszweck wird sich in aller Regel ergeben, dass mit Verfilmungsverträgen für Kinofilme auch das Aufführungsrecht erteilt wird, so wie für Fernsehfilme das Senderecht.

Filmlizenzvertrag

Der Filmproduzent verwertet den Film für gewöhnlich nicht selbst, sondern dadurch, dass er einer Verleihfirma die **ausschließlichen Auswertungsrechte**, insbesondere das Vorführungsrecht, an dem Film für ein bestimmtes Gebiet und für eine bestimmte Zeit überträgt und ihr für diesen Zweck das notwendige Material (Filmnegativ, Kopien, Standfotos) überlässt.[450]

Mit dem **Filmlizenzvertrag** räumt der Filmproduzent dem Filmverleiher Verwertungsrechte an einem bereits fertiggestellten oder in der Produktion befindlichen oder erst geplanten Filmwerk ein. Der Vertrag regelt, unter welchen Bedingungen die **Filmauswertung** stattfinden darf.

Eine Besonderheit des Filmlizenzvertrags besteht darin, dass dessen **vorzeitige**

Auflösung bei gewerbsmäßigen Filmwerken wegen Untätigkeit des Produzenten oder unzureichendem Gebrauch **nicht** möglich ist (§ 40 Abs. 3).

Für die Videoauswertung eines Filmwerks bedarf es einer gesonderten Vereinbarung zwischen Filmproduzent und Verwerter, nämlich eines so genannten **Videolizenzvertrags**. Branchenüblich erstrecken sich die Verwertungsrechte auf Herstellung, Vervielfältigung und Vertrieb inklusive Verleih (▶ S. 107) von Videokassetten.

Filmleihvertrag

Mit dem Filmleihvertrag räumt der Filmverleiher einem Kino das Recht zur öffentlichen **Aufführung** (▶ S. 103ff) des Filmwerks ein. Hierbei handelt es sich um keinen Bestandvertrag, sondern um ein Vertragsverhältnis eigener Art.[451] Vom Filmleihvertrag nicht erfasst sind die Kino-Aufführungsrechte an der Filmmusik; diese sind im Wege von Gesamtverträgen mit den Verwertungsgesellschaften zu erwerben.

In der Praxis werden Filmleihverträge durch die „**Allgemeinen Filmbezugsbedingungen**" (AFBB) ergänzt, denen der Status eines Handelsbrauchs (§ 346 HGB) zukommt.

8.6 Softwarelizenzverträge

Die rechtliche **Einordnung** von Softwarelizenzverträgen ist **umstritten**. Die Aufnahme von Computerprogrammen (▶ S. 59f) in den Katalog der urheberrechtlich geschützten Werke sowie die vertragsrechtlichen Vorschriften bezüglich der Nutzung von Software (§§ 40d, 40e) gewähren nur einzelne Anhaltspunkte.

Auszugehen ist zunächst davon, dass nach allgemeinen urheberrechtlichen Grundsätzen eine lückenlose **Kette** von **Nutzungsrechten** erforderlich ist, um dem Anwender den bestimmungsgemäßen Gebrauch der Software rechtswirksam zu ermöglichen. Für die rechtliche Einordnung von Softwarelizenzverträgen ist demnach wesentlich, ob diese zwischen **Programmschöpfern** (Programmierer) und **Verwertern** (z.B. Softwarefirma) (▶ S. 23ff) oder Verwertern und **Anwendern** (Kunde der Softwarefirma) geschlossen werden, wobei Lizenzverträge zwischen Verwertern und Anwendern davon abhängen, dass zwischen Programmierer und Verwerter rechtsbeständige Verwertungsverträge zustande gekommen sind, weil niemand mehr Rechte einräumen bzw. weitergeben kann, als er selbst erhalten hat.

Da das Urheberrechtsgesetz für die Schaffung von Computerprogrammen durch Dienstnehmer vorsieht, dass der Dienstgeber hieran ein unbeschränktes Werknutzungsrecht (gesetzliche Lizenz) erhält – sofern nichts anderes vereinbart wird (§ 40b) –, ist in der Praxis davon auszugehen, dass der **Verwerter** (z.B. Softwarefirma) für gewöhnlich über ein **unbeschränktes Werknutzungsrecht** an der von seinen Angestellten erzeugten Software verfügt und demnach Dritten (Anwendern bzw. Kunden) mittels Lizenzverträgen die Nutzung daran ermöglichen kann.

Sofern der Lizenzvertrag **Anwendungssoftware** betrifft, die ein Datenbanksystem (z.b. dBase oder ORACLE) als Datenspeicherungssystem oder Programmierhilfsmittel (Entwicklungstool) erfordert, welches für den Betrieb der Anwendungssoftware technisch notwendig ist, ist zu beachten, dass der Hersteller der Anwendungssoftware die entsprechenden Rechte vom Ersteller der Basissoftware benötigt, um dem Anwender die rechtmäßige Benutzung der Anwendungssoftware zu ermöglichen.[452]

Unter lizenzrechtlichen Aspekten kommt es im Verhältnis Softwarehersteller–Anwender (Kunde) entscheidend darauf an, ob es sich um **Individual-** oder **Standardsoftware** handelt, deren Nutzung dem Anwender via **Datenträger** ermöglicht werden soll:

Bei **Standardsoftware**, die einem Anwender gegen einmaliges Entgelt auf Dauer überlassen wird, handelt es sich nämlich um einen **Kaufvertrag**.[453] Kaufgegenstand ist neben dem Datenträger (als Sache) auch die Nutzungsmöglichkeit am Computerprogramm.

Soweit Verträge über **Standardsoftware** keinen punktuellen Leistungsaustausch wie beim Kauf enthalten, sondern deren Nutzung **auf Zeit** vorsehen, handelt es sich um urheberrechtliche Lizenzverträge. Bei der Überlassung derartiger Standardsoftware kann es sich naturgemäß nur um Werknutzungsbewilligungen (▶ S. 149) handeln, weil sie einer großen Anzahl von Anwendern gleichzeitig die Nutzung erlaubt.

Auch bei **Public Domain Software** oder bei **Freeware** gelten diese Regeln, wobei hier der Urheber ohnehin zu erkennen gibt, dass er auf die Ausübung der Urheberrechte an der Software verzichtet. Zu beachten wäre in diesem Fall aber eine vom Urheber allenfalls erklärte Einschränkung der Public Domain Software auf z.B. die private Nutzung.

Shareware wiederum ist eine Software, die jeder in Kopien weitergeben darf, bei der sich aber der Urheber von einem echten Nutzer eine Lizenzgebühr erwartet (und dies für gewöhnlich auch ausdrücklich zu erkennen gibt). Jede ernsthafte Nutzung einer solchen Software ohne Zahlung an deren Urheber stellt genauso eine Rechtsverletzung dar wie die Nutzung einer Raubkopie eines kommerziell vertriebenen Programms.[454]

Gesetzliche Nutzungsrechte

Unabhängig von diesen lizenz- oder kaufvertraglichen Aspekten bestimmt das Urheberrechtsgesetz, dass bestimmte Nutzungshandlungen **unverzichtbares** und **unabdingbares Recht** des Käufers bzw. Lizenznehmers sind:

Computerprogramme dürfen **vervielfältigt** und **bearbeitet** werden, soweit dies für ihre **bestimmungsgemäße** Benutzung durch den zur Benutzung Berechtigten notwendig ist. Dies umfasst **auch** das **Anpassen** an dessen Bedürfnisse (§ 40d Abs. 2). Das Laden eines Computerprogramms in den Arbeitsspeicher ist daher als zulässiges Vervielfältigen zu qualifizieren, weil es zur bestimmungsgemäßen Verwendung gehört, während etwa das Laden desselben Programms in mehrere Arbeitsspeicher eines PC-Netzwerks nicht bestimmungsgemäß ist, sofern keine entsprechende Netzwerklizenz erworben wurde.

Der zur Benutzung eines Computerprogramms Berechtigte darf weiters **Sicherungskopien** (Backups) herstellen, soweit dies für die Benutzung des Computerprogramms notwendig ist (§ 40d Abs. 3 Z 1). Dies trifft aber etwa dann nicht zu, wenn das Computerprogramm nicht auf Datenträgern geliefert wird, sondern das Programm in ROM-Bausteinen oder vergleichbaren **Festwertspeichern** (PROMs, EPORMs oder EEPROMs) gespeichert ist; in diesen Fällen kann das Computerprogramm weder leicht gelöscht werden, noch ist während der gewöhnlichen Benutzung ein versehentliches Ändern oder Löschen des Programmcodes zu befürchten, sodass mangels softwarespezifischer Gefahren auch kein Bedürfnis für die Anerkennung eines schützenswerten Interesses zur Anfertigung von Sicherungskopien besteht.[455]

Das Recht des Käufers bzw. Lizenznehmers, **Sicherungskopien** herzustellen, darf auch bei Software, die mit **Kopierschutz** versehen ist, nicht umgangen werden. In diesem Fall ist im Softwareüberlassungsvertrag vorzusehen, dass der Lizenznehmer gegen Übersendung des kopiergeschützten Originaldatenträgers die Überlassung eines Ersatzstücks – gegebenenfalls gegen Entrichtung einer entsprechenden Aufwandsentschädigung – verlangen kann.[456]

Ebenfalls zwingend geregelt ist, dass der berechtigte Nutzer das Funktionieren des Programms beobachten, untersuchen oder **testen** darf, solange dies durch Handlungen geschieht, zu denen er vertraglich berechtigt ist (§ 40d Abs. 3 Z 2).

Reverse Engineering

Ausdrücklich zulässig ist ferner – unter bestimmten Voraussetzungen – das (unverzichtbare) **Recht zur Dekompilierung** (Reverse Engineering):

Unter Dekompilierung ist die Rückübersetzung eines ablauffähigen Maschinenprogramms in eine höhere Programmiersprache (den Sourcecode) zu verstehen. Dies ist zulässig, wenn dies unerlässlich ist, um die Interoperabilität eines unabhängig geschaffenen Computerprogramms mit anderen Computerprogrammen herzustellen. Unter **Interoperabilität** ist die Fähigkeit eines Computersystems zu verstehen, mit anderen Computersystemen zu agieren und Informationen auszutauschen. Die Teile eines Computerprogramms, die eine solche Interaktion und Verbindung ermöglichen, werden **Schnittstellen** genannt.

Das Recht zur Dekompilierung (§ 40e Abs. 1) lässt die **Rückerschließung** von Schnittstellenmerkmalen fremder Computerprogramme zu, sofern

▸ dies zur Herstellung der Interoperabilität unerlässlich ist (Z 1)

▸ diese von einer zur Nutzung berechtigten Person (oder in ihrem Namen) vorgenommen wird (Z 2)

▸ die notwendigen Informationen dem Dekompilierenden noch nicht ohne weiteres zugänglich gemacht worden sind (Z 3) und

▸ dessen Handlungen sich auf die Teile des Computerprogramms beschränken, die zur Herstellung der Interoperabilität notwendig sind (Z 4)

Ungeklärt ist, ob sich das Recht zur Dekompilierung auch auf die Herstellung interoperabler **Hardware** erstreckt.

Die durch die Dekompilierung gewonnenen **Informationen** dürfen zu keinen anderen Zwecken als zur Herstellung der Interoperabilität des unabhängig geschaffenen Computerprogramms verwendet werden; sie dürfen an Dritte nicht weitergegeben und nicht für die Entwicklung, Vervielfältigung oder Verbreitung eines Computerprogramms mit im Wesentlichen ähnlicher Ausdrucksform verwendet werden (§ 40e Abs. 2).

INFO

▸ www.computerrecht.at

▸ www.softwarerecht.at

8.7 Verlagsverträge

Durch den Verlagsvertrag (§§ 1172, 1173 ABGB) verpflichtet sich der **Urheber** (oder sein Rechtsnachfolger) eines Werks der **Literatur** (▸▸S. 57), der **Tonkunst** (▸▸S. 64) oder der **bildenden Künste** (▸▸S. 65), das Werk einem anderen – dem Verleger – zur Vervielfältigung (▸▸S. 92ff) und Verbreitung (▸▸S. 95ff) für **eigene Rechnung** zu überlassen. Wir sprechen damit im Zusammenhang auch von der Einräumung des so genannten „Verlagsrechts". Der **Verleger** verpflichtet sich im Gegenzug, das Werk zu **vervielfältigen** und die Vervielfältigungsstücke zu **verbreiten**. Da im Voraus über zu schaffende Werke rechtswirksam verfügt werden kann (§ 31 Abs. 1), kann sich ein Verlagsvertrag auch auf ein erst zu schaffendes Werk beziehen.

Mit einem **Verlagsvertrag** wird dem Verleger ein **Werknutzungsrecht** (§ 26) zur

Vervielfältigung und Verbreitung eingeräumt.[457] Der Verleger hat den Werkschutz (§ 21) zu beachten (▸ S. 88ff) und darf daher nur im Rahmen des üblichen Lektorats Änderungen am Werk vornehmen. Verlagsverträge sind **vererblich** und **veräußerlich** (▸ S. 117f).

Nicht nur Urheber und deren Rechtsnachfolger können Verlagsverträge rechtswirksam schließen, sondern jeder, der in der Lage ist, dem Verleger ein Werk rechtens zur Vervielfältigung und Verbreitung zu überlassen,[458] so etwa derjenige, der ein nachgelassenes Werk rechtmäßig veröffentlicht (▸ S. 190).

Verlagsverträge sind **Dauerschuldverhältnisse**.[459] Vervielfältigung und Verbreitung sind die **Hauptpflichten** des Verlegers, Werbung und Promotion nur **Nebenpflichten**. In Verlagsverträgen können auch Verfügungen bezüglich der so genannten **Nebenrechte** getroffen werden (z.B. Taschenbuchlizenzen, Buchklublizenzen, Übersetzungsrechte, Sende- und Verfilmungsrechte, Berechtigung zum Abschluss von Subverlagsverträgen).

Gesonderte Vereinbarungen sind über die Einspeicherung und Ausgabe in **elektronischen Datenbanken** zu treffen, weil diese Werknutzungen von der üblichen Vervielfältigung und Verbreitung nicht umfasst sind.[460] Der Verleger hat sich darüber hinaus auch die hierbei erforderlichen **Nebenrechte** zu sichern (öffentliche Wiedergabe; Vervielfältigung und Verbreitung des Werks auf Bildträgern, Zurverfügungstellung im Internet).

Wurde über die **Anzahl** der **Auflagen** nichts bestimmt, so ist der Verleger nur zu einer Auflage berechtigt (§ 1173 ABGB). Allfällige Neuauflagen bedürfen daher einer gesonderten Vereinbarung; eine Übertragung der Erstellung einer Neuauflage durch einen anderen Autor bedarf der Zustimmung des Urhebers des Originalwerks.[461] Ein Verlagsvertrag ist auch dann gültig geschlossen, wenn über die **Höhe** der **Auflage**,[462] über die Höhe des **Autorenhonorars** und die Anzahl der **Freiexemplare** nichts vereinbart wurde.[463] Die Höhe der Auflage eines literarischen Werks ist im Zweifel nach Treu und Glauben festzusetzen.[464]

Das **Verlagsrecht** wird durch folgende urheberrechtliche Bestimmungen **begrenzt**:

Die Gewährung des Rechts, ein Werk der Literatur oder Tonkunst zu vervielfältigen, erstreckt sich – sofern nichts anderes vereinbart wurde – **nicht** auf die Vervielfältigung des Werks auf **Bild-** oder **Tonträger** (§ 33 Abs. 1). Für Multimedia-Produktionen ist daher aus der Sicht des Verlegers darauf zu achten, auch dieses Recht zu erwerben.

Der Urheber, der einem anderen das ausschließliche Recht eingeräumt hat, ein Werk der Literatur oder Tonkunst zu vervielfältigen und zu verbreiten, behält das unverzichtbare und unbeschränkbare Recht, sein Werk 20 Jahre nach dessen Erscheinen in einer **Gesamtausgabe** zu vervielfältigen oder zu verbreiten (§ 34).

Beiträge zu **periodisch erscheinenden Sammlungen** (Zeitung, Zeitschrift, Jahrbuch, Almanach und dergleichen) begründen – sofern nichts anderes vereinbart ist und sich auch aus den Umständen nichts anderes ergibt – kein ausschließliches Verlagsrecht (§ 36 Abs. 1); bei Zeitungsbeiträgen erlischt selbst ein ausschließliches Verlagsrecht unmittelbar nach Erscheinen des Beitrags (§ 36 Abs. 2).

Verlagsverträge können als Dauerschuldverhältnisse jederzeit **einvernehmlich aufgelöst** werden; aus wichtigem Grund sind sie auch **vorzeitig** auflösbar.[465] Ein **wichtiger Grund** besteht aber nur dann, wenn eine Bereinigung nicht auf anderem Weg möglich und zumutbar ist. In aller Regel ist dem durch eine Vertragsverletzung beschwerten Partner allerdings zuzumuten, seinen Vertragspartner zur Erfüllung anzuhalten und seine Ansprüche gegebenenfalls gerichtlich geltend zu machen, anstatt das Vertragsverhältnis für vorzeitig aufgelöst zu erklären.[466] Ein wichtiger Grund liegt z.B. vor, wenn der Verleger es verabsäumt, wegen Verletzung des Titelschutzes gegen den Verletzter gerichtlich vorzugehen,[467] oder wenn der Verleger seiner Ausübungspflicht nicht nachkommt.[468]

Gewöhnlich enden Verlagsverträge durch **Erfüllung** und Zweckerreichung, d.h. wenn die Auflage vergriffen ist oder nicht absetzbare Exemplare „verramscht" werden (müssen).

Ansprüche aus dem Verlagsvertrag **verjähren** in 30 Jahren.[469] Das **Verlagsrecht erlischt** mit dem Ende der Schutzfrist (▸ S. 114f; es kann aber auch durch langjähriges Schweigen erlöschen, wenn dem Schweigen kein anderer Sinn beigelegt werden kann.[470]

Ergänzend zu den Bestimmungen des ABGB (und der bisherigen Judikatur) sind die Bestimmungen des **deutschen Verlagsgesetzes** zur Auslegung von österreichischen Verlagsverträgen heranzuziehen,[471] weil das deutsche Verlagsgesetz die Verkehrssitte der beteiligten österreichischen Kreise (Autoren und Verlage) widerspiegelt.[472]

INFO

▸ www.verlagsrecht.at
▸ www.arovell.at/index-Dateien/-le-arov-vertragsmuster.htm

8.8 Wahrnehmungsverträge

Der so genannte Wahrnehmungsvertrag eines Urhebers mit einer Verwertungsgesellschaft ist ein **Vertragsverhältnis eigener Art**, welches Elemente eines Auftrags

(§§ 1002 ff ABGB), eines Treuhandvertrags, aber auch der so genannten Geschäftsbesorgungskommission (§ 406 HGB) enthält.[473]

Im Wahrnehmungsvertrag räumen die Urheber bzw. Leistungsschutzberechtigten der **Verwertungsgesellschaft** Werknutzungsrechte ein und erteilen ihr den Auftrag zu ihrer **treuhändigen Wahrnehmung.** Ein weiteres Charakteristikum der Wahrnehmungsverträge ist, dass sich die Einräumung auch auf künftig zu schaffende Werke erstreckt. Die Verwertungsgesellschaft erteilt dann ihrerseits Dritten (z.B. Veranstaltern oder Tonträgerproduzenten) die entsprechenden Werknutzungsbewilligungen und sorgt insbesondere dafür, dass die den Urhebern aufgrund des Urheberrechtsgesetzes gebührenden **Vergütungsansprüche** (▶ S. 108ff) gegenüber den zur Zahlung Verpflichteten (z.B. Veranstalter oder Tonträgerproduzenten) geltend gemacht werden.

Der Urheber bzw. Leistungsschutzberechtigte besitzt gegenüber der Verwertungsgesellschaft kein Weisungsrecht, weil dies ihre Rechtsstellung nicht zulässt. Die Rechtsstellung wird durch das Verwertungsgesellschaftengesetz und die jeweiligen Statuten der einzelnen Verwertungsgesellschaften weitgehend festgelegt (▶ S. 213ff). Die Satzung wird regelmäßig zum Bestandteil des Wahrnehmungsvertrags gemacht.

INFO

▶ www.akm.co.at/akm/rechtliches/wahrnehmungsvertrag/index.php

▶ www.vam.cc/Wahrnehmungsvertrag.htm

▶ www.vdfs.at/deutsch/vertrag.html

9. Die Leistungsschutzrechte

9.1 Die Rechte der ausübenden Künstler

Wer in Österreich ein **Werk** der **Literatur** (▸▸S. 57) **vorträgt** oder ein **Werk** der **Ton-kunst** (▸▸S. 64) **aufführt** oder bei einem Vortrag bzw. einer Aufführung künstlerisch **mitwirkt**, ist ausübender Künstler, auch **Interpret** bzw. **Mitwirkender** genannt (§ 97 Abs. 1). Darbietungen ausübender Künstler genießen – unabhängig von ihrer Staats-bürgerschaft – Leistungsschutz nach dem Urheberrechtsgesetz, und zwar **unabhängig** davon, ob das **vorgetragene** bzw. **aufgeführte** Werk seinerseits (noch) **urheberrecht-lichen Schutz** genießt oder bereits gemeinfrei ist oder niemals geschützt war (§ 72 Abs. 1). Auch die Darbietungen österreichischer Interpreten im Ausland genießen den Leistungsschutz des österreichischen Urheberrechtsgesetzes (§ 97 Abs. 2).

Da es sich nach dem Wortlaut des Gesetzes um den Vortrag bzw. die Aufführung eines Werks der Literatur (▸▸S. 57) oder der Tonkunst (▸▸S. 64) handeln muss (§ 66 Abs. 1), muss das **Werk** jedenfalls **schutzfähig** sein. Ist diese Voraussetzung gegeben, ist **jede** Art einer **künstlerischen Darbietung** geschützt und zwar unabhängig davon, welcher künstlerische Wert ihr zukommt. Obwohl dem Wortlaut des Urheberrechts-gesetzes nicht unmittelbar zu entnehmen, setzt das Leistungsschutzrecht des ausü-benden Künstlers eine Werkinterpretation, d.h. eine im weitesten Sinn **künstlerische Leistung**, voraus.[474]

Die Begriffe „**Vortrag**" und „**Aufführung**" sind zwar grundsätzlich im Sinn der öffentlichen Wiedergabe (§ 18) (▸▸S. 103) zu verstehen, sie müssen jedoch nicht öf-fentlich erfolgen, sodass **auch** die Darbietungen eines **Studiokünstlers** Leistungs-schutz genießen.

Für den Leistungsschutz kommen in erster Linie Darbietungen von **Sprachwer-ken**, **musikalischen** und **pantomimischen** Werken einschließlich der Werke der **Tanzkunst** (▸▸S. 62) in Betracht, **nicht** hingegen Darbietungen von **Varieté-** und **Zir-**

kuskünstlern, wie Akrobaten, Dompteuren und Zauberern,[475] weil diese keine Werke im urheberrechtlichen Sinn aufführen. Ebenso wenig sind **Sportler** als ausübende Künstler anzusehen.[476]

Wer ist ausübender Künstler?

Als ausübender Künstler gilt auch, wer bei einem Vortrag eines Werks der Literatur oder bei einer Aufführung eines Werks der Tonkunst **künstlerisch mitwirkt.** Die vom Leistungsschutz erfassten Mitwirkenden müssen künstlerischen und nicht bloß technischen oder managementmäßigen Einfluss auf die Darbietung haben. Künstlerischen Einfluss haben etwa der **Regisseur** und der **Dirigent;** technischen bzw. managementmäßigen Einfluss haben hingegen der Toningenieur, der Beleuchter, der Kostümbildner, der Bühnenbildner, der Dramaturg oder der Intendant sowie die an der Filmherstellung mitwirkenden Urheber (➤ S. 32f), wie Kameraleute, Cutter, Filmarchitekten. Fallen **Werkinterpretation** und **schöpferisches Schaffen** wie z.b. beim Filmregisseur untrennbar **zusammen,** geht der urheberrechtliche Schutz vor. Damit bleibt für die Inanspruchnahme eines zusätzlichen Leistungsschutzes kein Raum mehr.[477]

Bei **Ensembles,** wie Chören, Orchestern oder Schauspielgruppen, steht das Leistungsschutzrecht allen bei der Darbietung mitwirkenden Ensemble-Mitgliedern zu, ohne dass es auf den Umfang und die Bedeutung ihrer Leistung ankäme.

Inhalt der Leistungsschutzrechte

Für das Verständnis der Anknüpfungspunkte von Leistungsschutzrechten ausübender Künstler hilfreich ist folgende Unterscheidung:

▸ primäre bzw. unmittelbare Verwertung einer künstlerischen Darbietung durch einen Live-Auftritt oder eine Studio-Darbietung, etwa für die Herstellung eines Tonträgers

▸ sekundäre bzw. mittelbare Verwertung einer künstlerischen Darbietung durch Festhalten auf einem Bild- oder Tonträger bzw. deren Übertragung im Rundfunk

▸ tertiäre Verwertung einer künstlerischen Darbietung als so genannte Zweithandverwertung von Bild- oder Tonträgern durch Senden bzw. öffentliche Wiedergabe der darauf festgehaltenen künstlerischen Darbietungen

Primäre Verwertung

Die primäre bzw. unmittelbare Verwertung einer künstlerischen Darbietung bei Live-Auftritten benötigt keinen Leistungsschutz, weil ausübende Künstler bei Live-Auftritten ihr Rechtsverhältnis zum Veranstalter nach allgemeinen zivilrechtlichen

Grundsätzen gestalten. In aller Regel wird es sich dabei um einen Dienst- oder Werk-vertrag (§ 1168 ABGB bzw. § 8 Angestelltengesetz), bei kurzzeitigen Engagements al-lenfalls auch um einen freien Dienstvertrag handeln. Zu berücksichtigen ist ferner der zwischen dem Veranstalterverband Österreich und der Gewerkschaft Kunst, Medien, freie Berufe abgeschlossene Kollektivvertrag bezüglich der Arbeitsverhältnisse von ständig oder nur fallweise tätigen Musikern einschließlich der dort auch geregelten Orchesterordnung. In allen diesen Fällen der Beschäftigung von Musikern für öffent-liche Darbietungen ist die Einräumung entsprechender Nutzungsrechte an der Dar-bietung vom Zweck des Dienstvertrags ohnehin umfasst.

Spezifischen Schutz gewährt das Urheberrechtsgesetz im Rahmen der primären Verwertung allerdings im Zusammenhang mit der **öffentlichen Wiedergabe** der künstlerischen Darbietung durch Lautsprecher oder andere technische Einrichtungen außerhalb des Veranstaltungsorts (Theater, Saal, Platz), wo sie stattfinden: sie darf nur mit Einwilligung des ausübenden Künstlers erfolgen (§ 71 Abs. 1).

Sekundäre Verwertung

Zum Schutz vor sekundärer bzw. mittelbarer Verwertung einer künstlerischen Dar-bietung gewährt das Urheberrechtsgesetz ausübenden Künstlern eine Reihe von **Leis-tungsschutzrechten,** um ihnen durch **Verbotsrechte** auch die **mittelbare kommer-zielle Verwertung** ihrer Leistungen durch Dritte zu ermöglichen:

▸ Die künstlerische Darbietung darf nur mit Einwilligung des ausübenden Künst-lers auf einem **Bild-** oder **Tonträger** festgehalten (= „aufgenommen") werden (§ 66 Abs. 1). Tonträgerproduzenten müssen sich daher dieses Recht im Wege von Künstlerpoduktionsverträgen einräumen lassen. Mitschnitte von Konzerten sind ohne Zustimmung des Interpreten unzulässig.

▸ Die **Aufzeichnung** der künstlerischen Darbietung darf nur mit Einwilligung des ausübenden Künstlers **vervielfältigt** und **verbreitet** werden. Tonträgerprodu-zen-ten müssen sich daher auch dieses Recht im Wege von Künstlerproduktionsver-trägen einräumen lassen. Vervielfältigung ist auch die Wiedergabe durch einen Bild- oder Tonträger zur Übertragung auf einen anderen Bild- oder Tonträger (§ 66 Abs. 1).

▸ Das **Vermieten** eines Bild- oder Tonträgers (z.B. durch eine Videothek) mit der aufgezeichneten künstlerischen Darbietung ist nur mit Einwilligung des ausüben-den Künstlers zulässig (§ 67 Abs. 2 iVm § 16a Abs. 1, § 16 Abs. 3; ▸▸S. 98).

▸ Die künstlerische Darbietung darf nur mit Einwilligung des ausübenden Künst-lers durch Rundfunk **gesendet** werden (§ 70 Abs. 1; ▸▸S. 99). Jede Live-Übertragung einer Konzert- oder Theateraufführung bedarf daher der

Zustimmung der Interpreten; dies gilt auch für die Weitersendung einer Live-Übertragung.

▸ Die künstlerische Darbietung darf nur mit Einwilligung des ausübenden Künstlers der Öffentlichkeit im Internet zur Verfügung gestellt werden (§ 71a).

Tertiäre Verwertung

Für folgende mittelbare Verwertungshandlungen (so genannte **Zweitverwertungen**) ist hingegen **keine Einwilligung** der ausübenden Künstler erforderlich:

▸ **Rundfunksendungen** der rechtmäßig auf Bild- oder Tonträger **aufgenommenen** künstlerischen **Darbietungen** (§ 70 Abs. 2) sind ohne Zustimmung der Interpreten zulässig. „Rechtmäßig" setzt aber voraus, dass der ausübende Künstler zuvor gegenüber dem Tonträgerproduzenten seine Einwilligung zur Aufnahme seiner künstlerischen Darbietung auf Bild- oder Tonträger bzw. deren Verbreitung zugestimmt hat (§ 66 Abs. 7).

Ist diese Voraussetzung erfüllt, so haben z.B. weder der Dirigent eines Rundfunkorchesters noch die Solisten des Orchesters einen Anspruch auf Zahlung eines angemessenen Entgelts für spätere Wiederholungssendungen, sofern dies nicht ausdrücklich vereinbart wurde.[478]

▸ **Öffentliche Wiedergaben** der künstlerischen Darbietung mittels rechtmäßig aufgenommenen **Bild-** oder **Tonträgern** oder durch **Rundfunksendungen** (§ 71 Abs. 1), wenn etwa Musikvideos in einer Diskothek aufgeführt werden, sind ebenfalls ohne Zustimmung der Interpreten zulässig; die Einwilligung des jeweiligen Veranstalters (▸▸ S. 179) ist hierfür aber einzuholen.

Gewerbsmäßig hergestellte **Filmwerke** (▸▸ S. 187) dürfen vervielfältigt und verbreitet werden, **ohne** dass es hierzu einer **Einwilligung** der **ausübenden Künstler** bedarf, deren Darbietungen das Filmwerk enthält. Dies gilt allerdings nur für solche Darbietungen, die eigens für die Herstellung des Films aufgeführt wurden, und nur für die ausübenden Künstler, die in Kenntnis dieses Zwecks an der Darbietung mitgewirkt haben (§ 69 Abs. 1).

Freie Werknutzungen

Durch Rundfunk gesendete oder durch Bild- oder Tonträger wiedergegebene Darbietungen dürfen von jeder natürlichen Person zum **privaten Gebrauch** und weder für unmittelbare noch mittelbare kommerzielle Zwecke auf einem Bild- oder Tonträger festgehalten („**aufgenommen**") – aber weder verbreitet noch gesendet oder der Öffentlichkeit zugänglich gemacht – werden, ohne dass es hierzu einer Einwilligung des ausübenden Künstlers bedarf (§ 69 Abs. 2). Zum privaten Gebrauch dürfen auch einzelne Vervielfältigungsstücke der Aufnahme hergestellt werden (§ 69 Abs. 2).

Ausnahmen im Hinblick auf den Umstand des Zugänglichmachens der Öffentlichkeit bestehen für „Aufnahmen" im Zusammenhang mit der Vervielfältigung zum eigenen **Schulgebrauch** (§ 69 Abs. 2 iVm § 42 Abs. 6, ▸ S. 139) sowie der Vervielfältigung zum eigenen Gebrauch von **Sammlungen** (§ 69 Abs. 2 iVm § 42 Abs. 7; ▸ S. 139); hier schadet die Öffentlichkeit nicht.

Die Verwendung rechtmäßig hergestellter Bild- oder Tonträger ist in **Geschäften** zulässig, deren Geschäftstätigkeit die Herstellung, der Vertrieb oder die Reparatur derartiger Träger (z.b. CD-Handel, Schallplattenvertrieb) oder entsprechender Abspielgeräte (z.b. Elektrofachgeschäft) ist. Die Verwendung bedarf nicht der Zustimmung desjenigen ausübenden Künstlers, dessen künstlerische Darbietung auf dem Träger enthalten ist; sie ist jedoch nur soweit zulässig, als sie zur Information des Kunden über den Träger und/oder das Abspielgerät notwendig ist (§ 69 Abs. 3 iVm § 56 Abs. 1; ▸ S. 129).

Vergütungsansprüche

Für einige (mittelbare) Verwertungshandlungen gewährt das Urheberrechtsgesetz dem ausübenden Künstler keine Verbotsrechte, sondern nur **Vergütungsansprüche**, die ausschließlich von **Verwertungsgesellschaften** geltend gemacht werden können:

Das **Verleihen** von Bild- oder Schallträgern mit der Darbietung durch der Öffentlichkeit zugängliche Einrichtungen, wie **Bibliotheken**, Artotheken und dergleichen (§ 67 Abs. 2 iVm § 16a Abs. 2), ist nur vergütungspflichtig. Dies gilt **nicht** für **Videotheken**, weil diese Videokassetten regelmäßig zu Erwerbszwecken „verleihen", worunter nach der Terminologie des Urheberrechtsgesetzes „vermieten" zu verstehen ist (▸ S. 98).

Die so genannte **Zweithandverwertung** von **Industrieschallträgern** mit der Darbietung zu Rundfunksendungen oder zur öffentlichen Wiedergabe (§ 76 Abs. 3) ist ebenfalls nur vergütungspflichtig. Ein ausübender Künstler kann daher nicht verhindern, dass ein Diskjockey rechtmäßig hergestellte CDs mit der künstlerischen Darbietung des Interpreten in der Diskothek „aufführt"; der Interpret erhält jedoch einen Anteil am Entgelt, das der Tonträgerhersteller vom Benutzer erhält. Ebenso darf etwa ein Gastwirt den Fernseher in seinem der Öffentlichkeit zugänglichen Lokal eingeschaltet lassen, wenn Darbietungen ausübender Künstler gesendet werden.

Dem ausübenden Künstler einer Darbietung, die auf einem Bild- oder Industrieschallträger festgehalten wurde, gebührt ein **Anteil** an der **Leerkassettenvergütung** (§ 69 Abs. 2 iVm § 42b Abs. 1).

Bei **Ensemble-Darbietungen**, die durch das Zusammenwirken mehrerer Personen unter einheitlicher Leitung zustande kommen – wie die Aufführung eines Schauspiels oder eines Chor- oder Orchesterwerks –, stehen die Verwertungsrechte zwar allen Gruppenmitgliedern gemeinsam zu; sie können jedoch nur durch einen gemeinsamen Vertreter wahrgenommen werden (§ 71 Abs. 2). Für den Wahlmodus des Vertreters besteht eine eigene Regelung (§ 71 Abs. 3). Existiert kein gemeinsamer Vertreter, ist die gerichtliche Bestellung eines Sachwalters möglich (§ 71 Abs. 4).

Persönlichkeitsschutz ausübender Künstler

Neben den genannten Verwertungsrechten wird den Interpreten auch ein **persönlichkeitsrechtlicher Schutz** zuteil:

Zum Schutz der **geistigen Interessen** des ausübenden Künstlers – nicht jedoch von Ensemble-Mitgliedern (§ 68 Abs. 3) – darf der Hersteller eines Bild- oder Tonträgers den **Namen** des Interpreten der Darbietung auf dessen Verlangen und nur mit dessen **Einwilligung** auf dem **Träger** anbringen. Diese Einwilligung kann vom ausübenden Künstler widerrufen werden, wenn der Träger die Darbietung entweder mit solchen Änderungen oder so mangelhaft wiedergibt, dass dessen Vermarktung den künstlerischen Ruf des Interpreten beeinträchtigen könnte (§ 68 Abs. 1).

Darüber hinaus dürfen künstlerische Darbietungen nicht benutzt bzw. auf Bild- oder Tonträgern zum Zweck der Verbreitung vervielfältigt werden, wenn sie mit solchen Änderungen oder so mangelhaft wiedergegeben werden, dass der künstlerische Ruf des Interpreten beeinträchtigt werden kann (§ 68 Abs. 1a).

Künstler, die bloß im Chor oder Orchester oder auf ähnliche Art an einer künstlerischen Darbietung mitwirken, genießen ebenfalls Persönlichkeitsschutz, wobei in diesem Fall der Name des Chors oder Orchesters anzugeben ist (§ 68 Abs. 3).

Schutzdauer künstlerischer Darbietungen

Die Schutzdauer beträgt 50 Jahre ab Aufführung bzw. ab Veröffentlichung eines Bild- oder Tonträgers, auf dem die Aufführung festgehalten wurde; der Persönlichkeitsschutz endet nicht vor dem Tod des ausübenden Künstlers (§ 68 Abs. 2), bei Chor- oder Orchestermitgliedern mit dem Ende der Schutzdauer. Die Frist der Schutzdauer ist nach § 64 zu berechnen (§ 67 Abs. 1 iVm § 66 Abs. 1; ▸▸S. 155).

INFO

▸ www.akm.co.at
▸ www.musikergilde.at
▸ www.musikrecht.at

9.2 Die Rechte der Veranstalter

Im Zusammenhang mit den Verwertungsrechten ausübender Künstler (▸S. 173) gibt es ein **rudimentäres Leistungsschutzrecht** für Veranstalter von Darbietungen, welches deren organisatorischen und wirtschaftlichen Aufwand schützen soll.

Veranstalter im Sinn des Urheberrechtsgesetzes ist, wer die organisatorische Leitung der Darbietung innehat und die wirtschaftliche Verantwortung dafür trägt. Dies kann ein **Konzertunternehmen**, die **öffentliche Hand**, ein **Gastwirt** oder eine **Einzelperson** sein; in welcher Rechtsform das Unternehmen betrieben wird, ist gleichgültig. Für **Sportveranstalter** kommt das Leistungsschutzrecht naturgemäß **nicht** in Betracht,[479] ebenso wenig für die Veranstalter einer **Modenschau**, soweit sie die Vorführungen der Mannequins betrifft.

In seinen Rechtsfolgen knüpft das Leistungsschutzrecht des Veranstalters an die Rechte der ausübenden Künstler an: **Darbietungen** von Werken der Literatur oder Tonkunst (in Österreich), die von einem Veranstalter „angeordnet" (= veranstaltet) werden, dürfen nur mit dessen **Einwilligung** (und der Einwilligung des ausübenden Künstlers, ▸S. 175) auf **Bild-** oder **Tonträgern** festgehalten werden (§ 66 Abs. 5).

Bild- oder Tonträger, die ohne diese Einwilligung hergestellt wurden, dürfen weder vervielfältigt noch verbreitet oder zu einer Rundfunksendung oder öffentlichen Wiedergabe verwendet werden (§ 66 Abs. 5 und 7; ▸S. 176).

Hinsichtlich des **Rechtsverhältnisses** zwischen **Veranstalter** und **ausübendem Künstler** (Mitwirkungspflicht, besonderes Entgelt, Gestattung der Verwertung) verweist das Urheberrechtsgesetz (§ 66 Abs. 6) nur auf die dieses Rechtsverhältnis regelnden Vorschriften (neben dem Urheberrechtsgesetz auch z.B. das Schauspielgesetz, das Arbeitsrecht[480]) und Vereinbarungen (z.B. Kollektivvertrag des Veranstalterverbands Österreich und der Gewerkschaft Kunst, Medien, freie Berufe für ständig oder fallweise beschäftigte Musiker, Dienstvertrag bzw. Werkvertrag).

Die **Schutzdauer** beträgt 50 Jahre ab Aufführung bzw. ab Veröffentlichung eines Bild- oder Tonträgers, auf dem die Aufführung festgehalten wurde; die Frist ist nach § 64 zu berechnen (§ 67 Abs. 1 iVm § 66 Abs. 5; ▸S. 115).

INFO

▸ www.eventrecht.at
▸ www.veranstalterverband.at

9.3 Die Rechte der Tonträgerhersteller

Auch der Hersteller von Tonträgern bzw. Schallträger, wie die offizielle Bezeichnung im Urheberrechtsgesetz lautet, erbringt eine organisatorisch-technische und wirtschaftliche Leistung, die von Dritten mühelos ausgebeutet werden kann. Das Urheberrechtsgesetz gewährt ihm daher ein **originäres Leistungsschutzrecht** (§ 76).

Die geschützte Leistung besteht im erstmaligen Festhalten **akustischer Vorgänge** auf einem Träger, der deren Wiedergabe ermöglicht. In der Praxis wird diese erstmalige Aufnahme als „Masterband" bezeichnet, wovon dann die entsprechenden Vervielfältigungsstücke wie Audio-CDs, DVDs oder Musikkassetten hergestellt werden. Worin die akustischen Vorgänge bestehen, ist für den Leistungsschutz unerheblich. Nicht nur Tonträger mit künstlerischen Darbietungen, sondern **auch Tonträger mit Geräuschen** oder **Tierlauten** genießen Leistungsschutz.

Das **Leistungsschutzrecht** steht dem **Hersteller** des Tonträgers (Masterbands) als wirtschaftlichem Produzenten zu. Bei gewerbsmäßig hergestellten Tonträgern gilt der Inhaber des Unternehmens als Hersteller. Bei **Koproduktionen** steht das Leistungsschutzrecht allen daran beteiligten Tonträgerherstellern gemeinschaftlich (▸ S. 30f) zu (§ 76 Abs. 6 iVm § 11). Der am Entstehen einer Tonträgerproduktion häufig mitwirkende künstlerische Produzent gilt nicht als Hersteller im Sinn des Urheberrechtsgesetzes.

Das Leistungsschutzrecht besteht in dem **ausschließlichen Recht,** den Tonträger zu **vervielfältigen** (▸ S. 92), zu **verbreiten** (▸ S. 95), zu **vermieten** (▸ S. 98) und der Öffentlichkeit im Internet zur Verfügung zu stellen (§ 76 Abs. 1). Unter Vervielfältigung wird auch die Benutzung einer mit Hilfe eines Tonträgers bewirkten Wiedergabe zur Übertragung auf einen anderen Tonträger verstanden (§ 76 Abs. 1). Dies bedeutet, dass eine Tonaufnahme, die durch das Abspielen mit gleichzeitigem Aufnehmen eines Tonträgers hergestellt wird, ebenfalls eine Vervielfältigung der Tonaufnahme darstellt.

Von den Ausschlussrechten des Tonträgerherstellers **nicht** erfasst ist das **Senden** sowie die öffentliche Wiedergabe der darauf festgehaltenen Werke. Hierfür steht dem Hersteller von so genannten „Industrietonträgern" nur ein Vergütungsanspruch gegenüber dem Benutzer zu (also dem Sendeunternehmen bzw. demjenigen, der den Tonträger für eine öffentliche Darbietung verwendet). Diese Vergütungsansprüche werden von Verwertungsgesellschaften eingehoben (§ 76 Abs. 3).

Die dem Tonträgerhersteller zustehenden Leistungsschutzrechte sind **vererblich** – was praktisch nur bei natürlichen Personen eine Rolle spielt – und **veräußerlich** (§ 76 Abs. 6 iVm § 74 Abs. 2). Der Tonträgerhersteller kann anderen **Werknutzungsbewil-**

ligungen oder **Werknutzungsrechte** (▸▸S. 149f) an seinen Tonaufnahmen erteilen bzw. einräumen (§ 76 Abs. 6 iVm § 24 bzw. § 26), womit er die Möglichkeit zur kommerziellen Nutzung durch Lizenzierung hat.

Hersteller- und **Gegenstandsbezeichnung** auf Tonträgern sind entsprechend zu beachten (§ 76 Abs. 6 iVm § 74 Abs. 3 und 4).

Wird eine künstlerische Darbietung auf einem Tonträger festgehalten, dann treffen **drei Schutzrechte** zusammen:

1. das **Urheberrecht** am Musikwerk (Komposition und Text)
2. das **Verwertungsrecht** des **ausübenden Künstlers** an der Darbietung und
3. das **Verwertungsrecht** des **Tonträgerproduzenten** an der Aufnahme

Von keinem der in Betracht kommenden Berechtigten darf durch die Ausübung seines Verwertungsrechts ein anderes Verwertungsrecht verletzt werden. Der Tonträgerproduzent darf die Aufnahme nur mit Einwilligung des Urhebers und des ausführenden Künstlers vornehmen, vervielfältigen und verbreiten. Der Urheber darf den Tonträger, der ein Vervielfältigungsstück seines Werks darstellt, ohne Einwilligung des Tonträgerproduzent und des ausführenden Künstlers weder vervielfältigen noch verbreiten; ebenso ist es dem ausführenden Künstler verboten, den seine Darbietung wiedergebenden Tonträger ohne Einwilligung des Urhebers und des Tonträgerproduzenten zu vervielfältigen und zu verbreiten.

Um die für die Herstellung eines Masterbands (Studioproduktion) erforderlichen Rechte zu erhalten, schließt der Produzent folgende Verträge:

▸ Erwerb einer Werknutzungsbewilligung von der Verwertungsgesellschaft Austro Mechana hinsichtlich der so genannten „kleinen mechanischen Rechte" (= Vervielfältigung und Verbreitung) für die Nutzung der Komposition und des Liedtextes

▸ Abschluss eines so genannten „Künstlerproduktionsvertrags" mit den von ihm gewünschten Interpreten, um sich so die Leistungsschutzrechte des ausübenden Künstlers im Wege eines Werknutzungsrechts gegen Zahlung von Tantiemen (= Beteiligung am Erlös des Tonträgerverkaufs) einräumen zu lassen

▸ Allenfalls Abschluss eines Werkvertrags einschließlich Rechtseinräumung gegen Pauschalhonorierung mit einem bzw. mehreren Studiomusikern

▸ Häufig Abschluss eines Werkvertrags einschließlich Rechtseinräumung gegen Pauschalhonorierung mit dem künstlerischen Produzenten

Um sich diesen administrativen Aufwand zu ersparen, schließen Tonträgerproduzenten unter Umständen so genannte „Bandübernahmeverträge" mit dem Hersteller des

Masterbands. Sie erwerben damit alle für die Massenfertigung von Tonträgern erforderlichen Rechte zur Vervielfältigung und Verbreitung der Tonträger.

Die **Schutzdauer** beträgt 50 Jahre ab Aufnahme bzw. ab Veröffentlichung des Tonträgers; die Frist ist nach § 64 zu berechnen (§ 76 Abs. 5; ▸▸S. 115).

INFO
▸ www.ifpi.at
▸ www.musikrecht.at

9.4 Die Rechte der Sendeunternehmen

In einer Werbebeilage wurde ein Standfoto verwendet, welches einen Rechtsanwalt sowie den Namen der ORF-Sendereihe „Konflikte" zeigte. Der ORF klagte aufgrund seines Leistungsschutzrechts als Sendeunternehmen, weil hiervon auch die Nutzung eines Standfotos umfasst ist. Der Oberste Gerichtshof gab ihm recht.[481]

Sendeunternehmer besitzen für **ihre Rundfunksendungen** ein eigenes Leistungsschutzrecht, um Dritten die Ausbeutung ihres kostspieligen technischen und wirtschaftlichen Aufwands untersagen zu können (§ 76a). Dieses Leistungsschutzrecht bezieht sich auf das **Sendegut**, das in den an die Öffentlichkeit ausgestrahlten Programmsignalen verkörpert ist, **gleichgültig** ob an ihm **Urheber-** oder **Leistungsschutzrechte** bestehen und ob die **Ausstrahlung drahtgebunden** oder **drahtlos** erfolgt. Jede Sendung, gleich welchen Inhalts und unabhängig von einer allfälligen eigenschöpferischen Gestaltung, fällt unter diesen Schutz. **Auch** Sendungen von so genannten Mehrkanaldiensten (Multi-Channel-Services), die im Wege des „**Digital Audio Broadcasting**" (DAB) ausgestrahlt werden, genießen diesen Leistungsschutz.[482]

Das Leistungsschutzrecht des Sendeunternehmers ist **vermögensrechtlicher** Natur ohne persönlichkeitsrechtlichen Gehalt.[483] Es steht (nur) dem **Unternehmer** zu, der die **organisatorische, technische** und **wirtschaftliche Leistung** bei der Ausstrahlung an die Öffentlichkeit erbringt. Demnach kann ein Kabelunternehmen, das nur fremde Sendungen unverändert übernimmt und zeitgleich weitersendet, dieses Leistungsschutzrecht nicht erwerben. Bei **Koproduktionen** steht das Leistungsschutzrecht den daran beteiligten Sendeunternehmen gemeinschaftlich (▸▸S. 30f) zu (§ 76a Abs. 5 iVm § 11).

Das Leistungsschutzrecht umfasst sowohl den **Ton-** als auch den **Bildteil** einer Sendung und damit zusammenhängend das **ausschließliche Recht**, die Sendung gleichzeitig über eine andere Sendeanlage zu senden (so genannte **Simultanausstrah-**

lung), die **Sendung** auf einem Bild- oder Tonträger (insbesondere auch in Form eines Lichtbildes) **festzuhalten**, diesen zu **vervielfältigen**, zu **verbreiten** und der Öffentlichkeit im Internet zur Verfügung zu stellen. Nach der Rechtsprechung verletzt beispielsweise die Herstellung von 972 Schallplatten und die Gratisverteilung von ca. 100 Stück das Vervielfältigungs- und Verbreitungsrecht des Sendeunternehmers an seiner Sendung.[484]

Auch die Verwertung von **kurzen Ausschnitten** aus einer Rundfunksendung verletzt das Leistungsschutzrecht, wie z.b. das Einschneiden eines einzigen Satzes aus einer Nachrichtensendung des Hörfunks in eine Tonträgerproduktion[485] oder die Nutzung eines Standfotos.[486]

Die Bestimmungen über das **Zitatrecht** sind im Leistungsschutzrecht **nicht** analog **anwendbar**.

Die dem Sendeunternehmer zustehenden Rechte sind **vererblich** und **veräußerlich** (§ 76a Abs. 5 iVm § 74 Abs. 2); er kann anderen **Werknutzungsbewilligungen** oder **Werknutzungsrechte** (▸S. 149f) an seinen Sendungen erteilen bzw. einräumen (§ 76a Abs. 5 iVm § 24 bzw. § 26).

Die **Schutzdauer** beträgt 50 Jahre ab Sendung; die Frist ist nach § 64 zu berechnen (§ 76a Abs. 4; ▸S. 115).

9.5 Die Rechte der Fotografen (Lichtbildhersteller)

Um die Leistungsschutzrechte des Fotografen zu verstehen, müssen wir uns zunächst die Frage stellen, was Fotos sind bzw. Lichtbilder, wie die amtliche Bezeichnung lautet.

Lichtbilder sind **Abbildungen**, die durch ein **fotografisches** oder ein der Fotografie **ähnliches** Verfahren hergestellt wurden (§ 73 Abs. 1). Die der Fotografie ähnlichen Verfahren umfassen alle Verfahren, die ein Bild unter Benutzung „strahlender Energie" entstehen lassen. Hierzu zählen auch Laser-Kopien[487] sowie Abzüge eines Positiv- oder Negativfilms.

Da das Urheberrechtsgesetz grundsätzlich technikneutral formuliert ist, sind auch Fotos, die mit einer **digitalen Kamera** aufgenommen werden, Lichtbilder;[488] analoge und digitale Fotografie sind daher insofern gleich zu beurteilen.

Werden hingegen **Reproduktionsvorlagen** lediglich mechanisch und originalgetreu **abgelichtet** (z.B. Fotokopien, Mikrokopien, Seitenfilme mittels Reprokameras, Kontaktabzüge), dann entsteht **kein** eigenes Leistungsschutzrecht,[489] selbst wenn das Kopierverfahren in technischer Hinsicht fotografischen Charakter hat.[490]

Auch Bilder, die allein unter Einsatz des Computers erzeugt werden (so genannte

Computergrafik), sind mangels Aufnahmetätigkeit keine Lichtbilder[491] und daher nur geschützt, wenn sie als Werke der angewandten Kunst (▶ S. 68f) zu beurteilen sind.

Da jedes **Lichtbildwerk** (▶ S. 67) **zugleich** ein **Lichtbild** ist (vgl. § 3 Abs. 2), gilt das soeben Gesagte auch für Lichtbildwerke.

Verwertungsrechte

Wer ein Lichtbild aufnimmt (**Lichtbildhersteller**), hat mit den vom Gesetz bestimmten Beschränkungen das **ausschließliche Recht**, das **Lichtbild** zu **vervielfältigen** (▶ S. 92), zu **verbreiten** (▶ S. 95), durch optische Einrichtungen **öffentlich vorzuführen** (▶ S. 105), durch Rundfunk zu **senden**[492] (▶ S. 99) und der Öffentlichkeit im Internet zur Verfügung zu stellen (§ 74 Abs. 1). Kraft Verweisung hat der Lichtbildhersteller an seinen Lichtbildern auch das ausschließliche **Vermietrecht** (▶ S. 98) (in § 74 Abs. 7).

Die bloße **Digitalisierung** analogen Bildmaterials hingegen begründet **keinen** rechtlichen Schutz der Digitalisierung selbst.[493]

Das **Leistungsschutzrecht** des Lichtbildherstellers ist **unabhängig** von einem Schutz auch als Werk der **Lichtbildkunst**;[494] die Anbringung einer **Herstellerbezeichnung** ist für die Gewährung des Lichtbildschutzes als solchen ebenfalls **nicht** von Bedeutung.[495]

Bei **gewerbsmäßig** hergestellten Lichtbildern gilt der **Inhaber** des Unternehmens als Hersteller (§ 74 Abs. 1).[496] Dies gilt nicht nur für Lichtbilder, die im Rahmen eines **fotografischen Gewerbebetriebs** hergestellt werden, sondern **auch** für Lichtbilder, die von anderen Unternehmen (z.B. einem Verlag) für deren Zwecke von **unselbständigen Beschäftigten** (angestellter Fotograf) hergestellt werden; auf das Eigentum an dem verwendeten Fotoapparat kommt es nicht an.[497]

Wurde das Lichtbild nicht in einem Unternehmen hergestellt, ist Träger des Schutzrechts der Lichtbildhersteller selbst, also der **Fotograf**.[498]

Wird ein Lichtbild (rechtmäßig) für ein Wahlplakat verwendet und von diesem „Werkstück" eine Fotografie angefertigt und in einer Monatszeitschrift veröffentlicht, so ist dies ein Eingriff in das Vervielfältigungs- und Verbreitungsrecht des Lichtbildherstellers.[499]

Ebenso bedarf die Benützung einer mit Hilfe eines Farbdiapositivs hergestellten Bildtapete zur Gestaltung des Hintergrunds eines Werbefotos und die Vervielfältigung und Verbreitung dieses Fotos in einem Werbekatalog der Zustimmung des Lichtbildherstellers.[500]

Persönlichkeitsrechte des Fotografen

Das Urheberrechtsgesetz gewährt auch dem Lichtbildhersteller **urheberpersönlichkeitsrechtliche Befugnisse** (§ 74 Abs. 3 und 4), nämlich das Recht auf

‣ Namensnennung (Herstellerbezeichnung) und
‣ Gegenstandsbezeichnung,

welche jedoch im Vergleich zu denjenigen des Urhebers (▸S. 84f) reduziert sind: Das **Namensnennungsrecht** (§ 74 Abs. 3) – auch Recht auf **Herstellerbezeichnung** genannt – dient dem Schutz der geistigen Interessen, womit ideelle und kommerzielle Interessen gemeint sind;[501] es ist mit dem ausschließlichen Verwertungsrecht des Lichtbildherstellers verknüpft.[502]

Der Lichtbildhersteller kann verlangen, dass sein Name (Deckname, Firma) auf Vervielfältigungsstücken, die zur Verbreitung bestimmt sind, genannt wird. Die Herstellerbezeichnung ist daher nur bei der **Verwertung** von Lichtbildern in **körperlicher Form** verpflichtend, nicht jedoch bei deren Verwendung für Sendezwecke, sofern nicht für die Verbreitung bestimmte Vervielfältigungsstücke hergestellt werden.[503]

Voraussetzung für das Recht des Lichtbildherstellers auf Anbringung einer Herstellerbezeichnung ist, dass er **selbst** das **Lichtbild** mit seinem Namen (Decknamen, Firma) **bezeichnet** hat[504] **oder** mit dem Erwerber des Lichtbilds eine darauf gerichtete **Vereinbarung** getroffen hat, wobei es diesfalls unschädlich ist, wenn das Lichtbild nicht entsprechend gekennzeichnet war.[505] Eine Vereinbarung auf Anbringung der Herstellerbezeichnung kann auch Bestandteil von **Allgemeinen Geschäftsbedingungen** sein, die einem Auftrag zur Herstellung von Lichtbildern zugrunde liegen.[506] In allen diesen Fällen gibt der Lichtbildhersteller zu erkennen, dass er sein Namensnennungsrecht in Anspruch nimmt.

Die Herstellerbezeichnung kann in folgender **Form** angebracht werden:

Die Herstellerbezeichnung soll auf den Lichtbildhersteller aufmerksam machen; sie muss daher **deutlich** erfolgen,[507] etwa auf den **Rähmchen** von Diapositiven. Die Bezeichnung muss aber nicht auf dem Lichtbild selbst angebracht werden:[508] Das Anbringen des Herstellervermerks auf den **Umhüllungen** von Negativfilmen und auf den für Diapositive verwendeten **Plastiksäckchen** reicht ebenso aus wie die Bezeichnung auf der **Rückseite** von Papierabzügen (z.B. durch **Stempelaufdruck, Aufkleber** oder handschriftlichen **Vermerk**); die entsprechende Verbindung der Bezeichnung mit dem Lichtbild genügt.[509] Die Übergabe von Diapositiven in Plastikhüllen, die den Herstellervermerk tragen, reicht ebenfalls aus.[510]

Obwohl das **Namensnennungsrecht** des Lichtbildherstellers ein **absolutes** – d.h. gegen jedermann wirkendes – Recht ist,[511] nimmt die Rechtsprechung nur unter besonderen Voraussetzungen eine **Bindung Dritter** an: Vereinbart der Lichtbildhersteller mit dem Erwerber des Lichtbildes die Anbringung einer Herstellerbezeichnung, bindet dies Dritte, an die das Lichtbild weitergegeben wird, nach der Rechtsprechung nicht, es sei denn, dass diesen **Dritten** dieses **Verlangen** nach „dem normalen Lauf der Dinge" **bekannt** sein musste, was bei einem Hinweis in einem Begleitschreiben oder auf dem Paket, das die Lichtbilder enthält, nicht der Fall ist.[512]

Der Lichtbildhersteller kann sich – anders als der Urheber – **Änderungen** des Lichtbilds **nicht widersetzen**,[513] weil der **Werkschutz** (▶ S. 88) für bloße Lichtbilder **nicht** gilt. Damit sind allerdings weder digitale Manipulationen noch das Einscannen zulässig, weil beides eine Vervielfältigung des Lichtbildes durch Abspeicherung voraussetzt (▶ S. 92), was ohne Einwilligung des Lichtbildherstellers (§ 74 Abs. 1) unzulässig ist. Wird ein Lichtbild mit **wesentlichen Änderungen** wiedergegeben, so ist die **Herstellerbezeichnung** mit einem entsprechenden **Zusatz** zu versehen (§ 74 Abs. 3).

Der Lichtbildhersteller kann seine Lichtbilder auch mit einer **Gegenstandsbezeichnung** (Fotoleiste, Bildunterschrift, Bildlegende) versehen, deren Anbringung auf dem Lichtbild selbst nicht vorgeschrieben ist. Für die Gegenstandsbezeichnung reicht es daher aus, wenn sie in der begleitenden Korrespondenz oder mündlich bekannt gegeben wird.[514] **Voraussetzung** ist nur, dass das Lichtbild mit einer Herstellerbezeichnung versehen ist (§ 74 Abs. 4). Ist dies der Fall, so darf von der vom Lichtbildhersteller angegebenen Gegenstandsbezeichnung (nur) so weit abgewichen werden, als es der Übung des redlichen Verkehrs entspricht (§ 74 Abs. 4).

Sind die Rechte des Fotografen übertragbar?

Die dem Hersteller zustehenden **Verwertungsrechte** sind **vererblich** und **veräußerlich** (§ 74 Abs. 2); die Erteilung von **Werknutzungsbewilligungen** bzw. die Einräumung von **Werknutzungsrechten** (▶ S. 149f) ist zulässig (§ 76 Abs. 7 iVm § 24 bzw. § 26).

Werden die Verwertungsrechte des Lichtbildherstellers auf einen anderen übertragen (so genannte **Vollrechtsübertragung**), so kann dem Erwerber **auch** das Recht eingeräumt werden, sich selbst als **Lichtbildhersteller** zu bezeichnen. In diesem Fall gilt er (fortan) als Hersteller und hat, wenn er als solcher auf den Vervielfältigungsstücken genannt ist, auch Anspruch auf Hersteller- und Gegenstandsbezeichnung.[515]

Populärer Irrglaube:
Wenn mir ein Fotograf die Negative aushändigt, dann entspricht dies einer Vollrechtsübertragung.

Die **Vollrechtsübertragung** muss **unmissverständlich** erfolgen: Selbst wenn Abzüge eines Lichtbilds „inklusive Urheberrechte" übergeben werden, schließt dies im Zweifel die Übertragung des Rechts auf Hersteller- und Gegenstandsbezeichnung nicht ein.[516] Daraus folgt, dass die Übergabe der Negative allein keiner Vollrechtsübertragung entspricht.

Eine Übertragung sämtlicher dem Lichtbildhersteller zustehender Rechte an den Rechtsschutzverband der Fotografen Österreichs (RSV) zur **treuhändigen Wahrnehmung** ist zulässig.[517] Dies gilt auch für das Recht auf Herstellerbezeichnung.[518]

Mangels einer entgegenstehenden Vereinbarung ist der Fotograf nicht verpflichtet, dem Besteller die **Filmnegative** herauszugeben. Die belichteten Negative sind als eine Art Werkzeug zur Herstellung des Endprodukts anzusehen.[519]

INFO
▸ www.fotorecht.at

9.6 Die Rechte der Filmproduzenten

Bei der Filmherstellung ist zu unterscheiden, ob es sich um bloße **Laufbilder** (§ 73 Abs. 2) (z.B. Pornofilme, Naturfilme, Sportberichte) oder um **Filmwerke** (§ 4) (▸ S. 73) handelt, bei Letzteren ist zwischen den **nichtgewerbsmäßig** hergestellten (so genannte „Autorenfilme") und den **gewerbsmäßig** hergestellten Filmwerken zu unterscheiden.

Gewerbsmäßig hergestellte Filmwerke

Die **Verwertungsrechte** (§§ 15–18a) an **gewerbsmäßig** hergestellten **Filmwerken** entstehen beim **Filmhersteller** als Inhaber des Unternehmens (so genannte **cessio legis**; § 38 Abs. 1).

Als **Filmhersteller** ist diejenige physische oder juristische Person anzusehen, die im Rahmen ihres Unternehmens die für das Zustandekommen des Filmwerks erforderlichen wirtschaftlichen und organisatorischen Leistungen erbracht hat,[520] nicht jedoch der Geldgeber (Auftraggeber) oder derjenige, der bestehende Filme bloß auf Videokassetten kopiert. Ob ein Film im Einklang mit den für seine Herstellung geltenden **gewerberechtlichen** Bestimmungen produziert wurde, ist **nicht ausschlaggebend.**

Der Begriff der „Gewerbsmäßigkeit" ist nach denselben Kriterien wie in der Gewerbeordnung zu beurteilen (§ 1 Abs. 2 GewO: Selbständigkeit, Regelmäßigkeit, Gewinnerzielungsabsicht):[521] Ein Filmwerk gilt daher dann als **gewerbsmäßig** hergestellt, wenn es im Zuge einer wirtschaftlichen Tätigkeit – und nicht etwa für private Zwecke – hergestellt wurde. **Wirtschaftlich** in diesem Sinn ist eine selbständige, regelmäßige und in der Absicht betriebene Tätigkeit, einen Ertrag oder sonstigen wirtschaftlichen Vorteil zu erzielen;[522] entscheidend ist die Absicht einer Auswertung im Rahmen des „wirtschaftlichen Kreislaufs".[523]

Bei **Koproduktionen** ist – in analoger Anwendung der Miturheberschaft (§ 11) (▶ S. 30f) – von einer „Mitfilmherstellerschaft" auszugehen.[524]

Der **Filmhersteller** genießt – analog einem Urheber – **Werkschutz** (▶ S. 88) für das von ihm hergestellte **Filmwerk**, inklusive dem Änderungsverbot hinsichtlich des **Filmtitels** und der **Herstellerbezeichnung** (§ 38 Abs. 2).

Analog zur **Vermutung** der **Urheberschaft** bei allen übrigen Werken (▶ S. 35) sieht das Gesetz vor (§ 38 Abs. 3), dass als Filmhersteller bis zum Beweis des Gegenteils derjenige gilt, der als solcher auf den Vervielfältigungsstücken eines Filmwerks in der üblichen Weise durch Angabe seines Namens (Firma, Deckname, Unternehmenskennzeichen) bezeichnet wird. Dies gilt auch für denjenigen, der bei einer öffentlichen Aufführung oder bei der Rundfunksendung eines Filmwerks auf die angegebene Art als Filmhersteller bezeichnet wird (sofern nicht aufgrund der Bezeichnung auf den Vervielfältigungsstücken die Vermutung dafür spricht, dass der Filmhersteller ein anderer ist).

Die dem Filmhersteller zustehenden **Verwertungsrechte** am Filmwerk sind **vererblich** und **veräußerlich**, ebenso das Recht auf **Herstellerbezeichnung** (§ 40 Abs. 1). Von diesen Verwertungsrechten **nicht** umfasst ist das Recht zur Verwertung von **Bearbeitungen** und **Übersetzungen** (**Synchronisation**) des Filmwerks; hierfür ist neben der Einwilligung des Filmherstellers – von wenigen Ausnahmen abgesehen – auch die Einwilligung der in der Urheberbezeichnung genannten Filmurheber erforderlich (§ 39 Abs. 4).

Neben den Verwertungsrechten am Filmwerk selbst verfügt der **Filmhersteller** auch über die originären **Leistungsschutzrechte**

▶ des Lichtbild- bzw. Laufbildherstellers (§ 73 Abs. 2) an den **Lichtbildern** des Films bzw. am **Filmstreifen** und

▶ des Tonträgerherstellers (§ 76) an der **Tonspur** des Films.[525]

Ist von einem gewerbsmäßig hergestellten Filmwerk auszugehen, dann bestimmt das Urheberrechtsgesetz für das **Rechtsverhältnis** zwischen den **Filmurhebern** (▶ S. 32f) und dem **Filmhersteller** Folgendes:

Die gesetzlichen **Vergütungsansprüche** der Filmurheber stehen dem Filmhersteller und den Urhebern je zur Hälfte zu, soweit sie nicht unverzichtbar sind und der Filmhersteller mit den Urhebern nichts anderes vereinbart hat (§ 38 Abs. 1). Hiervon erfasst sind z.B.

- ▸ die Leerkassettenvergütung (§ 74 Abs. 7 iVm § 42b Abs. 1)
- ▸ die Vergütung für das Vermieten und Verleihen von Filmen (§ 74 Abs. 7 iVm § 16a Abs. 5)
- ▸ die Vergütung für die öffentliche Wiedergabe des Filmwerks im Unterricht sowie in Beherbergungsbetrieben (§ 74 Abs. 7 iVm §§ 56c, 56d)

Die **Verwertung** von **Bearbeitungen** und **Übersetzungen** des Filmwerks einschließlich der **Fertigstellung** des unvollendet gebliebenen Filmwerks – weil etwa der ursprünglich eingesetzte Regisseur den Film nicht fertig stellt – bedarf **nicht der Einwilligung** der in der Urheberbezeichnung genannten Urheber, sofern diese „Verwertungshandlungen" nach den im redlichen Verkehr geltenden Gewohnheiten und Gebräuchen zur normalen Verwertung erforderlich sind, die geistigen Interessen des Urhebers am Werk nicht beeinträchtigen und zwischen Filmhersteller und Urheber nicht etwas anderes vereinbart wurde (§ 39 Abs. 4).

Darüber hinaus sind im Rahmen dieser Rechtsverhältnisse auch die **urheberrechtlichen Bestimmungen** in § 23 des zwischen dem Fachverband der Audiovisions- und Filmindustrie der Wirtschaftskammer und der Gewerkschaft Kunst, Medien, freie Berufe abgeschlossenen **Kollektivvertrags** zu berücksichtigen.

Nicht gewerbsmäßig hergestellte Filmwerke (Autorenfilme)

Wird ein Filmwerk nicht gewerbsmäßig im Sinn der Gewerbeordnung (§ 1 Abs. 2 GewO) hergestellt, etwa durch Künstlergemeinschaften oder Amateure, greift die **cessio legis nicht.**

Dies bedeutet, dass die **Verwertungsrechte** an nicht gewerbsmäßig hergestellten Filmwerken sämtlichen an der Herstellung beteiligten **Filmurhebern** gemeinsam zustehen.[526] Hierbei handelt es sich um den typischen Fall einer **Miturheberschaft** (§ 11) (▸S. 30f) mit allen sich hieraus ergebenden rechtlichen Konsequenzen.

Laufbilder

Sofern ein „Film" nicht als Filmwerk (§ 4) zu qualifizieren ist – wie z.B. Pornofilme, die sich in der bloßen Abbildung sexueller Vorgänge erschöpfen[527] –, genießt der so genannte **Laufbildhersteller** einen **Leistungsschutz** für seinen „Film":

Unbeschadet der urheberrechtlichen Vorschriften zum Schutz von Filmwerken genießen Laufbilder den **Lichtbildschutz** (§ 73 Abs. 2), auf dessen Einzelheiten bezüglich Rechteinhaber und Rechteumfang verwiesen wird (▸S. 183f).

Voraussetzung ist – wie bei den Lichtbildern –, dass der „Film" durch ein fotografisches oder der Fotografie ähnliches Verfahren hergestellt wurde. Als ein der Fotografie ähnliches Verfahren ist **auch die Videoaufzeichnung** anzusehen.[528]

INFO

▸ www.filmrecht.at

▸ www.vam.cc/

▸ www.vdfs.at

▸ www.videorecht.at

9.7 Die Rechte der Herausgeber nachgelassener Werke

Ein besonderes Leistungsschutzrecht sieht das Urheberrechtsgesetz für denjenigen vor, der ein **unveröffentlichtes Werk** (▸S. 81), dessen Schutzfrist abgelaufen ist, **erlaubterweise veröffentlicht** (§ 76b). Ihm stehen (nur) die **Verwertungsrechte** (▸S. 91) am Werk wie einem Urheber zu, nicht jedoch die Urheberpersönlichkeitsrechte.

Unter „**erlaubterweise**" ist nicht die Erlaubnis des Urhebers (oder seiner Erben) zu verstehen, weil das Werk infolge Ablaufs der Schutzfrist gemeinfrei ist. Gemeint sein dürfte, dass das Schutzrecht nicht unter Verletzung von Eigentums- oder Besitzrechten an den benutzten Werkexemplaren oder gegen den ausdrücklichen Willen ihrer Eigentümer oder Besitzer erworben werden kann.

Mangels ausdrücklicher gesetzlicher Anordnung ist dieses **Leistungsschutzrecht** – zum Unterschied von den übrigen Leistungsschutzrechten – **nicht übertragbar**, sondern nur durch Erteilung von Werknutzungsbewilligungen oder die Einräumung von Werknutzungsrechten (▸S. 179f) belastbar.

Die Regelung ist auf nachgelassene Werke anzuwenden, die nach dem 30. Juni 1995 gemäß dieser Vorschrift veröffentlicht wurden (Art. IX UrhGNov 1996).

Das **Schutzrecht** erlischt 25 Jahre nach der Veröffentlichung; die Frist ist nach § 64 zu berechnen.

9.8 Die Rechte der Datenbankenhersteller

Eine Datenbank genießt als so genanntes Datenbankwerk (▸S. 76) urheberrechtlichen Schutz, sofern die Zusammenstellung der einzelnen Beiträge zu einem einheitlichen Ganzen eine **eigentümliche geistige Schöpfung** darstellt (§ 40f Abs. 2). Ein Datenbankwerk ist daher nichts anderes als ein spezieller Anwendungsfall eines Sammelwerks.

Diese Anforderungen würden aber z.B. Datenbanken nicht erfüllen, deren Inhalt auf Vollständigkeit der betreffenden Kategorie von Werken oder Daten abzielt, weil es dabei naturgemäß an der **Originalität** der **Auswahl** des Datenbankinhalts fehlt.

Ein typisches Beispiel wäre ein Telefonbuch auf CD-ROM. Sofern eine Datenbank nach banalen Ordnungskriterien (alphabetische oder numerische Anordnung in auf- oder absteigender Folge) organisiert ist, mangelt es auch an der **Originalität in der Anordnung** ihres Inhalts. Da aber auch solche Datenbanken erhebliche wirtschaftliche Investitionen erfordern, mussten zusätzlich zum urheberrechtlichen Schutz andere Lösungen gefunden werden.

Ein allein am Urheberrecht orientierter Schutz des Erstellers bzw. Betreibers einer Datenbank wäre unvollständig: Die Datenbankrichtlinie der EU normiert daher sowohl den **urheberrechtlichen** als auch eine Art **leistungsrechtlichen** Schutz von Datenbanken.

Die Richtlinie diente einerseits der **Vereinheitlichung** des rechtlichen Schutzes von Datenbanken, die bislang in den Mitgliedstaaten keinem einheitlichen Schutz unterworfen waren, andererseits schaffte sie ein **eigenes Schutzrecht** sui generis für Datenbanken, die urheberrechtlich nicht geschützt sind. Nach dem so genannten **Kumulationsprinzip** können Datenbanken sowohl urheberrechtlich (als Datenbankwerk) als auch sonderschutzrechtlich (Sui-generis-Schutz) als auch nach anderen Vorschriften (z.B. Markenschutz, Wettbewerbsrecht) geschützt sein, sofern die jeweiligen Voraussetzungen erfüllt sind.

Begriffsbestimmung

Datenbanken sind Sammlungen von Werken, Daten oder anderen unabhängigen Elementen, die systematisch oder methodisch angeordnet und einzeln mit elektronischen Mitteln oder auf andere Weise zugänglich sind (§ 40f Abs. 1). Die physische Speicherung muss nicht in geordneter Weise vorgenommen werden.

Unter dem **Begriff** der „Datenbank" wird daher nicht nur das **elektronische Speichermedium** (inklusive CD-ROM und CD-I) verstanden, sondern auch der gute alte „Zettelkasten" als eine Sammlung von Daten in **Printform**. Eine solche Sammlung genießt allerdings nur urheberrechtlichen Schutz, wenn sie die Eigenschaft eines Sammelwerks aufweist.

Nicht unter den Begriff der Datenbank fällt die **Aufzeichnung** eines audiovisuellen, kinematografischen, literarischen oder musikalischen Werks.

Bei **elektronischen** Datenbanken ist zunächst das **Schutzobjekt** zu definieren, da Datenbanken im Wesentlichen aus **drei Bestandteilen** bestehen:

‣ dem **Inhalt** (den gespeicherten Werken oder Informationen bzw. Datensätzen)

‣ einem oder mehreren **Computerprogrammen**, mit denen die Datenbank erstellt und betrieben wird, sowie

‣ dem sonstigen **elektronischen Material,** das für den Betrieb der Datenbank erforderlich ist, wie ihr Thesaurus, der Index oder das Abfragesystem (Retrievalsystem). Der **Index** besteht aus einer geordneten Zusammenstellung von Verweisen auf die den Inhalt bildenden Datensätze, während der **Thesaurus** ein Schlagwortregister mit Querverweisen auf Synonyma, Ober- und Unterbegriffe enthält. Diese beiden Teile ermöglichen zusammen mit dem **Retrievalsystem** den gezielten Zugriff auf die gespeicherten Informationen; sie werden zumeist gemeinsam gespeichert.

Während das **elektronische Material** ebenso unter den **Datenbankschutz** fällt wie die **Auswahl** und die **Anordnung** des **Datenbankinhalts** (= **Datenbankstruktur**), unterliegen die zur Erstellung und zum Betrieb der Datenbank erforderlichen **Computerprogramme** (= Datenbankverwaltungsprogramme) ausschließlich dem **(gesonderten)** urheberrechtlichen Schutz von Computerprogrammen (▶ S. 59). Da das elektronische Material – zumindest teilweise – Bestandteil des eingesetzten Computerprogramms sein kann, sind Zuordnungsprobleme nicht ausgeschlossen.

Vom Datenbankschutz **unberührt** bleibt jedenfalls auch deren **Inhalt** (§ 76c Abs. 4).

Schutzobjekt ist demgemäß **nicht** die **Datenbank** als Ganzes, sondern allein die Auswahl oder Anordnung ihres Inhalts (= Datenbankstruktur) sowie das elektronische Material zu ihrem Betrieb.[529]

Schutzrecht sui generis

Der Gesetzgeber berücksichtigt, dass der **Hersteller** einer **Datenbank** erhebliche Investitionen tätigt, welche durch ein **eigenes Schutzrecht** geschützt werden (§ 76c Abs. 1). Es handelt sich hierbei um ein Schutzrecht sui generis gegen **unerlaubte Entnahme,** welches **nicht** dem **Urheberrecht** unterliegt, sondern dem **Leistungsschutzrecht** zuzuordnen ist.

Dieses Schutzrecht sui generis soll gerade in den Fällen helfen, wo der urheberrechtliche Schutz von Datenbanken nicht greift; seine Gewährung ist daher **unabhängig** davon, ob die **Datenbank** selbst **urheberrechtlich** geschützt ist (§ 76c Abs. 3).

Vom Schutzrecht sui generis **nicht** erfasst ist – in aller Regel – die **Zusammenstellung** mehrerer Aufzeichnungen musikalischer Darbietungen auf einer CD, weil die hierfür erforderlichen Investitionen nicht ausreichen.

Inhaber des Leistungsschutzrechts ist von Gesetzes wegen der Hersteller einer Datenbank, der für die Beschaffung, die Überprüfung oder die Darstellung ihres Inhalts eine in quantitativer oder qualitativer Hinsicht wesentliche Investition getätigt hat (§ 76d Abs. 1), wozu Auftragnehmer nicht zählen. Dienstnehmer des Herstellers haben ebenfalls keine Rechte an einer derartigen Datenbank.

Das Schutzrecht richtet sich gegen die **unerlaubte Entnahme** und/oder **Weiterverwendung** von **Daten(sätzen)** in ihrer **Gesamtheit** oder eines in **qualitativer** oder **quantitativer** Hinsicht **wesentlichen Bestandteils** der Datenbank (§ 76d Abs. 1). Die Entnahme ist dabei als Übertragung auf andere Datenträger (z.b. Downloading), die Weiterverwendung als jede Form öffentlicher Verfügbarmachung („transmission") des geschützten Inhalts definiert; Letzteres schließt die **Online-Übermittlung** ein. Werden Datenbanken auf CD-ROM oder CD-I verkauft, tritt demgegenüber Erschöpfung der Rechte ein.[530]

Auch **unwesentliche Teile** der Datenbank dürfen nicht entnommen werden, wenn dies wiederholt und systematisch geschieht und Handlungen gleichkommt, die einer normalen Verwertung der Datenbank entgegenstehen oder die berechtigten Interessen des Herstellers der Datenbank unzumutbar beeinträchtigen (§ 76d Abs. 1). Was unter einer „normalen" Verwertung einer Datenbank zu verstehen ist, wird erst durch die Judikatur geklärt werden können.

Das Schutzrecht ist **übertragbar** und kann Gegenstand vertraglicher **Lizenzen** sein (§ 76d Abs. 5).

Das Schutzrecht sui generis unterliegt einer **Schutzdauer** von 15 Jahren, beginnend mit dem 1. Jänner des auf den Tag des Abschlusses der Herstellung folgenden Jahres, für welches der Datenbankhersteller beweispflichtig ist (§ 76d Abs. 4). Zu berücksichtigen ist hierbei, dass jede **qualitative** oder **quantitative Änderung** (Updates) des Inhalts einer Datenbank eine **eigene Schutzdauer** begründet, soweit die Änderung wesentliche Neuinvestitionen erfordert (§ 76c Abs. 2).

INFO
‣ www.datenbankrecht.at

10. Der Rechtsschutz des Urheberrechtsgesetzes

10.1 Vorbemerkung

Das Urheberrechtsgesetz gewährt **absolute Rechte** durch das Urheberpersönlichkeitsrecht (➤ S. 84) und **ausschließliche Rechte** in Form von Verwertungsrechten (➤ S. 91) bzw. daraus **abgeleiteten** Werknutzungsrechten (➤ S. 150). Dies gilt – wenn auch in unterschiedlich starker Ausprägung – ebenfalls für die Leistungsschutzrechte (➤ S. 173).

Unabdingbare **Voraussetzung** für die Geltendmachung von Ansprüchen aus diesen Rechten ist, dass

1. überhaupt ein geschütztes **Werk** (➤ S. 54) geschaffen oder eine nach dem Urheberrechtsgesetz **geschützte Leistung** erbracht worden ist und
2. die entsprechende Schutzfrist noch nicht abgelaufen ist.

In die gesetzlich umschriebenen Verbotsrechte greift derjenige ein, der Handlungen vornimmt, die dem jeweiligen Rechtsinhaber ausschließlich vorbehalten und nicht durch eine freie Werknutzung gedeckt sind. Handlungen, die urheberrechtlich geschützte Werke oder Leistungen in anderer Weise ausnutzen, lösen dagegen die Sanktionen des Urheberrechtsgesetzes nicht aus.

Ein **Eingriff** liegt auch dann **nicht** vor, wenn einem vom Rechtsinhaber ein entsprechendes **Nutzungsrecht** (Werknutzungsrecht oder Werknutzungsbewilligung) wirksam **eingeräumt** wurde (➤ S. 149f). Wenn ein Recht „verbraucht" ist – wie etwa im Fall der Erschöpfung des Verbreitungsrechts –, kann es ebenfalls nicht mehr verletzt werden.

Im Zusammenhang mit dem Urheberrecht und dem Leistungsschutzrecht gibt es keinen stillschweigenden Verzicht auf Rechtsverfolgung und keine Verwirkung der dem Urheber zustehenden gesetzlichen Ansprüche.[531]

10.2 Feststellung von Urheberrechten oder Rechtsverhältnissen

Da sowohl das **Bestehen** eines **Rechts** oder eines **Rechtsverhältnisses** als auch dessen **Nichtbestehen** keine ausschließliche Frage des Urheberrechts ist, sieht das Urheberrechtsgesetz hierfür – mit Ausnahme des Schutzes der Urheberschaft (▸ S. 86) – **keinen eigenen Anspruch** vor. Erforderlich ist daher ein Rückgriff auf das allgemeine Zivilprozessrecht (§ 228 Zivilprozessordnung), wonach jedermann mit einer so genannten **Feststellungsklage** auf das **Bestehen** eines **Rechts** oder eines **Rechtsverhältnisses** vor einem Zivilgericht klagen kann, sofern dieses strittig geworden ist und eine Leistungsklage (z.B. auf Zahlung oder Schadenersatz) mangels Anlasses nicht zulässig wäre.

Dies gilt auch für das **Nichtbestehen** eines **Rechts** (dessen sich ein anderer berühmt) oder eines **Rechtsverhältnisses** im Wege einer so genannten **negativen Feststellungsklage**.

Im Zusammenhang mit den durch das Urheberrechtsgesetz gewährten ausschließlichen Rechten kämen außer dem **Urheberpersönlichkeitsrecht** (▸ S. 84) auch sämtliche **Verwertungsrechte** (▸ S. 91) und die daraus **abgeleiteten Werknutzungsrechte** (▸ S. 150) sowie die **Leistungsschutzrechte** (▸ S. 173) in Betracht.

Auch der Anspruch zum **Schutz** der **Urheberschaft** (§ 19) ist mittels **Feststellungsklage** gerichtlich durchsetzbar; er bietet aber keinen Schutz davor, dass jemandem fälschlich ein Werk zugeschrieben wird:[532] Der Anspruch des Urhebers richtet sich nur gegen denjenigen, der die fremde Urheberschaft bestreitet oder sich selbst die Urheberschaft anmaßt (▸ S. 86).

10.3 Unterlassung rechtswidriger Handlungen

Der Unterlassungsanspruch (§ 81 Abs. 1) ist in der Praxis der wichtigste Anspruch des Rechteinhabers. Er bezweckt die Abwehr **künftiger** rechtswidriger **Beeinträchtigungen** der geschützten Rechte, die entweder eine **Fortsetzung** früherer Eingriffe sind oder **erstmals** drohen. Der Unterlassungsanspruch besteht auch gegen die Verletzung von **Urheberpersönlichkeitsrechten.**[533]

> **Populärer Irrglaube:**
> Ich konnte ja nicht wissen, dass beispielsweise die Liedzeile „So ein Tag, so wunderschön wie heute" urheberrechtlich geschützt und daher ihre Nutzung in einem Werbespot der Zustimmung des Urhebers bedarf. Warum soll ich mich für etwas vor Gericht verantworten, was ich ja nicht absichtlich getan habe?

Das besondere am Unterlassungsanspruch ist, dass er verschuldensunabhängig ist. Dies bedeutet, dass ein **Verschulden** desjenigen, der in die durch das Urheberrechtsgesetz geschützten ausschließlichen Rechte eingreift, **nicht** erforderlich ist.[534]

Wiederholungsgefahr

Der Unterlassungsanspruch besteht immer dann, wenn die auf Tatsachen gegründete Gefahr besteht, dass eine bereits begangene Rechtsverletzung wiederholt wird (so genannte **Wiederholungsgefahr**). Der Unterlassungsanspruch wird vor den ordentlichen Zivilgerichten geltend gemacht.

Bei der **Beurteilung** der Wiederholungsgefahr darf nach der Rechtsprechung nicht engherzig vorgegangen werden.[535] Aus der Tatsache einer bereits begangenen Rechtsverletzung folgt für gewöhnlich die Vermutung ihrer Wiederholung, die nur unter besonderen Umständen wieder entfällt. Wiederholungsgefahr ist nach der Rechtsprechung schon bei einem einmaligen Gesetzesverstoß anzunehmen, wenn der Verletzer nicht Umstände dartut, die eine Wiederholung als ausgeschlossen oder zumindest äußerst unwahrscheinlich erscheinen lassen.[536] Die bloße Zusage, von künftigen Störungen Abstand zu nehmen, reicht für die Annahme des Wegfalls der Wiederholungsgefahr ebenso wenig aus[537] wie das bloße Wohlverhalten durch einige Zeit.[538] Wiederholungsgefahr besteht auch dann fort, wenn z.B. der rechtswidrige Prospekt nicht mehr verwendet wird[539] oder der Beklagte beantragt, die Klage abzuweisen, weil er zur beanstandeten Handlung berechtigt war.[540]

Grundsätzlich beseitigt erst das Anbot eines gerichtlich abzuschließenden **Unterlassungsvergleichs,** mit dem der Kläger alles das erhält, was er auch mit einem klagsstattgebenden Urteil erhalten würde (d.h. inklusive der Veröffentlichung des Vergleichs auf Kosten des Beklagten), die Vermutung der Wiederholungsgefahr.[541]

Der Unterlassungsanspruch kann im Wege einer **vorbeugenden Unterlassungsklage**[542] auch schon dann geltend gemacht werden, wenn tatsächliche Umstände vorliegen, die die Gefahr begründen, dass eine Rechtsverletzung unmittelbar bevorsteht (so genannte **Erstbegehungsgefahr**).

Verwertungsgesellschaften sind berechtigt, mittels so genannter **Repertoireklagen** das Verbot jeglicher Verletzung der zu ihrem gesamten einschlägigen Werkbestand gehörenden Rechte zu erwirken;[543] sie sind berechtigt, Rechtsverletzungen im eigenen Namen zu verfolgen.[544]

Einstweilige Verfügungen

Zur Sicherung des Anspruchs auf Unterlassung können bis zur rechtskräftigen Beendigung des Rechtsstreits **einstweilige Verfügungen** erlassen werden, ohne dass es hierzu einer Bescheinigung der Gefährdung bedarf (§ 81 Abs. 2). Es liegt im Ermessen des Gerichts, ob es die Bewilligung einer einstweiligen Verfügung von einer **Sicherheitsleistung** abhängig macht.

Eine **Ausnahme** vom Unterlassungsanspruch besteht im Zusammenhang mit Werken der **Baukunst** (▶ S. 68): Bei diesen kann der Urheber eine unbefugte Änderung nicht untersagen (§ 83 Abs. 3), weil sonst allfällige Umbauten nur mit Zustimmung des Architekten zulässig wären.

10.4 Beseitigung rechtswidriger Zustände

Der dem Rechteinhaber zustehende Beseitigungsanspruch (§ 82) umfasst drei **Unteransprüche**:

▸ **Beseitigung** (Abs. 1)
▸ **Vernichtung** (Abs. 2–4)
▸ **Überlassung** gegen Entschädigung (Abs. 5)

Auch der Beseitigungsanspruch wird vor den ordentlichen Zivilgerichten geltend gemacht.

Beseitigungsgegner ist grundsätzlich der zivilrechtliche **Eigentümer** der Eingriffsgegenstände bzw. Eingriffsmittel und nicht der Verletzer (§ 82 Abs. 6) – sofern nicht beide in einer Person zusammentreffen –, weil nur der Eigentümer rechtlich in der Lage ist, den Beseitigungsanspruch zu erfüllen.

Der Beseitigungsanspruch kann während der gesamten Schutzdauer geltend gemacht werden, **so lange** Eingriffsgegenstände bzw. Eingriffsmittel noch vorhanden sind (§ 82 Abs. 6).

Beseitigung

Jeder Beseitigungsanspruch setzt grundsätzlichen einen **rechtswidrigen Eingriff** in eines der durch das Urheberrechtsgesetz geschützten Rechte voraus, dessen **Folgen** noch fortbestehen und durch bloßes Unterlassen nicht beseitigt werden können (§ 82 Abs. 1).

Vernichtung

Der Verletzte kann aber **auch** verlangen, dass die den Vorschriften des Urheberrechtsgesetzes zuwider hergestellten oder verbreiteten (oder auch nur zur widerrechtlichen Verbreitung bestimmten) **Vervielfältigungsstücke** (= Eingriffsgegenstände) **vernichtet** und dass die ausschließlich oder überwiegend zur widerrechtlichen Vervielfältigung bestimmten **Eingriffsmittel** (z.B. Formen, Platten, Filmstreifen, Negative, Klischees etc.) **unbrauchbar** gemacht werden (§ 82 Abs. 2). Sofern die zu vernichtenden Eingriffsgegenstände oder -mittel **Teile** enthalten, deren unveränderter Bestand und deren Gebrauch durch den Verletzer das ausschließliche Recht des Urhebers bzw. Leistungsschutzberechtigten nicht verletzen, so hat das Gericht diese Teile in seinem Urteil, womit die Vernichtung oder Unbrauchbarmachung verfügt wird, zu bezeichnen (§ 82 Abs. 3), um diese von der Vernichtung auszunehmen.

Der Anspruch auf Vernichtung kann darüber hinaus nur soweit geltend gemacht und durchgesetzt werden, als dies mit dem **Verhältnismäßigkeitsgrundsatz** vereinbar ist (§ 82 Abs. 4). So wäre z.B. bei Lichtbildern das Anbringen eines Herstellerhinweises ein tauglicheres und gelinderes Mittel zur Beseitigung des durch Unterbleiben eines solchen Hinweises geschaffenen gesetzwidrigen Zustandes. Wenn nur die Quellenangabe (▶ S. 120) fehlt oder dem Urheberrechtsgesetz nicht entspricht, ist die **Vernichtung** von Werkstücken überhaupt **unzulässig** (§ 82 Abs. 4).

Überlassung gegen Entschädigung

Der Verletzte kann statt der Vernichtung von Eingriffsgegenständen und der Unbrauchbarmachung von Eingriffsmitteln verlangen, dass diese ihm vom jeweiligen Eigentümer gegen eine **angemessene Entschädigung überlassen** werden, welche die **Herstellungskosten** der Eingriffsgegenstände bzw. -mittel aber nicht übersteigen darf (§ 82 Abs. 5).

Sondervorschrift für Werke der bildenden Künste

Für Werke der **bildenden Künste** (▶ S. 65) existiert in beseitigungsrechtlicher Hinsicht eine **Sondervorschrift** (§ 83):

Ist ein Urstück eines unter diese Gattung fallenden Werks unbefugt geändert worden, so kann dessen Urheber verlangen, dass die **Änderung** auf dem Urstück als nicht von dessen Schöpfer herrührend **gekennzeichnet** oder eine darauf befindliche **Urheberbezeichnung** beseitigt oder **berichtigt** wird (§ 83 Abs. 1). Stattdessen kann der Urheber verlangen, dass ihm die **Wiederherstellung** des ursprünglichen Zustandes gestattet wird, wenn dies möglich ist und dem weder überwiegende öffentliche Interessen oder überwiegende Interessen des Eigentümers entgegenstehen (§ 83 Abs. 2). Die **Kosten** der Wiederherstellung werden als Teil des durch die unbefugte Änderung verursachten Schadens dem Urheber von den Personen zu ersetzen sein, die an der Änderung ein Verschulden trifft.

Sondervorschrift für Werke der Baukunst

Für Werke der **Baukunst** (▶ S. 68) ist sowohl die **Vernichtung** als auch die **Überlassung** gegen Entgelt **unzulässig** (§ 83 Abs. 3): Der Urheber kann nicht verlangen, dass Bauten abgetragen, umgebaut oder ihm überlassen werden; er kann allenfalls verlangen, dass die **Änderung** am Bauwerk als nicht von ihm stammend **gekennzeichnet** wird, eine **Urheberbezeichnung** geändert oder auf einem Nachbau eine der Wahrheit entsprechende Urheberbezeichnung angebracht wird (§ 83 Abs. 3). Wird z.B. ein Entwurf eines Architekten für ein Gebäude nur hinsichtlich eines Bauabschnitts ausgeführt und der Bau im Übrigen unvollendet stehen gelassen, steht dem Architekten ein so genannter Ausschilderungsanspruch zu, womit auf den Umstand hingewiesen wird, dass der nach dem Entwurf des Architekten X begonnene Bau nach dem ersten Bauabschnitt unterbrochen und nicht fertig gestellt wurde.[545]

10.5 Veröffentlichung des Gerichtsurteils

Hat der Verletzte im Klageweg vor dem Zivilgericht ein für ihn positives **Urteil** erstritten, so kann er dieses auf **Kosten** des **Verletzers** innerhalb einer vom Gericht zu bestimmenden Frist **veröffentlichen**, wenn er hieran ein berechtigtes Interesse hat und ihm das Gericht diese Befugnis zuspricht (§ 85 Abs. 1). Umgekehrt steht dieser Anspruch auch dem (angeblichen) Verletzer zu, wenn sich im Rechtsstreit herausstellt, dass er keine Rechtsverletzung begangen hat.

Der **Veröffentlichungsanspruch** ist ein von bestimmten Hauptansprüchen abhängiger **Nebenanspruch:**[546]

Voraussetzung der Urteilsveröffentlichung ist nämlich
▶ entweder eine **Klage** auf **Unterlassung** (▶▶ S. 196)
▶ oder **Beseitigung** (▶▶ S. 197),
▶ das Bestehen oder Nichtbestehen eines auf das Urheberrechtsgesetz gegründeten **Ausschließungsrechts**, wie z.b. ein Werknutzungsrecht (▶▶ S. 150), oder
▶ der **Urheberschaft** (▶▶ S. 19)
▶ sowie ein **berechtigtes Interesse** an der Urteilsveröffentlichung.

Letzteres ist nach der Rechtsprechung immer dann anzunehmen, wenn die Veröffentlichung des Urteils ein geeignetes Mittel ist, jene Nachteile zu beseitigen oder künftig hintanzuhalten, die eine Urheberrechtsverletzung für den Kläger bereits mit sich gebracht hat oder noch mit sich bringen könnte.[547]

Die **Urteilsveröffentlichung** hat **nicht** den Charakter einer **Strafe**; ihr Ziel ist vielmehr allein die **Aufklärung** der Öffentlichkeit über einen bestimmten Gesetzesverstoß, dessen Publizität auch noch in Zukunft nachteilige Folgen befürchten lässt.[548] **Maßgebend** ist nur, ob die Möglichkeit derartiger Auswirkungen der konkreten Urheberrechtsverletzung besteht und eine Aufklärung des Publikums angebracht und notwendig ist; zur bloßen **Abschreckung** anderer Personen von gleichartigen Gesetzesverstößen ist die Urteilsveröffentlichung **nicht** bestimmt.[549]

Die **Veröffentlichung** umfasst (nur) den **Urteilsspruch** (§ 85 Abs. 2) ohne die Urteilsbegründung. Zu veröffentlichen ist der Teil des Urteilsspruchs (samt Urteilskopf), welcher sich auf das Unterlassungs- bzw. Beseitigungsbegehren bezieht, inklusive der Veröffentlichungsermächtigung, nicht aber die Kostenentscheidung und sonstige Bestandteile des Urteilsspruchs wie Aussprüche über Rechnungslegung, Gewinnherausgabe oder Schadenersatz.[550]

Die **Art** der **Veröffentlichung** (in welchen Medien, wie oft und mit welchen drucktechnischen Hervorhebungen) ist vom Gericht im Urteil zu bestimmen (§ 85 Abs. 1). Das Gericht muss bei seiner Entscheidung die Art des Mediums unter Berücksichtigung des Veröffentlichungszwecks und der beteiligten Interessen mit ausreichender Bestimmtheit festlegen.[551] Eine Veröffentlichung ist sowohl in **Printmedien** als auch im **Fernsehen** oder Rundfunk sowie auf einer Website im Internet möglich. Das Urteil muss aber nicht z.B. in so vielen Tageszeitungen veröffentlicht werden, dass eine vollständige Gewähr dafür besteht, dass jeder, der von dem Gesetzesverstoß erfahren hat, auch von der Veröffentlichung Kenntnis erlangt.[552]

Nach erfolgter Veröffentlichung hat das Gericht, bei welchem der Prozess anhängig war, auf Antrag der obsiegenden Partei die **Kosten** der Veröffentlichung festzusetzen und deren Ersatz dem Gegner aufzutragen (§ 85 Abs. 3). Und das kann ziemlich teuer werden, weil sich die Kosten nach dem Tarif für Werbeeinschaltungen des jeweiligen Mediums bestimmen.

Die **Veröffentlichung** des rechtskräftigen Urteils ist vom Medienunternehmer (z.B. Zeitungsherausgeber oder Betreiber einer Website) ohne unnötigen Aufschub vorzunehmen (§ 85 Abs. 4). Daraus wird eine **Kontrahierungspflicht** des Medienunternehmers abgeleitet.

10.6 Angemessenes Entgelt für die Rechtsverletzung

Der in seinen Rechten Verletzte hat Anspruch auf „angemessenes Entgelt" (§ 86 Abs. 1) in folgenden **abschließend** aufgezählten **Fällen:**[553]

> wenn ein **Werk** der Literatur oder Kunst auf eine dem Urheber vorbehaltene Verwertungsart (§§ 14 bis 18a) (▸S. 91) **benutzt** wird (Z 1)

> wenn ein **Vortrag** oder die **Aufführung** eines Werks der Literatur oder Tonkunst ohne Zustimmung der Interpreten (▸S. 173) bzw. des Veranstalters (▸S. 179) auf einem Bild- oder Tonträger **festgehalten** („aufgenommen") oder dieser **vervielfältigt** oder **verbreitet** (▸S. 92) wird (Z 2)

> wenn der **Vortrag** oder die **Aufführung** eines Werks der Literatur oder Tonkunst rechtswidrig durch Rundfunk **gesendet** oder **öffentlich wiedergegeben** wird (Z 3; ▸S. 103)

> wenn ein **Lichtbild** oder ein **Tonträger** auf eine dem Hersteller vorbehaltene Verwertungsart **benutzt** wird (Z 4)

> wenn eine **Rundfunksendung** auf eine dem Rundfunkunternehmer vorbehaltene Verwertungsart (▸S. 182) **benutzt** wird (Z 5)

Basics des Urheberwissens:
Derjenige, der eine der aufgezählten Handlungen begangen hat, muss dem Verletzten, dessen Einwilligung einzuholen gewesen wäre, ein angemessenes Entgelt bezahlen, auch wenn ihn **kein Verschulden** an diesen Handlungen trifft (§ 86 Abs. 1). Der Anspruch wird vor den ordentlichen Zivilgerichten geltend gemacht.

Angemessen ist ein Entgelt, welches üblicherweise für eine gleichartige, im Voraus eingeholte Zustimmung gezahlt wird,[554] was also im Wege einer so genannten **Lizenzanalogie** an vertraglicher Lizenzgebühr für die klagsgegenständliche Nutzung üblicherweise bezahlt wird. Dies ist in aller Regel eine von einem gerichtlich beeideten Sachverständigen zu beantwortende Frage.

Basics des Urheberwissens:
Die Verletzung der **Urheberpersönlichkeitsrechte** bewirkt **keinen** Anspruch auf angemessenes Entgelt,[555] sondern auf Schadenersatz.[556]

10.7 Schadenersatz

Anlässlich der Eröffnung des Nationalparks Donau-Auen wurde im Jahr 1994/1995 je ein Inserat in den Zeitschriften „News" und „Autorevue" geschaltet. Die beiden Inserate enthielten jeweils die Abbildung einer Landkarte Österreichs, die dem österreichischen Mittelschulatlas entnommen war (siehe Abb. 23). Auf der Karte waren die Stau- und Fließstrecken der Donau in Farbe eingezeichnet. Da die Landkarte ohne Zustimmung der Verlegerin des österreichischen Mittelschulatlas verwendet wurde, erkannte der Oberste Gerichtshof auf Zahlung eines Strafschadens in Höhe des doppelten angemessenen Entgelts. Dieser betrug ATS 40.000 (!!) zuzüglich Umsatzsteuer.[557]

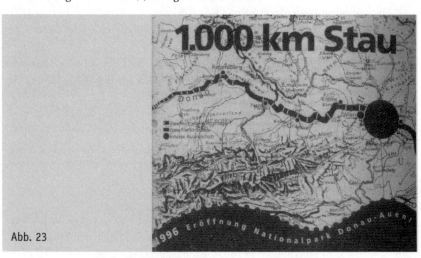

Abb. 23

Das Urheberrechtsgesetz ergänzt die gewöhnlichen zivilrechtlichen Schadenersatzansprüche durch **vier** (weitere) Arten des Schadenersatzes (§ 87):

▸ **Vermögensschaden** (Abs. 1)
▸ **Immaterieller Schaden** (Abs. 2)
▸ **Schadenspauschalierung** (Abs. 3)
▸ **Gewinnherausgabe** (Abs. 4)

Bei der **Gesamtberechnung** aller finanziellen Ansprüche wegen einer Verletzung von Ausschlussrechten ist allerdings zu berücksichtigen, dass der in seinen Rechten Verletzte diese Schadenersatzansprüche nicht beliebig kumulieren kann:

Neben einem angemessenen Entgelt (§ 86) oder der Herausgabe des Gewinns (§ 87 Abs. 4) kann ein Ersatz des Vermögensschadens nur begehrt werden, soweit er das Entgelt oder den herauszugebenden Gewinn übersteigt (§ 87 Abs. 5). Der Anspruch auf Ersatz des ideellen Schadens wird selbstverständlich weder durch das angemessene Entgelt noch durch den Vermögensschaden beeinflusst.

Vermögensschaden

Wer einen anderen durch eine Zuwiderhandlung gegen das Urheberrechtsgesetz schuldhaft – also mit Vorsatz oder grober Fahrlässigkeit – schädigt, ist nach allgemeinen zivilrechtlichen Vorschriften (§ 1295 ABGB) zum **Schadenersatz** verpflichtet. Der Schadenersatz nach dem Urheberrechtsgesetz umfasst darüber hinaus **auch** den **entgangenen Gewinn,** und zwar ohne Rücksicht auf den Grad des Verschuldens (§ 87 Abs. 1).

Der Anspruch auf Ersatz des Vermögensschadens aufgrund eines Urheberrechtseingriffs setzt daher **rechtswidrige** und **schuldhafte** Schädigung voraus;[558] dies gilt **auch** im **Lichtbildrecht,**[559] wobei hier sogar die Verletzung des Rechts auf Herstellerbezeichnung (▶ S. 185) zu einem Vermögensschaden führen kann.[560] Der **Nachweis** eines konkreten Vermögensschadens ist in jedem Fall **erforderlich.**[561]

Die **Höhe** des Vermögensschadens ist nach den Grundsätzen der so genannten **Differenzrechnung** zu ermitteln:[562] Die Vermögenseinbuße besteht in der Differenz zwischen der durch die Verletzung geschaffenen Vermögenslage und der, die ohne dieses Ereignis bestehen würde.

Immaterieller Schaden

Der ORF sendete unter dem Titel „Den Kopf zwischen den Schultern trägt jeder für sich – Alfred Döblins Reise in Polen" eine historische Reportage, die von der Drehbuchautorin und Regisseurin Vera Botterbusch für den Bayerischen Rundfunk produziert wurde. Da die dem ORF zur Verfügung stehende Sendezeit nur 45 Minuten betrug, die Reportage aber 60 Minuten dauerte, machte der ORF von dem von Vera Botterbusch eingeräumten Bearbeitungsrecht Gebrauch und kürzte die Produktion um 15 Minuten.[563] Dadurch wurde der Rhythmus des Films vollkommen gestört, weil die Produktion um wesentliche und prägende Teile gekürzt wurde, womit die Aussage des Films nicht mehr zur Geltung kam. Als die Autorin dies sah, erlitt sie einen Zusammenbruch. Der Oberste Gerichtshof sprach ihr einen Schadenersatz von EUR 5.100 für die erlittenen Gefühlsschäden zu.

Bei schuldhaften Zuwiderhandlungen gegen das Urheberrechtsgesetz kann der Verletzte nämlich auch eine angemessene Entschädigung für die in **keinem Vermögensschaden** bestehenden Nachteile verlangen, die er durch die rechtswidrige Handlung erlitten hat (§ 87 Abs. 2).

Voraussetzung für den Zuspruch eines immateriellen Schadens ist eine ernste, ganz empfindliche Kränkung, die über den mit Rechtsverletzungen normalerweise verbundenen Ärger hinausgeht.[564] Dies gilt auch bei Verletzung von Urheberpersönlichkeitsrechten.[565] Ausgenommen hiervon ist der Werknutzungsberechtigte, weil dieser keinen Anspruch auf Namensnennung hat.[566]

Ist mit einer Verletzung des Lichtbildrechts ein Vertrauensbruch verbunden,[567] steht ein immaterieller Schaden gleichermaßen zu wie wenn die Integrität eines Werks verletzt wurde[568] oder wie bei geändertem Abdruck einer Satire.[569]

Die **Höhe** der Schadenersatzbeträge ändert sich naturgemäß im Lauf der Zeit; sie liegt in den letzten Jahren etwa zwischen EUR 1.000[570] und EUR 10.000.[571]

Schadenspauschalierung

Der Verletzte, dessen Einwilligung einzuholen gewesen wäre, kann als **Ersatz** des ihm schuldhaft zugefügten **Vermögensschadens** (§ 87 Abs. 1) das Doppelte des ihm nach § 86 gebührenden angemessenen Entgelts (so genannter „Strafschaden") begehren, wenn er keinen höheren Schaden nachweisen kann (§ 87 Abs. 3). Nach dieser Bestimmung kann der Verletzte jedenfalls das **Doppelte** des ihm sonst zustehenden **angemessenen Entgelts** verlangen.[572] Im doppelten angemessenen Entgelt (Strafschaden) ist das angemessene Entgelt enthalten, sodass insgesamt nicht das Dreifache angemessene Entgelt zu bezahlen ist.

Diese Regelung dient der **Beweiserleichterung** und **Schadenspauschalierung**; ihre Anwendung kommt nur bei schuldhaften Eingriffen in Verwertungs- oder Werknutzungsrechte in Betracht, **nicht** aber bei einer Verletzung **urheberpersönlichkeitsrechtlicher** Befugnisse.[573] Der Nachweis eines Grundschadens ist nicht erforderlich.[574]

Gewinnherausgabe

Bei nachstehenden **Verwertungshandlungen** (und nur bei diesen) kann der Verletzte die Herausgabe des Gewinns verlangen, den der Schädiger durch den schuldhaften Eingriff erzielt hat (§ 87 Abs. 4):

▸ wenn ein **Werk** der Literatur oder der Kunst unbefugt **vervielfältigt** (▸▸ S. 92) oder **verbreitet** (▸ S. 94) wird, **nicht** jedoch bei unbefugter **Aufführung** eines solchen Werks[575]

▸ wenn der **Vortrag** oder die **Aufführung** eines Werks der Literatur oder Tonkunst ohne Zustimmung des Interpreten oder eine **Rundfunksendung** ohne Zustimmung des Sendeunternehmens auf einem Bild- oder Tonträger verwertet oder wenn ein **Lichtbild** ohne Zustimmung des Fotografen oder ein **Tonträger** ohne Zustimmung des Tonträgerproduzenten vervielfältigt oder verbreitet wird (▸ S. 180)

Auch bei der Gewinnerherausgabe handelt es sich um einen Ersatzanspruch, nämlich um einen aus einer so genannten „unechten Geschäftsführung". Der herauszugebende Gewinn umfasst daher **nur** den durch die rechtswidrige Handlung erzielten **Reingewinn, nicht** jedoch den mit dem Eingriff erzielten **Umsatz**.[576] Darauf, ob der Verletzte selbst in der Lage gewesen wäre, diesen Gewinn ebenfalls zu erzielen, kommt es nicht an.

10.8 Anspruch auf Rechnungslegung

Wer nach dem Urheberrechtsgesetz zur Leistung

▸ eines angemessenen **Entgelts**
▸ einer angemessenen **Vergütung**
▸ eines angemessenen **Anteils** an einer solchen Vergütung
▸ zum **Schadenersatz**
▸ zur **Herausgabe** des **Gewinns** oder
▸ zur **Beseitigung**

verpflichtet ist, hat dem Anspruchsberechtigten **Rechnung** zu legen und deren **Richtigkeit** durch einen Sachverständigen **prüfen** zu lassen (§ 87a Abs. 1). Wer zur Rechnungslegung verpflichtet ist, hat dem Anspruchberechtigten darüber hinaus über alle weiteren zur Rechtverfolgung erforderlichen Umstände **Auskunft** zu erteilen. Der Rechnungslegungsanspruch ist ein **Hilfsanspruch** zur Durchsetzung bzw. Bezifferung der angeführten finanziellen Ansprüche.[577]

Inhalt und Umfang der Rechnungslegungspflicht richten sich im Einzelnen nach Art und Bedeutung des Gegenstands und des Zwecks der Rechnungslegung.[578] Der Verletzte hat Anspruch auf eine **ordnungsgemäß zusammengestellte, formell vollständige** Rechnung und darauf, sie zumindest durch Einsicht in die Belege zu überprüfen; die Rechnungslegung muss jedenfalls alle Angaben umfassen, die eine solche Überprüfung ermöglichen.[579] Sofern mit der **Vorlage von Belegen** an den Anspruchsberechtigten die Gefahr einer schwerwiegenden Schädigung des zur Rechnungslegung Verpflichteten verbunden ist, hat dieser die Wahl, die Belege stattdessen einem Wirtschaftsprüfer seiner Wahl vorzulegen, sofern er dessen Kosten trägt und ihn ermächtigt, den Anspruchsberechtigten aufgrund dieser Belege Auskunft über die Richtigkeit der gelegten Rechnung zu geben.[580] Ein allfälliger Anspruch auf **Beeidigung** der Richtigkeit und Vollständigkeit der Rechnungslegung ist möglich, wenn er vom Kläger geltend gemacht wurde.[581]

Wenn sich aufgrund der Überprüfung ein höherer Betrag als aus der Rechnungslegung ergibt, sind die **Kosten** der Prüfung vom Zahlungspflichtigen zu tragen (§ 87a Abs. 1).

Wer für die **Leerkassetten-** (►S. 112) bzw. **Gerätevergütung** (►S. 110) als Bürge und Zahler haftet, hat dem Anspruchsberechtigten auch anzugeben, von wem er das Trägermaterial oder das Vervielfältigungsgerät bezogen hat, sofern er nicht die Vergütung leistet (§ 87a Abs. 2). Ansonsten wird der Rechnungslegungspflicht für die angemessene Vergütung (Leerkassettenvergütung) dadurch entsprochen, dass Angaben über die Anzahl der in Verkehr gebrachten Kassetten, der jeweiligen Spieldauer, der Marken und der Bezugsländer gemacht werden.[582]

10.9 Auskunftserteilung

Wer in Österreich **Werkstücke** verbreitet, an denen das **Verbreitungsrecht** durch Inverkehrbringen in der EU bzw. im EWR **erloschen** ist (►S. 48), hat dem Berechtigten auf Verlangen richtig und vollständig **Auskunft** über Hersteller, Inhalt, Herkunftsland und Menge der verbreiteten Werkstücke zu geben (§ 87b). Anspruch auf Auskunft hat, wem das Recht, die Werkstücke im Inland zu verbreiten, im Zeitpunkt des Erlöschens zugestanden ist.

Wer im geschäftlichen Verkehr durch die Herstellung oder Verbreitung von Vervielfältigungsstücken unbefugt ein Werk der Literatur oder Kunst oder einen sonstigen Schutzgegenstand rechtswidrig benutzt, hat dem Verletzten über die Identität derjenigen, die an der Herstellung oder am Vertrieb der Vervielfältigungsstücke beteiligt waren und über ihre Vertriebswege Auskunft zu geben.

10.10 Zivilrechtliche Haftungsfragen

Für Urheberrechtsverletzungen haftet nicht nur der persönlich Handelnde, sondern auch derjenige, der eine Handlung als eigene veranlasst (**Auftraggeber**) oder einen sonstigen Grund für eine adäquate Verursachung setzt.[583] Hierbei kann es sich auch um einen **Veranstalter,**[584] einen **Mittäter** (z.B. Werbeagentur[585]), den **Anstifter** oder einen **Gehilfen** handeln.[586] Für die Gehilfenhaftung ist die bewusste Förderung des Täters erforderlich.

Populärer Irrglaube:

Wenn ich einen Grafiker mit der Gestaltung eines Inserats beauftrage und er dabei ein Foto verwendet, ohne über die entsprechenden Nutzungsrechte zu verfügen, dann haftet der Auftragnehmer für den Urheberrechtseingriff, weil das Foto ja von ihm stammt.

So einfach ist die Haftungsfrage nicht zu klären, weil wir in solchen Fällen zwischen der Haftung im Außenverhältnis – also gegenüber dem Rechteinhaber – und der Haftung im Innenverhältnis – also zwischen Auftragnehmer und Auftraggeber – zu unterscheiden haben:

Im Außenverhältnis haftet in erster Linie derjenige, zu dessen Gunsten im rechtswidrigen Inserat geworben wurde. Nur der ist ja für den Rechteinhaber erkennbar, während der Name des Grafikers üblicherweise nicht in einem Inserat aufscheint. Der Auftraggeber des Inserats hat aber die Möglichkeit, sich am Grafiker zu regressieren, wenn es Aufgabe des Grafikers war, für ein Foto zu sorgen. Selbst die dem Auftragnehmer (im Innenverhältnis) auferlegte Verpflichtung, für den erforderlichen Rechteerwerb zu sorgen, befreit daher den **Auftraggeber** nicht von seiner **Haftung** als Teilnehmer am Urheberrechtseingriff.[587] Es haftet daher beispielsweise der Auftraggeber eines Films für den bei der Herstellung und Aufführung des Films begangenen Urheberrechtsverstoß.[588]

Unternehmerhaftung

Werden Urheberrechtseingriffe in einem Unternehmen durch **Angestellte** oder **Beauftragte** begangen, so haftet der **Unternehmensinhaber** für finanzielle Ansprüche, die dem Geschädigten aus diesen Eingriffen erwachsen (§ 88). Diese Haftung gilt sowohl für Ansprüche auf **angemessenes Entgelt** (▸▸ S. 201) als auch für **Schadenersatzansprüche** (▸▸ S. 202) und die **Herausgabe des Gewinns** (▸▸ S. 204).

Voraussetzung der Unternehmerhaftung ist, dass der Unternehmer die Zuwiderhandlung kannte oder schuldhaft nicht kannte.[589] Letzteres ist der Fall, wenn Dienstnehmer oder Beauftragte nicht überwacht werden.[590]

Der **Begriff „Betrieb"** ist weit auszulegen: Er bedeutet nicht nur die Betriebsstätte, sondern die Gesamtheit der technischen und wirtschaftlichen Einrichtungen, welche der Erreichung des Unternehmenszwecks dienen.[591] **Beauftragter** ist jeder, der –

ohne in einem Dienstverhältnis zu stehen – aufgrund vertraglicher Verpflichtungen dauernd oder auch nur vorübergehend für das Unternehmen tätig wird.[592] Hierbei kann es sich auch um Subunternehmer handeln, wie etwa einen Fotografen.

Mehrere Personen, gegen die derselbe Anspruch auf angemessenes Entgelt, Schadenersatz oder Gewinnherausgabe begründet ist, haften zur ungeteilten Hand (§ 89). Dies bedeutet, dass der Anspruchsberechtigte von einem Gegner, ungeachtet dessen Anteils, sämtliche finanziellen Ansprüche ersetzt erhält.

10.11 Verjährung von zivilrechtlichen Ansprüchen

Die Ansprüche auf angemessenes **Entgelt** (▶S. 201), angemessene **Vergütung** (▶S. 202), **Gewinnherausgabe** (▶S. 204) und **Auskunft** (▶S. 206) verjähren wie Schadenersatzansprüche binnen **drei Jahren** ab Kenntnis von Schaden und Schädiger (§ 90 Abs. 1 iVm § 1489 ABGB).

Da für die Ansprüche auf **Unterlassung** (▶S. 196) und **Beseitigung** (▶S. 197) keine Verjährungsfrist normiert ist und auf die Geltung der allgemeinen zivilrechtlichen Verjährungsfrist von 30 Jahren (§ 1465 ABGB) nicht verwiesen wird, verjähren diese Ansprüche – theoretisch – überhaupt nicht; sie werden nur durch die Schutzfrist zeitlich begrenzt (▶S. 115). Praktisch gesehen wird man sich bei längerem tatenlosen Zusehen des Urhebers bzw. Leistungsschutzberechtigten mit dem Einwand des mangelnden Rechtsschutzbedürfnisses gegen eine dann doch eingebrachte Unterlassungs- und/oder Beseitigungsklage zur Wehr setzen können.

Die **Verwertungsgesellschaften** genießen folgende Erleichterung gegenüber ihren Anspruchsberechtigten (▶S. 171): Finanzielle Ansprüche von Anspruchsberechtigten gegen die Verwertungsgesellschaft verjähren nämlich ohne Rücksicht auf die Kenntnis des Anspruchsberechtigten von den Tatsachen, die die Zahlungspflicht der Verwertungsgesellschaft begründen, in drei Jahren ab diesem Zeitpunkt (§ 90 Abs. 2). Welcher Zeitpunkt dies sein soll, lässt sich dem Urheberrechtsgesetz nicht deutlich entnehmen: Es könnte der Zeitpunkt gemeint sein, in dem das Geld vom Nutzer an die Verwertungsgesellschaft bezahlt wird, oder jener Zeitpunkt, in dem die Verwertungsgesellschaft die Ansprüche des Berechtigten ermittelt hat.

10.12 Strafrechtliche Sanktionen

Das „Musée Imaginaire" stellte im Frühjahr 1996 im Festsaal der Technischen Universität Wien sowie in den Ringstraßen-Galerien in Wien verschiedene Bilder international bekannter Künstler wie Giorgio De Chirico, Henri Matisse, Marc Chagall und Pablo Pi-

casso aus, welche den jeweiligen Originalen nahezu authentisch nachgebildet waren. Diese Bilder wurden ohne Zustimmung der Berechtigten (Rechtsnachfolger der Künstler bzw. Werknutzungsberechtigte) als so genannte „legale Fälschungen" zum Kauf angeboten. Die Verwertungsgesellschaft Bildender Künstler erwirkte eine strafgerichtliche Voruntersuchung, in deren Rahmen es zu Hausdurchsuchungen und Beschlagnahmen der angebotenen „legalen Fälschungen" kam.[593]

Das Urheberrechtsgesetz gewährt nicht nur zivilrechtliche Klagen gegen Urheberrechtsverstöße, sondern es enthält auch einen umfangreichen Katalog an strafrechtlichen Sanktionen:

▸ Hausdurchsuchung durch die Sicherheitsbehörden (Wirtschaftspolizei)
▸ Beschlagnahme von „Raubkopien" sowie aller Verkaufs- und Buchhaltungsunterlagen
▸ Vernichtung von „Raubkopien"
▸ Strafgerichtliche Verurteilung bis zu sechs Monaten Freiheitsstrafe oder
▸ Geldstrafe bis zu 360 Tagessätzen, deren Höhe von den Einkommens- und Vermögensverhältnissen abhängt sowie
▸ Veröffentlichung des verurteilenden Straferkenntnisses in Printmedien

Basics des Urheberwissens:

Bei Eingriffen in fremde Urheber- oder Leistungsschutzrechte müssen wir damit rechnen, dass der Rechteinhaber sowohl zivilrechtlich Klage erhebt als auch die strafrechtlichen Sanktionen vollständig ausschöpft!

Populärer Irrglaube:

Wenn ich als Urheber oder Leistungsschutzberechtigter Kenntnis von der Verletzung meiner Rechte erlange, dann kann ich den Rechtsverletzer bei Polizei oder Gendarmerie wegen Verletzung meines geistigen Eigentums anzeigen.

Ich kann als in meinen Urheber- oder Leistungsschutzrechten Verletzter zwar eine Anzeige erstatten; doch wird dies nicht viel bringen, weil in diesen Fällen weder die Sicherheitsbehörden noch die Staatsanwaltschaft zur Strafverfolgung zuständig sind. Die Staatsanwaltschaft darf in solchen Fällen schon von Gesetzes wegen kein Strafverfahren einleiten.

Strafrechtliche Vergehen wegen Verletzung von Urheber- und Leistungsschutzrechten sind nämlich so genannte **„Privatanklagedelikte"** (§ 91). Dies bedeutet, dass der Täter nur auf Verlangen des in seinen Rechten Verletzten zu verfolgen ist (§ 91

Abs. 3). Der Verletzte tritt dabei als so genannter „**Privatankläger**" an die Stelle des Staatsanwalts und muss seine Privatanklage vor dem Einzelrichter am Straflandesgericht vertreten. Jeder in seinen Urheber- oder Leistungsschutzrechten Verletzte muss sich daher selbst darum kümmern, dass ein Strafverfahren wegen Urheberrechtseingriffs durchgeführt wird.

Populärer Irrglaube:
Wenn ich von einer Softwarefirma erwischt werde, weil ich keine oder zu wenige Softwarelizenzen für meine PCs erworben habe, kann ich ja die fehlenden Lizenzen nachkaufen und dann ist wieder alles in Ordnung.

Die Anwendung der Bestimmung über mangelnde Strafwürdigkeit der Tat (§ 42 Strafgesetzbuch) ist bei Verstößen gegen Urheber- oder Leistungsschutzrechte nicht anwendbar.[594] „Tätige Reue" befreit bei Urheberrechtsverletzungen daher nicht von der Strafbarkeit! Der Nachkauf von Softwarelizenzen etwa verhindert keine strafgerichtliche Verurteilung. Grundsätzlich ist nämlich jede **vorsätzliche Verletzung** eines urheber- oder leistungsschutzrechtlichen **Verwertungsrechts** gerichtlich **strafbar**. Dies gilt auch für Computerprogramme.

Was können wir unter einer „vorsätzlichen Verletzung" verstehen? **Bedingter Vorsatz** („dolus eventualis") reicht aus, um sich strafbar zu machen.[595] Mit bedingtem Vorsatz (§ 5 Abs. 1 Strafgesetzbuch) handelt z.B. wer weiß, dass die Verbreitung eines bestimmten Tonträgers in die Rechte der Verwertungsgesellschaft eingreift. Die zur Erfüllung des bedingten Vorsatzes notwendige Wissenskomponente ist gegeben, wenn der Täter von der Möglichkeit der drohenden Deliktsverwirklichung (Urheberrechtsverstoß) weiß und diese ernsthaft für möglich hält.[596]

Nicht strafbar ist die Verletzung des **Urheberpersönlichkeitsrechts** (▸ S. 84ff).

Wer einen der nachstehenden Eingriffe begeht, ist aufgrund einer Privatanklage des Rechteinhabers mit **Freiheitsstrafe** bis zu sechs Monaten **oder** mit einer **Geldstrafe** bis zu 360 Tagessätzen zu bestrafen (§ 91 Abs. 1):

▸ wenn ein **Werk** der Literatur oder Kunst auf eine dem Urheber vorbehaltene Verwertungsart (nach den §§ 14 bis 18a ▸ S. 91) **benutzt** wird

▸ wenn ein **Vortrag** oder die **Aufführung** eines Werks der Literatur oder Tonkunst ohne Zustimmung der Interpreten (▸ S. 173) bzw. des Veranstalters (▸ S. 179) auf einem Bild- oder Tonträger **festgehalten** („aufgenommen") oder dieser **vervielfältigt** oder widerrechtlich **verbreitet** (▸ S. 92) wird

▸ wenn der **Vortrag** oder die **Aufführung** eines Werks der Literatur oder Tonkunst

widerrechtlich durch Rundfunk **gesendet** oder **öffentlich wiedergegeben** wird
(▶S. 103)

▸ wenn ein **Lichtbild** oder ein **Tonträger** auf eine dem Lichtbildhersteller (▶S. 183)
oder Tonträgerhersteller (▶S. 180) vorbehaltene Verwertungsart **benutzt** wird

▸ wenn eine **Rundfunksendung** auf eine dem Rundfunkunternehmer vorbehaltene
Verwertungsart (▶S. 182) **benutzt** wird

Derartige Eingriffe sind jedoch dann **nicht strafbar,** wenn es sich nur um eine **unbefugte Vervielfältigung** (▶S. 92) oder um ein **unbefugtes Festhalten** eines Vortrags
oder einer Aufführung jeweils zum **eigenen Gebrauch** oder **unentgeltlich auf Bestellung** zum eigenen Gebrauch eines anderen (▶S. 137ff) handelt (§ 91 Abs. 1).

Mit Freiheits- bzw. Geldstrafe ist zu bestrafen, wer als **Inhaber** oder **Leiter** eines
Unternehmens einen Eingriff, der im Betrieb des Unternehmens von einem Bediensteten oder Beauftragten begangen wird, nicht verhindert (§ 91 Abs. 2). Ein Inhaber
oder Leiter eines Unternehmens setzt diesen Straftatbestand auch dann, wenn er von
Arbeiten in seinem Betrieb Kenntnis hat, die sich als Eingriff in fremde Schutzrechte
darstellen, und er vorsätzlich – also in Kenntnis dieses Umstandes – diese Eingriffe
nicht verhindert,[597] wobei nicht vorausgesetzt wird, dass den Bediensteten oder Beauftragten selbst ein Verschulden trifft.[598]

Wer eine nach dieser Bestimmung strafbare Handlung **gewerbsmäßig** begeht, ist
mit **Freiheitsstrafe** bis zu **zwei Jahren** zu bestrafen (§ 91 Abs. 2a).

Zusätzlich zur Bestrafung sieht das Urheberrechtsgesetz eine **Urteilsveröffentlichung** vor, die analog der zivilrechtlichen (▶S. 199f) anzuwenden ist (§ 91 Abs. 4).
Das – auch im Strafverfahren – erforderliche berechtigte Interesse an der Zuerkennung einer Urteilsveröffentlichung wurde etwa bei der Verbreitung von so genannten
„Raubkopien" bejaht.[599]

Bei **Verurteilung** desjenigen, der in Urheber- oder Leistungsschutzrechte eingegriffen hat, ist auf Antrag des Privatanklägers die **Vernichtung** der zur widerrechtlichen Verbreitung bestimmten **Eingriffsgegenstände** sowie die **Unbrauchbarmachung** der ausschließlich oder überwiegend zur widerrechtlichen Vervielfältigung bestimmten **Eingriffsmittel** anzuordnen (§ 92 Abs. 1). Die Vernichtung bzw. Unbrauchbarmachung gilt **ungeachtet** der **Eigentumsverhältnisse** an den Eingriffsgegenständen bzw. -mitteln. Bauten unterliegen nicht der Vernichtung bzw. Unbrauchbarmachung.

Wird der Rechtsverletzer **nicht verurteilt** (oder kann überhaupt keine bestimmte
Person verurteilt werden), so hat das Gericht auf Antrag des Verletzten die **Vernichtung** bzw. **Unbrauchbarmachung** im freisprechenden Erkenntnis oder in einem

selbstständigen Verfahren anzuordnen, sofern die übrigen Voraussetzungen dieser Maßnahmen vorliegen (§ 92 Abs. 2).

Zur **Sicherung** der Vernichtung bzw. Unbrauchbarmachung ist die **Beschlagnahme** von Eingriffsgegenständen und -mitteln auf Antrag des Privatanklägers durch das Gericht zulässig (§ 93 Abs. 1). Zusätzlich ist auch die Beschlagnahme von Gegenständen einschließlich Buchhaltungsunterlagen, welche für das Strafverfahren von Bedeutung sein können, zulässig (§ 143 Strafprozessordnung).

11. Die Verwertungsgesellschaften

Das Urheberrechtsgesetz geht davon aus, dass Urheber und Leistungsschutzberechtigte an den wirtschaftlichen Ergebnissen ihres Schaffens – auf welchen Stufen der Verwertung diese auch immer anfallen – angemessen beteiligt werden sollen. Diese Beteiligung wird durch ein **Stufensystem** zur mittelbaren Erfassung der Endverbraucher sichergestellt, indem unter anderem finanzielle Ansprüche gegen Werkvermittler geschaffen wurden, welche das an die Verwertungsgesellschaften zu bezahlende Entgelt auf den Endverbraucher umlegen (▶S. 91). So ist beispielsweise das Abspielen von Audio-CDs in einem Gastlokal als öffentliche Darbietung vergütungspflichtig. Jeder Gastwirt muss daher von der Verwertungsgesellschaft der Autoren, Komponisten und Musikverleger (AKM) eine Bewilligung für diese öffentliche Darbietung erwerben und das dafür von der Verwertungsgesellschaft vorgeschriebene Entgelt bezahlen. Dieses Entgelt stellt für den Gastwirt eine Betriebsausgabe dar, die er über seine Preise auf seine Gäste umlegt. Damit bezahlen die Gäste mittelbar auch für den Musikgenuss. Darüber hinaus bestehen auch im Zusammenhang mit bestimmten freien Werknutzungen wie etwa der Schulbuchfreiheit Vergütungsansprüche der Urheber (▶S. 131), die ebenfalls von den Verwertungsgesellschaften wahrgenommen werden.

Zwischen den Verwertungsgesellschaften und ihren **Bezugsberechtigten** besteht über standardisierte **Wahrnehmungsverträge** (▶S. 171) ein Treuhandverhältnis, womit der Bezugsberechtigte die Verwertungsgesellschaft mit der treuhändigen Wahrnehmung seiner Rechte betraut. Die Rechtseinräumung erfolgt ausschließlich (▶S. 150), sodass der Urheber bzw. Leistungsschutzberechtigte über die im Wahrnehmungsvertrag eingeräumten Rechte selbst nicht noch einmal verfügen kann. Im Regelfall handelt es sich hierbei nur um die so genannten kleinen Rechte, wozu insbesondere die Aufführungs- und Senderechte zählen (▶S. 103f). Die Wahrnehmungsverträge mit den Verwertungsgesellschaften sind Formularverträge; sie sehen für den Fall der Rechtsverletzung die Übertragung aller Rechte ihrer Mitglieder vor, sodass die Verwertungsgesellschaften gegen rechtswidrige Nutzungen dieser Werke im eigenen Namen klagen können.

Die Verwertungsgesellschaften erteilen ihrerseits den **Nutzern** im Wege von **Einzelverträgen** Werknutzungsbewilligungen gegen Bezahlung eines entsprechenden tarifmäßigen Entgelts, wobei sie auf die bestmögliche Nutzung der ihnen eingeräumten Rechte zu achten haben.

Verwertungsgesellschaften müssen ihren Sitz im Inland haben. Sie bedürfen einer staatlichen Zulassung (so genannte **Betriebsgenehmigung**) durch den zuständigen Bundesminister. Ihre Tätigkeiten werden nach dem Verwertungsgesellschaftengesetz durch Staatskommissäre überwacht. Die Betriebsgenehmigung wird zeitlich unbeschränkt erteilt, kann jedoch vom Bundesminister widerrufen werden, sofern die Verwertungsgesellschaft trotz vorheriger Mahnung die ihr obliegenden Aufgaben und Pflichten nicht gehörig erfüllt (§ 4 VerwGesG).

Die Betriebsgenehmigung ermöglicht den Verwertungsgesellschaften in einem eingegrenzten Bereich als **Monopol** tätig zu werden. Inhalt und Umfang des Wahrnehmungsmonopols einer bestimmten Verwertungsgesellschaft werden ausschließlich durch die ihr erteilte Betriebsgenehmigung bestimmt.[600] Die Verwertungsgesellschaften unterliegen einem **Wahrnehmungszwang,** d.h. sie sind auf Verlangen des Berechtigten zur Wahrnehmung von Ansprüchen verpflichtet.

Die österreichischen Verwertungsgesellschaften haben mit ausländischen Verwertungsgesellschaften **Gegenseitigkeitsverträge** abgeschlossen, wodurch eine weltweite Wahrnehmung der Rechte österreichischer Urheber und Leistungsschutzberechtigter gewährleistet ist. Im Gegenzug verwalten sie das Weltrepertoire ausländischer Rechteinhaber in Österreich.[601]

In Österreich existieren derzeit **zwölf Verwertungsgesellschaften** sowie ein Rechtsschutzverband mit nachstehenden Tätigkeitsbereichen:

Die **AKM** (Staatlich genehmigte Gesellschaft der Autoren, Komponisten und Musikverleger) nimmt die kleinen musikalischen Rechte bei öffentlichen Darbietungen wahr (www.akm.co.at).

Die **Austro-Mechana** (Gesellschaft zur Wahrnehmung mechanisch-musikalischer Urheberrechte) vertritt die Rechte der Vervielfältigung und Verbreitung an musikalischen Werken von Komponisten, Textautoren und Musikverlagen (www.austromechana.at).

Die **Literar-Mechana** (Wahrnehmungsgesellschaft für Urheberrechte) und die **LVG** (Staatliche genossenschaftliche Literarische Verwertungsgesellschaft) nehmen ausschließlich Rechte und Vergütungsansprüche an Sprachwerken wahr.

Die **LSG** (Wahrnehmung von Leistungsschutzrechten) nimmt die Rechte der Interpreten und der Hersteller von Industrietonträgern wahr. Ihre Tätigkeit erstreckt sich insbesondere auf die Verrechnung der Sendeentgelte, welche vom ORF entrichtet werden, und die Verteilung der durch die AKM mitinkassierten Leistungsschutzentgelte (www.ifpi.at).

Die **Musikedition** (Gesellschaft zur Wahrnehmung von Rechten und Ansprüchen aus Musikeditionen) nimmt die Rechte der reprografischen Vervielfältigung von Werken der Tonkunst und den damit verbundenen Texten wahr, eingeschränkt auf das Notenbild (www.universaledition.com).

OESTIG (Oesterreichische Interpretengesellschaft) nimmt die Leistungsschutzrechte in- und ausländischer Interpreten wahr, insbesondere im Zusammenhang mit den Vergütungsansprüchen für Industrietonträger bei Rundfunksendungen (hier über die LSG, an der die OESTIG zu 50 % beteiligt ist) und öffentlichen Live-Aufführungen.

RSV (Rechtsschutzverband der Fotografen Österreichs) nimmt die Rechte an Werken der Lichtbildkunst sowie an Lichtbildern wahr.

VAM (Verwertungsgesellschaft für Audiovisuelle Medien) nimmt die Aufführungs-, Sende-, Vervielfältigungs- und Verbreitungsrechte der Filmhersteller an Filmwerken und Laufbildern wahr (www.vam.cc/).

Die **VBK** (Verwertungsgesellschaft Bildender Künstler) nimmt die Vorführungs-, Vervielfältigungs-, Verbreitungs- und Senderechte von bzw. an Werken der bildenden Künste einschließlich Fotos wahr, inklusive den damit zusammenhängenden Vergütungsansprüchen (www.vbk.at).

Die **VBT** (Verwertungsgesellschaft für Bild und Ton) nimmt die Sende- und Aufführungsrechte im Videobereich, insbesondere von Musikvideoclips, wahr, ohne die dazu gehörenden Vorführungsrechte der Musik.

Die **VGR** (Verwertungsgesellschaft Rundfunk) nimmt die (originären und derivativen) Rechte der Sendeunternehmen wahr.

Der **VDFS** (Verwertungsgesellschaft Dachverband der Filmschaffenden Österreichs) nimmt die Rechte der Filmschaffenden (Regisseure, Kameraleute, Schnittmeister, Ausstatter, teilweise auch der Filmschauspieler) wahr (www.vdfs.at).

Nach einem Vorschlag der EU-Kommission in ihrem Grünbuch aus 1995 über „Urheberrecht und verwandte Schutzrechte" (▶ S. 42f) sollen die bislang getrennt organisierten Verwertungsgesellschaften für den Multimedia-Bereich zur Vereinfachung der Verwaltung der von ihnen wahrgenommenen Rechte eine gemeinsame Organisation schaffen (so genanntes **One-stop-shop-Prinzip**). Erste zaghafte Versuche einzelner (britischer) Verwertungsgesellschaften sind auf musikalischem Gebiet zu beobachten; deutsche Verwertungsgesellschaften haben sich zu einer Clearingstelle Multimedia zusammengefunden, deren nächster Schritt die Gründung einer eigenen „Clearingstelle Multimedia Verwertungsgesellschaft" sein soll.[602]

Anhang

Urheberrechtsgesetz
BGBl 1936/111 idF BGBl I 32/2003

I. Hauptstück
Urheberrecht an Werken der Literatur und der Kunst

I. Abschnitt
Das Werk

Werke der Literatur und der Kunst

§ 1. (1) Werke im Sinne dieses Gesetzes sind eigentümliche geistige Schöpfungen auf den Gebieten der Literatur, der Tonkunst, der bildenden Künste und der Filmkunst.

(2) Ein Werk genießt als Ganzes und in seinen Teilen urheberrechtlichen Schutz nach den Vorschriften dieses Gesetzes.

Werke der Literatur

§ 2. Werke der Literatur im Sinne dieses Gesetzes sind:

1. Sprachwerke aller Art einschließlich Computerprogrammen (§ 40a);

2. Bühnenwerke, deren Ausdrucksmittel Gebärden und andere Körperbewegungen sind (choreographische und pantomimische Werke);

3. Werke wissenschaftlicher oder belehrender Art, die in bildlichen Darstellungen in der Fläche oder im Raum bestehen, sofern sie nicht zu den Werken der bildenden Künste zählen.

Werke der bildenden Künste

§ 3. (1) Zu den Werken der bildenden Künste im Sinne dieses Gesetzes gehören auch die Werke der Lichtbildkunst (Lichtbildwerke), der Baukunst und der angewandten Kunst (des Kunstgewerbes).

(2) Werke der Lichtbildkunst (Lichtbildwerke) sind durch ein photographisches oder durch ein der Photographie ähnliches Verfahren hergestellte Werke.

Werke der Filmkunst

§ 4. Unter Werken der Filmkunst (Filmwerke)

versteht dieses Gesetz Laufbildwerke, wodurch die den Gegenstand des Werkes bildenden Vorgänge und Handlungen entweder bloß für das Gesicht oder gleichzeitig für Gesicht und Gehör zur Darstellung gebracht werden, ohne Rücksicht auf die Art des bei der Herstellung oder Aufführung des Werks verwendeten Verfahrens.

Bearbeitungen

§ 5. (1) Übersetzungen und andere Bearbeitungen werden, soweit sie eine eigentümliche geistige Schöpfung des Bearbeiters sind, unbeschadet des am bearbeiteten Werke bestehenden Urheberrechtes, wie Originalwerke geschützt.

(2) Die Benutzung eines Werkes bei der Schaffung eines anderen macht dieses nicht zur Bearbeitung, wenn es im Vergleich zu dem benutzten Werke ein selbständiges neues Werk darstellt.

Sammelwerke

§ 6. Sammlungen, die infolge der Zusammenstellung einzelner Beiträge zu einem einheitlichen Ganzen eine eigentümliche geistige Schöpfung darstellen, werden als Sammelwerke urheberrechtlich geschützt; die an den aufgenommenen Beiträgen etwa bestehenden Urheberrechte bleiben unberührt.

Freie Werke

§ 7. (1) Gesetze, Verordnungen, amtliche Erlässe, Bekanntmachungen und Entscheidungen sowie ausschließlich oder vorwiegend zum amtlichen Gebrauch hergestellte amtliche Werke der im § 2 Z 1 oder 3 bezeichneten Art genießen keinen urheberrechtlichen Schutz.

(2) Vom Bundesamt für Eich- und Vermessungswesen hergestellte oder bearbeitete (§ 5 Abs. 1) und zur Verbreitung (§ 16) bestimmte Landkartenwerke sind keine freien Werke.

Veröffentlichte Werke

§ 8. Ein Werk ist veröffentlicht, sobald es mit

Einwilligung des Berechtigten der Öffentlichkeit zugänglich gemacht worden ist.

Erschienene Werke

§ **9.** (1) Ein Werk ist erschienen, sobald es mit Einwilligung des Berechtigten der Öffentlichkeit dadurch zugänglich gemacht worden ist, daß Werkstücke in genügender Anzahl feilgehalten oder in Verkehr gebracht worden sind.

(2) Ein Werk, das innerhalb eines Zeitraumes von 30 Tagen im Inland und im Ausland erschienen ist, zählt zu den im Inland erschienenen Werken.

II. Abschnitt
Der Urheber

§ **10.** (1) Urheber eines Werkes ist, wer es geschaffen hat.

(2) In diesem Gesetz umfaßt der Ausdruck „Urheber", wenn sich nicht aus dem Hinweis auf die Bestimmung des Abs. 1 das Gegenteil ergibt, außer dem Schöpfer des Werkes auch die Personen, auf die das Urheberrecht nach seinem Tode übergegangen ist.

Miturheber

§ **11.** (1) Haben mehrere gemeinsam ein Werk geschaffen, bei dem die Ergebnisse ihres Schaffens eine untrennbare Einheit bilden, so steht das Urheberrecht allen Miturhebern gemeinschaftlich zu.

(2) Jeder Miturheber ist für sich berechtigt, Verletzungen des Urheberrechts gerichtlich zu verfolgen. Zu einer Änderung oder Verwertung des Werkes bedarf es des Einverständnisses aller Miturheber. Verweigert ein Miturheber seine Einwilligung ohne ausreichenden Grund, so kann ihn jeder andere Miturheber auf deren Erteilung klagen. Hat der Beklagte im Inland keinen allgemeinen Gerichtsstand, so sind die Gerichte, in deren Sprengel der erste Wiener Gemeindebezirk liegt, zuständig.

(3) Die Verbindung von Werken verschiedener Art – wie die eines Werkes der Tonkunst mit einem Sprachwerk oder einem Filmwerk – begründet an sich keine Miturheberschaft.

Vermutung der Urheberschaft

§ **12.** (1) Wer auf den Vervielfältigungsstücken eines erschienenen Werkes oder auf einem Urstück eines Werkes der bildenden Künste in der üblichen Weise als Urheber bezeichnet wird, gilt bis zum Beweis des Gegenteils als Urheber (§ 10 Abs. 1) des Werkes, wenn die Bezeichnung in der Angabe seines wahren Namens oder eines von ihm bekanntermaßen gebrauchten Decknamens oder – bei Werken der bildenden Künste – in einem solchen Künstlerzeichen besteht.

(2) Dasselbe gilt von dem, der bei einem öffentlichen Vortrag, einer öffentlichen Aufführung oder Vorführung, bei einer Rundfunksendung oder öffentlichen Zurverfügungstellung des Werkes auf die im Abs. 1 angegebene Art als Urheber bezeichnet wird, wenn nicht die in Abs. 1 aufgestellte Vermutung der Urheberschaft für einen anderen spricht.

Ungenannte Urheber

§ **13.** Solange der Urheber (§ 10 Abs. 1) eines erschienenen Werkes nicht auf eine Art bezeichnet worden ist, die nach § 12 die Vermutung der Urheberschaft begründet, gilt der Herausgeber oder, wenn ein solcher auf den Werkstücken nicht angegeben ist, der Verleger als mit der Verwaltung des Urheberrechtes betrauter Bevollmächtigter des Urhebers. Auch ist der Herausgeber oder Verleger in einem solchen Falle berechtigt, Verletzungen des Urheberrechtes im eigenen Namen gerichtlich zu verfolgen.

III. Abschnitt
Das Urheberrecht

1. Verwertungsrechte

§ **14.** (1) Der Urheber hat mit den vom Gesetz bestimmten Beschränkungen das ausschließliche Recht, das Werk auf die ihm durch die folgenden Vorschriften vorbehaltene Arten zu verwerten (Verwertungsrechte).

(2) Der Urheber einer Übersetzung oder anderen Bearbeitung darf diese auf die ihm vorbehaltenen Arten nur verwerten, soweit ihm der Urheber des bearbeiteten Werkes das ausschließliche Recht oder die Bewilligung dazu (Bearbeitungs- oder Übersetzungsrecht) erteilt.

(3) Die öffentliche Mitteilung des Inhaltes eines Werkes der Literatur oder der Filmkunst ist dem Urheber vorbehalten, solange weder das Werk

noch dessen wesentlicher Inhalt mit Einwilligung des Urhebers veröffentlicht ist.

Vervielfältigungsrecht

§ 15. (1) Der Urheber hat das ausschließliche Recht, das Werk – gleichviel in welchem Verfahren, in welcher Menge und ob vorübergehend oder dauerhaft – zu vervielfältigen.

(2) Eine Vervielfältigung liegt namentlich auch in dem Festhalten des Vortrages oder der Aufführung eines Werkes auf Mitteln zur wiederholbaren Wiedergabe für Gesicht oder Gehör (Bild- oder Schallträger), wie zum Beispiel auf Filmstreifen oder Schallplatten.

(3) Solchen Schallträgern stehen der wiederholbaren Wiedergabe von Werken dienende Mittel gleich, die ohne Schallaufnahme durch Lochen, Stanzen, Anordnen von Stiften oder auf ähnliche Art hergestellt werden (Drehorgeln, Spieldosen udgl).

(4) Bei Plänen und Entwürfen zu Werken der bildenden Künste umfaßt das Vervielfältigungsrecht auch das ausschließliche Recht, das Werk danach auszuführen.

Verbreitungsrecht

§ 16. (1) Der Urheber hat das ausschließliche Recht, Werkstücke zu verbreiten. Kraft dieses Rechtes dürfen Werkstücke ohne seine Einwilligung weder feilgehalten noch auf eine Art, die das Werk der Öffentlichkeit zugänglich macht, in Verkehr gebracht werden.

(2) Solange ein Werk nicht veröffentlicht ist, umfaßt das Verbreitungsrecht auch das ausschließliche Recht, das Werk durch öffentliches Anschlagen, Auflegen, Aushängen, Ausstellen oder durch eine ähnliche Verwendung von Werkstücken der Öffentlichkeit zugänglich zu machen.

(3) Dem Verbreitungsrecht unterliegen – vorbehaltlich des § 16a– Werkstücke nicht, die mit Einwilligung des Berechtigten durch Übertragung des Eigentums in einem Mitgliedstaat der Europäischen Gemeinschaft oder in einem Vertragsstaat des Europäischen Wirtschaftsraums in Verkehr gebracht worden sind.

(4) Dem an einem Werke der bildenden Künste bestehenden Verbreitungsrecht unterliegen Werkstücke nicht, die Zugehör einer unbeweglichen Sache sind.

(5) Wo sich dieses Gesetz des Ausdrucks „ein Werk verbreiten" bedient, ist darunter nur die nach den Abs. 1 bis 3 dem Urheber vorbehaltene Verbreitung von Werkstücken zu verstehen.

Vermieten und Verleihen

§ 16a. (1) § 16 Abs. 3 gilt nicht für das Vermieten (Abs. 3) von Werkstücken.

(2) § 16 Abs. 3 gilt für das Verleihen (Abs. 3) von Werkstücken mit der Maßgabe, daß der Urheber einen Anspruch auf angemessene Vergütung hat. Solche Ansprüche können nur von Verwertungsgesellschaften geltend gemacht werden.

(3) Im Sinn dieser Bestimmung ist unter Vermieten die zeitlich begrenzte, Erwerbszwecken dienende Gebrauchsüberlassung zu verstehen, unter Verleihen die zeitlich begrenzte, nicht Erwerbszwecken dienende Gebrauchsüberlassung durch eine der Öffentlichkeit zugängliche Einrichtung (Bibliothek, Bild- oder Schallträgersammlung, Artothek und dergleichen).

(4) Die Abs. 1 und 2 gelten nicht

1. für das Vermieten und Verleihen zum Zweck der Rundfunksendung (§ 17) sowie des öffentlichen Vortrags und der öffentlichen Aufführung oder Vorführung (§ 18),

2. für Werke der angewandten Kunst (des Kunstgewerbes).

(5) Gestattet ein Werknutzungsberechtigter oder der nach § 38 Abs. 1 berechtigte Filmhersteller gegen Entgelt das Vermieten oder Verleihen von Werkstücken, so hat der Urheber gegen den Werknutzungsberechtigten beziehungsweise den Filmhersteller einen unverzichtbaren Anspruch auf einen angemessenen Anteil an diesem Entgelt. Steht der Vergütungsanspruch für das Verleihen von Werkstücken nach dem Gesetz oder aufgrund eines Vertrags einem anderen zu, so hat der Urheber einen unverzichtbaren Anspruch auf einen angemessenen Anteil an der Vergütung.

Senderecht

§ 17. (1) Der Urheber hat das ausschließliche Recht, das Werk durch Rundfunk oder auf eine ähnliche Art zu senden.

(2) Einer Rundfunksendung steht es gleich, wenn ein Werk von einer im In- oder Ausland gelegenen Stelle aus der Öffentlichkeit im Inland, ähnlich wie durch Rundfunk, aber mit

Hilfe von Leitungen wahrnehmbar gemacht wird.

(3) Die Übermittlung von Rundfunksendungen

1. durch eine Rundfunkvermittlungsanlage und

2. durch eine Gemeinschaftsantennenanlage,

   a) wenn sich die Standorte aller Empfangsanlagen nur auf zusammenhängenden Grundstücken befinden, kein Teil der Anlage öffentlichen Weg benützt oder kreuzt und die Antenne vom Standort der am nächsten liegenden Empfangsanlage nicht mehr als 500 m entfernt ist oder

   b) wenn an die Anlage nicht mehr als 500 Teilnehmer angeschlossen sind,

gilt nicht als neue Rundfunksendung. Im übrigen gilt die gleichzeitige, vollständige und unveränderte Übermittlung von Rundfunksendungen des Österreichischen Rundfunks mit Hilfe von Leitungen im Inland als Teil der ursprünglichen Rundfunksendung.

§ 17a. Wenn die programmtragenden Signale verschlüsselt gesendet werden, liegt eine Rundfunksendung nur dann vor, wenn die Mittel zur Entschlüsselung der Sendung durch den Rundfunkunternehmer selbst oder mit seiner Zustimmung der Öffentlichkeit zugänglich gemacht worden sind.

§ 17b. (1) Im Fall der Rundfunksendung über Satellit liegt die dem Urheber vorbehaltene Verwertungshandlung in der unter der Kontrolle und Verantwortung des Rundfunkunternehmers vorgenommenen Eingabe der programmtragenden Signale in eine ununterbrochene Kommunikationskette, die zum Satelliten und zurück zur Erde führt. Die Rundfunksendung über Satellit findet daher vorbehaltlich des Abs. 2 nur in dem Staat statt, in dem diese Eingabe vorgenommen wird.

(2) Findet die in Abs. 1 bezeichnete Eingabe in einem Staat statt, der kein Mitgliedstaat des Europäischen Wirtschaftsraums ist und in dem das in Kapitel II der Richtlinie des Rates der Europäischen Gemeinschaften vom 27. September 1993 zur Koordinierung bestimmter urheber- und leistungsschutzrechtlicher Vorschriften betreffend Satellitenrundfunk und Kabelweiterverbreitung, ABl Nr L 248 vom 6. Oktober 1993, S. 15, in der für Österreich gemäß Anh XVII des EWR-

Abkommens geltenden Fassung, vorgesehene Schutzniveau nicht gewährleistet ist, dann findet die Sendung statt

1. in dem Mitgliedstaat des Europäischen Wirtschaftsraums, in dem die Erdfunkstation liegt, von der aus die programmtragenden Signale zum Satelliten geleitet werden;

2. wenn die Voraussetzung nach Z 1 nicht vorliegt, in dem Mitgliedstaat des Europäischen Wirtschaftsraums, in dem die Hauptniederlassung des Rundfunkunternehmers liegt, der die Eingabe im Sinn des Abs. 1 in Auftrag gegeben hat.

(3) In den Fällen des Abs. 2 gilt das Betreiben der Erdfunkstation beziehungsweise die Auftragserteilung zur Eingabe im Sinn des Abs. 1 als Sendung im Sinn des § 17 Abs. 1.

Vortrags-, Aufführungs- und Vorführungsrecht

§ 18. (1) Der Urheber hat das ausschließliche Recht, ein Sprachwerk öffentlich vorzutragen oder aufzuführen, ein Werk der im § 2 Z 2 bezeichneten Art, ein Werk der Tonkunst oder ein Filmwerk öffentlich aufzuführen und ein Werk der bildenden Künste durch optische Einrichtungen öffentlich vorzuführen.

(2) Dabei macht es keinen Unterschied, ob der Vortrag oder die Aufführung unmittelbar oder mit Hilfe von Bild- oder Schallträgern vorgenommen wird.

(3) Zu den öffentlichen Vorträgen, Aufführungen und Vorführungen gehört auch die Benutzung einer Rundfunksendung oder öffentlichen Zurverfügungstellung eines Werks zu einer öffentlichen Wiedergabe des gesendeten Werkes durch Lautsprecher oder durch eine andere technische Einrichtung sowie die auf solche Art bewirkte öffentliche Wiedergabe von Vorträgen oder Aufführungen oder Vorführungen eines Werkes außerhalb des Ortes (Theater, Saal, Platz, Garten udgl), wo sie stattfinden.

Zurverfügungstellungsrecht

§ 18a. (1) Der Urheber hat das ausschließliche Recht, das Werk der Öffentlichkeit drahtgebunden oder drahtlos in einer Weise zur Verfügung zu stellen, dass es Mitgliedern der Öffentlichkeit von Orten und zu Zeiten ihrer Wahl zugänglich ist.

(2) Wenn sich dieses Gesetz des Ausdrucks „ein Werk der Öffentlichkeit zur Verfügung stellen" oder „öffentlichen Zurverfügungstellung eines Werkes" bedient, ist darunter nur die dem Urheber nach Abs. 1 vorbehaltene Verwertung zu verstehen.

2. Schutz geistiger Interessen

Schutz der Urheberschaft

§ 19. (1) Wird die Urheberschaft an einem Werke bestritten oder wird das Werk einem anderen als seinem Schöpfer zugeschrieben, so ist dieser berechtigt, die Urheberschaft für sich in Anspruch zu nehmen. Nach seinem Tode steht in diesen Fällen den Personen, auf die das Urheberrecht übergegangen ist, das Recht zu, die Urheberschaft des Schöpfers des Werkes zu wahren.

(2) Ein Verzicht auf dieses Recht ist unwirksam.

Urheberbezeichnung

§ 20. (1) Der Urheber bestimmt, ob und mit welcher Urheberbezeichnung das Werk zu versehen ist.

(2) Eine Bearbeitung darf mit der Urheberbezeichnung nicht auf eine Art versehen werden, die der Bearbeitung den Anschein eines Originalwerkes gibt.

(3) Vervielfältigungsstücken von Werken der bildenden Künste darf durch die Urheberbezeichnung nicht der Anschein eines Urstückes verliehen werden.

Werkschutz

§ 21. (1) Wird ein Werk auf eine Art, die es der Öffentlichkeit zugänglich macht, benutzt oder zum Zweck der Verbreitung vervielfältigt, so dürfen auch von dem zu einer solchen Werknutzung Berechtigten an dem Werke selbst, an dessen Titel oder an der Urheberbezeichnung keine Kürzungen, Zusätze oder andere Änderungen vorgenommen werden, soweit nicht der Urheber einwilligt oder das Gesetz die Änderung zuläßt. Zulässig sind insbesondere Änderungen, die der Urheber dem zur Nutzung Berechtigten nach den im redlichen Verkehr geltenden Gewohnheiten und Gebräuchen nicht untersagen kann, namentlich Änderungen, die durch die Art oder den Zweck der erlaubten Werknutzung gefordert werden.

(2) Für Urstücke von Werken der bildenden Künste gelten die Vorschriften des Abs. 1 auch dann, wenn die Urstücke nicht auf eine Art benutzt werden, die das Werk der Öffentlichkeit zugänglich macht.

(3) Die Erteilung der Einwilligung zu nicht näher bezeichneten Änderungen hindert den Urheber nicht, sich Entstellungen, Verstümmelungen und anderen Änderungen des Werkes zu widersetzen, die seine geistigen Interessen am Werke schwer beeinträchtigen.

3. Pflichten des Besitzers eines Werkstückes

§ 22. Der Besitzer eines Werkstückes hat es dem Urheber auf Verlangen zugänglich zu machen, soweit es notwendig ist, um das Werk vervielfältigen zu können; hiebei hat der Urheber die Interessen des Besitzers entsprechend zu berücksichtigen. Der Besitzer ist nicht verpflichtet, dem Urheber das Werkstück zu dem angeführten Zwecke herauszugeben; auch ist er dem Urheber gegenüber nicht verpflichtet, für die Erhaltung des Werkstückes zu sorgen.

4. Übertragung des Urheberrechtes

§ 23. (1) Das Urheberrecht ist vererblich; in Erfüllung einer auf den Todesfall getroffenen Anordnung kann es auch auf Sondernachfolger übertragen werden.

(2) Wird die Verlassenschaft eines Miturhebers von niemand erworben und auch nicht als erbloses Gut vom Staat übernommen, so geht das Miturheberrecht auf die anderen Miturheber über. Dasselbe gilt im Falle des Verzichtes eines Miturhebers auf sein Urheberrecht, soweit dieser Verzicht wirkt.

(3) Im übrigen ist das Urheberrecht unübertragbar.

(4) Geht das Urheberrecht auf mehrere Personen über, so sind auf sie die für Miturheber (§ 11) geltenden Vorschriften entsprechend anzuwenden.

5. Werknutzungsbewilligung und Werknutzungsrecht

§ 24. (1) Der Urheber kann anderen gestatten, das Werk auf einzelne oder alle nach den §§ 14 bis 18a dem Urheber vorbehaltenen Verwertungsarten zu benutzen (Werknutzungsbewilligung). Auch kann er einem anderen das ausschließliche Recht dazu einräumen (Werknutzungsrecht).

(2) Eine Werknutzungsbewilligung, die vor Einräumung oder Übertragung eines Werknutzungsrechtes erteilt worden ist, bleibt gegenüber dem Werknutzungsberechtigten wirksam, wenn mit dem Inhaber der Werknutzungsbewilligung nichts anderes vereinbart ist.

6. Exekutionsbeschränkungen

§ 25. (1) Verwertungsrechte sind der Exekution wegen Geldforderungen entzogen.

(2) Die wegen einer Geldforderung auf ein Werkstück geführte Exekution ist unzulässig, wenn durch dessen Verkauf das Verbreitungsrecht des Urhebers oder eines Werknutzungsberechtigten verletzt würde.

(3) Abs. 2 gilt nicht für Werkstücke, die zur Zeit der Pfändung von dem zu ihrer Verbreitung Berechtigten oder mit seiner Einwilligung verpfändet sind.

(4) Bei Werken der bildenden Künste wird durch das Verbreitungsrecht die Exekution auf Werkstücke nicht gehindert, die von dem zur Verbreitung Berechtigten zum Verkauf bereitgestellt sind.

(5) Mittel, die ausschließlich zur Vervielfältigung eines Werkes bestimmt sind (wie Formen, Platten, Steine, Holzstöcke, Filmstreifen udgl) und einem dazu Berechtigten gehören, dürfen wegen Geldforderungen nur gleich einem Zugehör des Vervielfältigungsrechtes mit diesem in Exekution gezogen werden.

(6) Dasselbe gilt entsprechend für Mittel, die ausschließlich zur Aufführung eines Filmwerkes bestimmt sind (Filmstreifen udgl) und einem dazu Berechtigten gehören.

IV. Abschnitt

Werknutzungsrechte

§ 26. Auf welche Art, mit welchen Mitteln und innerhalb welcher örtlichen und zeitlichen Grenzen das Werk von einem Werknutzungsberechtigten (§ 24 Abs. 1 Satz 2) benutzt werden darf, richtet sich nach dem mit dem Urheber abgeschlossenen Vertrag. Soweit hienach das Wer-

knutzungsrecht reicht, hat sich auch der Urheber gleich einem Dritten, jedoch unbeschadet seines Rechtes, Verletzungen des Urheberrechtes gerichtlich zu verfolgen, der Benutzung des Werkes zu enthalten. Mit dem Erlöschen dieser Verpflichtung erlangt das Verwertungsrecht seine frühere Kraft.

Übertragung der Werknutzungsrechte

§ 27. (1) Werknutzungsrechte sind vererblich und veräußerlich.

(2) Auf Sonderrechtsnachfolger kann ein Werknutzungsrecht in der Regel nur mit Einwilligung des Urhebers übertragen werden. Die Einwilligung kann nur aus einem wichtigen Grund verweigert werden. Sie gilt als erteilt, wenn der Urheber sie nicht binnen zwei Monaten nach dem Empfang der schriftlichen Aufforderung des Werknutzungsberechtigten oder dessen, auf den das Werknutzungsrecht übertragen werden soll, versagt; auf diese Wirkung muß in der Aufforderung ausdrücklich hingewiesen sein.

(3) Wer ein Werknutzungsrecht im Wege der Sondernachfolge erwirbt, hat anstelle des Veräußerers die Verbindlichkeiten zu erfüllen, die diesem nach dem mit dem Urheber geschlossenen Vertrag obliegen. Für das dem Urheber gebührende Entgelt sowie für den Schaden, den der Erwerber im Falle der Nichterfüllung einer aus diesem Vertrag für ihn entspringenden Pflichten dem Urheber zu ersetzen hat, haftet der Veräußerer dem Urheber wie ein Bürge und Zahler.

(4) Vom Veräußerer mit dem Erwerber ohne Einwilligung des Urhebers getroffene Vereinbarungen, die dem Abs. 3 zum Nachteil des Urhebers widersprechen, sind diesem gegenüber unwirksam.

(5) Die Haftung des Erwerbers für schon vor der Übernahme gegen den Veräußerer entstandenen Schadenersatzanspruch des Urhebers richtet sich nach den allgemeinen Vorschriften.

§ 28. (1) Ist nichts anderes vereinbart, so kann ein Werknutzungsrecht mit dem Unternehmen, zu dem es gehört, oder mit einem solchen Zweige des Unternehmens auf einen anderen übertragen werden, ohne daß es der Einwilligung des Urhebers bedarf.

(2) Ferner können, wenn der Werknutzungsbe-

rechtigte zur Ausübung seines Rechtes nicht verpflichtet ist und mit dem Urheber nichts anderes vereinbart hat, ohne dessen Einwilligung übertragen werden:

1. Werknutzungsrechte an Sprachwerken und Werken der im § 2 Z 3 bezeichneten Art, die entweder auf Bestellung des Werknutzungsberechtigten nach seinem den Inhalt und die Art der Behandlung bezeichnenden Plane oder bloß als Hilfs- oder Nebenarbeit für ein fremdes Werk geschaffen werden;

2. Werknutzungsrechte an Werken der Lichtbildkunst (Lichtbildwerken) und des Kunstgewerbes, die auf Bestellung oder im Dienst eines gewerblichen Unternehmens für dieses geschaffen werden.

Vorzeitige Auflösung des Vertragsverhältnisses

§ 29. (1) Wird von einem Werknutzungsrecht ein dem Zwecke seiner Bestellung entsprechender Gebrauch überhaupt nicht oder nur in so unzureichendem Maße gemacht, daß wichtige Interessen des Urhebers beeinträchtigt werden, so kann dieser, wenn ihn kein Verschulden daran trifft, das Vertragsverhältnis, soweit es das Werknutzungsrecht betrifft, vorzeitig auflösen.

(2) Die Auflösung kann erst nach fruchtlosem Ablauf einer vom Urheber dem Werknutzungsberechtigten gesetzten angemessenen Nachfrist erklärt werden. Der Setzung einer Nachfrist bedarf es nicht, wenn die Ausübung des Werknutzungsrechtes dem Erwerber unmöglich ist oder von ihm verweigert wird oder wenn die Gewährung einer Nachfrist überwiegende Interessen des Urhebers gefährdet.

(3) Auf das Recht, das Vertragsverhältnis aus den im Abs. 1 bezeichneten Gründen zu lösen, kann im voraus für eine drei Jahre übersteigende Frist nicht verzichtet werden. In diese Frist wird die Zeit nicht eingerechnet, in der der Werknutzungsberechtigte durch Umstände, die auf seiten des Urhebers liegen, daran verhindert war, das Werk zu benutzen.

(4) Die Wirksamkeit der vom Urheber abgegebenen Erklärung, das Vertragsverhältnis aufzulösen, kann nicht bestritten werden, wenn der Werknutzungsberechtigte diese Erklärung nicht bin-

nen 14 Tagen nach ihrem Empfang zurückweist.

§ 30. (1) Bei den im § 28 Abs. 2 Z 1 und 2 bezeichneten Werknutzungsrechten gelten die Vorschriften des § 29 nur, wenn der Werknutzungsberechtigte zur Ausübung seines Rechtes verpflichtet ist.

(2) Durch die Vorschriften des § 29 werden die dem Urheber nach Vertrag oder Gesetz zustehenden Rechte nicht berührt, den Vertrag aus anderen Gründen aufzuheben, vom Vertrag zurückzutreten oder dessen Erfüllung zu begehren sowie Schadenersatz wegen Nichterfüllung zu verlangen.

Werknutzungsrechte an künftigen Werken

§ 31. (1) Auch über erst zu schaffende Werke kann im voraus gültig verfügt werden.

(2) Hat sich der Urheber verpflichtet, einem anderen ein Werknutzungsrecht an allen nicht näher oder nur der Gattung nach bestimmten Werken einzuräumen, die er zeit seines Lebens oder binnen einer fünf Jahre übersteigenden Frist schaffen wird, so kann jeder Teil den Vertrag kündigen, sobald seit dessen Abschluß fünf Jahre abgelaufen sind. Auf das Kündigungsrecht kann im voraus nicht verzichtet werden. Die Kündigungsfrist beträgt drei Monate, wenn keine kürzere Frist vereinbart ist. Durch die Kündigung wird das Vertragsverhältnis nur hinsichtlich der Werke beendet, die zur Zeit des Ablaufs der Kündigungsfrist noch nicht vollendet sind.

(3) Durch die Vorschrift des Abs. 2 werden andere Rechte, den Vertrag aufzuheben, nicht berührt.

Konkurs und Ausgleich

§ 32. (1) Hat der Urheber einem anderen das ausschließliche Recht eingeräumt, ein Werk zu vervielfältigen und zu verbreiten, und wird gegen den Werknutzungsberechtigten das Ausgleichsverfahren oder über sein Vermögen der Konkurs eröffnet, so wird die Anwendung der Vorschriften der Ausgleichsordnung und der Konkursordnung über noch nicht erfüllte zweiseitige Verträge dadurch nicht ausgeschlossen, daß der Urheber dem Werknutzungsberechtigten das zu vervielfältigende Werkstück vor der Eröffnung des Ausgleichsverfahrens oder des Konkurses übergeben hat.

(2) Ist zur Zeit der Eröffnung des Ausgleichsver-

fahrens oder des Konkurses mit der Vervielfältigung des Werkes noch nicht begonnen worden, so kann der Urheber vom Vertrag zurücktreten. Auf Antrag des Schuldners oder Masseverwalters hat der Ausgleichs- oder Konkurskommissär eine Frist zu bestimmen, nach deren Ablauf der Urheber den Rücktritt nicht mehr erklären kann.

V. Abschnitt

Vorbehalte zugunsten des Urhebers

Auslegungsregeln

§ 33. (1) Wenn nicht das Gegenteil vereinbart worden ist, erstreckt sich die Gewährung des Rechtes, ein Werk zu benutzen, nicht auf Übersetzungen und andere Bearbeitungen, die Gewährung des Rechtes ein, Werk der Literatur oder Tonkunst zu vervielfältigen, nicht auf die Vervielfältigung des Werkes auf Bild- oder Schallträgern und die Gewährung des Rechtes, ein Werk zu senden, (§ 17), nicht auf das Recht, das Werk während der Sendung oder zum Zwecke der Sendung auf Bild- oder Schallträgern festzuhalten.

(2) In der Übertragung des Eigentums an einem Werkstück ist im Zweifel die Einräumung eines Werknutzungsrechtes oder die Erteilung einer Werknutzungsbewilligung nicht enthalten.

Gesamtausgaben

§ 34. Der Urheber, der einem anderen das ausschließliche Recht eingeräumt hat, ein Werk der Literatur oder Tonkunst zu vervielfältigen und zu verbreiten, behält gleichwohl das Recht, das Werk in einer Gesamtausgabe zu vervielfältigen und zu verbreiten, sobald seit dem Ablauf des Kalenderjahrs, in dem das Werk erschienen ist, zwanzig Jahre verstrichen sind. Dieses Recht kann durch Vertrag weder beschränkt noch aufgehoben werden.

Vorbehalt bei Werken der bildenden Künste

§ 35. Der Urheber, der einem anderen das ausschließliche Recht eingeräumt hat, ein Werk der bildenden Künste zu vervielfältigen und zu verbreiten, behält gleichwohl das Recht, es in Aufsätzen über die künstlerische Tätigkeit des Schöpfers des Werkes oder als Probe seines Schaffens zu vervielfältigen und zu verbreiten.

Beiträge zu Sammlungen

§ 36. (1) Wird ein Werk als Beitrag zu einer periodisch erscheinenden Sammlung (Zeitung, Zeitschrift, Jahrbuch, Almanach udgl) angenommen, so bleibt der Urheber berechtigt, das Werk anderweit zu vervielfältigen und zu verbreiten, wenn nichts anderes vereinbart und wenn auch nicht aus den Umständen zu entnehmen ist, daß der Herausgeber oder Verleger der Sammlung das Recht, das Werk darin zu vervielfältigen und zu verbreiten, als ausschließliches Recht in dem Sinn erwerben soll, daß das Werk sonst nicht vervielfältigt oder verbreitet werden darf.

(2) Ein solches ausschließliches Recht erlischt bei Beiträgen zu einer Zeitung sogleich nach dem Erscheinen des Beitrags in der Zeitung. Bei Beiträgen zu anderen periodisch erscheinenden Sammlungen sowie bei Beiträgen, die zu einer nicht periodisch erscheinenden Sammlung angenommen werden und für deren Überlassung dem Urheber kein Anspruch auf ein Entgelt zusteht, erlischt ein solches ausschließliches Recht, wenn seit dem Ablauf des Kalenderjahres, in dem der Beitrag in der Sammlung erschienen ist, ein Jahr verstrichen ist.

§ 37. Nimmt der Herausgeber oder Verleger einer periodisch erscheinenden Sammlung ein Werk als Beitrag an und wird über die Zeit nichts vereinbart, wenn der Beitrag in der Sammlung zu vervielfältigen und zu verbreiten ist, so ist der Herausgeber oder Verleger im Zweifel dazu nicht verpflichtet. Der Urheber kann aber in diesem Falle das Recht des Herausgebers oder Verlegers für erloschen erklären, wenn der Beitrag nicht binnen einem Jahre nach der Ablieferung in der Sammlung erscheint; der Anspruch des Urhebers auf das Entgelt bleibt unberührt. § 29 Abs. 4 gilt entsprechend.

VI. Abschnitt

Sondervorschriften für gewerbsmäßig hergestellte Filmwerke

Filmhersteller

§ 38. (1) Die Verwertungsrechte an gewerbsmäßig hergestellten Filmwerken stehen mit der im § 39 Abs. 4 enthaltenen Beschränkung dem Inhaber des Unternehmens (Filmhersteller) zu. Die gesetzlichen Vergütungsansprüche des Urhebers stehen dem Filmhersteller und dem Urheber je zur Hälfte zu, soweit sie nicht unverzichtbar sind und der Filmhersteller mit dem Urheber nichts anderes vereinbart hat. Durch diese Vorschrift werden Urheberrechte, die an den bei der Schaffung des Filmwerkes benutzten Werken bestehen, nicht berührt.

(2) Änderungen des Filmwerkes, seines Titels und der Bezeichnung des Filmherstellers dürfen, unbeschadet der Vorschrift des § 39 Abs. 3 ohne Einwilligung des Filmherstellers nur vorgenommen werden, soweit sie nach der auf den Filmhersteller entsprechend anzuwendenden Vorschrift des § 21 Abs. 1 zulässig sind.

(3) Bis zum Beweis des Gegenteils gilt als Filmhersteller, wer als solcher auf den Vervielfältigungsstücken eines Filmwerkes in der üblichen Weise durch Angabe seines wahren Namens, seiner Firma oder eines von ihm bekanntermaßen gebrauchten Decknamens oder Unternehmenskennzeichens bezeichnet wird. Dasselbe gilt von dem, der bei einer öffentlichen Aufführung oder bei einer Rundfunksendung als Filmhersteller bezeichnet wird, sofern nicht die im vorigen Satz aufgestellte Vermutung dafür spricht, daß Filmhersteller ein anderer ist.

Urheber

§ 39. (1) Wer an der Schaffung eines gewerbsmäßig hergestellten Filmwerkes derart mitgewirkt hat, daß der Gesamtgestaltung des Werkes die Eigenschaft einer eigentümlichen geistigen Schöpfung zukommt, kann vom Hersteller verlangen, auf dem Film und in Ankündigungen des Filmwerkes als dessen Urheber genannt zu werden.

(2) Die Urheberbezeichnung (Abs. 1) ist in den Ankündigungen von öffentlichen Aufführungen und von Rundfunksendungen des Filmwerkes anzuführen.

(3) Zu einer nach § 21 nur mit Einwilligung des Urhebers zulässigen Änderung des Filmwerkes, seines Titels und der Urheberbezeichnung bedarf es, unbeschadet der Vorschrift des § 38 Abs. 2, der Einwilligung der in der Urheberbezeichnung genannten Urheber.

(4) Zur Verwertung von Bearbeitungen und Übersetzungen des Filmwerkes bedarf es außer der Einwilligung des Filmherstellers auch der Einwilligung der in der Urheberbezeichnung genannten Urheber. Soweit diese Urheber mit dem Filmhersteller nichts anderes vereinbart haben, bedarf es dieser Einwilligung nicht für Übersetzungen und Bearbeitungen einschließlich der Fertigstellung des unvollendet gebliebenen Filmwerks, die nach den im redlichen Verkehr geltenden Gewohnheiten und Gebräuchen zur normalen Verwertung des Filmwerks erforderlich sind und die geistigen Interessen des Urhebers am Werk nicht beeinträchtigen.

(5) (aufgehoben)

Verwertungsrechte und Werknutzungsrechte

§ 40. (1) Die dem Filmhersteller zustehenden Verwertungsrechte sind vererblich und veräußerlich und können ohne Einschränkung in Exekution gezogen werden. Werden sie auf einen anderen übertragen, so kann dem Erwerber auch das Recht eingeräumt werden, sich als Hersteller des Filmwerkes zu bezeichnen. In diesem Falle gilt der Erwerber fortan als Filmhersteller und genießt auch den diesem nach § 38 Abs. 2 zukommenden Schutz.

(2) Werknutzungsrechte an gewerbsmäßig hergestellten Filmwerken können, wenn mit dem Hersteller nichts anderes vereinbart worden ist, ohne dessen Einwilligung auf einen anderen übertragen werden.

(3) Die Vorschriften des § 29 gelten für Werknutzungsrechte an gewerbsmäßig hergestellten Filmwerken nicht.

VIa. Abschnitt

Sondervorschriften für Computerprogramme

§ 40a. (1) Computerprogramme sind Werke im Sinn dieses Gesetzes, wenn sie das Ergebnis der eigenen geistigen Schöpfung ihres Urhebers sind.

(2) In diesem Gesetz umfaßt der Ausdruck „Computerprogramm" alle Ausdrucksformen einschließlich des Maschinencodes sowie das Material zur Entwicklung des Computerprogramms.

Dienstnehmer

§ 40b. Wird ein Computerprogramm von einem

Dienstnehmer in Erfüllung seiner dienstlichen Obliegenheiten geschaffen, so steht dem Dienstgeber hieran ein unbeschränktes Werknutzungsrecht zu, wenn er mit dem Urheber nichts anderes vereinbart hat. In solchen Fällen ist der Dienstgeber auch zur Ausübung der in § 20 und § 21 Abs. 1 bezeichneten Rechte berechtigt; das Recht des Urhebers, nach § 19 die Urheberschaft für sich in Anspruch zu nehmen, bleibt unberührt.

Werknutzungsrechte

§ 40c. Werknutzungsrechte an Computerprogrammen können, wenn mit dem Urheber nichts anderes vereinbart worden ist, ohne dessen Einwilligung auf einen anderen übertragen werden. Die Vorschriften des § 29 gelten für Werknutzungsrechte an Computerprogrammen nicht.

Freie Werknutzungen

§ 40d. (1) § 42 gilt für Computerprogramme nicht.

(2) Computerprogramme dürfen vervielfältigt und bearbeitet werden, soweit dies für ihre bestimmungsgemäße Benutzung durch den zur Benutzung Berechtigten notwendig ist. Hiezu gehört auch die Anpassung an dessen Bedürfnisse.

(3) Die zur Benutzung eines Computerprogramms berechtigte Person darf

1. Vervielfältigungsstücke für Sicherungszwecke (Sicherungskopien) herstellen, soweit dies für die Benutzung des Computerprogramms notwendig ist;

2. das Funktionieren des Programms beobachten, untersuchen oder testen, um die einem Programmelement zugrunde liegenden Ideen und Grundsätze zu ermitteln, wenn sie dies durch Handlungen zum Laden, Anzeigen, Ablaufen, Übertragen oder Speichern des Programms tut, zu denen sie berechtigt ist.

(4) Auf Rechte nach Abs. 2 und 3 kann wirksam nicht verzichtet werden; dies schließt Vereinbarungen über den Umfang der bestimmungsgemäßen Benutzung im Sinn des Abs. 2 nicht aus.

Dekompilierung

§ 40e. (1) Der Code eines Computers darf vervielfältigt und seine Codeform übersetzt werden, sofern folgende Bedingungen erfüllt sind:

1. Die Handlungen sind unerläßlich, um die erforderlichen Informationen zur Herstellung der Interoperabilität eines unabhängig geschaffenen Computerprogramms mit anderen Programmen zu erhalten;

2. die Handlungen werden von einer zur Verwendung des Vervielfältigungsstücks eines Computerprogramms berechtigten Person oder in deren Namen von einer hiezu ermächtigten Person vorgenommen;

3. die für die Herstellung der Interoperabilität notwendigen Informationen sind für die unter Z 1 genannten Personen noch nicht ohne weiteres zugänglich gemacht; und

4. die Handlungen beschränken sich auf die Teile des Programms, die zur Herstellung der Interoperabilität notwendig sind.

(2) Die nach Abs. 1 gewonnenen Informationen dürfen nicht

1. zu anderen Zwecken als zur Herstellung der Interoperabilität des unabhängig geschaffenen Programms verwendet werden;

2. an Dritte weitergegeben werden, es sei denn, daß diese für die Interoperabilität des unabhängig geschaffenen Programms notwendig ist;

3. für die Entwicklung, Vervielfältigung oder Verbreitung eines Programms mit im wesentlichen ähnlicher Ausdrucksform oder für andere, das Urheberrecht verletzende Handlungen verwendet werden.

(3) Auf das Recht der Dekompilierung (Abs. 1) kann wirksam nicht verzichtet werden.

VIb. Abschnitt

Sondervorschriften für Datenbankwerke

Datenbanken und Datenbankwerke

§ 40f. (1) Datenbanken im Sinn dieses Gesetzes sind Sammlungen von Werken, Daten oder anderen unabhängigen Elementen, die systematisch oder methodisch angeordnet und einzeln mit elektronischen Mitteln oder auf andere Weise zugänglich sind. Ein Computerprogramm, das für die Herstellung oder den Betrieb einer elektronisch zugänglichen Datenbank verwendet wird, ist nicht Bestandteil der Datenbank.

(2) Datenbanken werden als Sammelwerke (§ 6) urheberrechtlich geschützt, wenn sie infolge der

Auswahl oder Anordnung des Stoffes eine eigentümliche geistige Schöpfung sind (Datenbankwerke).

(3) Die §§ 40b und 40c geltend für Datenbankwerke entsprechend.

Wiedergaberecht

§ 40g. Der Urheber hat das ausschließliche Recht, ein Datenbankwerk öffentlich wiederzugeben.

Freie Werknutzungen

§ 40h. (1) § 42 Abs. 1, 3 und 4 ist auf Datenbankwerke nicht anzuwenden. Jedoch darf jede natürliche Person von einem Datenbankwerk, dessen Elemente nicht einzeln mit Hilfe elektronischer Mittel zugänglich sind, einzelne Vervielfältigungsstücke zum privaten Gebrauch und weder für unmittelbare noch mittelbare kommerzielle Zwecke herstellen.

(2) § 42 Abs. 2 gilt für Datenbankwerke mit der Maßgabe, dass die Vervielfältigung auf Papier oder einem ähnlichen Träger zulässig ist.

VII. Abschnitt

Beschränkung der Verwertungsrechte

1. Freie Werknutzungen

Freie Werknutzungen im Interesse der Rechtspflege und der Verwaltung

§ 41. Der Benutzung eines Werkes zu Zwecken der öffentlichen Sicherheit oder zur Sicherstellung des ordnungsgemäßen Ablaufs von Verwaltungsverfahren, parlamentarischen Verfahren oder Gerichtsverfahren steht das Urheberrecht nicht entgegen.

Flüchtige und begleitende Vervielfältigung

§ 41a. Zulässig ist die vorübergehende Vervielfältigung,

1. wenn sie flüchtig oder begleitend ist und
2. wenn sie ein integraler und wesentlicher Teil eines technischen Verfahrens ist und
3. wenn ihr alleiniger Zweck die Übertragung in einem Netz zwischen Dritten durch einen Vermittler oder eine rechtmäßige Nutzung ist und
4. wenn sie keine eigenständige wirtschaftliche Bedeutung hat.

Vervielfältigung zum eigenen und zum privaten Gebrauch

§ 42. (1) Jedermann darf von einem Werk einzelne Vervielfältigungsstücke auf Papier oder einem ähnlichen Träger zum eigenen Gebrauch herstellen.

(2) Abs. Jedermann darf von einem Werk einzelne Vervielfältigungsstücke auf anderen als den in Abs. 1 genannten Trägern zum eigenen Gebrauch zu Zwecken der Forschung herstellen, soweit dies zur Verfolgung nicht kommerzieller Zwecke gerechtfertigt ist.

(3) Jedermann darf von Werken, die im Rahmen der Berichterstattung über Tagesereignisse veröffentlicht werden, einzelne Vervielfältigungsstücke auf analogen Trägern zum eigenen Gebrauch herstellen.

(4) Jede natürliche Person darf von einem Werk einzelne Vervielfältigungsstücke auf anderen als den in Abs. 1 genannten Trägern zu privaten Gebrauch und weder für unmittelbare noch mittelbare kommerzielle Zwecke herstellen.

(5) Eine Vervielfältigung zum eigenen oder privaten Gebrauch liegt vorbehaltlich der Abs. 6 und 7 nicht vor, wenn sie zu dem Zweck vorgenommen wird, das Werk mit Hilfe des Vervielfältigungsstückes der Öffentlichkeit zugänglich zu machen. Zum eigenen oder privaten Gebrauch hergestellte Vervielfältigungsstücke dürfen nicht dazu verwendet werden, das Werk damit der Öffentlichkeit zugänglich zu machen.

(6) Schulen und Universitäten dürfen für Zwecke des Unterrichts beziehungsweise der Lehre in dem dadurch gerechtfertigten Umfang Vervielfältigungsstücke in der für eine bestimmte Schulklasse beziehungsweise Lehrveranstaltung erforderlichen Anzahl herstellen (Vervielfältigung zum eigenen Schulgebrauch) und verbreiten, auf anderen als den in Abs. 1 genannten Trägern aber nur zur Verfolgung nicht kommerzieller Zwecke. Die Befugnis zur Vervielfältigung zum eigenen Schulgebrauch gilt nicht für Werke, die ihrer Beschaffenheit und Bezeichnung nach zum Schul- oder Unterrichtsgebrauch bestimmt sind.

(7) Der Öffentlichkeit zugängliche Einrichtungen, die Werkstücke sammeln, dürfen Vervielfältigungsstücke herstellen, auf anderen als den in Abs. 1 genannten Trägern aber nur, wenn sie da-

mit keinen unmittelbaren oder mittelbaren wirtschaftlichen oder kommerziellen Zweck verfolgen (Vervielfältigung zum eigenen Gebrauch von Sammlungen), und zwar

1. von eigenen Werkstücken jeweils ein Vervielfältigungsstück; ein solches Vervielfältigungsstück darf statt des vervielfältigten Werkstücks unter denselben Voraussetzungen wie dieses ausgestellt (§ 16 Abs. 2), verliehen (§ 16a) und nach § 56b benützt werden;

2. von veröffentlichten, aber nicht erschienenen oder vergriffenen Werken einzelne Vervielfältigungsstücke herstellen; solange das Werk nicht erschienen beziehungsweise vergriffen ist, dürfen solche Vervielfältigungsstücke ausgestellt (§ 16 Abs. 2), nach § 16a verliehen und nach § 56b benutzt werden.

(8) Die folgenden Vervielfältigungen sind jedoch stets nur mit Einwilligung des Berechtigten zulässig:

1. die Vervielfältigung ganzer Bücher, ganzer Zeitschriften oder von Musiknoten; dies gilt auch dann, wenn als Vervielfältigungsvorlage nicht das Buch, die Zeitschrift oder die Musiknoten selbst, sondern eine gleichviel in welchem Verfahren hergestellte Vervielfältigung des Buches, der Zeitschrift oder Musiknoten verwendet wird; jedoch ist auch in diesen Fällen die Vervielfältigung durch Abschreiben, die Vervielfältigung nicht erschienener oder vergriffener Werke sowie die Vervielfältigung unter den Voraussetzungen des Abs. 7 Z 1 zulässig;

2. die Ausführung eines Werkes der Baukunst nach einem Plan oder Entwurf oder der Nachbau eines solchen Werkes.

§ 42a. Auf Bestellung dürfen unentgeltlich einzelne Vervielfältigungsstücke auch zum eigenen Gebrauch eines anderen hergestellt werden. Eine solche Vervielfältigung ist jedoch auch entgeltlich zulässig,

1. wenn die Vervielfältigung mit Hilfe reprographischer oder ähnlicher Verfahren vorgenommen wird;

2. wenn ein Werk der Literatur oder Tonkunst durch Abschreiben vervielfältigt wird;

3. wenn es sich um eine Vervielfältigung nach § 42 Abs. 3 handelt.

§ 42b. (1) Ist von einem Werk, das durch Rundfunk gesendet, der Öffentlichkeit zur Verfügung gestellt oder auf einem zu Handelszwecken hergestellten Bild- oder Schallträger festgehalten worden ist, seiner Art nach zu erwarten, dass es durch Festhalten auf einem Bild- oder Schallträger nach § 42 Abs. 2 bis 7 zum eigenen oder privaten Gebrauch vervielfältigt wird, so hat der Urheber Anspruch auf eine angemessene Vergütung (Leerkassettenvergütung), wenn Trägermaterial im Inland gewerbsmäßig entgeltlich in den Verkehr kommt; als Trägermaterial gelten unbespielte Bild- oder Schallträger, die für solche Vervielfältigungen geeignet sind, oder andere Bild- oder Schallträger, die hiefür bestimmt sind.

(2) Ist von einem Werk seiner Art nach zu erwarten, daß es mit Hilfe reprographischer oder ähnlicher Verfahren zum eigenen Gebrauch vervielfältigt wird, so hat der Urheber Anspruch auf eine angemessene Vergütung (Reprographievergütung),

1. wenn ein Gerät, das seiner Art nach zur Vornahme solcher Vervielfältigungen bestimmt ist (Vervielfältigungsgerät), im Inland gewerbsmäßig entgeltlich in den Verkehr kommt (Gerätevergütung) und

2. wenn ein Vervielfältigungsgerät in Schulen, Hochschulen, Einrichtungen der Berufsbildung oder der sonstigen Aus- und Weiterbildung, Forschungseinrichtungen, öffentlichen Bibliotheken oder in Einrichtungen betrieben wird, die Vervielfältigungsgeräte entgeltlich bereithalten (Betreibervergütung).

(3) Folgende Personen haben die Vergütung zu leisten:

1. die Leerkassetten- beziehungsweise Gerätevergütung derjenige, der das Trägermaterial beziehungsweise das Vervielfältigungsgerät im Inland als erster gewerbsmäßig entgeltlich in Verkehr bringt; wer das Trägermaterial beziehungsweise das Vervielfältigungsgerät im Inland gewerbsmäßig entgeltlich, jedoch nicht als erster in den Verkehr bringt oder feilhält, haftet wie ein Bürge und Zahler; von der Haftung für die Leerkassettenvergütung ist jedoch ausgenommen, wer im Halbjahr Schallträger mit nicht mehr als 5000 Stunden Spieldauer und Bildträger mit nicht mehr als 10000 Stunden Spieldauer bezieht;

2. die Betreibervergütung der Betreiber des Vervielfältigungsgeräts.

(4) Bei der Bemessung der Vergütung ist insbesondere auf die folgenden Umstände Bedacht zu nehmen:

1. bei der Leerkassettenvergütung auf die Spieldauer;

2. bei der Gerätevergütung auf die Leistungsfähigkeit des Geräts;

3. bei der Betreibervergütung auf die Art und den Umfang der Nutzung des Vervielfältigungsgeräts, die nach den Umständen, insbesondere nach der Art des Betriebs, dem Standort des Geräts und der üblichen Verwendung wahrscheinlich ist.

(5) Vergütungsansprüche nach den Abs. 1 und 2 können nur von Verwertungsgesellschaften geltend gemacht werden.

(6) Die Verwertungsgesellschaft hat die angemessene Vergütung zurückzuzahlen

1. an denjenigen, der Trägermaterial oder ein Vervielfältigungsgerät vor der Veräußerung an den Letztverbraucher in das Ausland ausführt;

2. an denjenigen, der Trägermaterial für eine Vervielfältigung auf Grund der Einwilligung des Berechtigten benutzt; Glaubhaftmachung genügt.

Berichterstattung über Tagesereignisse

§ 42c. Zur Berichterstattung über Tagesereignisse dürfen Werke, die bei Vorgängen, über die berichtet wird, öffentlich wahrnehmbar werden, in einem durch den Informationszweck gerechtfertigten Umfang vervielfältigt, verbreitet, durch Rundfunk gesendet, der Öffentlichkeit zur Verfügung gestellt und zu öffentlichen Vorträgen, Aufführungen und Vorführungen benutzt werden.

Behinderte

§ 42d. (1) Zulässig ist die nicht kommerzielle Benutzung eines erschienenen Werks durch Vervielfältigung für und Verbreitung an behinderte Personen in einer für sie geeigneten Form, soweit ihnen wegen ihrer Behinderung der Zugang zum Werk durch sinnliche Wahrnehmung eines erschienenen Werkstücks nicht möglich oder erheblich erschwert ist.

(2) Für die Vervielfältigung und Verbreitung nach Abs. 1 steht dem Urheber ein Anspruch auf angemessene Vergütung zu. Dieser Anspruch kann nur von Verwertungsgesellschaften geltend gemacht werden.

Freie Werknutzungen an Werken der Literatur

§ 43. (1) Reden, die in einer zur Besorgung öffentlicher Angelegenheiten zuständigen Versammlung oder im Verfahren vor den Gerichten oder anderen Behörden gehalten werden, sowie öffentlich gehaltene politische Reden dürfen zum Zweck der Berichterstattung vervielfältigt, verbreitet, öffentlich vorgetragen und durch Rundfunk gesendet und der Öffentlichkeit zugänglich gemacht werden.

(2) Ist eine Rede dieser Art auf einem Schallträger festgehalten worden, so darf dieser nur mit Einwilligung des Urhebers verbreitet werden.

(3) Die Vervielfältigung, die Verbreitung und die öffentliche Zurverfügungstellung der im Abs. 1 bezeichneten Reden in Sammlungen solcher Werke ist dem Urheber vorbehalten.

§ 44. (1) Einzelne in einer Zeitung oder Zeitschrift enthaltene Aufsätze über wirtschaftliche, politische oder religiöse Tagesfragen dürfen in anderen Zeitungen und Zeitschriften vervielfältigt und verbreitet werden. Dies gilt jedoch nicht, wenn die Vervielfältigung ausdrücklich verboten wird. Zu einem solchen Verbot genügt der Vorbehalt der Rechte bei dem Aufsatz oder am Kopfe der Zeitung oder Zeitschrift.

(2) In einer Zeitung oder Zeitschrift enthaltene Aufsätze, deren Vervielfältigung nach Abs. 1 zulässig ist, dürfen auch öffentlich vorgetragen, durch Rundfunk gesendet und der Öffentlichkeit zur Verfügung gestellt werden.

(3) Einfache Mitteilungen darstellende Presseberichte (vermischte Nachrichten, Tagesneuigkeiten) genießen keinen urheberrechtlichen Schutz. Für solche Presseberichte gilt § 79.

§ 45. (1) Zur Verfolgung nicht kommerzieller Zwecke dürfen einzelne Sprachwerke oder Werke der im § 2 Z 3 bezeichneten Art nach ihrem Erscheinen in einem durch den Zweck gerechtfertigten Umfang vervielfältigt, verbreitet und der Öffentlichkeit zur Verfügung gestellt werden:

1. in einer Sammlung, die Werke mehrerer Ur-

heber enthält und ihrer Beschaffenheit und Bezeichnung nach zum Kirchen-, Schul- oder Unterrichtsgebrauch bestimmt ist; ein Werk der im § 2 Z 3 bezeichneten Art darf bloß zur Erläuterung des Inhalts aufgenommen werden;

2. in einem Werk, das seiner Beschaffenheit und Bezeichnung nach zum Schulgebrauch bestimmt ist, bloß zur Erläuterung des Inhalts.

(2) Auch dürfen zur Verfolgung nicht kommerzieller Zwecke Sprachwerke nach ihrem Erscheinen in einem durch den Zweck gerechtfertigten Umfang zu Rundfunksendungen verwendet werden, deren Benutzung zum Schulgebrauch von der Unterrichtsbehörde für zulässig erklärt worden ist und die als Schulfunk bezeichnet werden.

(3) Für die Vervielfältigung, die Verbreitung und die öffentliche Zurverfügungstellung nach Abs. 1 und für die Rundfunksendung nach Abs. 2 steht dem Urheber ein Anspruch auf angemessene Vergütung zu. Solche Ansprüche können nur von Verwertungsgesellschaften geltend gemacht werden.

§ 46. Zulässig sind die Vervielfältigung und die Verbreitung sowie der öffentliche Vortrag, die Rundfunksendung und die öffentliche Zurverfügungstellung:

1. wenn einzelne Stellen eines veröffentlichten Sprachwerkes angeführt werden;

1. wenn einzelne Sprachwerke oder Werke der im § 2 Z 3 bezeichneten Art nach ihrem Erscheinen in einem durch den Zweck gerechtfertigten Umfang in ein die Hauptsache bildendes wissenschaftliches Werk aufgenommen werden; ein Werk der im § 2 Z 3 bezeichneten Art darf nur zur Erläuterung des Inhalts aufgenommen werden.

§ 47. (1) Kleine Teile eines Sprachwerkes oder Sprachwerke von geringem Umfang dürfen nach ihrem Erscheinen als Text eines zum Zweck ihrer Vertonung geschaffenen Werkes der Tonkunst in Verbindung mit diesem vervielfältigt, verbreitet, öffentlich vorgetragen, durch Rundfunk gesendet und der Öffentlichkeit zur Verfügung gestellt werden.

(2) Doch gebührt dem Urheber des vertonten Sprachwerkes ein angemessener Anteil an dem Entgelt, das der zur öffentlichen Aufführung oder Rundfunksendung des Werkes der Tonkunst ausschließlich Berechtigte für die Bewilligung von öffentlichen Aufführungen oder von Rundfunksendungen dieses Werkes in Verbindung mit dem vertonten Sprachwerk erhält.

(3) Abs. 1 gilt nicht für die Vervielfältigung und Verbreitung von Sprachwerken auf Schallträgern und für die öffentliche Zurverfügungstellung mit Hilfe eines Schallträgers.

(4) Abs. 1 gilt ferner weder für Sprachwerke, die ihrer Gattung nach zur Vertonung bestimmt sind, wie die Texte zu Oratorien, Opern, Operetten und Singspielen, noch für Sprachwerke, die als Text eines Werkes der Tonkunst mit einem die Anwendung des Abs. 1 ausschließenden Vorbehalt erschienen sind.

§ 48. Kleine Teile eines Sprachwerkes und Sprachwerke von geringem Umfang, die vertont worden sind, dürfen nach ihrem Erscheinen auch abgesondert von dem Werke der Tonkunst vervielfältigt und verbreitet werden:

1. zum Gebrauch der Zuhörer, die einer unmittelbaren persönlichen Wiedergabe der verbundenen Werke am Aufführungsorte beiwohnen, mit Andeutung dieser Bestimmung;

2. in Programmen, worin die Rundfunksendung der verbundenen Werke angekündigt wird;

3. in Aufschriften auf Schallträgern oder in Beilagen dazu; die Schallträger dürfen nicht mit Verletzung eines ausschließlichen Rechtes, die darauf festgehaltenen Werke zu vervielfältigen oder zu verbreiten, hergestellt oder verbreitet, die Beilagen müssen als solche bezeichnet sein.

§ 49. (aufgehoben)

§ 50. (1) Zulässig ist der öffentliche Vortrag eines erschienenen Sprachwerkes, wenn die Zuhörer weder ein Eintrittsgeld noch sonst ein Entgelt entrichten und der Vortrag keinerlei Erwerbszwecken dient oder wenn sein Ertrag ausschließlich für wohltätige Zwecke bestimmt ist.

(2) Diese Vorschrift gilt aber nicht, wenn die Mitwirkenden ein Entgelt erhalten; sie gilt ferner nicht, wenn der Vortrag mit Hilfe eines Schallträgers vorgenommen wird, der mit Verletzung eines ausschließlichen Rechtes, das darauf festgehaltene Sprachwerk zu vervielfältigen oder zu verbreiten, hergestellt oder verbreitet worden ist.

Freie Werknutzungen an Werken der Tonkunst

§ 51. (1) Zur Verfolgung nicht kommefrzieller Zwecke dürfen einzelne Werke der Tonkunst nach ihrem Erscheinen in Form von Notationen in einem durch den Zweck gerechtfertigten Umfang in einem Werk vervielfältigt, verbreitet und der Öffentlichkeit zur Verfügung gestellet werden, das seiner Beschaffenheit und Bezeichnung nach zum Schulgebrauch bestimmt ist,

1. wenn sie in eine für den Gesangsunterricht bestimmte Sammlung aufgenommen werden, die Werke mehrerer Urheber vereinigt,
2. wenn sie bloß zur Erläuterung des Inhalts aufgenommen werden.

(2) Für die Vervielfältigung, die Verbreitung und die öffentliche Zurverfügungstedllung nach Abs. 1 steht dem Urheber ein Anspruch auf angemessene Vergütung zu. Solche Ansprüche können nur von Verwertungsgesellschaften geltend gemacht werden.

§ 52. Zulässig ist die Vervielfältigung und die Verbreitung sowie die öffentliche Aufführung, die Rundfunksendung und die öffentliche Zurverfügungstellung:

1. wenn einzelne Stellen eines erschienenen Werkes der Tonkunst in einem selbständigen neuen Werke der Tonkunst angeführt werden;
2. wenn einzelne Stellen eines veröffentlichten Werkes der Tonkunst in einer literarischen Arbeit angeführt werden;
3. wenn einzelne erschienene Werke der Tonkunst in einem durch den Zweck gerechtfertigten Umfang in ein die Hauptsache bildendes wissenschaftliches Werk aufgenommen werden.

§ 53. (1) Zulässig ist die öffentliche Aufführung eines erschienenen Werkes der Tonkunst:

1. wenn die Aufführung mit Drehorgeln, Spieldosen oder anderen Schallträgern der im § 15 Abs. 3 bezeichneten Art vorgenommen wird, die nicht auf eine Weise beeinfluß werden können, daß das Werk damit nach Art einer persönlichen Aufführung wiedergegeben werden kann;
2. wenn das Werk bei einer kirchlichen oder bürgerlichen Feierlichkeit oder aus einem militärischen Anlaß aufgeführt wird und die Zuhö-

rer ohne Entgelt zugelassen werden;

3. wenn die Zuhörer weder ein Eintrittsgeld noch sonst ein Entgelt entrichten und die Aufführung keinerlei Erwerbszwecken dient oder wenn ihr Ertrag ausschließlich für wohltätige Zwecke bestimmt ist;
4. wenn die Aufführung von einer nicht aus Berufsmusikern bestehenden Musikkapelle oder einem solchen Chor veranstaltet wird, deren Bestand nach einem von der zuständigen Landesregierung ausgestellten Zeugnis der Pflege volkstümlichen Brauchtums dient und deren Mitglieder nicht um des Erwerbes willen mitwirken, und wenn bei dieser Aufführung – zumindest weitaus überwiegend – volkstümliche Brauchtumsmusik oder infolge Ablaufs der Schutzfrist freigewordene Musik gepflegt werden; doch darf die Aufführung in Gemeinden mit mehr als 2500 Einwohnern nicht im Betrieb eines Erwerbsunternehmens, in Gemeinden bis zu 2500 Einwohnern nur dann im Betriebe eines Erwerbsunternehmens stattfinden, wenn andere passende Räume nicht zur Verfügung stehen und der Reingewinn nicht dem Erwerbsunternehmen zufließt.

(2) Die Vorschriften des Abs. 1 Z 1 bis 3 gelten nicht, wenn die Aufführung mit Hilfe eines Schallträgers vorgenommen wird, der mit Verletzung eines ausschließlichen Rechtes, das darauf festgehaltene Werk zu vervielfältigen oder zu verbreiten, hergestellt oder verbreitet worden ist; die Vorschriften des Abs. 1 Z 3 gelten ferner nicht, wenn die Mitwirkenden ein Entgelt erhalten.

(3) Die Vorschriften des Abs. 1 gelten weder für bühnenmäßige Aufführungen einer Oper oder eines anderen mit einem Werke der Literatur verbundenen Werkes der Tonkunst noch für die Aufführung eines Werkes der Tonkunst in Verbindung mit einem Filmwerk oder einem anderen kinematographischen Erzeugnisse.

Freie Werknutzungen an Werken der bildenden Künste

§ 54. (1) Es ist zulässig:

1. Werke der bildenden Künste nach bleibend zu einer öffentlichen Sammlung gehörenden Werkstücken in den vom Eigentümer der Sammlung für ihre Besucher herausgegebenen

Verzeichnissen zu vervielfältigen, zu verbreiten und der Öffentlichkeit zur Verfügung zu stellen, soweit dies zur Förderung des Besuchs der Sammlung erforderlich ist; jede andere kommerzielle Nutzung ist ausgeschlossen;

2. veröffentlichte Werke der bildenden Künste nach Werkstücken, die versteigert werden sollen oder sonst öffentlich zum Kauf angeboten werden, in Verzeichnissen der feilgebotenen Werkstücke oder in ähnlichen Werbeschriften zu vervielfältigen, zu verbreiten und der Öffentlichkeit zur Verfügung zu stellen, soweit dies zur Förderung der Veranstaltung erforderlich ist; doch dürfen solche Werbeschriften vom Herausgeber nur unentgeltlich oder zu einem die Herstellungskosten nicht übersteigenden Preis verbreitet oder der Öffentlichkeit zur Verfügung gestellt werden; jede andere kommerzielle Nutzung ist ausgeschlossen;

3. zur Verfolgung nicht kommerzieller Zwecke einzelne erschienene Werke der bildenden Künste in einem seiner Beschaffenheit und Bezeichnung nach zum Schul- oder Unterrichtsgebrauch bestimmten Sprachwerk bloß zur Erläuterung des Inhalts oder in einem solchen Schulbuch zum Zweck der Kunsterziehung der Jugend zu vervielfältigen, zu verbreiten und der Öffentlichkeit zur Verfügung zu stellen;

3a. einzelne erschienene Werke der bildenden Künste in einem die Hauptsache bildenden wissenschaftlichen Werk zu vervielfältigen, zu verbreiten und der Öffentlichkeit zur Verfügung zu stellen;

4. veröffentlichte Werke der bildenden Künste bei einem die Hauptsache bildenden wissenschaftlichen oder belehrenden Vortrag bloß zur Erläuterung des Inhaltes durch optische Einrichtungen öffentlich vorzuführen und die dazu notwendigen Vervielfältigungsstücke herzustellen;

5. Werke der Baukunst nach einem ausgeführten Bau oder andere Werke der bildenden Künste nach Werkstücken, die dazu angefertigt wurden, sich bleibend an einem öffentlichen Ort zu befinden, zu vervielfältigen, zu verbreiten, durch optische Einrichtungen öffentlich vorzuführen, durch Rundfunk zu senden und der

Öffentlichkeit zur Verfügung zu stellen; ausgenommen sind das Nachbauen von Werken der Baukunst, die Vervielfältigung eines Werkes der Malkunst oder der graphischen Künste zur bleibenden Anbringung an einem Orte der genannten Art sowie die Vervielfältigung von Werken der Plastik durch die Plastik.

(2) Für die Vervielfältigung, die Verbreitung und die öffentliche Zurverfügungstellung nach Abs. 1 Z 3 steht dem Urheber ein Anspruch auf angemessene Vergütung zu. Diese Ansprüche können nur von Verwertungsgesellschaften geltend gemacht werden.

§ 55. (1) Von einem auf Bestellung geschaffenen Bildnis einer Person dürfen, wenn nichts anderes vereinbart ist, der Besteller und seine Erben sowie der Abgebildete und nach seinem Tode die mit ihm in gerader Linie Verwandten und sein überlebender Ehegatte einzelne Lichtbilder herstellen oder durch andere, auch gegen Entgelt herstellen lassen.

(2) Abs. 1 gilt jedoch für Bildnisse, die in einem Druckverfahren, in einem photographischen oder in einem dem Photographie ähnlichen Verfahren hergestellt sind, nur, wenn sich die im Abs. 1 angeführten Personen weitere in diesem Verfahren hergestellte Werkstücke von dem Berechtigten überhaupt nicht oder nur mit unverhältnismäßig großen Schwierigkeiten beschaffen können.

(3) Vervielfältigungsstücke, deren Herstellung nach den Abs. 1 und 2 zulässig ist, dürfen unentgeltlich verbreitet werden.

Benutzung von Bild- oder Schallträgern und Rundfunksendungen in bestimmten Geschäftsbetrieben

§ 56. (1) In Geschäftsbetrieben, die die Herstellung, den Vertrieb oder die Instandsetzung von Bild- oder Schallträgern oder von Vorrichtungen zu ihrer Herstellung oder zu ihrem Gebrauch zum Gegenstand haben, dürfen Vorträge, Aufführungen und Vorführungen von Werken auf Bild- oder Schallträgern festgehalten und Bild- oder Schallträger zu öffentlichen Vorträgen, Aufführungen und Vorführungen der darauf festgehaltenen Werke benutzt werden, soweit es notwendig ist, um die Kunden mit den Bild- oder

Schallträgern oder mit Vorrichtungen zu ihrer Herstellung oder zu ihrem Gebrauch bekanntzumachen oder die Brauchbarkeit zu prüfen.

(2) Dasselbe gilt für die Benutzung von Rundfunksendungen zur öffentlichen Wiedergabe eines Werkes durch Lautsprecher oder eine andere technische Einrichtung in Geschäftsbetrieben, die die Herstellung, den Vertrieb oder die Instandsetzung von Rundfunkgeräten zum Gegenstand haben.

(3) Abs. 1 gilt nicht, wenn ein Bild- oder Schallträger benutzt wird, der mit Verletzung eines ausschließlichen Rechtes, das darauf festgehaltene Werk zu vervielfältigen oder zu verbreiten, hergestellt oder verbreitet worden ist.

Überlassung von Bild- oder Schallträgern an bestimmte Bundesanstalten

§ 56a. (1) Bild- oder Schallträger, auf denen ein veröffentlichtes Werk festgehalten ist, dürfen durch Überlassung an wissenschaftliche Anstalten des öffentlichen Rechts des Bundes, die die Sammlung, Bewahrung und Erschließung von audiovisuellen Medien zur Aufgabe haben und keine kommerziellen Zwecke verfolgen, verbreitet werden. Zum Zweck der Überlassung darf auch eine Vervielfältigung des Bild- oder Schallträgers hergestellt werden.

(2) Abs. 1 gilt nicht für Bild- oder Schallträger, die mit Verletzung eines ausschließlichen Rechtes, das darauf festgehaltene Werk zu vervielfältigen oder zu verbreiten, hergestellt oder verbreitet worden sind.

Benutzung von Bild- oder Schallträgern in Bibliotheken

§ 56b. (1) Der Öffentlichkeit zugängliche Einrichtungen (Bibliothek, Bild- oder Schallträgersammlung und dergleichen) dürfen Bild- und Schallträger zu öffentlichen Vorträgen, Aufführungen und Vorführungen der darauf festgehaltenen Werke für jeweils nicht mehr als zwei Besucher der Einrichtung benützen, sofern dies nicht zu Erwerbszwecken geschieht. Hiefür steht dem Urheber ein Anspruch auf angemessene Vergütung zu. Solche Ansprüche können nur von Verwertungsgesellschaften geltend gemacht werden.

(2) Abs. 1 gilt nicht, wenn ein Bild- oder Schallträger benutzt wird, der mit Verletzung eines ausschließlichen Rechtes, das darauf festgehaltene Werk zu vervielfältigen oder zu verbreiten, hergestellt oder verbreitet worden ist.

Öffentliche Wiedergabe im Unterricht

§ 56c. (1) Schulen und Universitäten dürfen für Zwecke des Unterrichts beziehungsweise der Lehre in dem dadurch gerechtfertigten Umfang Werke der Filmkunst und die damit verbundenen Werke der Tonkunst öffentlich aufführen.

(2) Für die öffentliche Aufführung nach Abs. 1 steht dem Urheber ein Anspruch auf angemessene Vergütung zu. Solche Ansprüche können nur von Verwertungsgesellschaften geltend gemacht werden.

(3) Die Abs. 1 und 2 gelten nicht

1. für Filmwerke, die ihrer Beschaffenheit und Bezeichnung nach zum Schul- oder Unterrichtsgebrauch bestimmt sind;

2. wenn ein Bild- oder Schallträger benutzt wird, der mit Verletzung eines ausschließlichen Rechtes, das darauf festgehaltene Werk zu vervielfältigen oder zu verbreiten, hergestellt oder verbreitet worden ist.

Öffentliche Wiedergabe in Beherbergungsbetrieben

§ 56d. (1) Beherbergungsunternehmen dürfen für die von ihnen aufgenommenen Gäste Werke der Filmkunst öffentlich aufführen, wenn

1. seit der Erstaufführung des Filmwerkes entweder im Inland oder in deutscher Sprache oder in einer Sprache einer in Österreich anerkannten Volksgruppe mindestens zwei Jahre vergangen sind,

2. die Aufführung mit Hilfe eines zu Handelszwecken hergestellten Bild- oder Schallträgers, dessen Verbreitung nach § 16 Abs. 3 zulässig ist, vorgenommen wird und

3. die Zuschauer ohne Entgelt zugelassen werden.

(2) Für die öffentliche Aufführung nach Abs. 1 steht dem Urheber ein Anspruch auf angemessene Vergütung zu. Solche Ansprüche können nur von Verwertungsgesellschaften geltend gemacht werden.

Schutz geistiger Interessen bei freien Werknutzungen

§ 57. (1) Die Zulässigkeit von Kürzungen, Zusätzen und anderen Änderungen an dem Werke selbst, an dessen Titel oder an der Urheberbezeichnung ist auch bei freien Werknutzungen nach § 21 zu beurteilen. Sinn und Wesen des benutzten Werkes dürfen in keinem Fall entstellt werden.

(2) Werden Stellen eines Werkes nach § 46 Z 1 oder § 52 Z 1 auf andere Art als auf Schallträgern oder wird ein Werk ganz oder zum Teil auf Grund der §§ 45, 46 Z 2, §§ 47, 48, 51, 52 Z 2 oder 3 oder des § 54 Z 1 bis 3a vervielfältigt, so ist stets die Quelle deutlich anzugeben. In der Quellenangabe sind der Titel und die Urheberbezeichnung des benutzten Werkes nach den Vorschriften des § 21 Abs. 1 anzuführen. Bei einer nach § 45 zulässigen Benutzung einzelner Teile von Sprachwerken in Schulbüchern muß der Titel des benutzten Werkes nur angegeben werden, wenn dieses nicht mit dem Namen oder Decknamen des Urhebers bezeichnet ist. Werden Stellen oder Teile von Sprachwerken nach § 46 vervielfältigt, so sind sie in der Quellenangabe so genau zu bezeichnen, daß sie in dem benutzten Werke leicht aufgefunden werden können. Wird im Fall einer nach § 46 zulässigen Vervielfältigung das benutzte Werk einer Sammlung entnommen, so ist auch diese anzugeben; dabei kann die Angabe des Titels des Werkes durch einen Hinweis auf die in Betracht kommende Stelle der Sammlung ersetzt werden.

(3) In den im § 44 Abs. 1 und 2 bezeichneten Fällen ist außer dem in der benutzten Quelle angeführten Namen oder Decknamen des Urhebers des Aufsatzes auch die Zeitung oder Zeitschrift, aus der der Aufsatz entnommen ist, wenn aber dort eine andere Zeitung oder Zeitschrift als Quelle angeführt ist, diese deutlich anzugeben. Wird die Angabe der Zeitung oder Zeitschrift unterlassen, so stehen ihrem Herausgeber, oder wenn ein solcher nicht genannt ist, ihrem Verleger die gleichen Ansprüche zu wie einem Urheber im Fall einer rechtswidrigen Unterlassung der Angabe der Urheberbezeichnung.

(3a) Darüber hinaus ist in den folgenden Fällen die Quelle, einschließlich des Namens des Urhebers anzugeben, es sei denn, dies erweist sich als unmöglich:

1. wenn Werke ganz oder zum Teil auf Grund des § 42c vervielfältigt werden, es sei denn, sie werden in die Berichterstattung nur beiläufig einbezogen;

2. wenn Werke ganz oder zum Teil auf Grund der §§ 43, 54 Z 4 oder des § 56a vervielfältigt werden;

3. wenn Stellen eines Werkes nach § 46 Z 1 oder § 52 Z 1 auf Schallträgern vervielfältigt werden.

(4) Ob und inwieweit bei anderen als den in den Abs. 2, 3 und 3a bezeichneten freien Werknutzungen eine Quellenangabe unterbleiben kann, ist nach den im redlichen Verkehr geltenden Gewohnheiten und Gebräuchen zu beurteilen.

2. Bewilligungszwang bei Schallträgern

§ 58. (1) Hat der Berechtigte einem anderen gestattet, ein Werk der Tonkunst auf Schallträgern zu vervielfältigen und zu verbreiten, so kann, sobald das Werk erschienen ist, jeder Hersteller von Schallträgern vom Berechtigten verlangen, daß auch ihm die gleiche Werknutzung gegen angemessenes Entgelt bewilligt wird; dies gilt, wenn der Hersteller seinen Wohnsitz oder seine Hauptniederlassung im Ausland hat, unbeschadet von Staatsverträgen nur unter der Voraussetzung, daß Hersteller mit Wohnsitz oder Hauptniederlassung im Inland auch in diesem Staat in annähernd gleicher Weise behandelt werden, jedenfalls aber in gleicher Weise wie die Hersteller mit Wohnsitz oder Hauptniederlassung in diesem Staat. Diese Gegenseitigkeit ist dann anzunehmen, wenn sie in einer Kundmachung des Bundesministers für Justiz im Hinblick auf die in dem betreffenden Staat bestehende Rechtslage festgestellt worden ist. Darüber hinaus können die zuständigen Behörden die Gegenseitigkeit mit einem anderen Staat vertraglich vereinbaren, wenn dies zur Wahrung der Interessen österreichischer Hersteller von Schallträgern geboten erscheint. Die Werknutzungsbewilligung gilt nur für die Vervielfältigung und Verbreitung des Werkes auf Schallträgern im Inland und für die Ausfuhr nach Staaten, in denen der Urheber keinen Schutz gegen die Vervielfältigung und Verbreitung des Werkes auf Schallträgern genießt.

(2) Abs. 1 gilt für die mit einem Werke der Tonkunst als Text verbundenen Sprachwerke entsprechend, wenn der Berechtigte einem anderen gestattet hat, das Sprachwerk in dieser Verbindung auf Schallträgern zu vervielfältigen und zu verbreiten.

(3) Für Klagen auf Erteilung der Bewilligung nach Abs. 1 oder 2 sind, wenn der Beklagte im Inland keinen allgemeinen Gerichtsstand hat, die Gerichte, in deren Sprengel der erste Wiener Gemeindebezirk liegt, zuständig.

(4) Bei Anwendung der Vorschriften der Abs. 1 und 3 bleiben Mittel, die zur gleichzeitigen wiederholbaren Wiedergabe von Werken für Gesicht und Gehör bestimmt sind (Bild- und Schallträger), außer Betracht.

3. Benutzung von Rundfunksendungen

§ 59. Rundfunksendungen von Sprachwerken sowie von Werken der Tonkunst dürfen zu öffentlichen Vorträgen und Aufführungen der gesendeten Werke mit Hilfe von Lautsprechern benutzt werden, wenn der Veranstalter einer solchen öffentlichen Wiedergabe die Bewilligung dazu von der zuständigen Verwertungsgesellschaft (§ 3 des Verwertungsgesellschaftengesetzes, BGBl Nr 112/1936) erhalten hat. Die Verwertungsgesellschaft hat das Entgelt für solche Bewilligungen auf gleiche Weise zu verteilen wie das Entgelt, das sie von der den allgemeinen Inlandsrundspruchdienst besorgenden öffentlichen Telegraphenanstalt für die Bewilligung erhält, Sprachwerke oder Werke der Tonkunst durch Rundfunk zu senden.

§ 59a. (1) Das Recht, Rundfunksendungen von Werken einschließlich solcher über Satellit zur gleichzeitigen, vollständigen und unveränderten Weitersendung mit Hilfe von Leitungen zu benutzen, kann nur von Verwertungsgesellschaften geltend gemacht werden; dies gilt jedoch nicht für das Recht, Verletzungen des Urheberrechtes gerichtlich zu verfolgen.

(2) Rundfunksendungen dürfen zu einer Weitersendung im Sinn des Abs. 1 benutzt werden, wenn der weitersendende Rundfunkunternehmer die Bewilligung dazu von der zuständigen Verwertungsgesellschaft (§ 3 des VerwGesG, BGBl Nr 112/1936) erhalten hat. Mit Beziehung auf

diese Bewilligung haben auch die Urheber, die mit der Verwertungsgesellschaft keinen Wahrnehmungsvertrag geschlossen haben und deren Rechte auch nicht auf Grund eines Gegenseitigkeitsvertrags mit einer ausländischen Verwertungsgesellschaft wahrgenommen werden, dieselben Rechte und Pflichten wie die Bezugsberechtigten der Verwertungsgesellschaft.

(3) Die Abs. 1 und 2 gelten jedoch nicht, soweit das Recht zur Weitersendung im Sinn des Abs. 1 dem Rundfunkunternehmer, dessen Sendung weitergesendet wird, zusteht.

§ 59b. (1) Kommt ein Vertrag über die Bewilligung der Weitersendung im Sinn des § 59a nicht zustande, so kann jeder der Beteiligten bei der Schiedsstelle (Art. III UrhGNov 1980) Vertragshilfe beantragen. Die Schiedsstelle kann den Parteien Vorschläge unterbreiten. Ein solcher Vorschlag gilt als von den Parteien angenommen, wenn keine der Parteien binnen drei Monaten Einwände erhebt.

(2) Kommt ein Vertrag über die Bewilligung einer Weitersendung im Sinn des § 59a nur deshalb nicht zustande, weil die Verwertungsgesellschaft oder der berechtigte Rundfunkunternehmer (§ 59a Abs. 3) die Verhandlungen darüber nicht nach Treu und Glauben aufgenommen oder sie ohne triftigen Grund be- oder verhindert hat, dann hat der weitersendende Rundfunkunternehmer einen Anspruch auf Erteilung der Bewilligung zu angemessenen Bedingungen.

4. Schulbücher

§ 59c. Die in § 45 Abs. 1 und 2, in § 51 Abs. 1 und in § 54 Abs. 1 Z 3 bezeichneten Werknutzungen sind auch zur Verfolgung kommerzieller Zwecke zulässig, wenn der Benutzer die hierfür erforderlichen Rechte von der zuständigen Verwertungsgesellschaft (§ 3 des VerwGesG, BGBl Nr 112/1936) erhalten hat. Mit Beziehung auf diese Bewilligung haben auch die Urheber, die mit der Verwertungsgesellschaft keinen Wahrnehmungsvertrag geschlossen haben und deren Rechte auch nicht auf Grund eines Gegenseitigkeitsvertrags mit einer ausländischen Verwertungsgesellschaft wahrgenommen werden, dieselben Rechte und Pflichten wie die Bezugsberechtigten der Verwertungsgesellschaft.

VIII. Abschnitt

Dauer des Urheberrechtes

Werke der Literatur, der Tonkunst und der bildenden Künste

§ 60. Das Urheberrecht an Werken der Literatur, der Tonkunst und der bildenden Künste, deren Urheber (§ 10 Abs. 1) auf eine Art bezeichnet worden ist, die nach § 12 die Vermutung der Urheberschaft begründet, endet 70 Jahre nach dem Tod des Urhebers (§ 10 Abs. 1), bei einem von mehreren Urhebern gemeinsam geschaffenen Werke (§ 11) endet das Urheberrecht siebzig Jahre nach dem Tode des letztlebenden Miturhebers (§ 10 Abs. 1).

§ 61. Das Urheberrecht an Werken, deren Urheber (§ 10 Abs. 1) nicht auf eine Art bezeichnet worden ist, die nach § 12 die Vermutung der Urheberschaft begründet, endet 70 Jahre nach ihrer Schaffung. Wenn aber das Werk vor dem Ablauf dieser Frist veröffentlicht wird, endet das Urheberrecht siebzig Jahre nach der Veröffentlichung.

Urheberregister

§ 61a. Innerhalb der im § 61 bezeichneten Frist kann der wahre Name des Urhebers (§ 10 Abs. 1) von ihm selbst oder von den Personen, auf die das Urheberrecht nach seinem Tod übergegangen ist, zu dem vom Bundestminister für Justiz geführten Urheberregister angemeldet werden. Eine solche Anmeldung bewirkt, daß die Schutzfrist nach § 60 zu bemessen ist.

§ 61b. (1) Die Anmeldung bedarf der Schriftform. Jede Anmeldung hat Art und Titel des Werkes oder seine andere Bezeichnung, Zeit, Ort und Art der Veröffentlichung, die bisher verwendeten Urheberbezeichnungen, Vor- und Familiennamen des Urhebers (§ 10 Abs. 1) und Vor- und Familiennamen, Beschäftigung und Wohnort des Anmelders zu enthalten. Eine Anmeldung kann auch mehrere Werke, die demselben Urheber zugeschrieben werden, umfassen.

(2) Die Eintragung ist vom Bundestminister für Justiz ohne Prüfung der Befugnis des Anmelders zum Einschreiten und der Richtigkeit der angemeldeten Tatsachen vorzunehmen; sie hat jedenfalls die im Abs. 1 vorgeschriebenen Angaben zu enthalten. Gibt eine Anmeldung auch den Tag und den Ort der Geburt des Urhebers oder sei-

nes Ablebens oder seine Staatsangehörigkeit an, sind auch diese Angaben einzutragen.

§ 61c. (1) Die Eintragung ist auf Kosten des Anmelders im „Amtsblatt zur Wiener Zeitung" öffentlich bekanntzumachen.

(2) Jedermann kann in das Urheberregister Einsicht nehmen und die Ausfertigung amtlich beglaubigter Auszüge sowie die Ausstellung von Zeugnissen darüber verlangen, daß ein bestimmtes Werk im Urheberregister nicht eingetragen ist.

Filmwerke

§ 62. Das Urheberrecht an Filmwerken endet siebzig Jahre nach dem Tode des Letztlebenden der folgenden Personen, und zwar des Hauptregisseurs sowie des Urhebers des Drehbuchs, der Dialoge und des für das Filmwerk besonders geschaffenen Werkes der Tonkunst.

Lieferungswerke

§ 63. Bei Werken, die in mehreren Bänden, Teilen, Lieferungen, Nummern oder Episoden veröffentlicht werden und bei denen die Veröffentlichung die für den Beginn der Schutzfrist maßgebende Tatsache darstellt, wird die Schutzfrist von der Veröffentlichung jedes einzelnen Bestandteils berechnet.

Berechnung der Schutzfristen

§ 64. Bei Berechnung der Schutzfristen (§ 60 bis 63) ist das Kalenderjahr, in dem die für den Beginn der Frist maßgebende Tatsache eingetreten ist, nicht mitzuzählen.

Die Schutzfrist überdauernde Rechte

§ 65. Der Schöpfer eines Werkes kann die ihm nach den §§ 19 und 21 Abs. 3 zustehenden Rechte zeit seines Lebens geltend machen, wenngleich die Schutzfrist schon abgelaufen ist.

II. Hauptstück

Verwandte Schutzrechte

I. Abschnitt

Schutz der Vorträge und Aufführungen von Werken der Literatur und der Tonkunst

1. Verwertung auf Bild- oder Schallträgern

§ 66. (1) Wer ein Werk der Literatur oder Tonkunst vorträgt oder aufführt, hat mit den vom Gesetz bestimmten Beschränkungen das ausschließliche Recht, den Vortrag oder die Aufführung – auch im Falle der Sendung durch Rundfunk – auf einem Bild- oder Schallträger festzuhalten, diesen zu vervielfältigen und zu verbreiten. Unter der Vervielfältigung wird auch die Benutzung einer mit Hilfe eines Bild- oder Schallträgers bewirkten Wiedergabe des Vortrages oder der Aufführung zur Übertragung auf einen anderen Bild- oder Schallträger verstanden.

(2) Bei Vorträgen und Aufführungen, die – wie die Aufführung eines Schauspiels oder eines Chor- oder Orchesterwerkes – durch das Zusammenwirken mehrerer Personen unter einer einheitlichen Leitung zustande kommen, können die Verwertungsrechte (Abs. 1) derjenigen Personen, die bloß im Chor oder Orchester oder auf ähnliche Art mitwirken, nur durch einen gemeinsamen Vertreter wahrgenommen werden.

(3) Falls die Vertretung nicht bereits kraft Gesetzes oder durch Satzung, Kollektiv- oder Einzelvertrag geregelt ist, wird der gemeinsame Vertreter von den in Abs. 2 erwähnten Mitwirkenden mit einfacher Mehrheit ohne Berücksichtigung allfälliger Stimmenthaltungen gewählt.

(4) In Ermangelung eines gemeinsamen Vertreters hat das Bezirksgericht Innere Stadt Wien einen Sachwalter zu bestellen, der an die Stelle des gemeinsamen Vertreters tritt. Zur Antragstellung ist jeder berechtigt, der ein Interesse an der Verwertung des Vortrages oder der Aufführung glaubhaft macht.

(5) Vorträge und Aufführungen, die auf Anordnung eines Veranstalters stattfinden, dürfen, soweit das Gesetz keine Ausnahme zuläßt, vorbehaltlich des Abs. 1 nur mit Einwilligung des Veranstalters auf Bild- oder Schallträger festgehalten werden. Entgegen dieser Bestimmung hergestellte Bild- oder Schallträger dürfen weder vervielfältigt noch verbreitet werden.

(6) Ob gegenüber dem Veranstalter von Vorträgen oder Aufführungen, die auf die im Abs. 1 bezeichnete Art verwertet werden sollen, die Verpflichtung besteht, daran mitzuwirken und eine solche Verwertung zu gestatten, ist nach den das Rechtsverhältnis der Mitwirkenden zum Veranstalter regelnden Vorschriften und Vereinbarungen zu beurteilen. Hienach richtet sich auch, ob einem Mitwirkenden ein Anspruch auf ein besonderes Ent-

gelt gegen den Veranstalter zusteht. In jedem Fall hat der Veranstalter, mit dessen Einwilligung ein Vortrag oder eine Aufführung festgehalten werden soll, hievon die Mitwirkenden, auch wenn sie zur Mitwirkung verpflichtet sind, vorher auf angemessene Art in Kenntnis zu setzen.

(7) Den Abs. 1 und 5 zuwider hergestellte oder verbreitete Bild- oder Schallträger dürfen zu einer Rundfunksendung (§ 17) oder öffentlichen Wiedergabe des Vortrages oder der Aufführung nicht benutzt werden.

Verwertungsrechte

§ 67. (1) Die Verwertungsrechte der im § 66 Abs. 1 und 5 bezeichneten Personen erlöschen fünfzig Jahre nach dem Vortrag oder der Aufführung, wenn aber vor dem Ablauf dieser Frist ein Bild- oder Schallträger, auf dem der Vortrag oder die Aufführung festgehalten worden ist, veröffentlicht wird, fünfzig Jahre nach der Veröffentlichung. Die Fristen sind nach § 64 zu berechnen.

(2) Die §§ 11, 12, 13, 15 Abs. 1, § 16 Abs. 1 und 3, §§ 16a, 23, 24, 25 Abs. 1, 2, 3 und 5, §§ 26, 27, 28 Abs. 1. §§ 29, 31, 32, 33 Abs. 2 gelten entsprechend; an die Stelle der im § 31 Abs. 2 genannten Frist von fünf Jahren tritt jedoch eine solche von einem Jahr.

Schutz geistiger Interessen

§ 68. (1) Auf Verlangen eines nach § 66 Abs. 1 Verwertungsberechtigten ist sein Name (Deckname) auf den Bild- oder Schallträgern anzugeben. Ohne seine Einwilligung darf das nicht geschehen. Die Einwilligung kann zurückgenommen werden, wenn ein Bild- oder Schallträger den Vortrag oder die Aufführung mit solchen Änderungen oder so mangelhaft wiedergibt, daß seine Benutzung geeignet ist, den künstlerischen Ruf des Verwertungsberechtigten zu beeinträchtigen.

(1a) Vorträge oder Aufführungen eines Werkes der Literatur oder Tonkunst dürfen auf eine Art, die sie der Öffentlichkeit zugänglich macht, nicht benutzt werden, wenn der Vortrag oder die Aufführung mit solchen Änderungen oder so mangelhaft wiedergegeben wird, dass dadurch der künstlerische Ruf der nach § 66 Abs. 1 Verwertungsberechtigten beeinträchtigt werden kann. Gleiches gilt für die Verbreitung sowie für die

Vervielfältigung zum Zweck der Verbreitung von Bild- oder Schallträgern, auf denen Vorträge oder Aufführungen festgehalten sind.

(2) Die in den Abs. 1 und 1a bezeichneten Rechte enden keinesfalls vor dem Tode des nach § 66 Abs. 1 Verwertungsberechtigten. Nach seinem Tode stehen sie bis zum Erlöschen der Verwertungsrechte den Personen zu, auf die die Verwertungsrechte übergegangen sind.

(3) Die Abs. 1, 1a und 2 gelten für diejenigen Personen, die bloß im Chor oder Orchester oder auf ähnliche Art mitwirken mit der Maßgabe, dass anstelle der Verwertungsberechtigten der Name des Chores oder Orchesters anzugeben ist und dass diese Rechte gemeinsam mit den Verwertungsrechten erlöschen; § 66 Abs. 2 bis 4 gilt sinngemäß.

Ausnahmen

§ 69. (1) Zur Vervielfältigung und Verbreitung gewerbsmäßig hergestellter Filmwerke und anderer kinematographischer Erzeugnisse bedarf es der sonst nach § 66 Abs. 1 erforderlichen Einwilligung der Personen nicht, die an den zum Zweck der Herstellung des Filmwerkes oder des kinematographischen Erzeugnisses vorgenommenen Vorträgen oder Aufführungen in Kenntnis dieses Zweckes mitgewirkt haben.

(2) Zum privaten Gebrauch und weder für unmittelbare noch mittelbare kommerzielle Zwecke darf jede natürliche Person durch Rundfunk gesendete Vorträge oder Aufführungen sowie die mit Hilfe eines Bild- oder Schallträgers bewirkte Wiedergabe eines Vortrages oder einer Aufführung auf einem Bild- oder Schallträger festhalten und von diesem einzelne Vervielfältigungsstücke herstellen. § 42 Abs. 2 und 3 sowie 5 bis 7, § 42a, § 42b Abs. 1 und 3 bis 6 gelten entsprechend.

(3) Der § 56 Abs. 1 und 3 und § 56a gelten entsprechend.

2. Verwertung im Rundfunk

§ 70. (1) Der Vortrag oder die Aufführung eines Werkes der Literatur oder Tonkunst darf nur mit Einwilligung der Personen, deren Einwilligung nach § 66 Abs. 1 und 5 zur Festhaltung auf Bild- oder Schallträgern erforderlich ist, durch Rundfunk gesendet werden (§ 17); § 33 Abs. 1, § 66 Abs. 6, §§ 59a und 59b gelten entsprechend.

(2) Die nach Abs. 1 erforderliche Einwilligung ist für eine Rundfunksendung mit Hilfe von Bild- oder Schallträgern nicht erforderlich, es sei denn, daß diese nach § 66 Abs. 7 oder § 69 Abs. 2 zu einer Rundfunksendung nicht benutzt werden dürfen.

3. Verwertung zur öffentlichen Wiedergabe

§ 71. (1) Vorträge oder Aufführungen eines Werkes der Literatur oder Tonkunst dürfen nur mit Einwilligung der Personen, deren Einwilligung nach § 66 Abs. 1 und 5 zur Festhaltung auf Bild- oder Schallträgern erforderlich ist, durch Lautsprecher oder durch eine andere technische Einrichtung außerhalb des Ortes (Theater, Saal, Platz, Garten udgl), wo sie stattfinden, öffentlich wiedergegeben werden; § 66 Abs. 6 gilt entsprechend. Doch bedarf es nur der Einwilligung des Veranstalters der Vorträge oder Aufführungen, wenn diese mit Hilfe von Bild- oder Schallträgern oder Rundfunksendungen vorgenommen werden, die hiezu nach den Vorschriften dieses Abschnittes benutzt werden dürfen.

(2) Eine dem § 70 entsprechende Rundfunksendung des Vortrages oder der Aufführung eines Werkes der Literatur oder Tonkunst darf zu einer öffentlichen Wiedergabe des Vortrages oder der Aufführung durch Lautsprecher oder eine andere technische Einrichtung benutzt werden.

3a. Verwertung zur öffentlichen Zurverfügungstellung

§ 71a. Der Vortrag oder die Aufführungen eines Werkes der Literatur oder Tonkunst darf nur mit Einwilligung der Personen, deren Einwilligung nach § 66 Abs. 1 und 5 zur Festhaltung auf Bild- oder Schallträgern erforderlich ist, der Öffentlichkeit zur Verfügung gestellt werden; § 66 Abs. 6 gilt entsprechend.

4. Gemeinsame Vorschriften

§ 72. (1) Die §§ 66 bis 71a gelten auch dann, wenn die vorgetragenen oder aufgeführten Werke der Literatur oder Tonkunst den urheberrechtlichen Schutz dieses Gesetzes nicht genießen.

(2) §§ 41 und 41a gelten für die an Vorträgen und Aufführungen bestehenden Schutzrechte entsprechend.

(3) Zur Berichterstattung über Tagesereignisse dürfen Vorträge und Aufführungen, die bei Vorgängen, über die berichtet wird, öffentlich wahrnehmbar werden, in einem durch den Informationszweck gerechtfertigten Umfang auf Bild- oder Schallträgern festgehalten, durch Rundfunk gesendet, öffentlich wiedergegeben und der Öffentlichkeit zur Verfügung gestellt werden; solche Bild- oder Schallträger dürfen in diesem Umfang vervielfältigt und verbreitet werden. Abs.In diesen Fällen ist die Quelle anzugeben, es sei denn, dies erweist sich als unmöglich, oder die Vorträge und Aufführungen sind nur beiläufig in die Berichterstattung einbezogen worden.

(4) Die Benutzung einzelner Vorträge oder Aufführungen von Werken der Literatur oder Tonkunst zu Zwecken der Wissenschaft oder des Unterrichts in einem durch den nicht kommerziellen Zweck gerechtfertigten Umfang ist zulässig. In diesen Fällen ist die Quelle anzugeben, es sei denn, dies erweist sich als unmöglich.

(5) Vorträge oder Aufführungen von Werken der Literatur oder Tonkunst dürfen durch den Veranstalter auf einem Bild- oder Schallträger festgehalten und mit Hilfe eines solchen Bild- oder Schallträgers oder einer anderen technischen Einrichtung innerhalb des Gebäudes, in dem die Veranstaltung stattfindet, zu dem Zweck wiedergegeben werden, die Veranstaltung in einem anderen Raume wahrnehmbar zu machen.

(6) Für den Vortrag einer der im § 43 bezeichneten Rede durch den Redner selbst gelten die Vorschriften der §§ 66 bis 71a nicht.

II. Abschnitt

Schutz von Lichtbildern, Schallträgern, Rundfunksendungen und nachgelassenen Werken

1. Lichtbilder

§ 73. (1) Lichtbilder im Sinne dieses Gesetzes sind durch ein photographisches Verfahren hergestellte Abbildungen. Als photographisches Verfahren ist auch ein der Photographie ähnliches Verfahren anzusehen.

(2) Derart hergestellte Laufbilder (kinematographische Erzeugnisse) unterliegen, unbeschadet der urheberrechtlichen Vorschriften zum Schutze von Filmwerken, den für Lichtbilder geltenden Vorschriften.

Schutzrecht

§ 74. (1) Wer ein Lichtbild aufnimmt (Hersteller), hat mit den vom Gesetz bestimmten Beschränkungen das ausschließliche Recht, das Lichtbild zu vervielfältigen, zu verbreiten, durch optische Einrichtungen öffentlich vorzuführen, durch Rundfunk zu senden und der Öffentlichkeit zur Verfügung zu stellen. Bei gewerbsmäßig hergestellten Lichtbildern gilt der Inhaber des Unternehmens als Hersteller.

(2) Die dem Hersteller nach Abs. 1 zustehenden Verwertungsrechte sind vererblich und veräußerlich.

(3) Hat der Hersteller ein Lichtbild mit seinem Namen (Decknamen, Firma) bezeichnet, so sind auch die von anderen hergestellten, zur Verbreitung bestimmten Vervielfältigungsstücke mit einem entsprechenden Hinweis auf den Hersteller zu versehen. Gibt ein derart bezeichnetes Vervielfältigungsstück das Lichtbild mit wesentlichen Änderungen wieder, so ist die Herstellerbezeichnung mit einem entsprechenden Zusatz zu versehen.

(4) Bei den mit einer Herstellerbezeichnung versehenen Vervielfältigungsstücken darf auch die Gegenstandsbezeichnung von der vom Hersteller angegebenen nur so weit abweichen, als es der Übung des redlichen Verkehrs entspricht.

(5) Nach dem Tode des Herstellers kommt der ihm durch die Abs. 3 und 4 gewährte Schutz den Personen zu, auf die die Verwertungsrechte übergehen. Werden die Verwertungsrechte an einen anderen übertragen, so kann dem Erwerber auch das Recht eingeräumt werden, sich als Hersteller des Lichtbildes zu bezeichnen. In diesem Falle gilt der Erwerber fortan als Hersteller und genießt, wenn er als solcher auf den Lichtbildstücken genannt ist, auch Schutz nach den Vorschriften der Abs. 3 und 4.

(6) Das Schutzrecht an Lichtbildern erlischt fünfzig Jahre nach der Aufnahme, wenn aber das Lichtbild vor dem Ablauf dieser Frist veröffentlicht wird, fünfzig Jahre nach der Veröffentlichung. Die Fristen sind nach § 64 zu berechnen.

(7) Die §§ 5, 7 bis 9, 11 bis 13, 14 Abs. 2, § 15

Abs. 1, §§ 16, 16a, 17, 17a, 17b, 18 Abs. 3, § 23 Abs. 2 und 4, §§ 24, 25 Abs. 2 bis 6, §§ 26, 27 Abs. 1, 3, 4 und 5, § 31 Abs. 1, § 32 Abs. 1, § 33 Abs. 2, §§ 36, 37, 41, 41a, 42, 42a, 42b, 42c, 54 Abs. 1 Z 3, Z 3a und 4 und Abs. 2, §§ 56, 56a, 56b, 57 Abs. 3a Z 1 und 2, 59a und 59b gelten für Lichtbilder, die §§ 56c und 56d für kinematographische Erzeugnisse entsprechend; § 42a zweiter Satz Z 1 gilt jedoch nicht für die Vervielfältigung von gewerbsmäßig hergestellten Lichtbildern nach einer Vorlage, die in einem photographischen Verfahren hergestellt worden ist.

Sondervorschriften für Lichtbildnisse von Personen

§ 75. (1) Von einem auf Bestellung aufgenommenen Lichtbildnis einer Person dürfen, wenn nichts anderes vereinbart ist, der Besteller und seine Erben sowie der Abgebildete und nach seinem Tode die mit ihm in gerader Linie Verwandten und sein überlebender Ehegatte einzelne Vervielfältigungsstücke herstellen oder durch einen anderen, auch gegen Entgelt, herstellen lassen, in einem photographischen Verfahren aber nur dann, wenn sie sich in einem solchen Verfahren hergestellte Vervielfältigungsstücke von den Berechtigten überhaupt nicht oder nur mit unverhältnismäßig großen Schwierigkeiten beschaffen können.

(2) Vervielfältigungsstücke, deren Herstellung nach Abs. 1 zulässig ist, dürfen unentgeltlich verbreitet werden.

2. Schallträger

§ 76. (1) Wer akustische Vorgänge zu ihrer wiederholbaren Wiedergabe auf einem Schallträger festhält (Hersteller), hat mit den vom Gesetz bestimmten Beschränkungen das ausschließliche Recht, den Schallträger zu vervielfältigen, zu verbreiten und der Öffentlichkeit zur Verfügung zu stellen. Unter der Vervielfältigung wird auch die Benutzung einer mit Hilfe eines Schallträgers bewirkten Wiedergabe zur Übertragung auf einen anderen verstanden. Bei gewerbsmäßig hergestellten Schallträgern gilt der Inhaber des Unternehmens als Hersteller.

(2) Dem Abs. 1 zuwider vervielfältigte oder verbreitete Schallträger dürfen zu einer Rundfunksendung (§ 17) oder öffentlichen Wiedergabe nicht benutzt werden.

(3) Wird ein zu Handelszwecken hergestellter oder ein der Öffentlichkeit zur Verfügung gestellter Schallträger zu einer Rundfunksendung (§ 17) oder öffentlichen Wiedergabe benutzt, so hat der Benutzer dem Hersteller (Abs. 1), vorbehaltlich des § 66 Abs. 7 und des vorstehenden Abs. 2, eine angemessene Vergütung zu entrichten. Die im § 66 Abs. 1 bezeichneten Personen haben gegen den Hersteller einen Anspruch auf einen Anteil an dieser Vergütung. Dieser Anteil beträgt mangels Einigung der Berechtigten die Hälfte der dem Hersteller nach Abzug der Einhebungskosten verbleibenden Vergütung. Die Ansprüche des Herstellers und der in § 66 Abs. 1 bezeichneten Personen können nur von Verwertungsgesellschaften oder durch eine einzige Verwertungsgesellschaft geltend gemacht werden.

(4) Zum privaten Gebrauch und weder für unmittelbare noch mittelbare kommerzielle Zwecke darf jede natürliche Person eine mit Hilfe eines Schallträgers bewirkte Wiedergabe auf einem Schallträger festhalten und von diesem einzelne Vervielfältigungsstücke herstellen. § 42 Abs. 2 und 3 sowie 5 bis 7, § 42a, § 42b Abs. 1 und 3 bis 6 und § 56a gelten entsprechend.

(5) Das Schutzrecht an Schallträgern erlischt fünfzig Jahre nach der Aufnahme, wenn aber der Schallträger vor Ablauf dieser Frist veröffentlicht wird, fünfzig Jahre nach der Veröffentlichung. Die Fristen sind nach § 64 zu berechnen.

(6) Die §§ 5, 7, 8, 9, 11, 12, 13, 14 Abs. 2, § 15 Abs. 1, § 16 Abs. 1 und 3, §§ 16a, 23 Abs. 2 und 4, §§ 24, 25 Abs. 2, 3 und 5, §§ 26, 27 Abs. 1, 3, 4 und 5, § 31 Abs. 1, § 32 Abs. 1, § 33 Abs. 2, §§ 41, 41a, 42c, 56, 57 Abs. 3a Z 1, 72 Abs. 4 und § 74 Abs. 2 bis 5 gelten entsprechend.

3. Rundfunksendungen

§ 76a. (1) Wer Töne oder Bilder durch Rundfunk oder auf eine ähnliche Art sendet (§ 17, Rundfunkunternehmer), hat mit den vom Gesetz bestimmten Beschränkungen das ausschließliche Recht, die Sendung gleichzeitig über eine andere Sendeanlage zu senden und zu einer öffentlichen Wiedergabe im Sinn des § 18 Abs. 3 an Orten zu benutzen, die der Öffentlichkeit gegen Zahlung eines Eintrittsgeldes zugänglich sind; der Rundfunkunternehmer hat weiter der ausschließliche

Recht, die Sendung auf einem Bild- oder Schallträger (besonders auch in Form eines Lichtbildes) festzuhalten, diesen zu vervielfältigen, zu verbreiten und zur öffentlichen Zurverfügungstellung zu benutzen. Unter der Vervielfältigung wird auch die Benutzung einer mit Hilfe eines Bild- oder Schallträgers bewirkten Wiedergabe zur Übertragung auf einen anderen verstanden.

(2) Dem Abs. 1 zuwider vervielfältigte oder verbreitete Bild- oder Schallträger dürfen zu einer Rundfunksendung (§ 17) oder zu einer öffentlichen Wiedergabe nicht benutzt werden.

(3) Zum privaten Gebrauch und weder für unmittelbare noch mittelbare kommerzielle Zwecke darf jede natürliche Person eine Rundfunksendung auf einem Bild- oder Schallträger festhalten und von diesem einzelne Vervielfältigungsstücke herstellen. § 42 Abs. 2 und 3 sowie 5 bis 7 und § 42a gelten entsprechend.

(4) Das Schutzrecht an Rundfunksendungen erlischt fünfzig Jahre nach der Sendung. Die Frist ist nach § 64 zu berechnen.

(5) Die §§ 5, 7, 8, 9, 11, 12, 13, 14 Abs. 2, § 15 Abs. 1, § 16 Abs. 1 und 3, §§ 16a, 18 Abs. 2, § 23 Abs. 2 und 4, §§ 24, 25 Abs. 2, 3 und 5, §§ 26, 27 Abs. 1, 3, 4 und 5, § 31 Abs. 1, § 32 Abs. 1, § 33 Abs. 2, §§ 41, 41a, 42c, 56, 56a, 57 Abs. 3a Z 1, 72 Abs. 4 und § 74 Abs. 2 bis 5 gelten entsprechend.

4. Nachgelassene Werke

§ 76b. Wer ein nichtveröffentlichtes Werk, für das die Schutzfrist abgelaufen ist, erlaubterweise veröffentlicht, dem stehen die Verwertungsrechte am Werk wie einem Urheber zu. Dieses Schutzrecht erlischt fünfundzwanzig Jahre nach der Veröffentlichung; die Frist ist nach § 64 zu berechnen.

III. Abschnitt
Brief- und Bildnisschutz
Briefschutz

§ 77. (1) Briefe, Tagebücher und ähnliche vertrauliche Aufzeichnungen dürfen weder öffentlich vorgelesen noch auf eine andere Art, wodurch sie der Öffentlichkeit zugänglich gemacht werden, verbreitet werden, wenn dadurch berechtigte Interessen des Verfassers oder, falls er gestorben ist, ohne die Veröffentlichung gestattet

oder angeordnet zu haben, eines nahen Angehörigen verletzt würden.

(2) Nahe Angehörige im Sinne des Abs. 1 sind Verwandte in auf- und absteigender Linie sowie der überlebende Ehegatte. Die mit dem Verfasser im ersten Grade Verwandten und der überlebende Ehegatte genießen diesen Schutz zeit ihres Lebens, andere Angehörige nur, wenn seit dem Ablauf des Todesjahres des Verfassers zehn Jahre noch nicht verstrichen sind.

(3) Briefe dürfen auch dann nicht auf die im Abs. 1 bezeichnete Art verbreitet werden, wenn hiedurch berechtigte Interessen dessen, an den der Brief gerichtet ist, oder, falls er gestorben ist, ohne die Veröffentlichung gestattet oder angeordnet zu haben, eines nahen Angehörigen verletzen würden. Abs. 2 gilt entsprechend.

(4) Die Abs. 1 bis 3 gelten ohne Rücksicht darauf, ob die im Abs. 1 bezeichneten Schriften den urheberrechtlichen Schutz dieses Gesetzes genießen oder nicht. Die Anwendung urheberrechtlicher Bestimmungen auf solche Schriften bleibt unberührt.

(5) Die Abs. 1 bis 3 gelten nicht für Schriften, die, wenngleich nicht ausschließlich, zum amtlichen Gebrauch verfaßt worden sind.

(6) Die Vorschriften des § 41 gelten entsprechend.

Bildnisschutz

§ 78. (1) Bildnisse von Personen dürfen weder öffentlich ausgestellt noch auf eine andere Art, wodurch sie der Öffentlichkeit zugänglich gemacht werden, verbreitet werden, wenn dadurch berechtigte Interessen des Abgebildeten oder, falls er gestorben ist, ohne die Veröffentlichung gestattet oder angeordnet zu haben, eines nahen Angehörigen verletzen würden.

(2) Die Vorschriften der §§ 41 und 77 Abs. 2 und 4 gelten entsprechend.

IV. Abschnitt
Nachrichtenschutz, Schutz des Titels von Werken der Literatur und der Kunst
Nachrichtenschutz

§ 79. (1) Presseberichte der im § 44 Abs. 3 bezeichneten Art, die in Zeitungskorrespondenzen oder anderen der entgeltlichen Vermittlung von

Nachrichten an Zeitungen oder Zeitschriften dienenden Mitteilungen enthalten sind, dürfen in Zeitungen oder Zeitschriften erst dann wiedergegeben werden, wenn seit ihrer Verlautbarung in einer vom Nachrichtensammler dazu ermächtigten Zeitung oder Zeitschrift mindestens 12 Stunden verstrichen sind.

(2) Bei Anwendung des Abs. 1 stehen den Zeitungen und Zeitschriften alle anderen Einrichtungen gleich, die die periodische Verbreitung von Nachrichten an jedermann besorgen. § 59a gilt entsprechend.

Titelschutz

§ 80. (1) Im geschäftlichen Verkehr darf weder der Titel oder die sonstige Bezeichnung eines Werkes der Literatur oder Kunst noch die äußere Ausstattung von Werkstücken für ein anderes Werk auf eine Weise verwendet werden, die geeignet ist, Verwechslungen hervorzurufen.

(2) Abs. 1 gilt auch für Werke der Literatur und der Kunst, die den urheberrechtlichen Schutz dieses Gesetzes nicht genießen.

III. Hauptstück

Rechtsdurchsetzung

Abschnitt

Zivilrechtliche Vorschriften

Unterlassungsanspruch

§ 81. (1) Wer in einem auf dieses Gesetz gegründeten Ausschließungsrecht verletzt worden ist oder eine solche Verletzung zu besorgen hat, kann auf Unterlassung klagen. Der Inhaber eines Unternehmens kann hierauf auch dann geklagt werden, wenn eine solche Verletzung im Betrieb seines Unternehmens von einem Bediensteten oder Beauftragten begangen worden ist oder droht.

(1a) Bedient sich derjenige, der eine solche Verletzung begangen hat oder von dem eine solche Verletzung droht, hiezu der Dienste eines Vermittlers, so kann auch dieser auf Unterlassung nach Abs. 1 geklagt werden. Wenn bei diesem die Voraussetzungen für einen Ausschluss der Verantwortlichkeit nach den §§ 13 bis 17 ECG vorliegen, kann er jedoch erst nach Abmahnung geklagt werden.

(2) Einstweilige Verfügungen können erlassen werden, auch wenn die im § 381 der Exekutionsordnung bezeichneten Voraussetzungen nicht zutreffen.

Beseitigungsanspruch

§ 82. (1) Wer in einem auf dieses Gesetz gegründeten Ausschließungsrechte verletzt wird, kann verlangen, daß der dem Gesetz widerstreitende Zustand beseitigt wird; § 81 Abs. 1a gilt sinngemäß.

(2) Der Verletzte kann insbesondere verlangen, dass die den Vorschriften dieses Gesetzes zuwider hergestellten oder verbreiteten sowie die zur widerrechtlichen Verbreitung bestimmten Vervielfältigungsstücke vernichtet und dass die ausschließlich oder überwiegend zur widerrechtlichen Vervielfältigung bestimmten Mittel (Formen, Steine, Platten, Filmstreifen und dergleichen) unbrauchbar gemacht werden.

(3) Enthalten die im Abs. 2 bezeichneten Eingriffsgegenstände oder Eingriffsmittel Teile, deren unveränderter Bestand und deren Gebrauch durch den Beklagten das Ausschließungsrecht des Klägers nicht verletzen, so hat das Gericht diese Teile in dem die Vernichtung oder Unbrauchbarmachung aussprechenden Urteil zu bezeichnen. Bei der Vollstreckung sind diese Teile, soweit es möglich ist, von der Vernichtung oder Unbrauchbarmachung auszunehmen, wenn der Verpflichtete die damit verbundenen Kosten im voraus bezahlt. Zeigt sich im Exekutionsverfahren, daß die Unbrauchbarmachung von Eingriffsmitteln unverhältnismäßig große Kosten erfordern würde, und werden diese vom Verpflichteten nicht im voraus bezahlt, so ordnet das Exekutionsgericht nach Einvernehmung der Parteien die Vernichtung dieser Eingriffsmittel an.

(4) Kann der dem Gesetz widerstreitende Zustand auf eine andere als die im Abs. 2 bezeichnete, mit keiner oder einer geringeren Wertvernichtung verbundene Art beseitigt werden, so kann der Verletzte nur Maßnahmen dieser Art begehren. Namentlich dürfen Werkstücke nicht bloß deshalb vernichtet werden, weil die Quellenangabe fehlt oder dem Gesetz nicht entspricht.

(5) Statt der Vernichtung von Eingriffsgegenständen oder Unbrauchbarmachung von Eingriffs-

mitteln kann der Verletzte verlangen, daß ihm die Eingriffsgegenstände oder Eingriffsmittel von ihrem Eigentümer gegen eine angemessene, die Herstellungskosten nicht übersteigende Entschädigung überlassen werden.

(6) Der Beseitigungsanspruch richtet sich gegen den Eigentümer der Gegenstände, die den der Beseitigung des gesetzwidrigen Zustandes dienenden Maßnahmen unterliegen. Der Anspruch kann während der Dauer des verletzten Rechtes so lange geltend gemacht werden, als solche Gegenstände vorhanden sind.

Unterlassungs- und Beseitigungsanspruch bei Werken der bildenden Künste

§ 83. (1) Ist ein Urstück eines Werkes der bildenden Künste unbefugt geändert worden, so kann der Urheber, soweit im folgenden nichts anderes bestimmt ist, nur verlangen, daß die Änderung auf dem Urstück als nicht vom Schöpfer des Werkes herrührend gekennzeichnet oder daß eine darauf befindliche Urheberbezeichnung beseitigt oder berichtigt werde.

(2) Ist die Wiederherstellung des ursprünglichen Zustandes möglich und stehen ihr nicht überwiegende öffentliche Interessen oder überwiegende Interessen des Eigentümers entgegen, so kann der Schöpfer des Werkes nach seiner Wahl an Stelle der im Abs. 1 bezeichneten Maßnahmen verlangen, daß ihm die Wiederherstellung gestattet werde.

(3) Bei Werken der Baukunst kann der Urheber auf Grund des § 81 eine unbefugte Änderung nicht untersagen. Auch kann er nicht verlangen, daß Bauten abgetragen, umgebaut oder ihm nach § 82 Abs. 5 überlassen werden. Doch ist auf sein Verlangen je nach der Sachlage eine der im Abs. 1 bezeichneten Maßnahmen zu treffen oder auf dem Nachbau eine der Wahrheit entsprechende Urheberbezeichnung anzubringen.

Unterlassungs- und Beseitigungsanspruch in den Fällen der §§ 79 und 80

§ 84. (1) Im Falle des § 79 können Unterlassungs- und Beseitigungsprüche nicht nur vom Nachrichtensammler geltend gemacht werden, sondern auch von jedem Unternehmer, der mit dem Täter in Wettbewerb steht, sowie von Vereinigungen zur Förderung wirtschaftlicher Interessen von Unternehmern, wenn diese Interessen durch die Tat berührt werden.

(2) Im Falle des § 80 können Unterlassungs- und Beseitigungsansprüche von einer solchen Vereinigung sowie von jedem Unternehmer geltend gemacht werden, der sich damit befaßt, Stücke des Werkes, dessen Titel, Bezeichnung oder Ausstattung für ein anderes Werk verwendet wird, in Verkehr zu bringen oder es öffentlich vorzutragen, aufzuführen oder vorzuführen, und dessen Interessen durch die Tat beeinträchtigt werden. Bei urheberrechtlich geschützten Werken ist dazu stets auch der Urheber berechtigt.

(3) Eingriffsgegenstände unterliegen in den Fällen der §§ 79 und 80 dem Beseitigungsanspruch nur, wenn sie zur widerrechtlichen Verbreitung bestimmt sind. Ein Anspruch auf Überlassung von Eingriffsgegenständen oder Eingriffsmitteln (§ 82 Abs. 5) besteht in diesen Fällen nicht.

Urteilsveröffentlichung

§ 85. (1) Wird auf Unterlassung oder Beseitigung oder Feststellung des Bestehens oder Nichtbestehens eines auf dieses Gesetz gegründeten Ausschließungsrechtes oder der Urheberschaft (§ 19) geklagt, so hat das Gericht der obsiegenden Partei, wenn diese daran ein berechtigtes Interesse hat, auf Antrag die Befugnis zuzusprechen, das Urteil innerhalb bestimmter Frist auf Kosten des Gegners zu veröffentlichen. Die Art der Veröffentlichung ist im Urteil zu bestimmen.

(2) Die Veröffentlichung umfaßt den Urteilsspruch. Auf Antrag der obsiegenden Partei kann jedoch das Gericht einen vom Urteilsspruch nach Umfang oder Wortlaut abweichenden oder ihn ergänzenden Inhalt der Veröffentlichung bestimmen. Dieser Antrag ist spätestens vier Wochen nach Rchtskraft des Urteils zu stellen. Ist der Antrag erst nach Schluß der mündlichen Streitverhandlung gestellt worden, so hat hierüber das Gericht erster Instanz nach Rechtskraft des Urteils mit Beschluß zu entscheiden.

(3) Das Gericht erster Instanz hat auf Antrag der obsiegenden Partei die Kosten der Veröffentlichung festzusetzen und deren Ersatz dem Gegner aufzutragen.

(4) Die Veröffentlichung auf Grund eines rechtskräftigen Urteils oder eines anderen vollstreckba-

ren Exekutionstitels ist vom Medienunternehmer ohne unnötigen Aufschub vorzunehmen.

Anspruch auf angemessenes Entgelt

§ 86. (1) Wer unbefugt

1. ein Werk der Literatur oder Kunst auf eine nach den §§ 14 bis 18a dem Urheber vorbehaltene Verwertungsart benutzt,
2. den Vortrag oder die Aufführung eines Werkes der Literatur oder Tonkunst dem § 66 Abs. 1 und 5 zuwider auf einem Bild- oder Schallträger festhält oder diesen vervielfältigt oder dem § 66 Abs. 1 und 5 oder dem § 69 Abs. 2 zuwider verbreitet,
3. den Vortrag oder die Aufführung eines Werkes der Literatur oder Tonkunst dem § 66 Abs. 7, § 69 Abs. 2, §§ 70 oder 71 oder 71a zuwider durch Rundfunk sendet, öffentlich wiedergibt oder der Öffentlichkeit zur Verfügung stellt,
4. ein Lichtbild oder einen Schallträger auf eine nach den §§ 74 oder 76 dem Hersteller vorbehaltene Verwertungsart benutzt oder
5. eine Rundfunksendung auf eine nach § 76a dem Rundfunkunternehmer vorbehaltene Verwertungsart benutzt, hat, auch wenn ihn kein Verschulden trifft, dem Verletzten, dessen Einwilligung einzuholen gewesen wäre, ein angemessenes Entgelt zu zahlen.

(2) Auf ein solches Entgelt besteht aber kein Anspruch, wenn eine Rundfunksendung, eine öffentliche Wiedergabe oder eine öffentliche Zurverfügungstellung nur deshalb unzulässig gewesen ist, weil sie mit Hilfe von Bild- oder Schallträgern oder Rundfunksendungen vorgenommen worden ist, die nach dem § 50 Abs. 2, § 53 Abs. 2, § 56 Abs. 3, § 56b Abs. 2, § 56c Abs. 3 Z 2, § 56d Abs. 1 Z 2, § 66 Abs. 7, § 69 Abs. 2, §§ 70, 71, 74, 76 oder 76a Abs. 2 und 3 dazu nicht verwendet werden durften, und wenn diese Eigenschaft der Bild- oder Schallträger oder Rundfunksendungen ihrem Benutzer ohne sein Verschulden unbekannt gewesen ist.

(3) Wer einen Pressebericht dem § 79 zuwider benutzt, hat auch wenn ihn kein Verschulden tifft, dem Nachrichtensammler ein angemessenes Entgelt zu bezahlen.

Anspruch auf Schadenersatz und auf Herausgabe des Gewinnes

§ 87. (1) Wer durch eine Zuwiderhandlung gegen dieses Gesetz einen anderen schuldhaft schädigt, hat dem Verletzten ohne Rücksicht auf den Grad des Verschuldens auch den entgangenen Gewinn zu ersetzen.

(2) Auch kann der Verletzte in einem solchen Fall eine angemessene Entschädigung für die in keinem Vermögensschaden bestehenden Nachteile verlangen, die er durch die Handlung erlitten hat.

(3) Der Verletzte, dessen Einwilligung einzuholen gewesen wäre, kann als Ersatz des ihm schuldhaft zugefügten Vermögensschadens (Abs. 1), wenn kein höherer Schaden nachgewiesen wird, das Doppelte des ihm nach § 86 gebührenden Entgelts begehren.

(4) Wird ein Werk der Literatur oder Kunst unbefugt vervielfältigt oder verbreitet, so kann der Verletzte, dessen Einwilligung einzuholen gewesen wäre, auch die Herausgabe des Gewinnes verlangen, den der Schädiger durch den schuldhaften Eingriff erzielt hat. Dasselbe gilt, wenn der Vortrag oder die Aufführung eines Werkes der Literatur oder Tonkunst dem § 66 Abs. 1 zuwider oder eine Rundfunksendung dem § 76a zuwider auf einem Bild- oder Schallträger verwertet oder wenn ein Lichtbild dem § 74 zuwider oder ein Schallträger dem § 76 zuwider vervielfältigt oder verbreitet wird. Dasselbe gilt schließlich, wenn das Zurverfügungstellungsrecht (§ 18a) verletzt wird.

(5) Neben einem angemessenen Entgelt (§ 86) oder der Herausgabe des Gewinnes (Abs. 4) kann ein Ersatz des Vermögensschadens nur begehrt werden, soweit er das Entgelt oder den herauszugebenden Gewinn übersteigt.

Anspruch auf Rechnungslegung

§ 87a. (1) Wer nach diesem Gesetz zur Leistung eines angemessenen Entgelts oder angemessenen Vergütung, eines angemessenen Anteils an einer solchen Vergütung, zum Schadenersatz oder zur Herausgabe des Gewinnes oder zur Beseitigung verpflichtet ist, hat dem Anspruchsberechtigten Rechnung zu legen und deren Richtigkeit durch einen Sachverständigen prüfen zu lassen. Wenn sich dabei ein höherer Betrag als aus der Rechnungslegung ergibt, sind die Kosten der Prüfung vom Zahlungspflichtigen zu tragen. Wer zur Rechnungslegung verpflchtet ist, hat dem Anspruchsberechtigten darüber hinaus über alle weiteren zur Rechtsverfolgung erforderlichen Umstände Auskunft zu erteilen.

(2) Wer nach § 42b Abs. 3 Z 1 als Bürge und Zahler haftet, hat dem Anspruchsberechtigten auch anzugeben, von wem er das Trägermaterial oder das Vervielfältigungsgerät bezogen hat, sofern er nicht die Vergütung leistet.

(3) Die Abs. 1 und 2 gelten sinngemäß auch für denjenigen, der nach § 42b Abs. 3 Z 1 von der Haftung ausgenommen ist.

Anspruch auf Auskunft

§ 87b. (1) Wer im Inland Werkstücke verbreitet, an denen das Verbreitungsrecht durch Inverkehrbringen in einem Mitgliedstaat der Europäischen Gemeinschaft oder in einem Vertragsstaat des Europäischen Wirtschaftsraums erloschen ist (§ 16 Abs. 3), hat dem Berechtigten auf Verlangen richtig und vollständig Auskunft über Hersteller, Inhalt, Herkunftsland und Menge der verbreiteten Werkstücke zu geben. Anspruch auf Auskunft hat, wem das Recht, die Werkstücke im Inland zu verbreiten, im Zeitpunkt des Erlöschens zugestanden ist.

(2)…

(3) Vermittler im Sinne des § 81 Abs. 1a haben dem Verletzten Auskunft über die Identität des Verletzers (Name und Anschrift) zu geben.

Haftung des Inhabers eines Unternehmens

§ 88. (1) Wird der einen Anspruch auf angemessenes Entgelt (§ 86) begründende Eingriff im Betrieb eines Unternehmens von einem Bediensteten oder Beauftragten begangen, so trifft die Pflicht zur Zahlung des Entgeltes den Inhaber des Unternehmens.

(2) Hat ein Bediensteter oder Beauftragter im Betrieb eines Unternehmens diesem Gesetz zuwidergehandelt, so haftet, unbeschadet einer allfälligen Ersatzpflicht dieser Personen, der Inhaber des Unternehmens für den Ersatz des dadurch verursachten Schadens (§ 87 Abs. 1 bis 3), wenn ihm die Zuwiderhandlung bekannt war oder bekannt sein mußte. Auch trifft ihn in einem solchen Falle die Pflicht zur Herausgabe des Gewinnes nach § 87 Abs. 4.

Haftung mehrerer Verpflichteter

§ 89. Soweit derselbe Anspruch auf ein angemessenes Entgelt (§ 86), auf Schadenersatz (§ 87 Abs. 1 bis 3) oder auf Herausgabe des Gewinns (§ 87 Abs. 4) gegen mehrere Personen begründet ist, haften sie zur ungeteilten Hand.

Verjährung

§ 90. (1) Die Verjährung der Ansprüche auf angemessenes Entgelt, angemessene Vergütung. Herausgabe des Gewinnes und Auskunft richtet sich nach den Vorschriften für Entschädigungsklagen.

(2) Die Ansprüche der einzelnen Anspruchsberechtigten oder Gruppen von Anspruchsberechtigten gegen die Verwertungsgesellschaft verjähren ohne Rücksicht auf Kenntnis des Anspruchsberechtigten von den die Zahlungspflicht der Verwertungsgesellschaft begründenden Tatsachen in drei Jahren ab diesem Zeitpunkt.

Mitwirkung der Zollbehörden

§ 90a. (1) Trägermaterial und Vervielfältigungsgeräte im Sinne des § 42b, die in den zollrechtlichen freien Verkehr übergeführt oder in ein Lager des Typs D im Sinne der zollrechtlichen Vorschriften eingelagert werden, sind vom Anmelder nach Maßgabe der Verordnungen nach den Abs. 3 und 4 mit einem eigenen Anmeldeschein anzumelden. Im Anmeldeschein sind Stückzahl, Art und Warenzeichen der angemeldeten Waren sowie der Name und die Anschrift des Anmelders und des Empfängers der angemeldeten Waren anzugeben; bei Trägermaterial ist überdies die Spieldauer, bei Vervielfältigungsgeräten die Leistungsfähigkeit (Vervielfältigungen je Minute) anzugeben. Der Anmeldeschein ist eine erforderliche Unterlage zur Zollmeldung im Sinne der zollrechtlichen Vorschriften. Die Anmeldescheine sind von den Zollstellen den Verwertungsgesellschaften, die Ansprüche nach § 42b und in Verbindung damit aus § 69 Abs. 3, § 74 Abs. 7 und § 76 Abs. 4 geltend machen, zu übersenden.

(2) Von der Anmeldepflicht nach Abs. 1 sind Sendungen ausgenommen, die nach zollrechtlichen Vorschriften eingangsabgabefrei bleiben, im Fall von Trägermaterial überdies Sendungen, die nicht mehr als 100 Stück umfassen.

(3) Der Bundesminister für Justiz hat im Einver-

nehmen mit dem Bundesminister für Finanzen durch Verordnung zu bestimmen, welche nach den Positionen der Kombinierten Nomenklatur (Verordnung [EWG] 2658/87 des Rates vom 23. Juli 1987 über die zolltarifliche und statistische Nomenklatur sowie den gemeinsamen Zolltarif, ABl Nr L 253 vom 11. Oktober 1993, S. 1, in der jeweils geltenden Fassung) bezeichnete Waren unter die Anmeldepflicht nach Abs. 1 fallen und welchen Verwertungsgesellschaften die Anmeldescheine zu übersenden sind; die Verordnung hat auch Form und Inhalt des Anmeldescheins zu bestimmen. Die Verordnung hat auf den erforderlichen Verwaltungsaufwand und auf die Bedürfnisse der Verwertungsgesellschaften angemessen Bedacht zu nehmen.

(4) Der Bundesminister für Justiz kann im Einvernehmen mit dem Bundesminister für Finanzen durch Verordnung weitere Ausnahmen von der Anmeldepflicht vorsehen, wenn das Interesse an der Erleichterung des Warenverkehrs oder der Verwaltungsvereinfachung das Interesse der Verwertungsgesellschaften an der Anmeldung überwiegt.

(5) Der Anmelder und der im Anmeldeschein genannte Empfänger der angemeldeten Waren haben den in Abs. 1 bezeichneten Verwertungsgesellschaften auf deren Verlangen richtig und vollständig Auskunft über die für die Entstehung der Zahlungspflicht maßgeblichen Umstände zu geben.

Schutz von Computerprogrammen

§ 90b. Der Inhaber eines auf dieses Gesetz gegründeten Ausschließungsrechts an einem Computerprogramm, der sich technischer Mechanismen zum Schutz dieses Programms bedient, kann auf Unterlassung und Beseitigung des dem Gesetz widerstreitenden Zustands klagen, wenn Mittel in Verkehr gebracht oder zu Erwerbszwecken besessen werden, die allein dazu bestimmt sind, die unerlaubte Beseitigung oder Umgehung dieser technischen Mechanismen zu erleichtern. Die §§ 81, 82 Abs. 2 bis 6, §§ 85, 87 Abs. ! UND „; 3 (/A Abs.: 1, § 88 Abs. 2, §§ 89 und 90 geltend entsprechend.

Schutz technischer Maßnahmen

§ 90c. (1) Der Inhaber eines auf dieses Gesetz gegründeten Ausschließungsrechts, der sich wirksamer technischer Maßnahmen bedient, um eine Verletzung dieses Rechts zu verhindern oder einzuschränken, kann auf Unterlassung und Beseitigung des dem Gesetz widerstreitenden Zustands klagen,

Schutz von Kennzeichnungen

§ 90d. (1) Der Inhaber eines auf dieses Gesetz gegründeten Ausschließungsrechts, der Kennzeichnungen im Sinn dieser Bestimmung anwendet, kann auf Unterlassung und Beseitigung des dem Gesetz widerstreitenden Zustands klagen,

1. wenn solche Kennzeichnungen entfernt oder geändert werden;

2. wenn Vervielfältigungsstücke von Werken oder sonstigen Schutzgegenständen, von beziehungsweise auf denen Kennzeichnungen unbefugt entfernt oder geändert worden sind, verbreitet oder zur Verbreitung eingeführt oder für eine Sendung, für eine öffentliche Wiedergabe oder für eine öffentliche Zurverfügungstellung verwendet werden.

(2) Der Anspruch nach Abs. 1 besteht nur gegen Personen, die die angeführten Handlungen unbefugt und wissentlich vornehmen, wobei ihnen bekannt ist oder den Umständen nach bekannt sein muss, dass sie dadurch die Verletzung eines auf dieses Gesetz gegründeten Ausschließungsrechtes veranlassen, ermöglichen, erleichtern oder verschleiern.

(3) Unter Kennzeichnungen sind Angaben zu verstehen,

1. die in elektronischer Form festgehalten sind, auch wenn sie durch Zahlen oder in anderer Form verschlüsselt sind,

2. die mit einem Vervielfältigungsstück des Werkes oder sonstigen Schutzgegenstandes verbunden sind oder in Zusammenhang mit dem Werk oder sonstigen Schutzgegenstand gesendet, öffentlich wiedergegeben oder der Öffentlichkeit zur Verfügung gestellt werden und

3. die folgenden Inhalt haben:

a. die Bezeichnung des Werkes oder sonstigen Schutzgegenstandes, des Urhebers oder jedes anderen Rechtsinhabers, sofern alle diese Angaben vom Rechtsinhaber stammen, oder

b. die Modalitäten und Bedingungen für die Nutzung des Werkes oder sonstigen Schutzgegenstands.

(4) Die §§ 81, 82 Abs. 2 bis 6, §§ 85, 87 Abs. 1 und 2, § 87a Abs. 1, § 88 Abs. 2, §§ 89 und 90 gelten entsprechend.

Abschnitt

Strafrechtliche Vorschriften

Eingriff

§ 91. (1) Wer einen Eingriff der im § 86 Abs. 1, § 90b, § 90c Abs. 1 oder § 90d Abs. 1 bezeichneten Art begeht, ist mit Freiheitsstrafe bis zu sechs Monaten oder mit Geldstrafe bis zu 360 Tagessätzen zu bestrafen. Der Eingriff ist jedoch dann nicht strafbar, wenn es sich nur um eine unbefugte Vervielfältigung oder um ein unbefugtes Festhalten eines Vortrags oder einer Aufführung jeweils zum eigenen Gebrauch oder unentgeltlich auf Bestellung zum eigenen Gebrauch eines anderen handelt.

(2) Ebenso ist zu bestrafen, wer als Inhaber oder Leiter eines Unternehmens einen im Betrieb des Unternehmens von einem Bediensteten oder Beauftragten begangenen Eingriff dieser Art (Abs. 1 und 1a) nicht verhindert.

(2a) Wer eine nach den Abs. 1, 1a oder 2 strafbare Handlung gewerbsmäßig begeht, ist mit Freiheitsstrafe bis zu zwei Jahren zu bestrafen.

(3) Der Täter ist nur auf Verlangen des in seinem Recht verletzten zu verfolgen.

(4) § 85 Abs. 1, 3 und 4 über die Urteilsveröffentlichung gilt entsprechend.

(5) Das Strafverfahren obliegt dem Einzelrichter des Gerichtshofes erster Instanz.

Vernichtung und Unbrauchbarmachung von Eingriffgegenständen und Eingriffsmitteln

§ 92. (1) In dem Urteil, womit ein Angeklagter des Vergehens nach § 91 schuldig erkannt wird, ist auf Antrag des Privatanklägers die Vernichtung der zur widerrechtlichen Verbreitung bestimmten Eingriffsgegenstände sowie die Unbrauchbarmachung der ausschließlich oder überwiegend zur widerrechtlichen Vervielfältigung bestimmten und der im Abs. § 90b sowie § 90c Abs. 3 bezeichneten Eingriffsmittel anzuordnen. Solche Eingriffsgegenstände und Eingriffsmittel unterliegen diesen Maßnahmen ohne Rücksicht darauf, wem sie gehören. Bauten sind diesen Maßnahmen nicht unterworfen. Die Vorschriften des § 82 Abs. 3 gelten entsprechend.

(2) Kann keine bestimmte Person verfolgt oder verurteilt werden, so hat das Strafgericht auf Antrag des Verletzten die im Abs. 1 bezeichneten Maßnahmen im freisprechenden Erkenntis oder in einem selbständigen Verfahren anzuordnen, wenn die übrigen Voraussetzungen dieser Maßnahmen vorliegen. Im selbständigen Verfahren erkennt hierüber das Gericht, das zur Durchführung des Strafverfahrens zuständig wäre, nachdem die etwa erforderlichen Erhebungen gepflogen worden sind, nach mündlicher Verhandlung durch Urteil. Auf die Verhandlung, die Entscheidung und ihre Veröffentlichung sowie auf die Anfechtung der Entscheidung sind die Vorschriften entsprechend anzuwenden, die für die Entscheidung über den Strafanspruch gelten. Für den Kostenersatz gelten dem Sinne nach die allgemeinen Vorschriften über den Ersatz der Kosten des Strafverfahrens; wird dem Antrag stattgegeben, so trifft die Kostenersatzpflicht die an dem Verfahren als Gegner des Antragstellers Beteiligten.

(3) In den Fällen der Abs. 1 und 2 sind, soweit es möglich ist, auch die Eigentümer der der Vernichtung oder Unbrauchbarmachung unterliegenden Gegenstände zur Verhandlung zu laden. Sie sind, soweit es sich um die gesetzlichen Voraussetzungen dieser Maßnahmen handelt, berechtigt, tatsächliche Umstände vorzubringen, Anträge zu stellen und gegen die Entscheidung die nach der Strafprozeßordnung zulässigen Rechtsmittel zu ergreifen. Wegen Nichtigkeit können sie das Urteil auch dann anfechten, wenn das Gericht die ihm nach den Abs. 1 und 2 zustehenden Befugnisse überschritten hat. Sie können ihre Sache selbst oder durch einen Bevollmächtigten führen und sich eines Rechtsbeistandes aus der Zahl der in der Verteidigerliste eingetragenen Personen bedienen. Die Frist zur Erhebung von Rechtsmitteln beginnt für sie mit der Verkündung des Urteils, auch wenn sie dabei nicht anwesend waren. Gegen ein in ihrer Abwesenheit gefälltes Urteil können sie keinen Einspruch erheben.

Beschlagnahme

§ 93. (1) Zur Sicherung der auf Grund des § 92

beantragten Maßnahmen können die ihnen unterliegenden Eingriffsgegenstände und Eingriffsmittel auf Antrag des Privatanklägers vom Strafgericht in Beschlag genommen werden.

(2) Das Strafgericht hat über einen solchen Antrag sofort zu entscheiden. Es kann die Bewilligung der Beschlagnahme von dem Erlag einer Sicherstellung abhängig machen. Die Beschlagnahme ist auf das unbedingt notwendige Maß zu beschränken. Sie muß aufgehoben werden, wenn eine angemessene Sicherheit dafür geleistet wird, daß die beschlagnahmten Gegenstände nicht auf eine unerlaubte Art benutzt und dem Zugriff des Gerichtes nicht entzogen werden.

(3) Wird die Beschlagnahme nicht schon früher aufgehoben, so bleibt sie bis zur rechtskräftigen Erledigung des Verfahrens über den Antrag auf Vernichtung der Eingriffsgegenstände oder Unbrauchbarmachung der Eingriffsmittel und, wenn im Urteil hierauf erkannt wird, bis zur Vollstreckung der angeordneten Maßnahmen aufrecht.

(4) Gegen Beschlüsse, betreffend die Anordnung, Einschränkung oder Aufhebung der Beschlagnahme, kann binnen 14 Tagen Beschwerde erhoben werden; sie hat nur dann aufschiebende Wirkung, wenn sie sich gegen die Aufhebung oder Beschränkung der Beschlagnahme richtet.

(5) Erkennt das Gericht nicht auf Vernichtung oder Unbrauchbarmachung der beschlagnahmten Gegenstände, so hat der Antragsteller dem von der Beschlagnahme Betroffenen alle hiedurch verursachten vermögensrechtlichen Nachteile zu ersetzen. Kommt es infolge einer von den Parteien getroffenen Vereinbarung zu keiner Entscheidung über den Antrag auf Vernichtung oder Unbrauchbarmachung, so kann der Betroffene den Anspruch auf Ersatz nur erheben, wenn er sich ihn in der Vereinbarung vorbehalten hat.

(6) Der Anspruch auf den nach Abs. 5 gebührenden Ersatz ist im ordentlichen Rechtsweg geltend zu machen.

Hauptstück

Anwendungsbereich des Gesetzes

Werke der Literatur und der Kunst
Werke der Staatsbürger

§ 94. Ein Werk genießt ohne Rücksicht darauf, ob und wo es erschienen ist, den urheberrechtlichen Schutz dieses Gesetzes, wenn der Urheber (§ 10 Abs. 1) oder ein Miturheber österreichischer Staatsbürger ist.

Im Inland erschienene und mit inländischen Liegenschaften verbundene Werke

§ 95. Den urheberrechtlichen Schutz dieses Gesetzes genießen ferner alle nicht schon nach § 94 geschützten Werke, die im Inland erschienen sind, sowie die Werke der bildenden Künste, die Bestandteil oder Zugehör einer inländischen Liegenschaft sind.

Nicht im Inland erschienene und nicht mit inländischen Liegenschaften verbundene Werke von Ausländern

§ 96. (1) Für Werke ausländischer Urheber (§ 10 Abs. 1), die nicht nach § 94 oder nach § 95 geschützt sind, besteht der urheberrechtliche Schutz unbeschadet von Staatsverträgen unter der Voraussetzung, daß die Werke österreichischer Urheber auch in dem Staat, dem der ausländische Urheber angehört, in annähernd gleicher Weise geschützt sind, jedenfalls aber im selben Ausmaß wie die Werke der Angehörigen dieses Staates. Diese Gegenseitigkeit ist dann anzunehmen, wenn sie in einer Kundmachung des Bundesministers für Justiz im Hinblick auf die in dem betreffenden Staat bestehende Rechtslage festgestellt worden ist. Darüber hinaus können die zuständigen Behörden die Gegenseitigkeit mit einem anderen Staat vertraglich vereinbaren, wenn dies zur Wahrung der Interessen von österreichischen Urhebern geboten erscheint.

(2) Für die Berechnung der Dauer des Schutzes, den ausländische Urheber für ihre Werke in Österreich nach dem Welturheberrechtsabkommen vom 6. September 1952, BGBl Nr 108/1957, oder nach dem Welturheberrechtsabkommen, revidiert am 24. Juli 1971, BGBl Nr 293/1982, genießen, sind ihre Art. IV Z 4 Abs. 1 bzw. Art. IV Abs. 4 lit a anzuwenden.

Vorträge und Aufführungen von Werken der Literatur und der Tonkunst

§ 97. (1) Vorträge und Aufführungen von Werken der Literatur und der Tonkunst, die im Inland stattfinden, sind nach den Vorschriften der §§ 66 bis 72 ohne Rücksicht darauf geschützt, welchem Staate die Personen angehören, deren Einwilligung nach § 66 Abs. 1 und 5 zur Festhaltung des Vortrages oder der Aufführung auf einem Bild- oder Schallträger erforderlich ist.

(2) Bei Vorträgen und Aufführungen, die im Ausland stattfinden, gelten die §§ 66 bis 72 zugunsten österreichischer Staatsbürger. Ausländer werden bei solchen Vorträgen und Aufführungen unbeschadet von Staatsverträgen unter der Voraussetzung geschützt, daß die Vorträge und Aufführungen österreichischer Staatsbürger auch in dem Staat, dem der Ausländer angehört, in annähernd gleicher Weise geschützt sind, jedenfalls aber im selben Ausmaß wie Vorträge und Aufführungen der Angehörigen dieses Staates. Diese Gegenseitigkeit ist dann anzunehmen, wenn sie in einer Kundmachung des Bundesministers für Justiz im Hinblick auf die in dem betreffenden Staat bestehende Rechtslage festgestellt worden ist. Darüber hinaus können die zuständigen Behörden die Gegenseitigkeit mit einem anderen Staat vertraglich vereinbaren, wenn dies zur Wahrung der Interessen von österreichischen nach § 66 Abs. 1 Verwertungsberechtigten geboten erscheint.

Lichtbilder

§ 98. (1) Für die Anwendbarkeit der Vorschriften zum Schutz von Lichtbildern (§§ 73 bis 75) gelten die Vorschriften der §§ 94 bis 96 entsprechend.

(2) Ist der Hersteller eine juristische Person, so ist dem Erfordernis der österreichischen Staatsbürgerschaft genügt, wenn die juristische Person ihren Sitz im Inland hat.

Schallträger und Rundfunksendungen
Schallträger

§ 99. (1) Schallträger werden nach § 76 ohne Rücksicht darauf geschützt, ob und wie sie erschienen sind, wenn der Hersteller österreichischer Staatsbürger ist. § 98 Abs. 2 gilt entsprechend.

(2) Andere Schallträger werden nach § 76 Abs. 1, 2 und 4 bis 6 geschützt, wenn sie im Inland erschienen sind.

(3) Schallträger ausländischer Hersteller, die nicht im Inland erschienen sind, werden nach § 76 Abs. 1, 2 und 4 bis 6 unbeschadet von Staatsverträgen unter der Voraussetzung geschützt, daß Schallträger österreichischer Hersteller auch in dem Staat, dem der ausländische Hersteller angehört, in annähernd gleicher Weise geschützt sind, jedenfalls aber im selben Ausmaß wie die Schallträger der Angehörigen dieses Staates. Diese Gegenseitigkeit ist dann anzunehmen, wenn sie in einer Kundmachung des Bundesministers für Justiz im Hinblick auf die in dem betreffenden Staat bestehende Rechtslage festgestellt worden ist. Darüber hinaus können die zuständigen Behörden die Gegenseitigkeit mit einem anderen Staat vertraglich vereinbaren, wenn dies zur Wahrung der Interessen österreichischer Hersteller von Schallträgern geboten erscheint.

(4) Nicht im Inland erschienene Schallträger ausländischer Hersteller werden ferner nach § 76 Abs. 1, 2 und 4 bis 6 geschützt, wenn der Hersteller einem Vertragsstaat des Übereinkommens vom 29. Oktober 1971, BGBl Nr 294/1982, zum Schutz der Hersteller von Tonträgern gegen die unerlaubte Vervielfältigung ihrer Tonträger angehört.

(5) Auf den Schutz nach § 76 Abs. 3 haben Ausländer jedenfalls nur nach Maßgabe von Staatsverträgen Anspruch.

Rundfunksendungen

§ 99a. Rundfunksendungen, die nicht im Inland ausgestrahlt werden, sind nur nach Maßgabe von Staatsverträgen geschützt.

Nachgelassene Werke

§ 99b. Für den Schutz nachgelassener Werke (§ 76b) gelten die Vorschriften der §§ 94 bis 96 entsprechend.

Nachrichten und Titelschutz

§ 100. (1) Ausländern, die im Inland keine Hauptniederlassung haben, kommt der Schutz nach den §§ 79 und 80 nur nach Maßgabe von Staatsverträgen oder unter Voraussetzung der Gegenseitigkeit zu; der Bundesminister für Justiz ist ermächtigt, im Bundesgesetzblatt kundzumachen, daß und allenfalls wieweit die Gegenseitigkeit nach den innerstaatlichen Rechtsvorschriften des fremden Staates verbürgt ist.

(2) Dem Urheber eines geschützten Werkes und den Personen, denen ein Werknutzungsrecht daran zusteht, wird der im § 80 bezeichnete Schutz auch dann gewährt, wenn die im Abs. 1 bezeichneten Voraussetzungen nicht vorliegen.

Hauptstück

Übergangs- und Schlußbestimmungen

§ 101. (1) Die urheberrechtlichen Vorschriften dieses Gesetzes gelten, soweit es nichts anderes bestimmt, auch für die vor seinem Inkrafttreten geschaffenen Werke der Literatur und der Kunst, die nicht schon früher infolge Ablaufs der Schutzfrist frei geworden sind.

(2) Werke, die zur Zeit des Inkrafttretens dieses Gesetzes urheberrechtlichen Schutz genießen, weil sie nach älteren Vorschriften als im Inland erschienen anzusehen sind, bleiben gleich den im Inland erschienenen Werken geschützt, auch wenn sie nach § 9 nicht zu den im Inland erschienenen Werken gehören.

(3) Der durch Verordnungen gewährte Gegenseitigkeitsschutz im Verhältnis zu fremden Staaten erstreckt sich auch auf den Schutz nach diesem Gesetz.

§ 114. Dieses Bundesgesetz tritt am 1. Juli 1936 in Kraft.

Verwertungsgesellschaftengesetz
BGBl 1936/112 idF BGBl 1996/151

Verwertungsgesellschaften

§ 1. (1) Ein Unternehmen, das darauf gerichtet ist, Vortrags- oder Senderechte an Sprachwerken oder Aufführungs- oder Senderechte an Werken der Tonkunst (§§ 17 und 18 UrhG, BGBl 111/1936) dadurch nutzbar zu machen, daß den Veranstaltern von öffentlichen Vorträgen, von konzertmäßigen Aufführungen oder von Rundfunksendungen die dazu erforderlichen Werknutzungsbewilligungen gegen Entgelt erteilt werden, darf nur mit besonderer Genehmigung des Bundesministers für Unterricht (§ 28 Abs. 2) betrieben werden. Ausgenommen sind Rundfunksendungen von Bühnenwerken, wenn die Sendung eine Bühnenaufführung oder eine nach Art einer solchen Aufführung für Sendezwecke vorgenommene Wiedergabe des Werks zum Gegenstand hat, sowie Rundfunksendungen von Hörspielen.

(2) Unter konzertmäßigen Aufführungen von Werken der Tonkunst versteht dieses Gesetz öffentliche Aufführungen aller Art (§ 18 UrhG, BGBl 111/1936) mit Ausnahme von Aufführungen der die Vertonung von Bühnenwerken bildenden Werke der Tonkunst in Verbindung mit bühnenmäßigen Aufführungen der vertonten Werke. Öffentliche Aufführungen von Werken der Tonkunst bloß als Einlagen, Zwischenaktmusik oder auf ähnliche Art gelegentlich der Bühnenaufführung eines Werks der Literatur sowie öffentliche Aufführungen von Werken der Tonkunst in Verbindung mit Filmwerken oder anderen kinematographischen Erzeugnissen zählen zu den konzertmäßigen Aufführungen.

(3) Die Vorschriften dieses Gesetzes gelten nicht für die Erteilung von Werknutzungsbewilligungen durch den Urheber selbst oder durch die Personen, auf die das Urheberrecht nach seinem Tode übergegangen ist.

§ 2. Wird ein Unternehmen ohne die nach § 1 erforderliche Genehmigung betrieben, so hat die Bezirksverwaltungsbehörde den Betrieb einzustellen. Zur Eintreibung des Entgelts für die im Betrieb eines solchen Unternehmens erteilten Werknutzungsbewilligungen der im § 1 Abs. 1 bezeichneten Art steht dem Inhaber des Unternehmens kein Klagerecht zu. Auch kann im Fall des ihm zustehenden ausschließlichen Rechts ein Sprachwerk öffentlich vorzutragen oder durch Rundfunk zu senden oder ein Werk der Tonkunst konzertmäßig aufzuführen oder durch Rundfunk zu senden, die Ansprüche und Privatanklagerechte nicht geltend machen, die das Urheberrechtsgesetz dem Verletzten gewährt.

§ 3. (1) Die nach § 1 erforderliche Genehmigung darf nur inländischen Körperschaften

(Verwertungsgesellschaften) erteilt werden, die volle Gewähr dafür bieten, daß sie die ihnen nach diesem Gesetz zukommenden Aufgaben und Pflichten gehörig erfüllen.

(2) Die Verwertungsgesellschaften haben die im § 1 bezeichneten Rechte inländischer und ausländischer Urheber und Werknutzungsberechtigter wirksam zu wahren und nutzbar zu machen; sie haben aber auch den Veranstaltern von öffentlichen Vorträgen, von konzertmäßigen Aufführungen und von Rundfunksendungen die Erlangung der dazu erforderlichen Werknutzungsbewilligungen gegen angemessenes Entgelt tunlichst zu erleichtern. Sie haben ferner durch Verbindung mit den gleiche Zwecke verfolgenden ausländischen Unternehmen auch im Ausland für die Wahrung und Nutzbarmachung der genannten Rechte österreichischer Bundesbürger im möglichst weitgehendem Maße vorzusorgen. Die Verwertungsgesellschaften haben für die Aufteilung der ihnen als Entgelt für die Erteilung von Werknutzungsbewilligungen zufließenden Beträge auf die Bezugsberechtigten feste Regeln aufzustellen, die ein willkürliches Vorgehen bei der Aufteilung ausschließen und dem Grundsatz entsprechen, daß das Schaffen kulturell hochwertiger Werke zu fördern ist; Bearbeitungen sind geringer zu bewerten als Originalwerke.

§ 4. (1) Die Genehmigung wird ohne zeitliche Beschränkung erteilt. Sie wird vom Bundesminister für Unterricht (§ 28 Abs. 2) widerrufen, wenn eine Verwertungsgesellschaft die ihr nach diesem Gesetz obliegenden Aufgaben und Pflichten trotz vorheriger Mahnung nicht gehörig erfüllt.

(2) Wird die Genehmigung widerrufen, so hat der Bundesminister für Unterricht (§ 28 Abs. 2) die zur Wahrung und Nutzbarmachung der der Verwertungsgesellschaft zustehenden Vortrags-, Aufführungs- oder Senderechte notwendigen einstweiligen Anordnungen durch Verordnung zu treffen.

(3) Die Erteilung der Genehmigung und ihr Widerruf sind im Bundesgesetzblatt kundzumachen.

§ 5. (1) Die Verwertungsgesellschaften unterliegen der Aufsicht des Bundesministers für Unterricht. Die Kosten der Aufsicht sind von den Ver-

wertungsgesellschaften dem Bundesministerium für Unterricht in dem von diesem festgesetzten Ausmaß zu ersetzen.

(2) Für jede Verwertungsgesellschaft wird vom Bundesminister für Unterricht (§ 28 Abs. 2) ein Staatskommissär und erforderlichenfalls ein Stellvertreter bestellt.

(3) Der Staatskommissär hat darauf zu achten, daß die Verwertungsgesellschaft die ihr nach dem Gesetz obliegenden Aufgaben und Pflichten gehörig erfüllt. Die Organe und Angestellten der Verwertungsgesellschaft sind verpflichtet, dem Staatskommissär die von ihm verlangten Auskünfte über alle die Geschäftsführung betreffenden Angelegenheiten zu erteilen und ihm in die Geschäftsbücher und die übrigen Schriften der Verwertungsgesellschaft Einsicht zu gewähren. Der Staatskommissär hat über seine Wahrnehmungen dem Bundesminister für Unterricht nach dessen Weisungen mindestens aber einmal in jedem Jahr zu berichten.

Gesamtverträge und Satzungen

§ 6. (1) Der Inhalt der Verträge, wodurch eine Verwertungsgesellschaft den Veranstaltern öffentlicher Vorträge oder konzertmäßiger Aufführungen die dazu erforderlichen Werknutzungsbewilligungen erteilt, ist tunlichst in Gesamtverträgen festzusetzen, die von der Verwertungsgesellschaft mit den nach ihrem fachlichen Wirkungsbereich dazu berufenen öffentlich-rechtlichen Berufsorganisationen abgeschlossen werden, deren räumlicher Wirkungsbereich sich auf das gesamte Bundesgebiet erstreckt.

(2) Soweit solche Berufsorganisationen nicht bestehen, sind die Gesamtverträge mit freien Vereinigungen von Veranstaltern öffentlicher Vorträge oder konzertmäßiger Aufführungen abzuschließen, denen der Bundesminister für Unterricht (§ 28 Abs. 2) die Befähigung zum Abschluß von Gesamtverträgen mit einer Verwertungsgesellschaft zuerkennt. Diese Befähigung soll, wenn nicht besondere Verhältnisse eine Ausnahme erheischen, nur solchen Vereinigungen zuerkannt werden, deren örtlicher Wirkungsbereich das gesamte Bundesgebiet umfaßt. Vor der Zuerkennung der Befähigung ist die Verwertungsgesellschaft zu hören. Die Befähigung kann vom

Bundesminister für Unterricht (§ 28 Abs. 2) jederzeit aberkannt werden. Das hat insbesondere dann zu geschehen, wenn eine Vereinigung die ihr nach einem Gesamtvertrag oder nach einer Satzung (§ 10) obliegenden Pflichten gröblich verletzt.

(3) Die nach Abs. 1 zum Abschluß von Gesamtverträgen berufenen öffentlich-rechtlichen Berufsorganisationen und die nach Abs. 2 dazu befähigten freien Vereinigungen werden im folgenden Veranstalterorganisationen genannt.

§ 7. (1) Gesamtverträge bedürfen zu ihrer Gültigkeit der Schriftform.

(2) Sie haben insbesondere Bestimmungen über die Höhe sowie über die Art der Berechnung und Entrichtung des Entgeltes zu enthalten, das von den Mitgliedern der Veranstalterorganisation für die Erteilung von Werknutzungsbewilligungen zu leisten ist.

(3) Im Gesamtvertrag soll Vorsorge dafür getroffen werden, daß Streitigkeiten, die zwischen der Verwertungsgesellschaft und den Mitgliedern der Veranstalterorganisation entstehen, tunlichst auf gütliche Art beigelegt werden. Der Gesamtvertrag kann insbesondere bestimmen, daß bei Streitigkeiten, die bei den auf den Abschluß oder die Abänderung von Einzelverträgen über Werknutzungsbewilligungen abzielenden Verhandlungen hinsichtlich der Bemessung des Entgelts, namentlich hinsichtlich der Einreihung in Tarifklassen entstehen, vor Erhebung einer Klage eine gütliche Beilegung des Streits im Weg von Verhandlungen der Veranstalterorganisation mit der Verwertungsgesellschaft oder auf eine andere geeignete Art zu versuchen ist. Auch kann in einem Gesamtvertrag vereinbart werden, daß über Rechtsstreitigkeiten dieser Art Schiedsgerichte zu entscheiden haben. Die Zulässigkeit der Anrufung eines solchen Schiedsgerichts durch ein Mitglied der Veranstalterorganisation ist auf Verlangen der Verwertungsgesellschaft im Gesamtvertrag davon abhängig zu machen, daß die Veranstalterorganisation die Vertretung des Mitglieds vor dem Schiedsgericht übernimmt.

(4) Auf Verlangen der Verwertungsgesellschaft ist im Gesamtvertrag dafür vorzusorgen, daß ihr regelmäßig Verzeichnisse der Werke mitgeteilt werden, die von den Mitgliedern der Veranstalteror-

ganisation bei öffentlichen Vorträgen und konzertmäßigen Aufführungen benutzt worden sind. Dabei sind die Verhältnisse zu berücksichtigen, die Ausnahmen von dieser Mitteilungspflicht bei den mit Hilfe von Schallträgern vorgenommenen Vorträgen und Aufführungen erheischen. Ausgenommen von dieser Mitteilungspflicht sind Vorträge und Aufführungen, die mit Benutzung von Rundfunksendungen vorgenommen werden.

§ 8. (1) Der Abschluß eines Gesamtvertrags ist von der Verwertungsgesellschaft unverzüglich in der „Wiener Zeitung" zu verlautbaren. In der Verlautbarung sind die Parteien, der Gegenstand, der örtliche und fachliche Geltungsbereich und der Geltungsbeginn anzugeben. Die Kosten der Veröffentlichung sind, wenn der Gesamtvertrag nichts anderes bestimmt, von den Parteien zu gleichen Teilen zu tragen.

(2) Sowohl die Verwertungsgesellschaft als auch die Veranstalterorganisation ist verpflichtet, in ihren Geschäftsräumen während der Geschäftsstunden den Mitgliedern der Veranstalterorganisation in Abschriften des Gesamtvertrags Einsicht zu gewähren. Die Veranstalterorganisationen haben ihren Mitgliedern auf Verlangen Abdrücke des Gesamtvertrags zum Selbstkostenpreis auszufolgen. Hierauf ist in der durch Absatz 1 vorgeschriebenen Kundmachung hinzuweisen.

(3) Gibt die Veranstalterorganisation ein Nachrichtenblatt für ihre Mitglieder heraus, so hat sie darin den Gesamtvertrag auf ihre Kosten unverzüglich zu verlautbaren.

(4) Die die Beziehungen der Verwertungsgesellschaft zu den Mitgliedern der Veranstalterorganisation regelnden Bestimmungen des Gesamtvertrags treten eine Woche nach der gemäß Absatz 1 vorgenommenen Verlautbarung seines Abschlusses in Kraft. Abweichende Vereinbarungen sind nur dann gültig, wenn dadurch die von dieser Verlautbarung an laufende Frist verlängert wird.

(5) Für Verträge, die einen Gesamtvertrag abändern, gelten die Absätze 1 bis 4 entsprechend. Wird ein Gesamtvertrag außer Kraft gesetzt, so ist dies nach den entsprechend anzuwendenden Vorschriften der Absätze 1 und 3 zu verlautbaren.

§ 9. (1) Die Bestimmungen eines Gesamtvertrags gelten vom Tag seines Inkrafttretens (§ 8 Abs. 4) an innerhalb seines Geltungsbereichs als Bestandteil jedes von der Verwertungsgesellschaft mit einem Mitglied der Veranstalterorganisation abgeschlossenen Einzelvertrags über die Bewilligung öffentlicher Vorträge oder konzertmäßiger Aufführungen. Vom Gesamtvertrag abweichende Vereinbarungen sind, soweit sie der Gesamtvertrag nicht ausschließt, nur dann gültig, wenn sie für den Veranstalter günstiger sind und die Veranstalterorganisation dieser Begünstigung zustimmt; über Gegenstände, die im Gesamtvertrag nicht geregelt sind, können Sondervereinbarungen getroffen werden.

(2) Soweit ein Gesamtvertrag nichts anderes bestimmt, erstreckt sich die ihm nach Abs. 1 zukommende Wirkung auch auf Einzelverträge, die vor seinem Inkrafttreten abgeschlossen worden sind.

§ 10. Bleiben die auf den Abschluß eines Gesamtvertrags abzielenden Verhandlungen erfolglos, so kann sowohl die Verwertungsgesellschaft als auch die Veranstalterorganisation verlangen, daß die Rechtsverhältnisse, die den Gegenstand des Gesamtvertrags bilden sollen, von der Schiedskommission (§ 14) durch eine Satzung geregelt werden. Diese hat die Wirkung, die nach § 9 einem Gesamtvertrag zukommt.

§ 11. (1) Ein Gesamtvertrag kann nur auf unbestimmte Zeit abgeschlossen werden. Abweichende Vereinbarungen sind ungültig.

(2) Die Parteien können einen Gesamtvertrag jederzeit durch Vereinbarung außer Kraft setzen, abändern oder durch einen neuen Gesamtvertrag ersetzen. Wird das Verlangen einer Partei, den Gesamtvertrag abzuändern oder durch einen neuen Gesamtvertrag zu ersetzen, abgelehnt, so kann sie die Aufstellung einer Satzung (§ 10) beantragen. Doch ist ein solcher Antrag vor dem Ablauf von drei Jahren nach dem Inkrafttreten des Gesamtvertrags nur mit Bewilligung des Bundesministers für Unterricht (§ 28 Abs. 2) zulässig.

(3) Hört die Veranstalterorganisation, die einen Gesamtvertrag abgeschlossen hat, zu bestehen auf oder wird ihr die Befähigung zum Abschluß von Gesamtverträgen aberkannt, so erlischt der Gesamtvertrag. Doch bleiben die gemäß § 9 in vorher abgeschlossene Einzelverträge übergegan-

genen Bestimmungen des Gesamtvertrags als Bestandteile dieser Einzelverträge bis zu deren Auflösung oder Änderung in Geltung, wenn sie nicht durch das Erlöschen der übrigen Bestimmungen des Gesamtvertrags undurchführbar werden.

§ 12. Die Verwertungsgesellschaften haben dem Staatskommissär den Abschluß, jede Änderung und das Erlöschen eines Gesamtvertrages unverzüglich anzuzeigen. Mit der Anzeige von dem Abschluß oder der Abänderung eines Gesamtvertrages ist dem Staatskommissär eine vom Vorstand der Verwertungsgesellschaft beglaubigte Abschrift des Vertrags vorzulegen.

§ 13. (1) Für Verträge, wodurch eine Verwertungsgesellschaft der den allgemeinen Inlandsrundspruchdienst besorgenden öffentlichen Telegraphenanstalt die Bewilligung erteilt, Sprachwerke oder Werke der Tonkunst durch Rundfunk zu senden, gelten die Vorschriften der §§ 7, 11 Abs. 1 und 2, und des § 12 entsprechend.

(2) Bleiben die auf den Abschluß eines solchen Vertrags abzielenden Verhandlungen erfolglos, so kann jeder Teil verlangen, daß die Schiedskommission (§ 14) die Verpflichtung der Verwertungsgesellschaft, der Telegraphenanstalt das Senden von Werken durch Rundfunk zu gestatten, und die Gegenleistungen der Telegraphenanstalt durch eine Satzung regelt.

Schiedskommission

§ 14. (1) Über Anträge, eine Satzung (§§ 10 und 13 Abs. 2) aufzustellen, entscheidet eine von den Parteien zu berufende Schiedskommission.

(2) Diese Schiedskommission entscheidet ferner über Streitigkeiten, die zwischen einer Verwertungsgesellschaft und einer Veranstalterorganisation oder der den allgemeinen Inlandsrundspruchdienst besorgenden öffentlichen Telegraphenanstalt aus einem Gesamtvertrag, einem Vertrag über die Bewilligung, Sprachwerke oder Werke der Tonkunst durch Rundfunk zu senden, oder aus einer Satzung entstehen.

(3) Rechtssachen, für die hienach die Schiedskommission zuständig ist, sind den ordentlichen Gerichten entzogen.

§ 15. (1) Die Parteien können im Gesamtvertrag oder in einem besonderen, schriftlich errichteten

Vertrag die Zahl der Mitglieder der Schiedskommission festsetzen und die Art ihrer Berufung regeln sowie auch die Mitglieder der Schiedskommission benennen. In die Schiedskommission können auch im Dienststande befindliche Richter berufen werden.

(2) Haben die Parteien keine abweichende Vereinbarung getroffen, so gelten für die Bildung der Schiedskommission die in den folgenden Absätzen enthaltenen Vorschiften.

(3) Die Schiedskommission besteht aus fünf Mitgliedern. Je ein Mitglied wird von jeder Partei bestellt. Diese beiden Mitglieder wählen die übrigen drei Mitglieder. Diese müssen an der Sache unbeteiligte Personen sein und dürfen zu keiner Partei in einem Verhältnis stehen, das ihre Unbefangenheit in Zweifel ziehen läßt. Aus den drei gewählten Mitgliedern wird der Vorsitzende von allen Mitgliedern der Schiedskommission mit absoluter Stimmenmehrheit gewählt.

(4) Die Partei, die die Schiedskommission anrufen will, hat dem Gegner den Gegenstand des Antrags, den sie zu stellen beabsichtigt, kurz mitzuteilen und das von ihr bestellte Mitglied mit der Aufforderung namhaft zu machen, binnen acht Tagen gleichfalls ein Mitglied zu bestellen und hievon der auffordernden Partei Mitteilung zu machen. Diese Aufforderung sowie die Mitteilung der gegenpartei ist mit eingeschriebenem Schreiben vorzunehmen.

(5) Der Vorsitzende der Schiedskommission hat deren Zusammentritt längstens binnen vier Wochen nach dem Einlagen der im Sinn des Absatzes 4 ergangenen Aufforderung bei der Gegenpartei beiden Parteien schriftliche anzuzeigen.

§ 16. (1) Kommt die Gegenpartei der Aufforderung, ein Mitglied der Schiedskommission zu bestellen und der auffordernden Partei bekanntzugeben, nicht rechtzeitig nach, kommt über die zu wählenden Mitglieder eine Einigung nicht zustande oder tritt die Schiedskommission aus anderen Gründen nicht binnen vier Wochen (§ 15 Abs. 5) oder binnen der von den Parteien vereinbarten kürzeren Frist zusammen, so kann jede Partei beim Bundesminister für Justiz den Antrag stellen, die Mitglieder der Schiedskommission zu bestellen. Dieser Antrag kann auch gestellt werden, wenn ein Mitglied der Schiedskommission

die Erfüllung seiner durch die Annahme der Bestellung übernommenen Verpflichtung verweigert oder wenn das Verfahren vor der Schiedskommission ungebührlich verzögert wird.

(2) Wird ein solcher Antrag beim Bundesminister für Justiz gestellt, so darf, solange der Antrag nicht abgewiesen oder zurückgezogen ist, das Verfahren vor einer Schiedskommission, deren Mitglieder nicht vom Bundesminister für Justiz bestellt worden sind, nicht eingeleitet oder ein schon eingeleitetes Verfahren nicht fortgesetzt werden.

§ 17. (1) Gibt der Bundesminister für Justiz dem aufgrund des § 16 gestellten Antrag statt, so hat er unverzüglich Einvernehmen mit dem Bundesminister für Unterricht und für Handel und Verkehr die Mitglieder der Schiedskommission zu bestellen und davon beide Parteien zu benachrichtigen. Die Schiedskommission besteht in diesem Fall, auch wenn die Parteien etwas anderes vereinbart haben, aus dem Vorsitzenden und vier Beisitzern. Der Vorsitzende und zwei Beisitzer müssen an der Sache unbeteiligte Personen sein und dürfen zu keiner Partei in einem Verhältnis stehen, das ihre Unbefangenheit in Zweifel ziehen läßt; einer dieser Beisitzer muß ein im Dienststand befindlicher Richter, der Vorsitzende ein im Dienst- oder Ruhestand befindlicher Richter oder Verwaltungsbeamter sein. Von den übrigen zwei Beisitzern muß der eine zu den Mitgliedern oder Angestellten der einen Partei gehören und der andere in einem solchen Verhältnis zu der Gegenpartei stehen.

(2) Die vom Bundesminister für Justiz bestellten Mitglieder der Schiedskommission sind in Ausübung ihres Amts an keine Weisungen gebunden.

§ 18. Nach Abschluß des Verfahrens vor einer Schiedskommission sind die Akten darüber vom Vorsitzenden dem Staatskommissär der beteiligten Verwertungsgesellschaft zur Aufbewahrung zu übergeben.

§ 19. Für die von einer Schiedskommission aufgestellten Satzungen gelten die Vorschriften des § 11 entsprechend.

§ 20. Die in Streitsachen (§ 14 Abs. 2) gefällten Entscheidungen einer Schiedskommission haben die Wirkung rechtskräftiger gerichtlicher Urteile.

§ 21. Die Entscheidungen einer Schiedskommission und die vor ihr abgeschlossenen Vergleiche sind, soweit ihrem Inhalt nach eine Zwangsvollstreckung in Betracht kommt, Exekutionstitel im Sinn des § 1 der Exekutionsordnung. Die Bestätigung der Vollstreckbarkeit solcher Entscheidungen und Vergeliche erteilt der Staatskommissär der Verwertungsgesellschaft.

§ 22. Das Mitglied einer Schiedskommission, das seine durch die Annahme der Bestellung übernommene Verpflichtung gar nicht oder nicht rechtzeitig erfüllt, haftet den Parteien für allen durch seine schuldbare Weigerung oder Verzögerung verursachten Schaden.

§ 23. Die näheren Vorschriften über die Bestellung, Enthebung und Entlohnung der Mitglieder der Schiedskommission im Fall des § 17, ferner über die Ablehnung von Mitgliedern einer Schiedskommission, über das Verfahren vor den Schiedskommissionen, über die Abfassung, Verlautbarung und das Inkrafttreten ihrer Entscheidungen sowie über deren Nichtigerklärung durch gerichtliches Urteil und über den Kostenersatz werden durch Verordnung des Bundesministers für Justiz im Einvernehmen mit den Bundesministern für Unterricht und für Handel und Verkehr erlassen.

§ 24. (1) Auf das Verfahren vor den Schiedskommissionen sind die Bestimmungen über die Gerichtsgebühren im Verfahren außer Streitsachen sinngemäß anzuwenden.

(2) Urkunden über Gesamtverträge (§ 6) und über die im § 13 bezeichneten Verträge sowie Urkunden über Vereinbarungen, womit ein solcher Vertrag, ein Gesamtvertrag oder eine Satzung aufgehoben oder abgeändert wird, unterliegen der festen Gebühr von 1 S. von jedem Bogen. Dasselbe gilt für die im Zug des Verfahrens vor einer Schiedskommission geschlossenen Vergleiche.

Ergänzende Vorschriften über die Pflichten der Verwertungsgesellschaften

§ 25. Die Verwertungsgesellschaften haben den Tarif, wonach sie das Entgelt für die Erteilung von Werknutzungsbewilligungen an solche Veranstalter berechnen, für die weder ein Gesamtvertrag noch eine Satzung oder eine besondere Vereinbarung gilt, sowie jede Änderung dieses Tarifs spätestens eine Woche vor der Anwendung der neuen Tarifbestimmungen in der „Wiener Zeitung" zu verlautbaren.

§ 26. Kommt ein die Erteilung einer Werknutzungsbewilligung betreffender Vertrag zwischen einer Verwertungsgesellschaft und einem Veranstalter von öffentlichen Vorträgen oder konzertmäßigen Aufführungen nur deshalb nicht zustande, weil keine Einigung über die Bemessung des Entgelts erzielt werden kann, so muß dem Veranstalter die Werknutzungsbewilligung erteilt werden, wenn er eine der Höhe des von der Verwertungsgesellschaft verlangten Entgelts entsprechende Sicherheit leistet.

§ 27. (1) Jede Verwertungsgesellschaft hat ein Verzeichnis der Namen (Decknamen) aller Urheber, deren Vortrags-, Aufführungs- oder Senderechte sie im Sinn des § 1 nutzbar zu machen hat, anzulegen und fortlaufend richtigzustellen. Die Verwertungsgesellschaften haben in ihren Geschäftsräumen während der Geschäftsstunden den Veranstaltern von öffentlichen Vorträgen, von konzertmäßigen Aufführungen und Rundfunksendungen sowie den Veranstalterorganisationen Einsicht in dieses Verzeichnis zu gewähren.

(2) Die Veranstalterorganisationen und die im § 13 genannte Telegraphenanstalt sind berechtigt, von jeder Verwertungsgesellschaft Auskunft darüber zu verlangen, ob diese im Inland das ausschließliche Recht für sich in Anspruch nimmt, ein bestimmtes Sprachwerk öffentlich vorzutragen oder durch Rundfunk zu senden oder ein bestimmtes Werk der Tonkunst konzertmäßig aufzuführen oder durch Rundfunk zu senden. Die Verwertungsgesellschaften sind verpflichtet, solche Anfragen mit tunlichster Beschleunigung zu beantworten, wenn sie den Vorschriften des Absatzes 3 entsprechen.

(3) Die Anfragen sind schriftlich zu stellen. Eine Anfrage darf nicht mehr als zehn Werke umfassen. In den Anfragen sind die Titel der Werke, die Urheber und Bearbeiter und, soweit es sich um erschienene Werke handelt, auch die Verleger und Verlagsorte nach den auf den Werkstücken gemachten Angaben anzuführen.

(4) Die Verwertungsgesellschaften können für die Beantwortung solcher Anfragen die Bezah-

lung eines von ihnen mit Genehmigung des Bundesministers für Unterricht (§ 28 Abs. 2) festgesetzten Pauschbetrags verlangen und die Erteilung einer Auskunft von dessen Vorausbezahlung abhängig machen.

(5) Kommt eine Verwertungsgesellschaft einer ihr nach den Absätzen 1 und 2 obliegenden Verpflichtung nicht nach, so kann die anfragende Partei den Staatskommissär um Abhilfe ersuchen.

Schlußbestimmungen

§ 28. (1) Dieses Bundesgesetz tritt am 1. Mai 1936 in Kraft. Doch können aufgrund dieses Gesetzes abgeschlossene Gesamtverträge und aufgestellte Satzungen nicht vor dem 1. Juli 1936 wirksam werden.

(2) Mit der Vollziehung dieses Bundesgesetzes sind der Bundesminister für Unterricht und für Justiz, mit der Vollziehung des § 24 aber der Bundesminister für Finanzen im Einvernehmen mit den Bundesministern betraut, deren Wirkungskreis durch den Gegenstand der Regelung berührt wird. Der Bundesminister für Unterricht hat bei der Vollziehung der in § 1 Abs. 1, § 4, 5 Abs. 2, § 6 Abs. 2, § 11 Abs. 2, § 19 und 27 Abs. 4 enthaltenen Vorschriften im Einvernehmen mit den Bundesministern für Justiz und für Handel und Verkehr vorzugehen.

(3) Aufgrund dieses Bundesgesetzes können Verordnungen von dem auf seine Kundmachung folgenden Tag an erlassen werden.

UrhGNov 1980
BGBl 1980/321 idF BGBl 1996/151

Artikel II

Anwendung des Verwertungsgesellschaftengesetzes

(1) Für Unternehmen, die darauf gerichtet sind, Ansprüche auf Leerkassettenvergütung (§§ 42b, 69, 74 und 76 UrhG) geltend zu machen, sind bezüglich ihres gesamten Tätigkeitsbereichs, soweit für sie das Verwertungsgesellschaftengesetz, BGBl 112/1936, nicht schon bisher anzuwenden war, das Verwertungsgesellschaftengesetz und die auf der Stufe eines Bundesgesetzes stehende Verordnung BGBl 188/1936 nach Maßgabe der Abs. 2 bis 3, 5 und 6 des Artikels III entsprechend anzuwenden.

(1a) Das gleiche gilt für Unternehmen, die darauf gerichtet sind, in gesammelter Form
1. Rechte an Werken und verwandte Schutzrechte im Sinn des Urheberrechtsgesetzes dadurch nutzbar zu machen, daß den Benutzern die zu ihrer Nutzung erforderlichen Bewilligungen gegen Entgelt erteilt werden, oder
2. im Abs. 1 nicht genannte Ansprüche nach dem UrhG geltend zu machen.

(2) Über die Abgeltung der in Abs. 1 und 1a genannten Ansprüche können Gesamtverträge abgeschlossen werden. Die für Veranstalterorganisa-

tionen geltenden Bestimmungen des Verwertungsgesellschaftengesetzes gelten für Organisationen der Zahlungspflichtigen entsprechend.

(3) Bewerben sich zwei oder mehr Antragsteller um die gleiche Genehmigung zum Betrieb einer Verwertungsgesellschaft (Abs. 1 und 1a), so ist sie demjenigen zu erteilen, der nach den Ergebnissen des Ermittlungsverfahrens die größere Gewähr für eine ordentliche und umfassende Erfüllung der Aufgaben bietet; bieten sie alle gleich große Gewähr, so ist sie dem Antragsteller zu erteilen, der glaubhaft macht, daß den Ansprüchen, mit deren Wahrnehmung er betraut worden ist, die größere wirtschaftliche Bedeutung zukommen wird; ist auch die wirtschaftliche Bedeutung gleich groß, so entscheidet das Zuvorkommen.

(4) [aufgehoben]

(5) Verwertungsgesellschaften (Abs. 1 und 1a) müssen die zu ihrem Tätigkeitsbereich gehörenden Ansprüche auf Verlangen der Berechtigten zu angemessenen Bedingungen wahrnehmen, wenn diese österreichische Staatsbürger sind oder ihren Hauptwohnsitz im Inland haben, es sei denn, daß die Einnahmen des betreffenden Bezugsberechtigten den auf ihn entfallenden Verwaltungsaufwand nicht decken.

(6) Verwertungsgesellschaften (Abs. 1 und 1a) können für ihre Bezugsberechtigten und deren Angehörige
a) sozialen Zwecken und
b) kulturellen Zwecken
dienende Einrichtungen schaffen.
Verwertungsgesellschaften, die angemessene Vergütungen nach Abs. 1 verteilen, haben Einrichtungen nach lit a und b zu schaffen und diesen den überwiegenden Teil der Gesamteinnahmen aus diesen Vergütungen abzüglich der darauf entfallenden Verwaltungskosten zuzuführen.

Artikel III

Schiedsstelle

§ 1. (1) Beim Bundesministerium für Justiz wird eine Schiedsstelle eingerichtet.

(2) Die Schiedsstelle stellt die Vergütungssätze fest, nach denen die Höhe der im Art. II Abs. 1 angeführten Ansprüche zu berechnen ist.

(3) (Verfassungsbestimmung) Die Schiedsstelle hat auf Antrag der Verwertungsgesellschaft oder der Organisation der Zahlungspflichtigen eine Satzung über die Abgeltung der in Artikel II Abs. 1 genannten Ansprüche zu erlassen. Diese hat die Wirkung, die einem Gesamtvertrag zukommt.

§ 1a. Sind in einem Rechtsstreit über die im Art II Abs. 1 angeführten Ansprüche die Vergütungssätze strittig, nach denen die Höhe der im Art. II Abs. 1 angeführten Ansprüche zu berechnen ist, so hat das Gericht auf Antrag einer Partei das Verfahren zu unterbrechen. Wenn keine der Parteien binnen einem Monat ab Zustellung des Unterbrechungsbeschlusses nachweist, daß sie bei der Schiedsstelle einen Feststellungsantrag nach § 1 Abs. 2 gestellt hat, sowie nach Beendigung des Verfahrens vor der Schiedsstelle, hat das Gericht das Verfahren auf Antrag oder von Amts wegen aufzunehmen.

§ 2. (Verfassungsbestimmung) Die Schiedsstelle hat eine Satzung nach § 1 Abs. 3 aufzuheben, wenn die Verwertungsgesellschaft und die Organisation der Zahlungspflichtigen über den durch die Satzung geregelten Gegenstand einen Gesamtvertrag abgeschlossen haben, der in dem in § 3 Abs. 2 genannten Zeitpunkt in Kraft treten soll.

§ 3. (1) Der Bundesminister für Justiz hat Verordnungen der Schiedsstelle nach § 1 Abs. 3 und § 2 unverzüglich im „Amtsblatt zur Wiener Zeitung" kundzumachen.

(2) Die Verordnungen treten vorbehaltlich des Abs. 3 mit dem auf die Kundmachung im „Amtsblatt zur Wiener Zeitung" folgenden Tag in Kraft.

(3) Die Schiedsstelle kann bestimmen, daß eine Satzung mit dem Tag des Einlangens des Antrags auf ihre Erlassung bei der Schiedsstelle in Kraft tritt, es sei denn, es ist über den Gegenstand, der durch die Satzung geregelt werden soll, ein Gesamtvertrag in Kraft.

§ 4. (1) Die Schiedsstelle besteht aus neun Mitgliedern. Für jedes Mitglied sind zwei Ersatzmitglieder zu ernennen. Eines der Mitglieder und zwei der Ersatzmitglieder müssen dem Richterstand angehören.

(2) (Verfassungsbestimmung) Alle Mitglieder der Schiedsstelle sind in Ausübung ihres Amts unabhängig und an keine Weisungen und Aufträge gebunden.

§ 5. (1) Die Mitglieder der Schiedsstelle bestellt der Bundespräsident auf Vorschlag der Bundesregierung für die Dauer von fünf Jahren.

(2) Die Vorbereitung des Vorschlags der Bundesregierung für die Bestellung der Mitglieder der Schiedsstelle obliegt dem Bundesminister für Justiz.

(3) Die Bundesregierung hat für ein Mitglied und für zwei Ersatzmitglieder einen übereinstimmenden Besetzungsvorschlag von den Verwertungsgesellschaften einzuholen.

(4) Die Bundesregierung hat für ein Mitglied und für zwei Ersatzmitglieder einen übereinstimmenden Besetzungsvorschlag von den Organisationen der Zahlungspflichtigen, denen der Bundesminister für Unterricht und Kunst die Gesamtvertragsfähigkeit zuerkannt hat, einzuholen.

(5) Die Bundesregierung hat für ein Mitglied und für zwei Ersatzmitglieder einen Besetzungsvorschlag von repräsentativen Vereinigungen aus dem Bereich der Kunst einzuholen.

(6) Erstatten die nach den Abs. 3 bis 5 Vorschlagsberechtigten keine oder keine übereinstimmenden Vorschläge, so geht das Vorschlags-

recht auf den Bundesminister für Justiz über.

(7) Für zwei Mitglieder und vier Ersatzmitglieder hat die Bundesregierung einen Besetzungsvorschlag der Bundeskammer der gewerblichen Wirtschaft einzuholen.

(8) Für zwei Mitglieder und für vier Ersatzmitglieder hat die Bundesregierung einen Besetzungsvorschlag des Österreichischen Arbeiterkammertags einzuholen.

(9) Hinsichtlich des Vorsitzenden und zweier Ersatzmitglieder hat die Bundesregierung Beamte des Bundesministeriums für Justiz vorzuschlagen. Hinsichtlich eines weiteren Mitglieds und zweier Ersatzmitglieder hat die Bundesregierung dem Richterstand angehörige Personen vorzuschlagen.

(10) Zu Mitgliedern dürfen nur Personen bestellt werden, die zum Nationalrat wählbar sind.

§ 6. (1) Das Amt eines Mitglieds der Schiedsstelle erlischt vorzeitig mit dem Tod, wenn das Mitglied auf sein Amt verzichtet, sonst mit dem 31. Dezember des Jahres, in dem das Mitglied das 65. Lebensjahr vollendet hat.

(2) Das Amt erlischt ferner, wenn eine in § 5 Abs. 9 und 10 genannte Voraussetzung für die Bestellung wegfällt.

(3) Weiter erlischt das Amt, wenn ein Mitglied der Schiedsstelle drei aufeinanderfolgenden Einladungen zu einer Sitzung ohne genügende Entschuldigung keine Folge geleistet hat.

(4) Die Schiedsstelle hat das Erlöschen des Amtes eines Mitglieds, im Fall der Abs. 2 und 3 nach dessen Anhörung, festzustellen.

(5) Scheidet ein Mitglied der Schiedsstelle aus, so ist an seiner Stelle unter Bedachtnahme auf § 5 ein neues Mitglied zu ernennen.

§ 7. Der Bundesminister für Justiz hat der Schiedsstelle das nötige Personal zur Verfügung zu stellen.

§ 8. (1) Die Mitglieder und Schriftführer der Schiedsstelle haben Anspruch auf ein Sitzungsgeld, das von der Bundesregierung auf Vorschlag des Bundesministers für Justiz durch Verordnung unter Bedachtnahme auf die Bedeutung und den Umfang der von der Schiedsstelle zu besorgenden Aufgaben festzusetzen ist.

(2) Für die Inanspruchnahme der Schiedsstelle ist eine Gebühr zu entrichten, deren Höhe durch ein vom Bundesminister für Justiz zu erlassende Verordnung festzulegen ist. Die Gebühren sind so festzulegen, daß der durch die Inanspruchnahme der Schiedsstelle und des für sie zur Verfügung gestellten Personals verursachte Aufwand im Durchschnitt gedeckt wird.

(3) Die Schiedsstelle hat mit Rücksicht auf den Umfang ihrer bezüglich eines Antrags entfalteten Tätigkeit und den dadurch verursachten Aufwand die Gebühr nach Abs. 2 zu bestimmen und dem Antragsteller oder dessen Gegner oder beiden von ihnen nach billigem Ermessen die Bezahlung dieser Gebühr aufzuerlegen.

§ 9. (1) Die Schiedsstelle verhandelt und entscheidet unter der Leitung des Vorsitzenden. Der Vorsitzende hat Verfahrensanordnungen zu treffen. Ferner hat der Vorsitzende die übrigen Mitglieder zu den Verhandlungen und Sitzungen einzuberufen. Sofern kein anderes Mitglied dem widerspricht, können Mitglieder der Sitzung fernbleiben und ihre Stimme schriftlich abgeben; hierfür haben sie keinen Anspruch nach § 8 Abs. 1.

(2) Die Schiedsstelle entscheidet mit einfacher Mehrheit der abgegebenen Stimmen. Bei Stimmengleichheit gibt die Stimme des Vorsitzenden den Ausschlag. Stimmenthaltung ist unzulässig.

(3) Der Vorsitzende der Schiedsstelle hat Verordnungen nach § 1 Abs. 3 und § 2 sowie eine Feststellung nach § 6 Abs. 4 unverzüglich dem Bundesminister für Justiz mitzuteilen.

§ 10. (1) Ist der Vorsitzende oder ein anderes Mitglied der Schiedsstelle verhindert, so tritt das für den Vorsitzenden bzw. für das Mitglied bestellte Ersatzmitglied, im Fall dessen Verhinderung das zweite Ersatzmitglied an dessen Stelle.

(2) Ist ein Mitglied der Schiedsstelle verhindert, so hat es dies unverzüglich dem Vorsitzenden oder dem diesen vertretenden Ersatzmitglied mitzuteilen.

(3) Die Mitglieder der Schiedsstelle haben jeden Wohnungswechsel unverzüglich dem Vorsitzenden mitzuteilen.

§ 11. (1) Die Entscheidungen der Schiedsstelle unterliegen nicht der Aufhebung oder Abänderung im Verwaltungsweg. Gegen Bescheide der Schiedsstelle ist die Beschwerde an den Verwaltungsgerichtshof zulässig.

(2) Auf das Verfahren der Schiedsstelle findet das Allgemeine Verwaltungsverfahrensgesetz 1950 mit Ausnahme der §§ 74 bis 79 Anwendung.
(3) Die Schiedsstelle hat binnen drei Monaten, gerechnet vom Zeitpunkt des Einlangens des Antrags, zu entscheiden.

Artikel IV
Abgabenbefreiung

§ 1. Die Verwertungsgesellschaften (ihre Einrichtungen) sind, soweit sie im Rahmen des in ihrer Genehmigung umschriebenen Tätigkeitsbereichs handeln (Verwertungsgesellschaftengesetz, BGBl 112/1936 und Art. II der UrhGNov 1980), von allen bundesgesetzlich geregelten Abgaben vom Einkommen, vom Ertrag und vom Vermögen befreit.

§ 2. Schenkungen und Zweckzuwendungen (§§ 3 und 4 Erbschafts- und Schenkungssteuergesetz, BGBl 141/1955) der Verwertungsgesellschaften (ihrer Einrichtungen) für die im Art. II Abs. 6 UrhGNov genannten sozialen und kulturellen Zwecke sind von der Schenkungssteuer befreit.

Artikel V
Übergangs- und Schlußbestimmungen

(1) [nicht abgedruckt]

Vertrag zur Gründung der Europäischen Gemeinschaft (Auszug)
BGBl

Art. 6 (1) Unbeschadet besonderer Bestimmungen dieses Vertrags ist in seinem Anwendungsbereich jede Diskriminierung aus Gründen der Staatsangehörigkeit verboten.
(2) Der Rat kann nach dem Verfahren des Artikels 189 c Regelungen für das Verbot solcher Diskriminierungen treffen.
Art. 28 Mengenmäßige Einfuhrbeschränkungen sowie alle Maßnahmen gleicher Wirkung sind unbeschadet der nachstehenden Bestimmungen zwischen den Mitgliedstaaten verboten.
Art. 30 Die Bestimmungen der Artikel 30 bis 34 stehen Einfuhr-, Ausfuhr- und Durchfuhrverbote oder -bechränkungen nicht entgegen, die aus Gründen der öffentlichen Sittlichkeit, Ordnung und Sicherheit, zum Schutz der Gesundheit und des Lebens von Menschen, Tieren oder Pflanzen, des nationalen Kulturguts von künstlerischem, geschichtlichem oder archäologischem Wert oder des gewerblichen und kommerziellen Eigentums gerechtfertigt sind. Diese Verbote dürfen jedoch weder ein Mittel zur willkürlichen Diskriminierung noch eine verschleierte Beschränkung des Handels zwischen den Mitgliedstaaten darstellen.
Art. 59 Die Beschränkungen des freien Dienstleistungsverkehrs innerhalb der Gemeinschaft für Angehörige der Mitgliedstaaten, die in einem anderen Staat der Gemeinschaft als demjenigen des Leistungsempfängers ansässig sind, werden während der Übergangszeit nach Maßgabe der folgenden Bestimmungen schrittweise aufgehoben. Der Rat kann mit qualifizierter Mehrheit auf Vorschlag der Kommission beschließen, daß dieses Kapitel auch auf Erbringer von Dienstleistungen Anwendung findet, welche die Staatsangehörigkeit eines dritten Landes besitzen und innerhalb der Gemeinschaft ansässig sind.
Art. 60 Dienstleistungen im Sinne dieses Vertrags sind Leistungen, die in der Regel gegen Entgelt erbracht werden, soweit sie nicht den Vorschriften über den freien Waren- und Kapitalverkehr und über die Freizügigkeit der Personen unterliegen.
Als Dienstleistungen gelten insbesondere:
a) gewerbliche Tätigkeiten,
b) kaufmännische Tätigkeiten,
c) handwerkliche Tätigkeiten,
d) freiberufliche Tätigkeiten.
Unbeschadet des Kapitels über die Niederlassungsfreiheit kann der Leistende zwecks Erbringung seiner Leistungen seine Tätigkeit vorübergehend in dem Staat ausüben, in dem die Leistung erbracht wird, und zwar unter den Voraussetzungen, welcher dieser Staat für seine eigenen Angehörigen vorschreibt.
Art. 81 (1) Mit dem Gemeinsamen Markt unvereinbar und verboten sind alle Vereinbarungen zwischen Unternehmen, Beschlüsse von Unter-

nehmensvereinigungen und aufeinander abgestimmte Verhaltensweisen, welche den Handel
zwischen den Mitgliedstaaten zu beeinträchtigen
geeignet sind und eine Verhinderung, Einschränkung oder Verfälschung des Wettbewerbs innerhalb des Gemeinsamen Marktes bezwecken oder
bewirken, insbesondere

a) die unmittelbare oder mittelbare Festsetzung
der An- oder Verkaufspreise oder sonstiger
Geschäftsbedingungen;

b) die Einschränkung oder Kontrolle der Erzeugung, des Absatzes, der technischen Entwicklung oder der Investition;

c) die Aufteilung der Märkte oder Versorgungs-
quellen;

d) die Anwendung unterschiedlicher Bedingungen bei gleichwertigen Leistungen gegenüber
Handelspartnern, wodurch diese im Wettbewerb benachteiligt werden;

e) die an den Abschluß von Verträgen geknüpfte
Bedingung, daß die Vertragspartner zusätzliche Leistungen annehmen, die weder sachlich
noch nach Handelsbrauch in Beziehung zum
Vertragsgegenstand stehen.

(2) Die nach diesem Artikel verbotenen Vereinbarungen oder Beschlüsse sind nichtig.

(3) Die Bestimmungen des Absatzes (1) können
für nicht anwendbar erklärt werden auf

– Vereinbarungen oder Gruppen von Vereinbarungen zwischen Unternehmen,

– Beschlüsse oder Gruppen von Beschlüssen von
Unternehmensvereinigungen,

– aufeinander abgestimmte Verhaltensweisen
oder Gruppen von solchen,

die unter angemessener Beteiligung der Verbraucher an dem entstehenden Gewinn zur Verbesse-
rung der Warenerzeugung oder -verteilung oder
zur Förderung des technischen oder wirtschaftlichen Fortschritts beitragen, ohne daß den beteiligten Unternehmen

a) Beschränkungen auferlegt werden, die für die
Verwirklichung dieser Ziele nicht unerläßlich
sind, oder

b) Möglichkeiten eröffnet werden, für einen wesentlichen Teil der betreffenden Waren den
Wettbewerb auszuschalten.

Art. 82 Mit dem Gemeinsamen Markt unvereinbar und verboten ist die mißbräuchliche Ausnut-
zung einer beherrschenden Stellung auf dem Gemeinsamen Markt oder auf einem wesentlichen
Teil desselben durch ein oder mehrere Unternehmen, soweit dies dazu führen kann, den Handel
zwischen Mitgliedstaaten zu beeinträchtigen.

Dieser Mißbrauch kann insbesondere in folgen-
dem bestehen:

a) der unmittelbaren oder mittelbaren Erzwin-
gung von unangemessenen Einkaufs- und Ver-
kaufspreisen oder sonstigen Geschäftsbedingungen;

b) der Einschränkung der Erzeugung, des Absatzes oder der technischen Entwicklung zum
Schaden der Verbraucher;

c) der Anwendung unterschiedlicher Bedingungen bei gleichwertigen Leistungen gegenüber
Handelspartnern, wodurch diese im Wettbewerb benachteiligt werden;

d) der an den Abschluß von Verträgen geknüpf-
ten Bedingung, daß die Vertragspartner zusätzliche Leistungen annehmen, die weder
sachlich noch nach Handelsbrauch in Beziehung zum Vertragsgegenstand stehen.

Anmerkungen

1 *Bernd Bruns*, Letzte Ruhe im Friedwald, auf www.postmortal.de/Redaktion/Friedwald/friedwald.html.

2 MR 2000, 30 – „Ramtha".

3 MR 2001, 304 – „Medienprofessor".

4 MR 1995, 188 – „Österreichischer Juristenkalender".

5 Vgl OLG Wien MR 1989, 58 – „Haus am Michaelerplatz".

6 ÖBl 1997, 38 – „Buchstützen"; MR 1992, 21 – „Mart Stam-Stuhl I"; OLG Wien MR 1989, 58 – „Haus am Michaelerplatz".

7 MR 1992, 21 – „Mart Stam-Stuhl I".

8 z.B. MR 1995, 117 – „Reiseinformation".

9 ecolex 1997, 107 – „Football Association"; 4 Ob 2200/96z – „Schürzenjäger".

10 *Ciresa*, Die „Spanische Reitschule" – höchstgerichtlicher Todesstoß für das Merchandising? RdW 1996, 193.

11 OLG Frankfurt aM NJW 1996, 264 – „Piratenkarte".

12 OLG München CR 1993, 31 – „Multifilter".

13 MR 2000, 381 – „A-Flugschule"; MR 1992, 117 – „Wienerwald I"; MR 1995, 62 – „Österr Bautagesbericht".

14 *Walter*, MR 1995, 142.

15 MR 2002, 237 – Computer-Spielprogramm.

16 MR 1992, 199 – „Bundesheer-Formular".

17 MR 1992, 244 – „Übungsprogramm".

18 MR 1992, 244.

19 GRUR 1987, 845 – „Schutzrechtsverwarnung".

20 *Sundermann*, Nutzungs- und Vergütungsansprüche bei Softwareentwicklung im Arbeitsverhältnis, GRUR 1988, 351; *Ulmer*, GRUR 1984, 433.

21 *Sack*, Arbeitnehmer-Urheberrechte an Computerprogrammen nach der Urheberrechtsnovelle, UFITA 121 [1993], 18.

22 *Walter*, Softwareschutz nach der EG-Richtlinie und nach österreichischem Recht, EDVuR 1992, 12.

23 MR 1992, 244 – „Übungsprogramm".

24 *Sack*, Arbeitnehmer-Urheberrechte an Computerprogrammen nach der Urheberrechtsnovelle, UFITA 121 [1993], 18.

25 *Sundermann*, Nutzungs- und Vergütungsansprüche bei Softwareentwicklung im Arbeitsverhältnis, GRUR 1988, 350 ff; *Buchner*, Die Vergü-

tung für Sonderleistungen des Arbeitnehmers – ein Problem der Äquivalenz der im Arbeitsverhältnis zu erbringenden Leistungen, GRUR 1985, 9; *Weisgram*, Arbeitsrechtliches zum Urheberrechtsschutz für Computerprogramme, RdA 1985, 56; *Wolff*, Die Rechte an durch Arbeitnehmer entwickelter Computer-Software, EDVuR 1986 H 1, 6; BAG GRUR 1984, 429 [*Ulmer*] – „Statikprogramm".

26 *Kolle*, Der angestellte Programmierer, GRUR 1985, 1020 f; *Walter*, Softwareschutz nach der EG-Richtlinie und nach österreichischem Recht, EDVuR 1992, 12.

27 In diesem Sinn auch *Wolff*, EDVuR 1986 H 1, 6.

28 EDVuR 1992/2, 139.

29 *Ullmann*, Das urheberrechtlich geschützte Arbeitsergebnis – Verwertungs- und Vergütungspflicht, GRUR 1987, 8; *Kolle*, GRUR 1985, 1020.

30 *Wandtke*, Zum Vergütungsanspruch des Urhebers im Arbeitsverhältnis, GRUR 1992, 142.

31 GRUR 1991, 133 – „Videozweitauswertung".

32 So MR 1996, 68 – „Urlaubsfotos".

33 BAG GRUR 1984, 429 – „Statikprogramm".

34 *Sundermann*, GRUR 1988, 353.

35 BGH GRUR 1985, 529 – „Happening".

36 SZ 24/112 – „Scheinmiturheberschaft".

37 MR 2003, 41 – „Hundertwasserhaus II".

38 MR 1988, 54 – „Codo".

39 Vgl ÖBl 1959, 14 – „Tantiemenbeteiligung".

40 Vgl ÖBl 1983, 28 – „Othello".

41 MR 1991, 109 – „Gaswerk"; MR 1990, 189 – „Wien zum Beispiel"; *Reupert*, Der Film im Urheberrecht, 81.

42 *Schulze*, Urheber- und Leistungsschutzrechte des Kameramanns, GRUR 1994, 855.

43 *Reupert*, Der Film im Urheberrecht, 86.

44 MR 1991, 109 – „Gaswerk".

45 Zum Sonderfall der Miturheberschaft eines Schauspielers s MR 1995, 101 – „Oskar Werner".

46 *Reupert*, Der Film im Urheberrecht, 86.

47 MR 1995, 101 – „Oskar Werner"; *Dittrich*, Einige Fragen des Filmurheberrechts, ecolex 1995, 269.

48 MR 2003, 112 – „Das Kind der Donau"; MR 2001, 298 – „VDFS II"; ÖBl 1998, 315 – „Kunststücke".

[49] ÖBl 1995, 131 – „Oskar Werner".

[50] MR 1995, 140 – „Lebenserkenntnis" mwN.

[51] MR 1995, 140 – „Lebenserkenntnis".

[52] *Walter*, MR 1995, 142.

[53] MR 1996, 70 – „Rosa-Lila-Villa II".

[54] *Fromm/Nordemann*, Rz 6b zu § 10 dUrhG.

[55] MR 1994, 26 – „Adolf Loos II".

[56] BGH GRUR 1992, 698 – „ALF".

[57] *Walter*, Das Diskriminierungsverbot nach dem EWR-Abkommen und das österreichische Urheber- und Leistungsschutzrecht, MR 1994, 101.

[58] MR 1992, 27 – „Le Corbusier-Liege".

[59] *Walter*, Das Diskriminierungsverbot nach dem EWR-Abkommen und das österreichische Urheber- und Leistungsschutzrecht, MR 1994, 101, 152 [155].

[60] EuGH MR 1993, 200 – „Phil Collins".

[61] *Walter*, MR 1994, 156.

[62] BGH GRUR 1994, 798 – „Folgerecht bei Auslandsbezug".

[63] ÖBl 1983, 28 – „Othello".

[64] MR 1996, 111 – „Happy Birthday to you II".

[65] MR 1992, 21 – „Mart Stam-Stuhl I".

[66] MR 1992, 27 – „Le Corbusier-Liege".

[67] MR 1992, 67 – „Game Boy".

[68] EuZW 1996, 739.

[69] *Frost*, Auf dem Weg zu einem europäischen Urheberrecht, EWS 1996, 86.

[70] GRUR Int 1971, 450 – „Polydor".

[71] MR 1991, 150 – „Picadilly".

[72] MR 1992, 27 – „Le Corbusier-Liege".

[73] BGH GRUR 1995, 581 – „Silberdistel".

[74] EuGHSlg 1974, 744 – „HAG I"; EuZW 1995, 340 – „Magill".

[75] EuGHSlg 1987, 1747 – „SACEM".

[76] So genannter Grundsatz der **„gemeinschaftsweiten Erschöpfung"**; *Dittrich*, Der EuGH und der „Erschöpfungsgrundsatz", ecolex 1993, 249.

[77] EuGHSlg 1971, 500 – „Metro"; EuGHSlg 1981, 166 – „Gebührendifferenz II".

[78] EuGHSlg 1980, 881 – „Coditel I"; EuGHSlg 1982, 3381 – „Coditel II".

[79] EuGHSlg 1988, 2605 – „Warner Brothers".

[80] EuGHSlg 1987, 1747 – „SACEM".

[81] Vgl EuGHSlg 1980, 881 – „Coditel I"; EuGHSlg 1982, 3381 – „Coditel II"; EuGHSlg 1988, 2605 – „Warner Brothers".

[82] Vgl *Lehmann*, Die Europäische Datenbankrichtlinie und Multimedia, in: *Lehmann* [Hrsg], Internet- und Multimediarecht, 68.

[83] EuGH GRUR Int 1995, 490 – „Magill"; *Bunte*, Mißbrauch einer beherrschenden Stellung durch Ausübung gewerblicher Schutzrechte, ecolex 1995, 565.

[84] EuGHSlg 1976, 914 – „EMI/CBS"; EuGHSlg 1982, 2016 – „Maissaatgut".

[85] EuGHSlg 1982, 2016 – „Maissaatgut".

[86] EuGHSlg 1974, 313 – „SABAM III".

[87] EuGHSlg 1987, 1768 – „Tournier".

[88] MR 1994, 204 – „Glasfenster".

[89] ÖBl 1997, 34 – „Mutan-Beipackzettel".

[90] MR 1991, 22 – „So ein Tag".

[91] MR 1992, 27 – „Le Corbusier-Liege".

[92] MR 1991, 22 – „So ein Tag".

[93] MR 2003, 109 – „Tischkalender"; ÖBl 1997, 34 – „Mutan-Beipackzettel"; MR 1994, 204 – „Glasfenster".

[94] SZ 55/25 – „Blumenstück".

[95] MR 1995, 185 – „Naturalismus".

[96] MR 1995, 140 – „Lebenserkenntnis".

[97] MR 1992, 201 – „Kilian-Lindwurm".

[98] WBl 1987, 218 – „Radial".

[99] ÖBl 1995, 14 – „Hallo Pizza".

[100] MR 1999, 346 – „Ranking".

[101] MR 1996, 188 – „AIDS-Kampagne".

[102] MR 2003, 41 – „Hundertwasserhaus II".

[103] ÖBl 1993, 22 – „Koch-Männchen"; MR 1992, 21 – „Mart Stam-Stuhl I".

[104] MR 1992, 238 – „Servus Du".

[105] MR 1991, 22 – „So ein Tag".

[106] MR 1991, 22 – „So ein Tag".

[107] MR 1990, 227 – „Das Lied von der Erde".

[108] GRUR 1996, 125 – „Tausendmal berührt".

[109] MR 1996, 111 – „Happy Birthday II".

[110] MR 1994, 120 – „Wienerwald II"; MR 1993, 186 – „Flügelsymbol"; MR 1992, 201 – „Kilian-Lindwurm"; MR 1992, 27 – „Le Corbusier-Liege".

[111] S MR 1992, 27 – „Le Corbusier-Liege".

[112] MR 1992, 21 – „Mart Stam-Stuhl II".

[113] ÖBl 1976, 117 – „Vortragstätigkeit".

[114] ÖBl 1970, 104 – „Rundfunk-Theaterkritiker".

[115] MR 1992, 238 – „Servus Du"; MR 1989, 97 – „Gästeurkunde".

[116] SZ 43/140 – „ZahnärztekammerG I".

[117] ÖBl 1997, 34 – „Mutan-Beipackzettel".

[118] MR 1995, 140 – „Lebenserkenntnis"; MR 1994, 120 – „Wienerwald II".

[119] MR 1994, 120 – „Wienerwald II"; MR 1989, 97 – „Gästeurkunde".

[120] SZ 55/25 – „Blumenstück".

[121] MR 1992, 238 – „Servus Du".

[122] OLG Wien MR 1987, 177 – „Feste Peigarten".

[123] MR 1987, 208 – „Hainburg-Gutachten".

[124] MR 1989, 134 – „Kaufvertrag".

[125] MR 1986/2, 20 – „Tagebücher".

[126] MR 1995, 140 – „Lebenserkenntnis".

[127] MR 1990, 227 – „Das Lied von der Erde".

[128] MR 1991, 22 – „So ein Tag".

[129] ÖBl 1997, 34 – „Mutan-Beipackzettel".

[130] MR 1989, 97 – „Gästeurkunde".

[131] MR 1992, 117 – „Wienerwald I".

[132] MR 1994, 120 – „Wienerwald II".

[133] OLG Frankfurt GRUR 1987, 44 – „WM-Slogan".

[134] ÖBl 1964, 78 – „Den Brand löscht nur die Feuerwehr".

[135] WBl 1987, 218 – „Radial".

[136] MR 2000, 30 – „Ramtha".

[137] *Dittrich*, Die Urheberrechtsnovelle, ecolex 1993, 170 ff; *Jaburek*, Das neue Software-Urheberrecht, 18 ff.

[138] *Marly*, Urheberrechtsschutz für Computersoftware in der Europäischen Union, 109.

[139] *Lehmann*, Der neue Europäische Rechtsschutz von Computerprogrammen, NJW 1991, 2113.

[140] *Marly*, Urheberrechtsschutz für Computersoftware in der Europäischen Union, 119 f.

[141] LG Oldenburg GRUR 1996, 481 – „Subventions-Analyse-System".

[142] *Marly*, Urheberrechtsschutz für Computersoftware in der Europäischen Union, 144.

[143] *Lehman/Schneider*, Kriterien der Werkqualität von Computerspielen gem § 2 UrhG, NJW 1990, 3181 ff.

[144] OLG Hamburg GRUR 1990, 127 – „Super Mario III"; *Fromm/Nordemann*, Rz 78 zu § 2 dUrhG mwN.

[145] MR 2001, 234 – „Telering.at".

[146] *Walter*, Der Schutz von sportlichen Leistungen und Veranstaltungen nach österreichischem Recht, MR 1995, 207.

[147] MR 2001, 106 – „Weinviertelkarte"; MR 1992, 197 – „Oberösterreich-Karte I"; MR 1991, 70 – „Willkommen in Innsbruck"; *Dittrich*, Urheber-

[148] rechtlich geschützte Elemente von Landkarten, ÖBl 1994, 3.

[148] MR 1991, 70 – „Willkommen in Innsbruck".

[149] MR 1993, 228 – „Oberösterreich-Karte II".

[150] *Dittrich*, ÖBl 1994, 8.

[151] BGH GRUR 1985, 131 – „Elektrodenfabrik".

[152] SZ 24/215 – „Fußball-Seismograph".

[153] *Vock*, Neue Formen der Musikproduktion, 28 mwN

[154] BGH GRUR 1971, 268 – „Magdalenenarie".

[155] BGH GRUR 1988, 814 – „Ein bißchen Friede".

[156] BGH GRUR 1991, 533 – „Brown Girl II".

[157] ÖBl 1995, 281 – „Hit auf Hit"; BGH GRUR 1981, 267 – „Dirlada".

[158] MR 1996, 111 – „Happy Birthday II".

[159] MR 1996, 111 – „Happy Bithday II".

[160] MR 1994, 204 – „Glasfenster".

[161] MR 1994, 239 – „WIN".

[162] MR 1998, 200 – „Figur auf einem Bein".

[163] ÖBl 1981, 137 – „Bacher-Krippe".

[164] GRUR 1985, 529 – „Happening".

[165] MR 1996, 241 – „Hier wohnt"; MR 1996, 108 – „Schi- und Wanderschuhe"; MR 1992, 199 – „Bundesheer-Formular".

[166] MR 1995, 185 – „Naturalismus".

[167] *Fromm/Nordemann*, Rz 64 zu § 2 dUrhG.

[168] BGH GRUR 1984, 453 – „Hemdblusenkleid".

[169] *Hubmann/Rehbinder*, Urherber- und Verlagsrecht[8], 100.

[170] MR 1991, 238 – „Paßfoto".

[171] MR 1992, 70 – „Werbefoto".

[172] MR 1994, 69 – „Landschaft mit Radfahrern".

[173] MR 1992, 114 – „Michael Konsel".

[174] MR 2001, 389 – „Eurobike".

[175] SZ 10/287.

[176] MR 1994, 204 – „Glasfenster"; MR 1994, 200 – „Hundertwasserhaus"; MR 1993, 190 – „Architektenhonorar"; *Dillenz*, Bauherr und Urheberrecht, ecolex 1991, 257.

[177] MR 1994, 200 – „Hundertwasserhaus"; MR 2003, 41 – „Hundertwasserhaus II".

[178] MR 1991, 25 – „Adolf Loos".

[179] MR 1994, 204 – „Glasfenster".

[180] BGH GRUR 1973, 633 – „Wählamt"; MR 2003, 41 – „Hundertwasserhaus II".

[181] BGH GRUR 1988, 535 – „Vorentwurf II".

[182] *Fromm/Nordemann*, Rz 72 zu § 2 dUrhG.

[183] OLG Düsseldorf GRUR 1990, 189 – „Grünskulptur".

[184] MR 1996, 241 – „Hier wohnt".

[185] *Fromm/Nordemann*, Rz 65 zu § 2 dUrhG.

[186] ÖBl 1997, 38 – „Buchstützen"; MR 1992, 21 – „Mart Stam-Stuhl I"; OLG Wien MR 1989, 58 – „Haus am Michaelerplatz".

[187] MR 1992, 21 – „Mart Stam-Stuhl I".

[188] ÖBl 1997, 38 – „Buchstützen".

[189] MR 1996, 244 – „Kerzenständer".

[190] MR 1992, 21 – „Mart Stam-Stuhl I"; ebenso OLG Köln GRUR 1990, 356 – „Freischwinger".

[191] MR 1992, 27 – „Le Corbusier-Liege"; ebenso OLG Frankfurt GRUR 1988, 302 und GRUR 1993, 116 – „Le Corbusier-Sessel".

[192] OLG Frankfurt GRUR 1981, 739 – „Lounge Chair".

[193] OLG Frankfurt GRUR 1994, 49 – „Mackintosh-Möbel".

[194] OLG Karlsruhe GRUR 1994, 283 – „Eileen Gray".

[195] OLG Wien MR 1989, 58 – „Haus am Michaelerplatz".

[196] OLG Frankfurt GRUR 1990, 121 – „USM-Haller".

[197] BGH GRUR 1981, 517.

[198] BGH GRUR 1982, 305.

[199] MR 1996, 241 – „Hier wohnt".

[200] MR 1996, 108 – „Schi- und Wanderschuhe".

[201] MR 2003, 109 – „Tischkalender".

[202] ÖBl 1995, 14 – „Hallo Pizza"; MR 1992, 199 – „Bundesheer-Formular".

[203] ÖBl 1996, 56 – „Pfeildarstellung".

[204] MR 1994, 204 – „Glasfenster".

[205] ÖBl 1996, 56 – „Pfeildarstellung".

[206] MR 1999, 282 – MR 1999, 282 – „Zimmermann Fitness".

[207] MR 1989, 210 – „Happy Skiing".

[208] MR 1992, 201 – „Kilian-Lindwurm".

[209] ÖBl 1995, 14 – „Hallo Pizza".

[210] BGH GRUR 1994, 206 – „Alcolix".

[211] OLG Wien MR 1989, 169 – „Piktogramme".

[212] MR 2001, 234 – „Telering".

[213] ÖBl 1996, 56 – „Pfeildarstellung".

[214] MR 1992, 199 – „Bundesheer-Formular".

[215] MR 1993, 186 – „Flügelsymbol".

[216] MR 1993, 72 – „Programmzeitschrift".

[217] Zur Abgrenzung siehe *Reupert*, Der Film im Urheberrecht, 53 ff.

[218] OLG Hamburg GRUR 1990, 127 – „Super Mario III"; *Fromm/Nordemann*, Rz 78 zu § 2 dUrhG mwN.

[219] *Reupert*, Der Film im Urheberrecht, 61 ff.

[220] SZ 55/25 – „Blumenstück".

[221] MR 1994, 117 – „Österreichisches Recht".

[222] ÖBl 1990, 138 – „Take off".

[223] MR 2000, 373 – „Schüssels Dornenkrone".

[224] OLG Frankfurt GRUR 1986, 242 – „Gesetzessammlung".

[225] BGH GRUR 1982, 37 – „WK-Dokumentation".

[226] ÖBl 1990, 138 – „Take off".

[227] MR 2000, 373 – „Schüssels Dornenkrone".

[228] MR 1994, 200 – „Hundertwasserhaus".

[229] MR 1994, 200 – „Hundertwasserhaus".

[230] MR 1991, 109 – „Gaswerk".

[231] *Fromm/Nordemann*, Rz 1 zu § 24 Anh dUrhG.

[232] BGH GRUR 1994, 191 – „Asterix-Persiflagen"; BGH GRUR 1994, 206 – „Alcolix".

[233] *Reuter*, Digitale Bild- und Filmbearbeitung im Licht des Urheberrechts, GRUR 1997, 29.

[234] MR 1988, 121 – „Hainburg Gutachten II".

[235] OLG Wien MR 1989, 58 – „Haus am Michaelerplatz".

[236] MR 1987, 208 – „Hainburg Gutachten".

[237] MR 2002, 298 – „EDV-Firmenbuch I".

[238] ÖBl 1986, 132 – „Hotel-Video".

[239] SZ 43/140 – „ZahnärztekammerG I".

[240] *Katzenberger*, Elektronisches Publizieren und Urheber- und Wettbewerbsrecht, in: *Lehmann*, Internet- und Multimediarecht, 227.

[241] *Katzenberger*, Elektronisches Publizieren und Urheber- und Wettbewerbsrecht, in: *Lehmann*, Internet- und Multimediarecht, 226.

[242] SZ 43/140 – „ZahnärztekammerG I".

[243] OLG Wien MR 1987, 177 – „Feste Peigarten".

[244] *Fromm/Nordemann*, Rz 2 zu § 6 dUrhG.

[245] OLG Karlsruhe GRUR 1994, 283 – „Eileen Gray".

[246] ÖBl 1986, 162 – „Weihnachtslieder".

[247] ÖBl 1986, 162 – „Weihnachtslieder".

[248] *Kucsko*, Urheberrecht⁴, 38.

[249] MR 1998, 194 – „Rauchfänge".

[250] § 20 Abs. 1; MR 1994, 239 – „WIN".

[251] *Fromm/Nordemann*, Rz 10 zu § 13 dUrhG.

[252] MR 1994, 117 – „Österreichisches Recht".

[253] ÖBl 1978, 161 – „Festliches Innsbruck".

[254] MR 1994, 239 – „WIN".

255 *Reupert*, Der Film im Urheberrecht, 125.

256 *Fromm/Nordemann*, Rz 9 zu § 13 dUrhG.

257 ÖBl 1986, 162 – „Weihnachtslieder".

258 OLG Wien MR 1990, 61 – „Mount Rainier".

259 MR 1994, 117 – „Österreichisches Recht".

260 OLG Wien MR 1990, 61 – „Mount Rainier".

261 MR 1994, 239 – „WIN".

262 OLG Wien MR 1985/2 Archiv 13 – „Linzer Tort".

263 ÖBl 1973, 112 – „C' est la vie".

264 MR 1990, 189 – „Wien zum Beispiel".

265 OLG Wien MR 1990, 61 – „Mount Rainier".

266 MR 1994, 239 – „WIN".

267 MR 1993, 187 – „Salzburger Marionetten"; BGH GRUR 1992, 386 – „Altenwohnheim II".

268 MR 2001, 304 – „Medienprofessor".

269 MR 1987, 11 – „Bildtapete".

270 MR 1998, 200 – „Figur auf einem Bein".

271 MR 1999, 94 – „Radio Melody III.

272 SZ 23/207 – „Schallplatten für Rundfunksendungen".

273 SZ 33/45 – „Schallplatte der Woche".

274 § 15 Abs. 4; MR 1993, 190 – „Architektenhonorar".

275 ÖBl 1965, 78 – „Kinobau".

276 *Lehmann*, Der neue Europäische Rechtsschutz von Computerprogrammen, NJW 1991, 2114.

277 *Lehmann*, NJW 1991, 2114.

278 BGH CR 1994, 276 – „Holzhandelsprogramm"; BGH CR 1991, 85 – „Betriebssystem".

279 Vgl *Jaburek*, Das neue Software-Urheberrecht, 45.

280 OLG Wien MR 1986 H 2, 23 – „Raubkopien II".

281 SZ 33/45 – „Schallplatte der Woche".

282 ÖBl 1986, 132 – „Hotel-Video".

283 ÖBl 1976, 49 – „Fotografin und Maler".

284 SZ 52/114 – „Schallplatten-Parallelimporte".

285 *Fromm/Nordemann*, Rz 7 zu § 17 dUrhG.

286 BGH GRUR 1989, 417 – „Kauf mit Rückgaberecht".

287 *Wenzel*, Urheberrecht für die Praxis³, Rz 4.38.

288 BGH GRUR 1985, 131 – „Zeitschriftenauslage beim Friseur"; BGH GRUR 1985, 134 – „Zeitschriftenauslage in Wartezimmern".

289 *Dillenz*, Die österreichische Urheberrechtsgesetz-Novelle 1993, GRUR Int 1993, 468.

290 ÖBl 1999, 98 – „Thermenhotel L."

291 ÖBl 1986, 132 – „Hotel-Video".

292 ÖBl 1986, 132 – „Hotel-Video".

293 ÖBl 1986, 53 – „Sky-Channel".

294 VfGH VfSlg 9888 – „Gemeinschaftsantennenanlage".

295 SZ 44/175 – „Hotel-Rundfunkvermittlungsanlage".

296 ÖBl 1999, 98 – „Thermenhotel L."

297 Vgl ÖBl 1980, 55 – „Kabelfernsehanlage"; SZ 47/81 – „Fernseh-Gemeinschaftsantennenanlage".

298 VwGH MR 1987 H1, 15 – „Liwest".

299 ÖBl 1999, 98 – „Thermenhotel L."

300 MR 2002, 236 – „Figurstudio".

301 MR 1998, 154 – „Hochzeitsmusik".

302 MR 1998, 154 – „Hochzeitsmusik"; SZ 47/7 – „Fernsehempfang im Sozialversicherungs-Kurheim"; SZ 51/167 – „Betriebsmusik".

303 MR 2002, 236 – „Figurstudio".

304 ÖBl 1969, 71 – „Rundfunkempfang im Gasthaus".

305 SZ 47/7 – „Fernsehempfang im Sozialversicherungs-Kurheim".

306 SZ 44/175 – „Hotel-Rundfunkvermittlungsanlage".

307 MR 1987, 54 – „Sexshop"; ÖBl 1986, 132 – „Hotel-Video".

308 ÖBl 1979, 165 – „Fernsehempfang im Offizierskasino"; SZ 51/167 – „Betriebsmusik".

309 SZ 51/167 – „Betriebsmusik".

310 SZ 26/61 – „Tanzschule".

311 SZ 43/207 – „Süßwarengeschäft".

312 ÖBl 1967, 44 – „Musikautomaten I".

313 ÖBl 1974, 96 – „Espresso-Confiserie".

314 ÖBl 1967, 44 – „Musikautomaten I".

315 MR 2002, 236 – „Figurstudio".

316 SZ 47/7 – „Fernsehempfang im Sozialversicherungs-Kurheim".

317 SZ 51/167 – „Betriebsmusik".

318 *Karsch*, Das neue Urheberrecht, 20.

319 MR 1987, 54 – „Sexshop".

320 BGH CR 1993, 548.

321 LG Düsseldorf CR 1994, 225.

322 ÖBl 1995, 89 – „Leerkassettenvergütung".

323 4 Ob 2159/96w.

324 4 Ob 2159/96w.

325 4 Ob 2159/96w.

[326] *Steinmetz*, Die Neuregelung der Leerkassettenvergütung, MR 1990, 43.

[327] abgedruckt bei *Karsch*, Das neue Urheberrecht, 37 ff.

[328] MR 1992, 47.

[329] MR 1992, 47; *Karsch*, Das neue Urheberrecht, 24.

[330] *Wenzel*, Urheberrecht für die Praxis³, Rz 6.74.

[331] ÖBl 1983, 28 – „Othello".

[332] MR 1997, 102 – „Monet".

[333] SZ 47/171 – „Bela Bartok II".

[334] MR 2001, 304 – „Medienprofessor".

[335] MR 2001, 304 – „Medienprofessor".

[336] MR 1995, 179 – „Friedrich Heer II"; ÖBl 1974, 74 – „Kurheim".

[337] Vgl OLG Wien MR 1991, 240 – „Eastport International".

[338] MR 1994, 200 – „Hundertwasserhaus".

[339] MR 1990, 227 – „Das Lied von der Erde".

[340] OLG Wien MR 1991, 240 – „Eastport International".

[341] OLG Wien MR 1991, 240 – „Eastport International".

[342] MR 1989, 212 – „Arnulf Rainer".

[343] MR 2000, 373 – „Schüssels Dornenkrone".

[344] SZ 49/45 – „Boxkampf-Fernsehberichterstattung".

[345] ÖBl 1995, 139 – „Internationales Freistilringerturnier".

[346] MR 1989, 212 – „Arnulf Rainer".

[347] SZ 43/5 – „Der Graf von Luxemburg".

[348] S MR 1989, 216 – „Picasso", zit bei *Walter* Anm zu MR 1989, 212 – „Arnulf Rainer".

[349] OLG Frankfurt GRUR 1985, 382 – „Operneröffnung".

[350] BGH GRUR 1983, 30 – „Presseberichterstattung und Kunstwerkwiedergabe II".

[351] MR 2000, 379 – „Postwurfsendung".

[352] MR 1988, 161 – „Rosa Lila-Villa".

[353] MR 1988, 161 – „Rosa Lila-Villa".

[354] MR 1989, 212 – „Arnulf Rainer".

[355] MR 2000, 373 – „Schüssels Dornenkrone".

[356] SZ 43/5 – „Der Graf von Luxemburg".

[357] BGH GRUR 1983, 30 – „Presseberichterstattung und Kunstwerkwiedergabe II".

[358] MR 1994, 204 – „Glasfenster".

[359] MR 1994, 200 – „Hundertwasserhaus"; MR 1991, 25 – „Adolf Loos".

[360] MR 1991, 25 – „Adolf Loos".

[361] MR 1994, 204 – „Glasfenster".

[362] OLG Wien MR 1989, 58 – „Haus am Michaelerplatz".

[363] MR 1994, 204 – „Glasfenster"; MR 1991, 25 – „Adolf Loos".

[364] MR 1994, 204 – „Glasfenster"; MR 1991, 25 – „Adolf Loos"; MR 1989, 23 – „Riegersburg".

[365] MR 1994, 200 – „Hundertwasserhaus".

[366] MR 1994, 204 – „Glasfenster".

[367] MR 1988, 161 – „Rosa-Lila-Villa".

[368] *Fromm/Nordemann*, Rz 2 zu § 59 dUrhG.

[369] MR 2002, 101 – „Wirtschaftskurier".

[370] *Hoeren*, Das Problem des Multimediaentwicklers: der Schutz vorbestehender Werke, in: *Lehmann* [Hrsg], Internet- und Multimediarecht, 98.

[371] *Fromm/Nordemann*, Rz 2 zu § 58 dUrhG.

[372] MR 2002, 159 – „Festspielausstellung".

[373] MR 1998, 26 – „Musikberieselung".

[374] *Büchel/Wittmann*, Öffentliche Videovorführungen – Urheberrechtsfragen, in: *Wittmann* (Hrsg), Film- und Videorecht, 89.

[375] MR 1993, 229 – „Testbestellung"; MR 2003, 111 – „Testbilder".

[376] BGH GRUR 1978, 476 – „Vervielfältigungsstücke".

[377] MR 1993, 65 – „Null-Nummer II"; *Fiebinger*, § 42 UrhG: Die magische Zahl 7 ist tot!, MR 1993, 43.

[378] MR 1990, 230 – „Oberndorfer Gschichten".

[379] MR 1992, 156 – „Bundesheer-Ausbildungsfilme II".

[380] *Walter*, MR 1989, 71.

[381] MR 1995, 106 – „Ludus tonalis"; *Walter*, Die freie Werknutzung der Vervielfältigung zum eigenen Gebrauch, MR 1989, 69.

[382] MR 1987, 54 – „Sexshop".

[383] OLG Wien MR 1992, 160 – „Rechenbeispiele".

[384] MR 1993, 65 – „Null-Nummer II".

[385] OLG Wien ÖBl 1980, 52 – „private Fernsehaufzeichnungen".

[386] SZ 40/154 – „Tonbandgeräte".

[387] MR 1993, 65 – „Null-Nummer II".

[388] OLG Wien MR 1990, 97 – „Black Album".

[389] SZ 45/147 – „Kopierdienst".

[390] MR 1990, 227 – „Das Lied von der Erde".

[391] MR 1987, 13 – „Schneefilm I".

[392] MR 1990, 227 – „Das Lied von der Erde".

[393] MR 1990, 230 – „Oberndorfer Gschichten".

[394] *Fromm/Nordemann*, Rz 7 zu § 51 dUrhG.

[395] ÖBl 1983, 25 – „Max Merkl".

[396] OLG Wien MR 1987, 177 – „Feste Peigarten".

[397] MR 1995, 179 – „Friedrich Heer II".

[398] MR 1995, 179 – „Friedrich Heer II".

[399] OLG Wien MR 1987, 177 – „Feste Peigarten".

[400] Vgl MR 1987, 13 – „Schneefilm I".

[401] MR 1995, 179 – „Friedrich Heer II".

[402] MR 1995, 179 – „Friedrich Heer II".

[403] *Hubmann/Rehbinder*, Urherber- und Verlagsrecht[8], 186.

[404] MR 1995, 179 – „Friedrich Heer II".

[405] MR 1995, 179 – „Friedrich Heer II".

[406] *Vock*, Neue Formen der Musikproduktion, 72.

[407] *Vock*, Neue Formen der Musikproduktion, 73.

[408] MR 2000, 373 – „Schüssels Dornenkrone".

[409] *Wenzel*, Urheberrecht für die Praxis[3], Rz 5.3.

[410] SZ 51/134 – „Festliches Innsbruck".

[411] ÖBl 1959, 14 – „Tantiemenbeteiligung".

[412] ÖBl 1986, 162 – „Weihnachtslieder".

[413] *Fischer/Reich*, Urhebervertragsrecht Rz 10.

[414] MR 1993, 187 – „Salzburger Marionetten".

[415] ÖBl 1963, 13 – „Zeitschriften-Verschleiß".

[416] SZ 51/134 – „Festliches Innsbruck".

[417] ÖBl 1956, 20 – „Ziegel als Baustoff".

[418] ÖBl 1996, 296 – „Masterband"; MR 1993, 111 – „CI-Programm"; SZ 51/134 – „Festliches Innsbruck".

[419] ÖBl 1986, 162 – „Weihnachtslieder".

[420] ÖBl 1988, 78 – „Heilkräuter aus dem Garten Gottes".

[421] MR 1995, 101 – „Oskar Werner".

[422] SZ 40/69 – „Jetzt trink' ma noch a Flascherl Wein".

[423] MR 1994, 120 – „Wienerwald II".

[424] MR 1994, 120 – „Wienerwald II".

[425] ÖBl 1995, 131 – „Oskar Werner".

[426] MR 2000, 171 – „Katalog und Folder".

[427] MR 1995, 231 – „Internationales Freistilringerturnier".

[428] ÖBl 1996, 296 – „Masterband"; MR 1993, 187 – „Salzburger Marionetten"; MR 1993, 111 – „CI-Programm".

[429] MR 1995, 27 – „Anpfiff".

[430] MR 1993, 111 – „CI-Programm".

[431] MR 1989, 210 – „Happy Skiing".

[432] MR 1995, 185 – „Bundeshymne".

[433] MR 1993, 187 – „Salzburger Marionetten".

[434] MR 1992, 119 – „Videokassetten".

[435] MR 1993, 187 – „Salzburger Marionetten".

[436] MR 1999, 98 – „Sternenklang".

[437] ÖBl 1960, 56 – „Edition Bristol II": MR 1999, 98 – „Sternenklang".

[438] SZ 32/140 – „Edition Bristol I".

[439] ÖBl 1960, 56 – „Edition Bristol II".

[440] SZ 33/46 – „Quelle & Meyer"; MR 1999, 98 – „Sternenklang".

[441] SZ 33/46 – „Quelle & Meyer".

[442] *Hodik*, Theater- und Konzertverträge, 62.

[443] *Ulmer*, Urheber- und Verlagsrecht[3], 218.

[444] *Ulmer*, Urheber- und Verlagsrecht[3], 406.

[445] *Reupert*, Der Film im Urheberrecht, 247.

[446] ÖBl 1986, 82 – „Erfindung der Angst".

[447] ÖBl 1973, 112 – „C' est la vie".

[448] ÖBl 1986, 82 – „Erfindung der Angst".

[449] *Kucsko*, Urheberrecht[4], 43.

[450] *Hubmann/Rehbinder*, Urherber- und Verlagsrecht[8], 280.

[451] VwGH ÖBl 1959, 96 – „El Hakim".

[452] *Jaburek*, Das neue Software-Urheberrecht, 34.

[453] BGH CR 1990, 26; BGH CR 1988, 124; OLG Nürnberg CR 1993, 359; *Jaburek*, Das neue Software-Urheberrecht, 72; *Schneider*, Urheberrechtserschöpfung und Softwarevertragstyp, CR 1991, 395.

[454] *Jaburek*, Das neue Software-Urheberrecht, 52.

[455] *Marly*, Urheberrechtsschutz für Computersoftware in der Europäischen Union, 185.

[456] *Marly*, Urheberrechtsschutz für Computersoftware in der Europäischen Union, 184.

[457] MR 1988, 91 – „Apotheke Gottes I".

[458] *Krejci* in *Rummel* ABGB[2], Rz 6 zu § 1172, 1173 ABGB.

[459] *Krejci* in *Rummel* ABGB[2], Rz 4 zu § 1172, 1173 ABGB.

[460] *Hoeren*, Das Problem des Multimediaentwicklers: der Schutz vorbestehender Werke, in: *Lehmann* [Hrsg], Internet- und Multimediarecht, 90.

[461] *Krejci* in *Rummel* ABGB[2], Rz 60 zu § 1172, 1173 ABGB.

[462] ÖBl 1954, 58 – „Gedichtband".

[463] SZ 27/208 – „Romanschriftstellerin".

[464] ÖBl 1955, 58 – „Auflagenhöhe".

[465] MR 1996, 69 – „Vertragsänderung".

[466] MR 1991, 152 – „Apotheke Gottes V"; MR 1987, 173 – „Der Papa wird's schon richten II".

[467] MR 1987, 173 – „Der Papa wird's schon richten II".

[468] MR 1999, 98 – „Sternenklang".

[469] ÖBl 1963, 37.

[470] JBl 1957, 361.

[471] MR 1988, 179.

[472] *Karsch*, Das neue Urheberrecht, 18.

[473] ÖBl 1986, 162 – „Weihnachtslieder"; ÖBl 1978, 161 – „Festliches Innsbruck".

[474] BGH GRUR 1983, 24 – „Tonmeister"; BGH GRUR 1981, 420 – „Quizmaster".

[475] *Wenzel*, Urheberrecht für die Praxis[3], Rz 8.13.

[476] *Walter*, Der Schutz von sportlichen Leistungen und Sportveranstaltungen nach österreichischem Recht, MR 1995, 206.

[477] BGH GRUR 1984, 732 – „Filmregisseur".

[478] ÖBl 1970, 85 – „Rundfunkorchester II"; ÖBl 1969, 97 – „Rundfunkorchester I".

[479] *Fromm/Nordemann*, Rz 3 zu § 81 dUrhG.

[480] S *Hodik*, Theater- und Konzertverträge, 41 ff.

[481] MR 1999, 229 – „Konflikte".

[482] *Lewinski*, Musik und Multimedia, in: *Lehmann* [Hrsg], Internet- und Multimediarecht, 165.

[483] MR 1990, 230 – „Oberndorfer Gschichten".

[484] MR 1990, 230 – „Oberndorfer Gschichten".

[485] MR 1990, 230 – „Oberndorfer Gschichten".

[486] MR 1999, 229 – „Konflikte".

[487] OLG Wien MR 1988, 129.

[488] *Dreier*, Bildwerke und Multimedia, in: *Lehmann* [Hrsg], Internet- und Multimediarecht, 124.

[489] *Maaßen*, Vertragshandbuch für Fotografen und Bildagenturen, 31.

[490] *Fromm/Nordemann*, Rz 4 zu § 72 dUrhG.

[491] *Dreier*, Bildwerke und Multimedia, in: *Lehmann* [Hrsg], Internet- und Multimediarecht, 125.

[492] MR 1994, 72 – „Gasteiner Tenne"; MR 1992, 114 – „Michael Konsel".

[493] *Dreier*, Bildwerke und Multimedia, in: *Lehmann* [Hrsg], Internet- und Multimediarecht, 125.

[494] MR 1991, 106 – „Morawa".

[495] MR 1992, 114 – „Michael Konsel".

[496] MR 1992, 114 – „Michael Konsel".

[497] MR 1992, 114 – „Michael Konsel".

[498] MR 1991, 106 – „Morawa".

[499] MR 1988, 161 – „Rosa-Lila-Villa".

[500] MR 1987, 11 – „Bildtapete".

[501] MR 1989, 99 – „Herstellerbezeichnung".

[502] MR 1988, 18 – „Wochenpost".

[503] *Walter*, Herstellerbezeichnung, Gegenstandsbezeichnung und Änderungsverbot im Lichtbildrecht, MR 1994, 49.

[504] MR 1994, 70 – „Radwanderkarte"; MR 1994, 69 – „Landschaft mit Radfahrern I".

[505] MR 1994, 70 – „Radwanderkarte".

[506] MR 1995, 20 – „Landschaft mit Radfahrern II".

[507] MR 1994, 69 – „Landschaft mit Radfahreren I".

[508] MR 1994, 69 – „Landschaft mit Radfahrern I".

[509] MR 1994, 70 – „Radwanderkarte"; MR 1994, 69 – „Landschaft mit Radfahrern I"; MR 1986/5, 18 – „Rennbahn-Express".

[510] MR 1995, 20 – „Landschaft mit Radfahrern II".

[511] *Walter*, MR 1994, 51.

[512] MR 1994, 70 – „Radwanderkarte"; MR 1994, 69 – „Landschaft mit Radfahrern I".

[513] *Walter*, MR 1994, 52 f.

[514] *Walter*, MR 1994, 53.

[515] MR 1994, 72 – „Gasteiner Tenne".

[516] MR 1994, 72 – „Gasteiner Tenne".

[517] MR 1986/5, 18 – „Rennbahn-Express".

[518] MR 1994, 22 – „Luftbild II".

[519] LG Klagenfurt MR 1988, 202 – „Hochzeitsbilder".

[520] MR 1992, 119 – „Videokassetten"; MR 1991, 109 – „Gaswerk".

[521] MR 1992, 115 – „Michael Konsel".

[522] MR 1995, 101 – „Oskar Werner".

[523] *Wallentin*, Grundlagen des Filmurheberrechts, in: *Wittmann* (Hrsg), Film- und Videorecht, 9.

[524] *Dittrich*, Einige Fragen des Filmurheberrechts, ecolex 1995, 269.

[525] *Wallentin*, Grundlagen des Filmurheberrechts, in: *Wittmann* (Hrsg), Film- und Videorecht, 14.

[526] *Wallentin*, Grundlagen des Filmurheberrechts, in: *Wittmann* (Hrsg), Film- und Videorecht, 11.

[527] OLG Wien MR 1986/3, 19 – „Sexfilme I".

[528] MR 1988, 161 – „Rosa-Lila-Villa"; MR 1987, 54 – „Sex-Shop".

[529] *Dreier*, Die Harmonisierung des Rechtsschutzes von Datenbanken in der EG, GRUR Int 1992, 740.

[530] *Lehmann*, Die Europäische Datenbankrichtlinie und Multimedia, in: *Lehmann* [Hrsg], Internet- und Multimediarecht, 71.

[531] MR 1999, 229 – „Konflikte".

[532] *Kucsko*, Urheberrecht[4], 38.

[533] MR 1994, 66 – „Belgische Verwertungsgesellschaft"; MR 1988, 18 – „Wochenpost".

[534] MR 1994, 115 – „Karajan"; MR 1992, 156 – „Bundesheer-Ausbildungsfilme II" mwN.

[535] MR 1992, 27 – „Le Corbusier-Liege".

[536] MR 1992, 27 – „Le Corbusier-Liege"; MR 1991, 106 – „Morawa".

[537] MR 1991, 70 – „Willkommen in Innsbruck".

[538] MR 1992, 242 – „Mordopfer"; MR 1991, 106 – „Morawa".

[539] MR 1994, 204 – „Glasfenster".

[540] MR 1994, 237 – „Lästige Witwe II".

[541] MR 1991, 70 – „Willkommen in Innsbruck".

[542] ÖBl 1979, 36 – „Kindergartenbau".

[543] MR 1994, 115 – „Karajan".

[544] MR 1992, 156 – „Bundesheer-Ausbildungsfilme II".

[545] ÖBl 1958, 14 – „Ausschilderung II".

[546] MR 1995, 147 – „Berufsdetektive".

[547] MR 1988, 13 – „Schneefilm"; SZ 44/104 – „Weinwerbung"; *Ciresa*, Handbuch der Urteilsveröffentlichung.

[548] ÖBl 1985, 16 – „Linzer Tort"; SZ 47/145 – „Kopierdienst".

[549] SZ 47/145 – „Kopierdienst".

[550] ÖBl 1993, 212 – „Ringe".

[551] MR 1992, 212 – „Apotheke Gottes VI".

[552] ÖBl 1985, 16 – „Linzer Tort".

[553] ÖBl 1983, 118 – „Fußballwerbung".

[554] MR 1995, 22 – „Cosy II"; MR 1986,20 – „Kabel-TV-Wien".

[555] MR 1989, 99 – „Herstellerbezeichnung".

[556] MR 1999, 171 – „Mittelschulatlas".

[557] MR 1999, 171 – „Mittelschulatlas".

[558] MR 1995, 22 – „Cosy II"; MR 1994, 239 – „WIN".

[559] MR 1995, 25 – „Kellner".

[560] MR 1995, 22 – „Cosy II"; MR 1989, 99 – „Herstellerbezeichnung".

[561] MR 1994, 239 – „WIN".

[562] ÖBl 1983, 118 – „Fußballwerbung".

[563] MR 1998, 345 – „Den Kopf zwischen den Schultern".

[564] ÖBl 1982, 164 – „Blumenstück".

[565] MR 1994, 239 – „WIN".

[566] MR 1999, 171 – „Mittelschulatlas".

[567] MR 1995, 22 – „Cosy II".

[568] SZ 45/102 – „C'est la vie".

[569] MR 1985/2 A 13 – „Ephraim Kishon".

[570] SZ 45/102 – „C'est la vie".

[571] MR 1985/2 A 13 – „Ephraim Kishon".

[572] MR 1995, 25 – „Kellner".

[573] MR 1989, 99 – „Herstellerbezeichnung".

[574] MR 1999, 171 – „Mittelschulatlas".

[575] ÖBl 1976, 170 – „Musikautomaten".

[576] RdW 1987, 51 – „Werbeunterlagen".

[577] ÖBl 1984, 26 – „Schlümpfe".

[578] MR 2000, 381 – „Kopien im Konservatorium"; MR 1989, 169 – „Piktogramme".

[579] ÖBl 1982, 24 – „Dunlop".

[580] SchSt MR 1985/1 A 15 – „Gefahr von Lieferboykott".

[581] MR 1989, 169 – „Piktogramme".

[582] VwGH MR 1986/5, 22 – „Metro II".

[583] MR 1991, 66 – „Bundesheer-Ausbildungsfilme I".

[584] MR 1991, 195 – „Tele Uno II".

[585] ÖBl 1993, 186 – „Wir brauchen Männer".

[586] MR 1996, 67 – „Leiden der Wärter"; MR 1995, 60 – „Telefonstudien".

[587] MR 1991, 66 – „Bundesheer-Ausbildungsfilme I".

[588] MR 1991, 109 – „Gaswerk".

[589] ÖBl 1971, 89 – „Lichtbildvergrößerung"; SZ 26/127 – „Musterhotel".

[590] ÖBl 1963, 56 – „Caspaar".

[591] SZ 28/267 – „Adolf K.".

[592] ÖBl 1971, 89 – „Lichtbildvergrößerung"; SZ 26/127 – „Musterhotel".

[593] MR 1997, 103 – „Musée Imaginaire".

[594] OLG Graz MR 1990, 63 – „Bojangles".

[595] MR 1986, 73 – „Heimatabend"; ÖBl 1966, 73 – „Verschuldung und Flucht ins Ausland".

[596] OLG Wien MR 1986/3, 15 – „Melodram".

[597] EvBl 1950/353 – „Fotografieportraits".

[598] ÖBl 1960, 38 – „Varietémanager".

[599] OLG Innsbruck MR 1987, 211 – „Raubkopien III"; OLG Wien MR 1986/2, 23 – „Raubkopien II"; OLG Wien MR 1985/5 A 11 – „Raubkopien I".

[600] MR 1987, 54 – „Sexshop".

[601] Vgl ÖBl 1994, 185 – „Belgische Verwertungsgesellschaft".

[602] *Melichar*, Verwertungsgesellschaften und Multimedia, in: *Lehmann* [Hrsg], Internet- und Multimediarecht, 205 ff.

Abkürzungsverzeichnis

ABGB	Allgemeines Bürgerliches Gesetzbuch
ABl	Amtsblatt
Abs.	Absatz
Art.	Artikel
BGBl	Bundesgesetzblatt
bzw.	beziehungsweise
CR	Computer und Recht (Fachzeitschrift)
d.h.	das heißt
dUrhG	deutsches Urheberrechtsgesetz
EDV	Elektronische Datenverarbeitung
EDVuR	EDV und Recht (Fachzeitschrift)
EG	Europäische Gemeinschaft(en)
EGV	Vertrag zur Gründung der EG
etc.	et cetera
EU	Europäische Union
EuGH	Europäischer Gerichtshof
EWR	Europäischer Wirtschaftsraum
EWS	Europäisches Wirtschafts- und Steuerrecht
f, ff	folgende, fortfolgende
FS GRUR	Festschrift zum 100jährigen Bestehen der Deutschen Vereinigung für gewerblichen Rechtsschutz und Urheberrecht, 1991
GewO	Gewerbeordnung
GRUR	Gewerblicher Rechtsschutz und Urheberrecht (Fachzeitschrift)
GRUR Int	GRUR International (Fachzeitschrift)
H	Heft
Hrsg.	Herausgeber
IPRG	Bundesgesetz über das internationale Privatrecht
iVm	in Verbindung mit
JBl	Juristische Blätter (Fachzeitschrift)
LVG	Literarische Verwertungsgesellschaft
MR	Medien und Recht (Fachzeitschrift)
NJW	Neue Juristische Wochenschrift (Fachzeitschrift)
OESTIG	Österreichische Interpretengesellschaft
OGH	Oberster Gerichtshof
OLG	Oberlandesgericht
ÖBl	Österreichische Blätter für gewerblichen Rechtsschutz und Urheberrecht (Fachzeitschrift)
RBÜ	Revidierte Berner Übereinkunft zum Schutze von Werken der Literatur und Kunst
RdA	Recht der Arbeit (Fachzeitschrift)
RdW	Recht der Wirtschaft (Fachzeitschrift)
RL	Richtlinie
S.	Seite
TRIPS	Trade Related Aspects of Intellectual Property (Abkommen über handelsbezogene Aspekte der Rechte des geistigen Eigentums)
UFITA	Archiv für Urheber-, Film-, Funk- und Theaterrecht (Fachzeitschrift; zitiert nach Band, Jahr und Seite)
UrhG	Urheberrechtsgesetz
UrhGNov	Urheberrechtsgesetznovelle
UWG	Gesetz gegen den unlauteren Wettbewerb
VAM	Verwertungsgesellschaft für audiovisuelle Medien
VBK	Verwertungsgesellschaft bildender Künstler
VBT	Verwertungsgesellschaft für Bild und Ton
VDFS	Verwertungsgesellschaft Dachverband Filmschaffender
VerwGesG	Verwertungsgesellschaftengesetz
vgl.	vergleiche
VGR	Verwertungsgesellschaft Rundfunk
WCT	WIPO Copyright Treaty
WIPO	World Intellectual Property Organization (Weltorganisation für geistiges Eigentum)
WPPT	WIPO Performances and Phonograms Treaty
WTO	World Trade Organization
WUA	Welturheberrechtsabkommen
Z	Ziffer
z.B.	zum Beispiel

Literaturübersicht

Becker (Hrsg.), Rechtsprobleme internationaler Datennetze, UFITA-Schriftenreihe 137 [1996]

Buchner, Die Vergütung für Sonderleistungen des Arbeitnehmers – ein Problem der Äquivalenz der im Arbeitsverhältnis zu erbringenden Leistungen, GRUR 1985, S. 1

Bunte, Mißbrauch einer beherrschenden Stellung durch Ausübung gewerblicher Schutzrechte, ecolex 1995, S. 565

Ciresa, Handbuch der Urteilsveröffentlichung, 2. Auflage (2000)

Ciresa, Grundzüge der Urheberrechtsgesetz-Novelle 1996, RdW 1996, S. 107

Ciresa, Die „Spanische Reitschule" – höchstgerichtlicher Todesstoß für das Merchandising?, RdW 1996, S. 193

Dietz, Das Urheberrecht in der Europäischen Gemeinschaft, in: FS GRUR, S. 1445

Dillenz, Urheberrechtsschutz heute, ÖBl 1990, S. 1

Dillenz, Bauherr und Urheberrecht, ecolex 1991, S. 257

Dillenz, Die österreichische Urheberrechtsgesetz-Novelle 1993, GRUR Int 1993, S. 465

Dillenz, Internationales Urheberrecht in Zeiten der Europäischen Union, JBl 1995, S. 351

Dillenz, Die österreichische Urheberrechtsgesetz-Novelle 1996, GRUR Int 1996, S. 799

Dittrich, Die Urheberrechtsnovelle, ecolex 1993, S. 170

Dittrich, Der EuGH und der „Erschöpfungsgrundsatz", ecolex 1993, S. 249

Dittrich, Urheberrechtlich geschützte Elemente von Landkarten, ÖBl 1994, S. 3

Dittrich, Noch einmal: Zur Weiterverbreitung von Rundfunksendungen im Hotel, MR 1994, S. 145

Dittrich, Einige Fragen des Filmurheberrechts, ecolex 1995, S. 268

Dreier, Die Harmonisierung des Rechtsschutzes von Datenbanken in der EG, GRUR Int 1992, S. 740

Eberle, Medien und Medienrecht im Umbruch, GRUR 1995, S. 790

Fiebinger, § 42 UrhG: Die magische Zahl 7 ist tot, MR 1993, S. 43

Fischer/Reich, Urhebervertragsrecht (1993)

Fromm/Nordemann, Urheberrecht, Kommentar, 9. Auflage (1998)

Frost, Auf dem Weg zu einem europäischen Urheberrecht, EWS 1996, S. 86

Haberstumpf, Neue Entwicklungen im Software-Urheberrecht, NJW 1991, S. 2105

Hodik, Theater- und Konzertverträge (1995)

Hubmann/Rehbinder, Urheber- und Verlagsrecht, 10. Auflage (1998)

Jaburek, Das neue Software-Urheberrecht (1993)

Karsch, Das neue Urheberrecht (1996)

Koch, Software-Urheberrechtsschutz für Multimedia-Anwendungen, GRUR 1995, S. 459

Kolle, Der angestellte Programmierer, GRUR 1985, S. 1016

Kucsko, Österreichisches und europäisches Urheberrecht, 4. Auflage (1996)

Lehmann/Schneider, Kriterien der Werkqualität von Computerspielen gem § 2 UrhG; NJW 1990, S. 3181

Lehmann, Der neue Europäische Rechtsschutz von Computerprogrammen, NJW 1991, S. 2112

Lehmann (Hrsg.), Internet- und Multimediarecht (Cyberlaw) [1997]

Loewenheim, Urheberrechtliche Probleme bei Multimediaanwendungen, GRUR 1996, S. 830

Marly, Urheberrechtsschutz für Computersoftware in der Europäischen Union (1995)

Mayer, Recht und Cyberspace, NJW 1996, S. 1728

Müller-Hengstenberg, Nationale und internationale Rechtsprobleme im Internet, NJW 1996, S. 1777

Noll, Handbuch zum Übersetzungsrecht und Übersetzer-Urheberrecht (1994)

Reupert, Der Film im Urheberrecht, UFITA-Schriftenreihe 134 [1995]

Reuter, Digitale Bild- und Filmbearbeitung im Licht des Urheberrechts, GRUR 1997, S. 23

Sack, Abeitnehmer-Urheberrechte an Computerprogrammen nach der Urheberrechtsnovelle, UFITA 121 [1993], S. 15

Schanda, Urheberrecht in der Informationsgesellschaft, ecolex 1996, S. 104

Schardt, Multimedia – Fakten und Rechtsfragen, GRUR 1996, S. 827

Schneider, Urheberrechtserschöpfung und Softwarevertragstyp, CR 1991, S. 393

Schulze, Urheber- und Leistungsschutzrechte des Kameramanns, GRUR 1994, S. 855

Schwarz, Urheberrecht im Internet, UFITA-Schriftenreihe 137 [1996], S. 13

Schwarz, Urheberrecht und unkörperliche Verbreitung multimedialer Werke, GRUR 1996, S. 836

Stabentheiner, Straf- und zivillegislativer Handlungsbedarf durch Datenhighway und Internet, ecolex 1996, S. 748

Steinmetz, Die Neuregelung der Leerkassettenvergütung, MR 1990, S. 42

Sundermann, Nutzungs- und Vergütungsansprüche bei Softwareentwicklung im Arbeitsverhältnis, GRUR 1988, S. 350

Ullmann, Das urheberrechtlich geschützte Arbeitsergebnis – Verwertungs- und Vergütungspflicht, GRUR 1987, S. 6

Ulmer, Urheber- und Verlagsrecht, 3. Auflage (1980)

Vock, Neue Formen der Musikproduktion (1995)

Vock, Software als literarische Werke des Urheberrechts, ÖBl 1996, S. 72

Walter, Die freie Werknutzung der Vervielfältigung zum eigenen Gebrauch, MR 1989, S. 69

Walter, Softwareschutz nach der EG-Richtlinie und nach österreichischem Recht, EDVuR 1992, S. 12

Walter, Herstellerbezeichnung, Gegenstandsbezeichnung und Änderungsverbot im Lichtbildrecht, MR 1994, S. 49

Walter, Das Diskriminierungsverbot nach dem EWR-Abkommen und das österreichische Urheber- und Leistungsschutzrecht, MR 1994, S. 101 und S. 152

Walter, Zur urheberrechtlichen Einordnung der digitalen Werkvermittlung, MR 1995, S. 125

Walter, Der Schutz von sportlichen Leistungen und Sportveranstaltungen nach österreichischem Recht, MR 1995, S. 206

Wandtke, Zum Vergütungsanspruch des Urhebers im Arbeitsverhältnis, GRUR 1992, S. 139

Weisgram, Arbeitsrechtliches zum Urheberrechtsschutz für Computerprogramme, RdA 1985, S. 56

Wenzel, Urheberrecht für die Praxis, 3. Aufl (1996)

Wittmann (Hrsg.), Film und Videorecht (1990)

Wolff, Die Rechte an durch Arbeitnehmer entwickelter Computer-Software, EDVuR 1986 H 1, S. 6

Stichwortverzeichnis

Geld ist nicht alles!

Die Wohlstandsschere klafft auseinander, Konzentrationsprozesse, Internationalisierung und Umweltbelastungen nehmen immer mehr zu – unsere Wohlstandsmodelle werden auf Dauer ökologisch, ökonomisch und sozial nicht haltbar sein. Neben dem demographischen Faktor und technologischer Innovation hat vor allem die Architektur unserer Finanzmärkte einen starken Einfluss auf diese globalen Entwicklungen! Der erste Bericht der Europäischen Akademie der Wissenschaften und Künste macht deutlich, dass die internationale Finanzordnung geändert werden kann und muss und entwickelt in verständlichen und nachvollziehbaren Szenarien, wie wir Krisen vermeiden, Gerechtigkeit verwirklichen und zukunftsfähig wirtschaften können.

Stefan Brunnhuber | Harald Klimenta

REDLINE WIRTSCHAFT
bei ueberreuter

Wie wir wirtschaften werden

Szenarien und Gestaltungsmöglichkeiten für zukunftsfähige Finanzmärkte

Europäische Akademie der Wissenschaften und Künste

ca. 280 Seiten
Format 14,8 x 21 cm
Hardcover
ISBN 3-8323-1022-3
19,90 Euro (D) / CHF 35,90

Stefan Brunnhuber ist Arzt, Psychiater und Wirtschaftssoziologe. Er lehrt an den Universitäten Würzburg und Budapest und ist Mitglied der Europäischen Akademie der Wissenschaften und Künste (EASA) sowie im Austrian Chapter des Club of Rome.

Dr. Harald Klimenta, Volkswirtschaftler und Physiker, arbeitet als Publizist und Referent u. a. für Attac. Er ist Autor von *12 Illusionen aus der Finanzwelt* und Koautor des Bestsellers *Die 10 Globalisierungslügen*.

REDLINE WIRTSCHAFT
bei ueberreuter